作者简介

余习惠 湖南工业大学教授，主要从事新闻采访和新闻写作的教学和研究。主持过湖南省"十一五"规划课题、"十二五"规划课题、湖南省社会科学基金项目等省级课题多项。出版了《茶陵红色新闻研究》《现代新闻写作概要》等多部专著，在核心刊物发表论文30多篇。

新闻传播研究书系

信息时代的新闻写作

News writing in Information age

余习惠 著

中国书籍出版社
China Book Press

图书在版编目(CIP)数据

信息时代的新闻写作/余习惠著.—北京:中国书籍出版社,2012.9

ISBN 978-7-5068-3152-9

Ⅰ.①信… Ⅱ.①余… Ⅲ.①新闻写作 Ⅳ.①G212.2

中国版本图书馆 CIP 数据核字(2012)第 211568 号

责任编辑/于建平
责任印制/孙马飞 张智勇
封面设计/中联华文
出版发行/中国书籍出版社
　　　　　地　　址: 北京市丰台区三路居路 97 号(邮编:100073)
　　　　　电　　话: (010)52257143(总编室)　(010)52257153(发行部)
　　　　　电子邮箱: chinabp@ vip. sina. com
经　销/全国新华书店
印　刷/北京彩虹伟业印刷有限公司
开　本/710 毫米 × 1000 毫米　1/16
印　张/24.5
字　数/441 千字
版　次/2015 年 9 月第 1 版第 2 次印刷
书　号/ISBN 978-7-5068-3152-9
定　价/85.00 元

版权所有　　翻印必究

目录 CONTENTS

第一编 总论 ……………………………………………… 1

第一章 信息时代的媒介传播 / 3
- 第一节 信息时代的基本特征 / 3
- 第二节 信息时代不同媒体的传播特征 / 6

第二章 新闻写作原理 / 16
- 第一节 新闻概述 / 16
- 第二节 新闻价值论 / 22
- 第三节 新闻写作的真实性原则 / 29
- 第四节 新闻写作中的情感思维 / 37

第二编 基础新闻写作 ……………………………………… 45

第三章 消息写作(上) / 47
- 第一节 消息概述 / 47
- 第二节 消息的外部结构 / 51
- 第三节 消息的内部结构 / 56

第四章 消息写作(下) / 81
- 第一节 简讯 / 81
- 第二节 动态消息 / 83
- 第三节 综合消息 / 87
- 第四节 述评消息 / 90

第五章 通讯写作(上) / 95
第一节 通讯概述 / 95
第二节 通讯的主题 / 100
第三节 通讯的表达方式 / 107
第四节 通讯的结构 / 114
第五节 通讯的开头和结尾 / 120

第六章 通讯写作(下) / 124
第一节 人物通讯 / 124
第二节 事件通讯 / 132
第三节 工作通讯 / 138
第四节 风貌通讯 / 145
第五节 专　访 / 154

第七章 新闻评论写作 / 158
第一节 新闻评论的含义及特点 / 158
第二节 新闻评论的选题立论及论证 / 160
第三节 几种新闻评论的写作 / 179

第三编 专业新闻写作 ……………………………… 187

第八章 法制新闻写作 / 189
第一节 法制新闻概述 / 189
第二节 法制新闻的特点 / 191
第三节 法制新闻的写作原则及形式 / 193

第九章 经济新闻写作 / 202
第一节 经济新闻概述 / 202
第二节 经济新闻的特征 / 205
第三节 经济新闻的写作原则及形式 / 207

第十章 科技新闻写作 / 221
第一节 科技新闻概述 / 221
第二节 科技新闻的特点 / 223
第三节 科技新闻的写作技巧及形式 / 225

第十一章 文艺新闻写作 / 233
第一节 文艺新闻概述 / 233
第二节 文艺新闻报道的特性 / 236

第三节　文艺新闻的写作原则及形式　　　　　　　　／238
　第十二章　体育新闻写作　　　　　　　　　　　　　　／248
　　第一节　体育新闻概述　　　　　　　　　　　　　　／248
　　第二节　体育新闻的特点　　　　　　　　　　　　　／250
　　第三节　体育新闻的写作原则及形式　　　　　　　　／253
　第十三章　社会新闻写作　　　　　　　　　　　　　　／265
　　第一节　社会新闻概述　　　　　　　　　　　　　　／265
　　第二节　社会新闻的特点　　　　　　　　　　　　　／268
　　第三节　社会新闻的写作原则及形式　　　　　　　　／271

第四编　深度报道写作 ……………………………………… ／281
　第十四章　深度报道写作　　　　　　　　　　　　　　／283
　　第一节　深度报道概述　　　　　　　　　　　　　　／283
　　第二节　预测性新闻写作　　　　　　　　　　　　　／291
　　第三节　解释性新闻写作　　　　　　　　　　　　　／296
　　第四节　调查性新闻写作　　　　　　　　　　　　　／302
　　第五节　连续报道写作　　　　　　　　　　　　　　／307
　　第六节　系列报道写作　　　　　　　　　　　　　　／314
　　第七节　组合报道写作　　　　　　　　　　　　　　／319

第五编　网络新闻写作 ……………………………………… ／329
　第十五章　网络新闻写作概述　　　　　　　　　　　　／331
　　第一节　网络新闻的主要来源　　　　　　　　　　　／332
　　第二节　网络新闻超文本报道模式　　　　　　　　　／333
　　第三节　网络新闻互动式写作　　　　　　　　　　　／336
　　第四节　网络新闻标题制作　　　　　　　　　　　　／338
　第十六章　几种常用的网络新闻写作　　　　　　　　　／342
　　第一节　网络消息、通讯写作　　　　　　　　　　　／342
　　第二节　网络新闻评论、新闻调查写作　　　　　　　／351
　　第三节　网络图片新闻、视频新闻写作　　　　　　　／365
　　第四节　滚动新闻、博客新闻写作　　　　　　　　　／371
主要参考书目　　　　　　　　　　　　　　　　　　　　／380
后记　　　　　　　　　　　　　　　　　　　　　　　　／383

第一编 总论

第一章

信息时代的媒体传播

人们常用最具代表性的生产工具来代表一个历史时期，如石器时代，青铜时代，铁器时代，蒸汽时代。当人类进入20世纪50年代末，电子信息业的突破与迅猛发展，计算机的出现和逐步普及，信息对整个社会发展的影响逐步被提高到非常重要的地位。信息量、信息传播的速度、信息处理的速度以及应用信息的程度等都以几何级数的方式在增长，信息传播的费用极大地降低，由此，人类社会进入了信息时代。

所谓信息时代就是指信息传递的渠道特别多、信息传输的速度特别快，以电子信息业的发展为标志的新的工业时代，信息本身在社会的发展进程中扮演特别重要的角色。

第一节 信息时代的基本特征

信息时代的来临，社会变革呈现出众多特征。我们突破了传统的时空界限，物流、信息流、知识流，实现了全球的流通，全球化日益加深，世界已经成为地球村；信息化发展速度日益加快，网络科技的发展颠覆了许多传统的思维模式；知识成为未来驱动经济发展的主要力量，创新成为崭新动力。

夏立容在"信息时代的标志和基本特征"[1]一文章中，就信息时代的标志和基本特征阐述了自己的观点。他认为，信息处理技术的革命性变革、劳动者队伍的构成发生了根本变化、全球性通信的实现、信息产业的崛起是信息时代到来的主要标志。他认为，信息时代的基本特征主要表现在信息的创造呈加速形式、信息成为社会经济发展的战略性资源、信息产业的出现改变了国民经济的整体结构、信息及信息技术成为现代科学技术研究的主要对象

---

[1] 夏立容：《信息时代的标志和基本特征》，载《自然辩证法研究》，1996年第8期。

之一、时间观念再次发生质的转变等几个方面。

张新华在"论信息时代的本质、特征和趋势"①一文中,就信息时代的特征的阐述最为全面。

一、信息产业化引起经济结构的调整

工业化社会是由制造工业引起的社会变化,而社会变化带来了作为目前社会繁荣和社会福利的基础的财富,制造出社会所需的产品。由于信息技术的发展,以及信息技术和其他各种社会、政治、经济等因素的作用,在工业化背景上逐渐出现了一种新的产业,这种产业就是以信息技术为主要内容的信息产业。信息产业主要包括知识生产工业、信息传播和通讯工业、信息商品工业、情报研究和咨询服务工业以及信息技术工业等,这个产业在发达国家从业人口中所占比例已相当高,并逐渐壮大和发展,形成了目前的信息经济形态。

大量研究成果的统计数据显示,传统的制造工业经济确实正在向信息经济转化,后者正在成为当今社会的主要经济成分。信息产业化趋势一方面使传统产业部门重新组合、渗透,另一方面促进了新的交叉性产业门类的出现,和在各门类之间起输入输出连接作用的新的中介信息经济部门的崛起。这些产业活动具有渗透一切领域的特点,从而引起了社会经济结构的调整和革命。

澳大利亚经济学家克拉克则在其里程碑性的著作《经济进步的条件》中指出:任何经济都是三个产业的混合体,它们的相对比重是各自劳动生产力(定义为人均产出)的函数。经济进步表现为劳动力从一个产业向另一产业转移的程度,是劳动生产力差别的函数。随着国民收入的提高,制造产业的扩展必定会带来对服务业需求的增加,因而必定会引起各产业就业人口比例的变化。因而,社会从一个阶段向另一阶段过渡或变革的机制就是三个产业的劳动力差别。目前出现的信息产业化趋势所带来的社会变迁,再次证实了这一点。

二、由规模经济向非规模经济和聚合经济过渡

工业化社会是一个大规模的生产社会,大批量生产使工人技能降低,大

---

① 张新华:《论信息时代的本质、特征和趋势》,载《学术季刊》,1994年第4期。

规模成批广告宣传也使人们不能在标准化的产品范围之外设想出其他的需要和前景，大市场不再能够反映社会的真正需求，而是反过来扭曲了社会需求。工业化失去了为新市场开发新产品、新服务的技能和机会。显然，这种以规模经济为目标的生产方式阻遏了社会经济的发展而带来了严重的问题。

随着工业经济向信息经济的转化，许多工业化国家把信息经济看做是摆脱困境的灵丹妙药，在生产方式上的必然的逻辑结果是向非规模经济和聚合经济过渡。这样，公司的目标便不再是追求最大效率和由此而带来的最大利润，而是对规模经济进行非规模化的考虑。原来所依赖的属于规模经济范畴的大批量生产单元、生产过程和生产工序的标、准化、合理化及专业化等就不适应了，而必须代之以综合性的方针和策略，其核心是高技术能力与其他各种因素的组合作用，即追求聚合经济的效益。

生产形式的这种过渡，使受规模经济观念束缚的工业化国家和企业从信息和信息经济中获得了活力。

三、由层序化向分子化结构演变

要实行非规模效益和聚合效应，首要的是必须使组织结构具有灵活响应能力和多方位功能。信息技术的发展和突破为这种功能的获得提供了条件，也促进了其实现。信息技术、通讯机构、计算、控制等已经开始结合为一个整体。因而信息技术不仅加强和加速了信息经济的出现，而且加强了出现新的组织结构的趋势，在企业水平上这就是所谓"分子结构"。

这种以分子结构为核心的"功能网络"已经开始超越国界的限制，使企业组织的国际化趋势不断加强。发达国家的企业活动是以整个世界作为市场的，各种跨国公司、企业集团和经营实体正在互相渗透、兼并，并以多种开发和合作方式直接进入别的国家，特别是发展中国家。

现在，由于一方面有了发达的现代化信息技术，另一方面由于母公司的组织结构开始实行分子化改革，所以直接外贸或代理的经营方式正在迅速地由国际化的功能网络所取代。这对发达的国际性公司来说，是企业组织结构上的革命，对发展中国家来说则是一个新的课题。

四、多目标社会效益和民主参与

信息时代是以信息/知识为基础，最主要的资源是全社会可以共享的信息资源，人们的文化价值观念正在转向更强调社会资源、知识资源和政治资源。所以，多目标的社会效益便成了政治家和企业家不得不认真对待并予以积极响应的问题。

为了满足社会要求，政府和企业认识到在新形势下要主动协调社会的各种不同的利害关系，使其成为一个整体，并要使企业与整个社会形成有机的配合。适应这种需要，企业传统上以利润为中心的原则正在向以社会和多目标为中心的新的原则变化。

发达国家企业界价值观念发生了明显的变化，他们认识到，不发达地区和国家的发展、稳定和经济繁荣是西方工业化国家维持生存和发展的重要因素，不少人已经开始意识到发达国家应当对不发达地区的经济和发展承担责任和义务。可以这么说，使利润目标统一在为全社会和全人类创造共同未来的努力之中，正在逐渐成为人们能够普遍接受的价值观念。一些发达国家对发展中国家的经济援助计划、社会发展投资以及优惠的经济和贸易安排等，都应当被看做是这种价值观念的体现。

价值观念变化的另一个重要方面是越来越重视人力资源的开发，推进民主化参与。现在，无形的知识和信息成了社会经济活动和其他活动的命脉，成了社会的血液，当然也就是生产力的一个重要成分。信息除了有各种物质载体外，人是最主要的载体。人作为信息载体或称信息源不是一种被动的载体，而是一个可以使信息不断增值的主动载体，并且是使无形的信息物化成有形财富的控制力量。在信息时代，开发人力资源的重要形式是民主化参与。在西方世界，要求在企业内部实行民主合作的民主化理想与自由企业竞争的保守主义思想正在迅速地融合成为经济系统的主要结构特点。

第二节 信息时代不同媒体的传播特征

报刊、广播、电视、网络，通常被认为是传递信息的主要媒体。

不同媒体具有不同的报道方式。从信息编码的过程看，报刊以文字字符和图片传递信息，广播以声音传递信息，电视则以画面、声音等多渠道传播信息，20世纪90年代崛起的互联网可以以文字字符、图片传达信息外，还可以以声音、画面传播信息。由于所使用的介质不同，即便是报道同一新闻事实，表达的方式也就有了差异。从信息传输的途径看，报刊属于印刷媒体，也被称作纸质媒体、平面媒体，以将文字语言和图片印在纸张上的方式进行信息传输；广播、电视、互联网都属于电子媒体，其中广播以电波发射方式、电视以电波发射加导线传输的方式、互联网以导线传输或无线接入接出方式进行信息传输，而在信息流程上，互联网除了拥有大众传播媒体的特征外，还具有人际传播媒体的特征。

不同符号的表意功能不同。在报刊、广播、电视和网络这四种不同的媒介形式中，文字符号和视听符号是表述新闻所使用的主要介质。文字符号是大家比较熟悉的传播信息的介质，它以能够指代客体的文字字符来运载信息。视听符号，则是以可直接感知的声音、图像来传递信息。文字符号与视听符号，作为人类认识世界的工具，既有共通性、又有相异性。共通性表现为：它们都是信息表达的介质。相异性体现为：语言文字符号是一种间接性表现符号，字符与客体之间需借助社会既定编码规则才能发生指称作用；而视听符号是一种直接性表现符号，图片、声音、形象都是可以直接感知的，这些符号或取自客体的外在特征，或源于报道者自身感受，它们在人类共同经验范围内都有比较确定的意义指向。

一、纸质媒体图文结合

报刊是报纸和期刊的总称。报纸是通过印刷在纸张上的文字、图片、色彩、版式等符号传递信息的一种媒介。它一般以散页形式公开、连续发行，是最早作为大众信息传播的媒介。杂志又可以叫做期刊，是指装订成册、定期或者不定期出版发行的出版物，它是大众传播媒介家族中的重要一员。

（一）以文字符号进行新闻写作

在纸质媒体上，从编码角度看，信息是通过文字语言和图片传播的。从信息传输角度看，新闻信息是用纸张做介质进行传递的。在媒体激烈竞争的当代，纸质媒体仍能充分展现经由文字和图片来编码的印刷品的魅力。

在新闻写作中，首先需要对新闻事实进行抽象性认识和分析，形成表述的重点、表述的思路，然后就是具体的写作。在这里，语言文字是表达认识和解析成果的凭借。

使用文字语言符号进行新闻报道，要求语言客观、具体、简洁。语言体现客观的要求，简而言之是"用事实说话"，对事实的报道符合其原貌，以准确的语言叙述事实。新闻是对所发生的事实的报道，必须用具体的语言来进行叙述，表达真切实在的内容。新闻作品中要有信息存在，言之有物，捕捉到事物可感的形状、面貌、变化,这样才能让人感到新闻报道确实是在"实话实说"。对纸媒新闻来说,以较少的字句完整、清晰地表达新闻事实,做到语言简洁,这是一项基本要求。文字简洁,就意味着应当删去可有可无的修饰性字句,以尽可能少的文字传递尽可能多的信息。

使用文字语言符号进行新闻报道,要求语言准确表达情感和观念。讲究词语的情感色彩,依据不同对象、不同场合,选择不同感情色彩的词语,更好地表现出新闻事实的本质特征。在遣词造句、陈述新闻事实的过程中,应注意所运用的词语本身带有的生活气息,这种生活气息体现在字词的时代感、通俗性两个方面。

(二) 以图片符合展示新闻内容

在纸媒新闻中,图片已经受到越来越多的重视。由于科技的发展和生活节奏的加快,现代人进入了一个"读图时代",各种各样的图铺天盖地一般呈现在人们眼前,读图已经成为风尚。这是因为,图片符号是视听符号中的一种,本身就像视听符号中的其他种类一样,直接以客体的外部特征作表现对象,具有表意上的直接性。它直接刺激读者的视觉感官,让人产生阅读愿望。

报刊上的图片种类多样,常见的种类有:

照片——是报刊上最常见到的图片,其中又可分为新闻照片和非新闻照片两类。

漫画——以夸张、幽默的表现手法反映某些现象,引发读者的兴趣、思考。

图示——其中有统计图表,即把数字制成表格,让读者一目了然;也有示意图,即用形象化的手法(如曲线、柱状图等)来表示数据的意义;还有新闻事件发生地地图,即根据标准地图将新闻事实发生地的地理位置作更为详细的标示。图示,有利于读者更好地理解、掌握新闻事实。

装饰——多为美术图案,点缀标题或版面其他地方,用来美化版面。

图片在纸媒新闻报道中具有重要的作用。新闻图片,将新闻事实的重要瞬间固定下来,化作永恒。他所抓拍的那一瞬间,往往是新闻事实中最具视觉冲击力、最具代表性的瞬间,是新闻事实中最独特、最典型的瞬间。其次,新闻图片往往是以外在直观形象反映事实,同时又以内在的含蓄意蕴反映事实本身。再次,新闻图片往往与版面设计相结合,与版面中的其他文字报道向配合,是整个版面具有一定的审美趣味和视觉效果。

（三）纸媒在新闻报道中的传播优势

1. 报纸的传播优势

报纸是以文字、图片、色彩、版式等符号和手段来传播信息的，这一特点决定了报纸具有其他传播媒介无法替代的传播优势：

便于深度报道：报纸依赖文字和图片的传播，成为记录这个时代的"档案记录"，这种与生俱来的特质使得它具有对这个变动的世界进行深度描绘的能力。广播电视、网络以快取胜，报纸则主要以深度见长。文字符号本身的抽象性，使报纸可以对新闻事件进行深入的挖掘、高度抽象的概括，可以阐明事件的因果关系、说明事件的来龙去脉、预测事件的发展趋向，从而对事件做深度报道。这些已经成为报业应对激烈传媒竞争的重要筹码。

选择性强：对于读者而言，阅读报纸在时间、内容和空间上不仅可以不受任何限制，而且读者可以根据自己的阅读习惯和兴趣爱好来选择自己爱读的内容，阅读的选择权、主动权完全掌握在读者手中。相比之下，报纸的这种选择性是电视媒介所不能比拟的。电视媒介的受众处于一种被动的地位，受众必须在一定的时间或地点才能接触到其内容。由于电子媒介的传播方式是线性的，所以受众如果想回头再看，必须付出额外的代价，比如将节目录下来。可以说，报纸较为充分地照顾到了受众的选择性。

保存性强：报纸媒体所作的新闻报道，留下的是可以长久保留的语言文字和图片。报纸是"白纸黑字"的印刷品，价格低廉，适宜长久保存。报纸的这一特点使报纸的内容具有极高的阅读率和传阅率，使信息的传播可以超越时间和空间的限制。同时，"新闻是历史的初稿"，能够长期保存的报纸无疑可以成为珍贵的历史资料。

2. 杂志的传播优势

杂志又可以叫做期刊，是指装订成册、定期或者不定期出版发行的出版物，它是大众传播媒介家族中的重要一员。杂志作为一种传播媒介，有其自身的特点和传播优势：

对象明确：杂志的读者覆盖面灵活，不同定位的杂志都会面向固定的读者群，这样既可以照顾最广大受众的兴趣，也可以满足极少数人的需求。尤其是一些专业化程度较高的专业类期刊，其固定受众群虽然数量有限，但对该杂志的忠诚度却相当高。

阅读期限长：杂志传播的内容不易过时，读者阅读时间较长。由于杂志的篇幅相对较长，内容较丰富，通常情况下，读者要分几次才能看完一期杂志。杂志可以长久保存，随时取读；也可以广泛传阅，与多人分享信息。与此同时，由于装订成册，因此，杂志更便于携带和收藏，传阅率很高。

可读性强：由于杂志的编辑时间较长，可以广泛收集材料，解释、分析也尽可能地详尽、到位，能确保读者对事件的前因后果有一个全面、深入的了解。由于杂志的版面空间相对较大，又多偏向专业化，因此可以花费足够的版面和时间对同一问题进行深入的探讨，也因此可以对读者产生较强的理性影响，说服效果较好。

如果说，报纸是信息供给的集散地，那么杂志更像是一种生活方式的体验。杂志让我们能够在这个信息充斥的时代稍微驻足停留，细细品读或委婉、或震撼、或触动心灵的文字。

二、广播电视媒体声像兼备

广播是运用声音符号编制节目，再通过一定的传输方式进行信息传播的一种媒介。列宁说，广播是"不要纸张，没有距离的报纸"。这里既指出广播作为新闻传播工具同报纸的性质任务基本相同的一面，又非常形象地概括了广播的特点。报纸每天通过文字和图片与受众见面，报纸发行到读者手里，要经过远近不同的距离；而广播用电波传送节目，无边无界，用声音传递信息，不用纸张。与纸质媒体相比，其传播优势是比较明显的。

电视是运用电子技术手段传输图像和声音的现代化大众传播媒介，被誉为20世纪人类最伟大的发明之一，是媒体中的第一媒体。电视以其视听兼备的独特传播优势，在当今各种传播媒介中占据极其重要的地位。今天，电视的迅速普及已使其强大的威力渗透到人们生活的方方面面，成为人们生活中一个举足轻重的组成部分。

（一）广播用有声语言报道新闻事实

1. 运用有声语言报道新闻的原则

声音（有声语言）是广播传播信息的唯一符号。有声语言主要有两种形式，一种是独白语言，它是较长时间独自的言语活动所使用的语言。另一种是对话语言，采访、访谈、主持人与受众交流等所使用的语言都属于这一类。前者在语法结构和表述逻辑上有较为严格的要求；后者在语法结构上不太严密，在表述逻辑上只要求意义明确、前后对话间衔接自然。无论独白语言，还是对话语言，都是说给听众听的，因此要求做到说得明白，听得清楚。

在运用有声语言报道新闻时，应注意以下两点：

其一，合乎规范。早在 2001 年 1 月 1 日，我国就开始施行《中华人民共和国国家通用语言文字法》。要求"广播电台、电视台以普通话为基本的播音用语"。因此，有声语言要用普通话，尤其是播音员、主持人、现场采访记者要使用普通话。此外，有声语言是"规范口语"，它不完全等同于日常生活中的口语。在日常口语中经常出现啰嗦、结巴、词不达意等情况，而广播语言是不允许的。广播语言所要求的"规范口语"，是既有文字语言准确规范又有口头语言生动活泼特点的语言。

其二，为听而写。电台记者"为听而写"是服从广播报道新闻，其写作的新闻稿件都要化作有声语言。因此，需要把注意力集中到让听众听得明白、清楚这个目的上。为此，广播新闻写作必须努力做到：是多用双音词，少用或不用单音词；多用口语中的语气词，少用书面语的关联词；注意同音不同义的词的使用，避免误解；在广播稿上正确标注标点符号。

2. 运用音响报道新闻的形式

音响报道是广播新闻报道独特的优势。音响报道是以有声语言为主、新闻现场的多种真实音响为辅，两者有机副合、构成的报道样式。其主要表现形式有：

第一种，现场直播。它是受众在新闻事实发生的同时就可以同步接收到的新闻报道。比如，实况直播：随着新闻事件同步进行播报，一般只有大纲，没有事先写定的详细文本，需要边看边说（报道）。比如，现场报道：在新闻现场发出的口头报道，这是广播记者在新闻现场一边观察、一边转播现场音响、一边述说的报道方式。它的现场感和时效性都很强。

第二种，录音报道。这是将实况录音与语言叙述相结合的报道方式，其中既有新闻现场的真实音响，又有记者的报道和评述。它虽然在播出的时效性上逊于现场直播，但是在内容上更加精练、简洁。

第三种，配乐广播。这是依据文字稿件内容读播，同时配加音乐、音响效果的一种广播形式。

（二）电视用声像等多通道传播新闻

1. 运用连续声画方式报道新闻

电视运用视听语言表述新闻事实。视听符号具有直接性表现的特征，他在表意中往往是反映事实的外在特征，又往往是生动可感的。电视新闻记者在运用视听语言表述新闻事实的过程中，要将杂多的表意元素围绕一个具体的新闻主题有序的结构成整体。

在现场报道中，电视通过视、听两个通道将形象、场景和事实本身的发展过程展现出来，人们既可以看到，又可以听到。但在现实生活中，新闻现场的视、听信息庞杂，视、听符号直接表现出的信息是全方位的、立体的，它容纳了多种主题。因此，记者在现场，就要围绕一个统一的主题全范围运用视听符号，调动多种表意元素，既真实、立体地反映新闻现场的场景及事实发展的过程，又有内在的统一主题和逻辑性，使电视报道既有生动的感染力，又有逻辑的思辨力。

2. 以连续图像符号表意和声画组合方式表意

图像符号属于表现符号，它具有图片符号表意的全部特征。除此之外，当以连续图像方式表意时还有一些特点。其一，单一的图像——具有特定的表意功能，它一方面客观反映了真实景况，另一方面又具有供观众思索的内在含蓄意义。其二，由图像与图像组合而成的连续图像——这里有"前进式"蒙太奇句子、"后退式"蒙太奇句子等多种组合方法。其三，由连续图像组合而成的段落——这里有"平行蒙太奇"、"交叉蒙太奇"等多种组合方法，分别具有一定的叙事功能或表现功能。

在声画组合的形式上，目前大多学着赞同将其分为"声画合一"、"声画并行"、"声画对立"三种组合方式。"声画合一"是指声音与画面内在一致，"声画并行"是指围绕统一的主题、声音与画面若即若离，"声画对立"就是声音与画面在相反、对立的关系中互为反衬而表现超出声画之外的思想内涵。

（三）广播电视的传播优势

1. 即时性

在新闻事实发生后，广播电视的新闻报道迅速即时、先声夺人。无线电波的传输速度是每秒30万公里，相当于每秒钟绕行地球七圈半。在突发性新闻事件发生时，广播电视在电波覆盖或导线通达的范围内，可以同步进行报道，不必像报纸一样等待被印刷出来才能得到传播。以这种介质传输新闻，时效性自然大大提高。

此外，广播电视还可以将同一事件在一天之内的变动，随时向受众进行传播（这就是滚动播出的新闻），而不像大多数报纸那样一天只能出版一次。

2. 现场感和真实感

广播电视在对新闻事实的展示中，生动传神、现场感强。广播电视直接以客体的外在特征为表述对象，或由新闻报道者直接加以展示、分析和判断，因而是感性的、形象化的,在传输途径上电波传递依然保持了这种编码特点,因此受众得到的是生动形象的、直接作用于感官的信息。而对于报纸媒体上通过语言文字报道的新闻,读者须通过阅读经由联想才能感知。广播电视媒体可以直接展现新闻事件发生时的现场氛围,让受众直接感知,这是报纸、刊物所难以企及的。

3. 覆盖面大

以电波发射形式传播,能形成较大的覆盖面。广播电视讯号以电波发射形式传播,有一定的覆盖范围,再与通信卫星结合,则覆盖面更广,可以笼罩地球每个角落。广播电视凭借它无处不在的电波,突破时间、空间上的限制,将各种信息毫无空间限制地自由传播。不论是高山峻岭,还是湖海江河;不论是都市乡村,还是森林荒漠,似乎都阻挡不了电波的蔓延。

广播电视节目以可直接感知的符号编码,受众文化程度低也可以方便地接受,而报纸读者则必须断文识字。近年在统计资料也表明,在广大农村地区,人们接触电视的时间、频率仍然高于印刷媒体。

三、网络媒体图文、声像并茂

互联网的英文 Internet,inter 的含义是"交互的",net 是指"网络",Internet 就是一个计算机交互网络。它的定义至少包含以下三个方面的内容:是一个基于 TCP/IP 协议的国际互联网;是一个网络用户的团体,用户使用网络资源,同时也为该网络的发展壮大贡献力量;是所有可被访问和利用的信息资源的集合。现在,互联网是在世界范围内发送和接收资料的成千上万的计算机网络的结合体。在网络中,任何一种信息,包括图画、声音、图形和文字等都可以在有电脑的任何人和任何地方之间进行快速的传递,并且可以被世界范围内任何地方的互联网所利用。同时,互联网向人们提供了商业和私人能够使用的电子邮件技术,将人们在真实空间的交往搬到了网络的虚拟空间中。今天,BBS、博客和 QQ 等即时通讯工具的出现更为人们的交流和信息的传播提供了一个个绝好的方式。

有人认为,衡量一个社会是否进入信息时代应该有一个明确的指标,通过网络覆盖率、知识利用率等数据来进行判断。联合国国际电信联盟秘书长哈玛德·图埃在 2011 年 1 月 26 日宣布,全球互联网用户总数已经达到 20 亿人,手机用户数量也达到了 50 亿人。目前全球总人口数已经超过 68 亿人,也就是说大约每 3 个人中就有 1 人为网民。而根据《第 27 次中国互联网络发展状况统计报告》，截至2010年12月底，我国网民人数达到4.57亿，互联网普及率攀升至34.3%。其中手机网民人数达到3.03亿，占网民总人数的比率升至66.2%。无疑，当今社会已进入信息时代。

（一）网络的传播优势

1. 整合性

互联网络是电脑、电视、录音机、电话机、游戏机、传真机、打印机等的性能的总汇，或者说是各种传统媒介的大熔炉，它将以往各自独立的单一性的传播方式综合在一起。它又将文字、口语、音响、图表、图片、图像等各种传播形式汇于一体，而且可以根据需要自如地从一种形式转换到另一种形式，或者让几种形式并举，做到图、文、声、像并茂，真正实现多媒体的传播。

2. 超大信息量

互联网的超链接功能已逐渐成为网络的最大魅力所在。在超文本结构中，文本中每一个关键人名、地名、时间，甚至每一个词语、每一个句子都可以链接到相关的另一个文本以及声音、图像或影像上。通过链接从一个站点就可以获得多个站点拥有的相关信息。目前的互联网每天有60多万个网络、600多个大型联网图书馆、400多个联网学术文献库、50多万个网页站点在为人们24小时不间断提供新闻信息、娱乐和通信服务等。

3. 交互性

在互联网上，信息不再是被"推"（push）给消费者，而是人们自己将信息"拉"（pull）出来，并参与到创造信息的活动中。这被称为典型的"交互式"传播。这是网络传播与传统的印刷传播、电讯传播的最大不同之处。在这种传播中，传受双方的角色位置可以方便地、频繁地交替互换。网上的传播者往往也充当受传者，受传者也往往充当传播者，此时此地是传播者，彼时彼地又是受传者。在网上设立网站或数据库的机构、媒体或个人，固然是传播者；但他们为了传播，往往通过网络进行采访、询问、调查、检索，这时的他们便是受传者。在网上浏览、检索的一般用户，固然是受传者，但他们不仅有很大的寻觅信息的主动权，而且他们随时都能充当传播者。他们可以通过电子邮件向别人传送信息和观点，他们可以向新闻讨论组、向公告板传送信息或观点，他们还可以设立个人网页，发布信息或观点，吸引他人来访问。

因此，互联网不仅具有报纸、广播、电视等传统新闻媒介能够及时广泛传播信息的一般功能，而且还具有超大信息量、多媒体、交互性等独特优势，对传统媒体形成了很大的冲击。传统媒体在互联网等新媒体的挑战下，一方面不断开掘自身的固有优势，在内容和经营上做深做透；另一方面纷纷"触网"，打造跨媒体平台，在产业上做大做强。同时，在理念上，传统媒体借鉴网络传播中的传受关系，不断强调受众地位，加强与受众的双向互动。

(二) 网络新闻信息编码的若干特征

近年来，正是在双向互动的过程中，网络新闻写作一方面依旧遵循传统文字表述、有声语言表述、视听语言表述的相关规则，另一方面也正在表现出独有的特征，这主要体现于下面四个方面：

一是多媒体写作。网络上以文字新闻写作为主的报道方式，正在向着多媒体写作的方向转变。近年来随着网络技术的发展，在文字内容之外，网上图片、图像、音频、视频的内容正在增加。这里既有原创的，也有从广播电视节目中移植的，还有从其他媒体上移植的，这都为网络记者进行多媒体写作提供了便利。

二是超文本链接。网络上文本的构成正在由单一的文字文本，向着文字文本中穿插声音文本、图画文本、动图文本甚至影视文本的方向转变。文本结构中，每一个关键人名、地名、时间和关键词、关键用语等都可以联结到另一个声音、图画、动画、影视文本上去。

这种超文本链接打破了传统大众传媒的新闻报道方式，报道中的"热区"（点击即可链接之区域）可以让人即刻找到感兴趣的相关内容，满足人们对于新闻背景的详尽了解的愿望，跳跃式、发散式的思维习惯也更接近于日常生活。

三是全方位互动。网络媒体的"互动性"表现在：其一，用户可以自主选择信息，与所传播的信息互动；其二，网络使用者与信息提供者互动；其三，网络使用者之间互动。这三个层面的互动，使得网络新闻既有大众传播媒体上"新闻"的特征，又具有人际传播中"新闻"的特征，从而增强了网络新闻的传播效果。

四是大功能检索。网络媒体普遍采用数字压缩技术，新闻信息容量巨大，任何一家媒体网站的信息量都可以超过新华社、美联社这样的世界级通讯社。网络媒体在拥有信息海量这一优势的同时，还具有强大的信息共享、存储、检索功能，大大方便了希望获取特定信息的用户。目前许多网站都建立了站内搜索引擎，对网站提供的信息进行资料检索。这有利于网络新闻信息的再传播、再使用。

第二章

新闻写作原理

第一节 新闻概述

一、新闻的含义及类型

（一）新闻的含义

在中国，"新闻"一词最早出现在唐代李咸用的《批沙集·春日喜逢乡人刘松》："旧业久抛耕钓侣，新闻多说战争功。"《旧唐书·隐逸》记载，孙处玄有言"恨天下无书以广新闻"；宋代苏轼《分类东坡诗五·次韵高要刘湜峡山寺见寄》中有诗句"新闻妙无多，旧学闲可束"。往后，"新闻"一词更常见于文学作品中，《红楼梦》第一回就有"众人当作一件新闻传说"的用语。

据西方史料记载，"新闻"一词最初意为德文的"旅行"，后来逐渐演变成"报道"；15世纪以后，"报道"发展为"新闻"，意为"绝对新颖的事物"。16世纪初，在德国出版的《三十行书翰》誊本中，"新闻"一词被用作印刷物的代名词，已具有现代新闻纸的意义。但据《牛津英语词典》的解释：新闻一词作为"新闻报道"首次的使用是在1923年，苏格兰詹姆士一世曾说："我把可喜的新闻带给你。"不论"新闻"一词起源于何时何地，古代东西方与现代社会"新闻"的含义，已经存在内涵和本质的区别。

新闻的定义，据不完全统计，有170多种。在世界各国关于新闻的170多种"定义"中，主要的有两大类：

1. 事实说

"新闻是一种新的重要的事实。"（胡乔木）

"新闻就是广大群众欲知、应知而未知的事实。"（范长江：《记者工作随想》）

"社会上新近发生的，为大多数人民所关心的，有意义的事实，就是新

闻。"（徐铸成：《漫谈新闻和新闻评论》）

"新闻就是最多数人所注意而感兴趣的最新的事实。"（黄天鹏：《新闻学概要》）

"新闻者，乃多数阅者所注意之最近事实。"（徐宝璜：《新闻学》）

"新闻就是新近发生的，能引人兴味的事实。能引起最大多数读者的最大兴趣的新闻就是最好的新闻。"（布莱尔，美国威斯康星新闻学院教授）

"新闻是一种令人惊叫的事情。……只有那些正在发生的、有人情味的，足以吸引大众，至少是相当一部分人的事实，才构成新闻。"（美国·戴纳）

2. 报道说

"新闻的定义，就是新近发生的事实的报道。"（陆定一）

"所谓新闻，就是为了向大多数人传播知识和趣味，把最新的，或者与现在有关的旧事物的存在、变化、兴衰、发展等现实情况印刷出来的报道。"（日本·关一雄）

"新闻是已经发生和正在发生的事实的报道。"（美国·约斯特）

"新闻就是同读者常态的、司空见惯的观念相差悬殊的一种事件的报道。"（阿维因，美国记者）

"新闻是最近报道的事情。"（美国密苏里新闻学院前院长莫特）

"报纸、通讯社、广播电台对新近发生的事实，运用消息、通讯、特写、摄影等各种体裁和形式进行报道。这些体裁和形式通常统称为新闻。"［李龙牧，1965年《辞海（未定稿）》］

除了这主要的两大类外，还有传播说、手段说、信息说以及西方流行的反常说，所谓"狗咬人不是新闻，人咬狗才是新闻。"（博加特，美国《纽约太阳报》采访主任）、"能让女人喊一声'啊呀，我的天呀'的东西，就是新闻。"（爱德华，美国堪萨斯州《阿契生市环球报》主笔），等等。在这170多种"定义"中，有许多其实并不是严格意义上的新闻定义，只是人们在谈到新闻的某个侧面的时候的一种形象的说法。

中国新闻界的前辈陆定一在1943年发表的《我们对于新闻学的基本观点》一文中，提出"新闻的定义，就是新近发生的事实的报道"这个"新闻报道"的定义，被很多人所接受。这个定义主要强调了三个要素：新＋事实＋报道。事实成为新闻报道，必须经过传播者选择，并借助语言、文字、图像等符号载体及时传播。事实、报道、新近是构成新闻的三个基本因素。

（二）新闻的类型

新闻的分类，历来不统一。

有根据新闻内容来分类的。按这种分类方式，新闻可以分为政法新闻、经济新闻、文教卫生新闻、体育新闻、社会新闻等。综合性日报往往以此把报社分为政法部、经济部、教卫部、体育部，等等。报纸的版面有些也以此划分。比如《人民日报》，要闻有5到6个版，其余的版面中，有政治、经济、文化、社会等。

有根据新闻发生地来分类的。一般的地方报纸、电台、电视台，把新闻分为三大块：国际新闻，全国新闻，地方新闻。报纸的版面有些也以此划分。比如《湖南日报》，安排了要闻、综合、专题等版面，同时，也有国际新闻、国内新闻、市周新闻等版面。

有根据新闻的时间性来分类的。这种分类把新闻划分为两大类：突发性新闻、延缓性新闻。突发性新闻是对出乎人们预料而突然爆发的事件的报道。例如，突然发生的灾难（空难、火灾、车祸等等），突然爆发的战争，突然生变的政局，不期而至的天灾（地震、海啸、暴风），等等。这类新闻常常是新闻媒体报道的主角。延缓性新闻是对逐步发生变化的事情的报道。例如，天气渐渐热起来了，房价在慢慢降低，青少年的平均体重逐步增加，等等。

有根据新闻与受众关系来分类的。这种分类把新闻划分为硬新闻和软新闻。硬新闻是关系到国计民生以及人们切身利益的新闻。包括党和国家重大方针、政策的制订和改变，政局变化，市场行性，股市涨落，银根松紧，疾病流行，天气变化，重大灾难事故等等。这类新闻为人们的政治、经济、工作、日常生活的决策提供依据。软新闻与硬新闻正相反，它是富有人情味、纯知识、纯趣味的新闻。它和人们的切身利益并无直接关系，向受众提供娱乐，开阔眼界，增长见识，陶冶情操，或作人们茶余饭后的谈资。

最常见的，是把新闻分为消息、通讯、新闻评论、调查报告等等，大部分新闻写作的教材都是按这样的体例进行编写的，而且，这些类型与"中国新闻奖"获奖作品的体裁标目也比较接近。

二、新闻体裁的历史演变

（一）消息体裁的演变

"消息"这个词，很早就出现在我国的古代典籍中。在周代成书的《易·

丰》中就有"天地盈虚，与时消息"。也就是说，日月的变化，是由于天地间某些物质的消长而引起的。这可以说是"消息"一词最早的、最基本的含义。后来，"消息"一词逐渐具有了"音讯"的意义。特别是到了三国以后，"消息"一词又增加了"情报"的含义。如《三国志·魏志·齐王传》中有："昔诸葛恪围合肥新城，城中遣士刘整，出国传消息，为贼所获。"在这里，"消息"一词亦具有了"传播"的含义，具有了一定的新闻特质。不过，我国古代的"消息"，大多是附着在一定的传记和文学作品中的。在明清以后，近代媒体逐渐在中国诞生，"消息"作为"新闻"的一定程度上的同义语，在写作中打上了中国古典文学的烙印。直到中国近代报刊诞生半个世纪以后，消息这种体裁才逐渐独立，成为一种正式的新闻体裁。

我国近代报刊诞生于19世纪初。自第一份华文报纸《察世俗每月统记传》1815年在马六甲问世以后，外国传教士陆续创办了一批近代报刊。由于这些华文报刊的创办者都是外国人，而且身份基本上都是传教士，所以，在这些报刊上，他们注重的是西方宗教文化的宣传，而不是新闻信息的传播，因而，自采自编的新闻并不多。而且，在为数不多的新闻中，一般也是采用中国古典文学所特有的散文式文章为主。这就形成了中国早期现代报刊新闻写作的一种特有的景观。

"消息"的正式独立与我国电讯事业的发展有关。随着国外势力在中国的扩张和蔓延，一些商业报刊如《申报》等新式报刊也陆续创办，有关商业的新闻信息开始受到受众的关注。一些报刊开始聘任专职或特约记者。1881年12月，天津到上海的有线电报线路竣工。不到一个月，《申报》就刊出了该报驻京记者从天津发来的一条关于清政府查办一名渎职官员的专电。这可以说是通过现代的通信工具进行新闻传播的一个突破。从此以后，新闻专电渐多，报刊可以较为迅速地报道来自他乡的讯息。不过，由于电报费用的昂贵，记者在进行报道时对发出的字句进行斟酌，尽可能要求简洁明了。这种报道逐渐摆脱了原有的带中国古典文学影子的新闻报道方式，从而使"消息"作为一种现代新闻体裁日渐独立和成熟。

"消息"这一体裁独立以后，在报纸上所出现的"消息"基本上是一事一报。"五四"以后，随着西方的一些新闻写作方法被陆续介绍到中国，"消息"作为一种新闻体裁，其形式和结构也逐渐丰富、丰满起来。导语开始普遍使用。随着新闻信息的增加，综合性消息开始出现。20世纪40年代，中国共产党在解放区的一些报纸大量运用综合性消息，而且这种形式成了当时以及后来我国新闻传媒频繁使用的一种重要的消息种类。

（二）通讯体裁的演变

通讯是具有我国特色的一种新闻文体，是由通信发展而来的。

我国早期的报刊新闻，基本上可以分为两大类。一类是电讯，以极简洁的文字，迅速及时地报道社会上发生的一些重大事件、重大活动，这种新闻的基本体裁就是消息。另一类报刊新闻，叫做"外埠新闻"，是通过邮局以信件的形式邮寄的。这种方式与电讯相比，较为经济，而在时效性上，相对来说较差，故在报道的内容和方式上，突出一定的特点，即：内容相对详尽，表达方式多样化。这就是我国比较早的通讯。

随着电讯事业的发展，发送电讯稿的费用大幅度下降，有关通信的稿件也逐渐采用电讯传递，以争取时间。不过，这种写作方式被保留了下来。在20世纪20年代，发展成一种独立的文化形式，被称为"通讯"，沿用至今。

较早在我国近代媒体上出现的通讯，其写作模式多是脱胎于我国古代的散文和传记文学，继承了古代纪实文学的实录精神和表现手法，表现手法较为单一。随着时代的发展，通讯这种文体形式也经历了一个逐渐发展成熟的过程。

在清末民初，名记者黄远生的北京通讯成为我国新闻史上具有历史意义的标志。黄远生是我国新闻史上一个重要人物。辛亥革命后，当时上海的《申报》《时报》等竞相邀黄远生撰稿，《申报》还特辟《北京通信》，专门刊登他的通讯。黄远生的通讯政治味很浓，文中夹叙夹议，亦庄亦谐，生动活泼，有时"都下传观，有纸贵之誉"。著名报人邹韬奋赞赏黄远生的通讯"流利、畅达、诚恳、幽默"。黄远生的通讯，已经具备了现代通讯的特点，也可以说从他开始，中国新闻界才正式奠定了通讯作为一种新闻体裁的地位。

在黄远生之后，人们逐渐开始了对这种体裁的探讨。邹韬奋主编的《生活周刊》第8卷第40期（1933年8月7日出版）曾发表《怎样采写地方通讯》一文，较为具体的探讨了有关通讯写作的问题："可以用作通讯材料的，第一必须这事项是某地特殊的。第二必须是对于一班人有兴味的，完全干枯的公文式的报告，不能算作通讯。第三必须是描写现状的，凡是叙述过去的事实，除非是为了说明现状的起源，都不需要的。""文体必须力求简短，通常每篇以两三千字为宜"。

早期的通讯，所涉及的内容多为事件或旅游考察。20世纪40年代，在解放区，由于报刊所面对的受众多为农村的干部群众和人民军队的指战员，为了满足他们的要求，所以当时的报刊上，出现了大量的人物通讯和故事性通性。

20世纪50年代以后，随着我国经济建设的迅速展开，工作通讯这种特殊的报道形式逐渐发展起来。与此同时，昔日的旅游通讯逐渐演变成风貌通讯。

20世纪70年代末，我国新闻报道中出现了一些新的表现形式，如"采访札记"、"记者见闻"等，对原有的工作通讯有所突破，而人物专访也突破了人物通讯的固有模式，创新之作不断涌现。

20世纪80年代以来，随着我国改革开放的逐渐深入，社会生活内容变得更加丰富多彩，通讯这种报道形式也随之出现了一些新的种类，例如系列报道、大特写等。

（三）新闻评论体裁的演变

近代媒体，是随着人们对于信息传播和流通的需要而出现的。这种需要不仅体现为对于商业和贸易的信息的需要，也体现在对于政治信息的大量需求。无论是西方还是中国，这一点都得到了显著的体现。而在近现代媒体上所出现的政治信息，较多采用评论的形式。这是新闻评论的最早形式。

在西方新闻发展史上，新闻评论很早就在新闻写作中占有很重要的一席之地。马克思、恩格斯在进行革命活动的过程中，利用有关的报纸，发表了大量的政论，他们把报刊作为进行政治斗争的一个阵地。

在我国，现代新闻评论的发展大致经历了六个阶段：第一个阶段，是西方殖民国家在中国宣传殖民主义的言论时期。

第二个阶段，是我国资产阶级改良派报刊宣传变法维新的言论时期。我国资产阶级改良派最著名的报纸是由梁启超任主笔的《时务报》，创办于19世纪90年代的上海。此时，改良运动达到了高潮。梁的报刊政论感情奔放，他写了数百篇评论时事和介绍西学的文章，形成了新颖的、别具一格的"时务文体"，引起时人关注。梁启超在《清代学术概论》中，曾对这种文体的特点进行概述："纵笔所至，略不捡束"，"务为平易畅达，时杂以俚语、韵语及外国语法"，"笔锋常带感情"。

第三个阶段，是资产阶级革命报刊宣传民主、反对封建帝制的言论时期。在辛亥革命前夜，在国内出版的影响较大的报纸中，有于右任于1909年5月在上海创办的《民呼日报》，孙中山于1900年1月在香港创办的《中国日报》和章士钊于1896年创办的《苏报》。

第四个阶段，是新民主主义革命时期。中国共产党诞生以后，党的领导人李大钊、毛泽东、瞿秋白、陈独秀等先后主编各种革命刊物，撰写大量言论，成为推动新民主主义革命的著名的政论家。李大钊的《庶民的胜利》，刊载于1918年11月15日的《新青年》。1919年2月7日《晨报·自由论坛》发表的《战后之世界潮流》，是我国报刊上出现的最早运用无产阶级世界观分析时事的政论，并且采用白话文写作，标志着我国报刊评论开始了一个新纪元。

第五个阶段，是新中国建立以后至改革开放前。我国的新闻评论进入了一个宣传社会主义革命和建设的时期。不过，由于当时的政治环境，这些新闻评论都坚持以阶级斗争为纲，功能单一。

第六个阶段，是改革开放以后的新的历史时期。20世纪70年代末以来，经过20多年的改革实践，新闻评论有了很大的突破和进展。主要表现在：评论以大型为主向大与小结合，逐步向小型化发展；评论与新闻相互结合，形成了文体上的相互交融的趋势；写作人员由少数专业人员主笔向专门作者与群众相结合转变，呈现受众参与的开放势态；在理论论述上向形象思维与逻辑思维相结合的方向发展。

第二节 新闻价值论

何谓"新闻价值"？新闻价值是指新闻事实本身所具有的那些能满足社会需要的各种要素的总和。通常认为，新闻价值的构成，包括以下五个方面的要素，即时新性、接近性、显著性、重要性、兴趣性。

一、时新性

新闻价值的时新性，包含两方面的基本意思：一是指客观事实发生的时间性，二是指在时间性基础上的事实内容的新鲜性。

（一）时间性

时间性是指一件事实能够成为新闻事实的时间根据，事实发生的时间，离现在时间越近或正在发生，是事实能够成为新闻事实的重要时间前提，是时间上的一种客观要求。一件事实要成为新闻事实，它就应该是新近发生或正在发生的事实，这就是"时新性"中"时"的最基本的含义。一件事实缺乏时间上成为新闻事实的根据，就不应该当做新闻事实，也不会具有新闻价值。如果违背这一根据,即使把某一事实包含的信息传播出去,也只能是令人不满的旧闻,更不可能实现新闻价值。所以,新闻界有这样的说法,今天的消息是金子,昨天的消息是银子,前天的消息是垃圾。为了抢新闻,西方新闻界有时可以不择手段,这种做法固然不可取,但其争分夺秒的作风,是值得我们学习的。

(二) 新鲜性

新鲜性主要是针对时间上新近或正在发生的事实的内容特征而言的,是从内容上对新闻事实提出的价值要求。时间根据上能够成为新闻事实的事实是无限多的,这个世界上每时每刻发生的一切变动结果从理论上说都是新的。为了从这无限多的事实中把新闻事实之新与一般事物之新区别开来,就需要对新闻事实的新提出特别的要求,这特别的要求正是新鲜性的基本内涵,主要包括两点:其一,当新近或正在发生的事实对人们来说是未知的、欲知的和应知的,能够为人们提供新的信息或新的情况,这时我们才能说事实的内容是新鲜的;其二,事物的常态变化与发展,往往产生不出具有新意的信息,只有发生非常态的变动,才能提供新鲜的内容。

二、接近性

接近性,是指新闻事实与受众之间的各种"距离"关系。具有时间根据的新闻事实能否成为人们特别关注的新闻事实,还要受制于各种"距离根据",这种距离根据就是各种各样的接近性。接近性的内涵大致包括这样几个方面:

(一) 空间距离

指事实产生或发生的空间与新闻传播指向空间的关系。一般来说,事实发生地与传播地即受众的距离越近或重合,这样的事实就越容易成为新闻事实。相对遥远地区的事物来说,人们更关心自己周围的事物,因为周围的事物比遥远的事物与他们的关系通常更为直接。

(二) 利益距离

指事实本身产生的作用和影响与人们利益的关联程度。一件事实的发生,总要或多或少与一些人的利益发生关系。某一事实一旦与人们的某种利益紧密相关，它就极易成为人们关注的对象，极易成为新闻事实，就是说，与人们"利益距离"越小的事实越易于成为新闻事实，所以利益接近性也是新闻事实应有的价值属性。利益距离是客观存在的，尽管利益距离是个抽象的距离，但一定事实与人们的利益大小是可以度量的，与人们的利益关系大，我们就说利益距离小，与人们的利益关系小，我们就说利益距离大。与空间距离相比，利益距离对于一件事实能否成为新闻事实来说，是更为重要的价值属性。

（三）心理距离

指新闻事实与人们在心理上、情感上的距离关系。某一事实的发生，如果容易引起人们心理上情感上的反应，那就说明它与人们在心理上具有接近性，心理距离小。这种事实自然会受到人们的关注，因而可以成为新闻事实。反过来说，如果人们对某一事实的发生和存在不以为然，不予关心，那就说明它与人们的心理距离大，这样的事实就难以成为很好的新闻事实。

形成人们接近心理的因素还有很多，构成事实的人物、地点、事件等或是与人们有较密切的关系，或是人们所熟悉的、向往的，或是事实中的人物与人们具有相同、相似之处，如年龄、性别、职业、民族等。这些因素都可以激发人们关注一定事实的兴趣，从而有利于一定的事实转化成为新闻事实。

三、显著性

显著性就是指新闻事实的知名度和显要度。一件事实的知名度或显要性是由构成这件事实的各种要素的知名度和显要性决定的，因此事实构成要素的知名度或显要性就是事实显著性的基本内涵。这样，我们就可以从每一个要素出发来具体分析显著性的内涵，但构成一件事实的基本要素是人物、事情、时间、空间等，所以我们主要从这几个要素入手来揭示显著性的具体内涵。

（一）人物的显著性

所谓人物的显著性，是指创造或造成一定事实的人（包括各种类型的平民百姓，不只是各种公众人物）与普通人相比，或者拥有较高的社会地位，或者在一定领域内具有较高的知名度，或者具备某种特殊的才能，或者拥有特殊的权威性，或者具有一些非一般的特殊"素质"等，当新近或正在发生的事件或事实中拥有这样的人物，这个事情就容易成为新闻事实。对拥有"社会地位""知名度""特殊才能""权威性"等等的人物，不用多作解释，人们心理也明白他们是些什么样的人。这里所说的具有特殊"素质"的人是指那些有所"缺陷"的人，比如身体或心智不够健全的人，这样的人一旦做出普通人比较容易办到的事，也会引起人们的关注，他们所做的事也会成为新闻事实，这样的事实之所以成为新闻事实，主要的原因在于做事的人，而不在于事情本身。

（二）事情的显著性

所谓事情的显著性，是指某件事情在客观的表现上不同于普通的事情，具有激发和吸引人们注意力的内在力量，而不管造成这件事情的主体是人还是物。各种不同寻常的自然现象，之所以能够成为新闻事实，就是因为不同寻常的变动给人们带来了不同寻常的信息；对各种社会性事实来讲，显著性主要是指由人造成的事实（不管是对他人和社会有益的好事还是对他人和社会有害的恶事）不同凡响、引人注目。当这样的事情发生时，它就有可能成为新闻事实。

（三）时间的显著性

所谓时间的显著性，首先是指一定事实发生于特殊的时日。前面分析过的"时新性"中的时间，是新闻事实对时间的要求，是以历时性的尺度将时间分为过去、现在和将来，只有发生在"现在时间"段中的事实才有可能成为新闻事实或新闻事实的"由头"。显著性中所讲的时间，是把时间用意义标准一分为二，把有些时间看做是显著的、容易引起人们注意的时日，而把另一些时日看做是一般的、人们在不知不觉中度过的时间。时间的显著性首先是因为人们赋予不同的时间日期以不同的意义，这是时间显著性能够成为新闻价值属性的内在根据。时间的不同意义并不是纯粹主观的东西，而是在人类历史活动的客观发展过程中逐步形成的，比如各种各样的节日、纪念日、忌讳日等，都是人们在改造自然、改造社会和改造自己的过程中确立的。当不同的时间日期被赋予不同的意义，那么，相似的事情发生在不同的时间日期，便会在一定程度上产生不同的效应。

时间的显著性还表现在时间的持续性上，有些事实如果持续的时间越长就越具有新闻性；有些事实则恰好相反，持续的时间越短越具有新闻性。比如，一个人休克5分钟后被救活，一般说来不是什么新闻，但如果休克20分钟或更长时间后被救活，那一定会是新闻。又如，好多重大的事情如果利用很长时间做成，算不上什么，但如果在很短的时间内做成，就成为奇迹了。

（四）空间的显著性

所谓空间的显著性，是指一定事实发生在特殊的空间。与时间的显著性相似，空间的显著性也是由于人们赋予不同空间地点以不同的意义造成的，这是空间显著性得以形成的客观根据。由于在漫长的历史活动中，人们在不同的空间经历了不同的风雨，在不同的空间扮演过不同的角色，在不同的空间留下了不同的物质遗迹和精神记忆，一句话，人们活动过的所有空间，几乎都可以看做是具有一定意义的空间。有些地方和场所对一定的人群甚至整个社会都有着特别的意义，所以，相似的事件和现象，如果发生在不同的空间，对人们造成的作用和影响就有不小的差别。"一般说，与新闻事件有特殊关系的地点，与群众关系特别密切的地点，往往能使事件具有更高的新闻价值。"① 在这个几乎已被完全人化了的、意义化了的世界里，不同空间的意义差别是显而易见的。

四、重要性

新近或正在发生的事件和现象能否成为真正的新闻事实，最关键的一条就是要看该事件或现象的重要程度。我们可以依据重要程度的差别将不同的事实分为重要的、比较重要的和一般的几个类别。人们关注具有时新性、接近性和显著性的事实，但他们更关心对自己生存与发展有直接或间接作用与影响的事实，更关心与他们利益相关的事实，这种事实才是具有重要性的事实，具有更大社会意义的事实。具体说，重要性的基本内涵包括这样几个方面：

（一）事实影响人的多少

一件事实影响的人越多越重要，影响的人越多越容易成为新闻事实。新闻传播的所有功能都是通过传播所造成的社会影响力发挥作用的，而影响力的客观来源主要在于事实本身素质对人们的实际影响，事实本身影响的人多，就说明它的影响力大，这正是新闻传播所渴望的，因而影响人数的多少，是

---

① 郑兴东、陈仁风、蔡雯：《报纸编辑学教程》，中国人民大学出版社2001年生版。

事实重要程度的重要标志之一。

（二）事实对人和社会影响时间的长短

一件事实、一种现象对社会影响的时间越长，说明它越重要，就越容易被当做新闻事实。新闻事实信息在被当作新闻报道后，新闻事实就不再是新闻事实。但我们也注意到，尽管大多数新闻事实随着新闻报道的结束便从人们的记忆中消失了，但确实有一些新闻事实的信息，会长久地留印在人们的脑海之中，其中最重要的原因就是事实本身对人们的影响深刻。因此，当一件事实、一种现象有可能对人们造成长时间的影响时，它就是重要的或比较重要的事实和现象。

（三）事实影响空间范围的大小

一件事实影响的空间范围越广越大，就越是重要，它就越易于成为新闻事实。"影响所涉及的社会领域、社会成员越广泛，影响的程度越深刻，则重要性越是显著"。[1] 有些事实一旦发生，影响的空间范围遍及全球，有些事实的发生，会影响到一定的世界区域或诸多国家，有些事实产生了，只会影响到个别国家范围、国内的某一地区，毫无疑义，从事实影响的绝对性上说，影响的空间范围越大，表明事实越重要。

（四）事实影响人们实际利益的程度

这是判断一件事实是否重要的主要尺度。事实的重要性是由事实对社会所产生的影响所决定的。重要性主要是针对新闻事实内容的分量和重要程度而言的。一件事实越是影响到人们的利益，就越是重要，就越容易成为新闻事实。

总之，一件新闻事实重要的程度总与它关涉人数的多少、关涉人们利益的大小、事实本身历时的长短、影响空间的广度等因素紧密联系在一起。刘建明教授认为，衡量新闻事实重要性的具体尺度有：一件事实是否重要，就是看它是否和政治生活有关，和社会经济生活有关，和国家民族的利益有关，和精神道德净化有关，和国际形势有关。凡涉及这5方面的事实都是重要的事实。[2]

---

[1] 郑兴东、陈仁风、蔡雯：《报纸编辑学教程》，中国人民大学出版社2001年版。
[2] 刘建明：《现代新闻理论》，民族出版社1999年版。

五、兴趣性

新闻事实的兴趣性，实质是指新闻事实应该成为人们兴趣的客体或趣味的对象，即它能够激发人们关注它的好奇心和兴趣，能够引起人们的关注或注意，只有当事实本身包含的内容是与人们相关的、并且是有趣味的，人们才会对它感兴趣，它转化成新闻后才有可能赢得人们的视听兴趣。因此，事实的兴趣性是事实能够成为新闻事实特别重要的价值。西方不少学者把趣味性看做是事实能否成为新闻的试金石，是有一定的道理的。

人们的兴趣来源于人们对对象的感受，那么，什么样的事实才能成为兴趣对象呢？

（一）与人们利益的相关性

人们最感兴趣的首先是与他们利益相关的对象。兴趣指向的目标往往就是实现利益的需要，纯粹的兴趣几乎是不存在的，正如无缘无故的爱和恨是不存在的一样。因此，与人们利益密切相关的事件和现象，就非常容易成为人们的兴趣对象，成为新闻事实。需要特意说明的是，人们一时不感兴趣的一些重要事实，不一定就与他们的利益没有关系，不一定就不是新闻事实，因为对于普通的受众来说，由于受自身条件和环境的一些限制，不一定能够充分认识到所有重要事实与自己的利益关系。这就提醒新闻传播主体，不能把一般受众的兴趣作为唯一的新闻选择标准。当人们认识到有关事实与他们的利益关系时，他们就会对相关的事实报道感兴趣。

（二）事实的非常态

事实的"非常态"是引起普遍兴趣的客观基础。非常态的事实，能够为人们的求知、求新、求异、求趣等新闻心理提供新经验，更易激起人们惊异和探索的好奇心理倾向，因而更易于成为人们感兴趣的事实。

（三）事实的人情味

简单讲，人情味就是人的情感态度、情感倾向。富有人情味的事实容易激起人的感情，调动人们的同情心、爱憎感。所以，寓有人情味的事实常常更易受到人们的关注。

（四）事实的情趣性

充满情趣的事物本身就充满了吸引力，能给人们带来愉悦和欢快，自然人们愿意了解这样的事实。

第三节　新闻写作的真实性原则

一、真实性的内涵及要求

（一）真实性的内涵

真实地报道事实，这是新闻的生命，真实性是新闻理论和新闻实践中的一个极其重要的命题。新闻真实性所衡量的，是新闻作品报道事实所达到的与事实原貌的吻合程度以及逼真程度。它的基本要求是：新闻对事实所作的报道与事实的原貌相一致。

新闻真实性的内涵，与文学性和广告真实性的内涵有着很大的差异。

在新闻写作中，任何虚构都是与新闻真实性的要求背道而驰的，因而是应当严加拒绝的。夸张，则应当严格限制在一定的范围之内。一般来说，在叙说记者强烈的主观感受时，在报道新闻人物的带有夸张色彩的言语时，可以使用夸张这样一种修辞方法。在新闻写作的其他场合，应慎用夸张。

文学作品虽然叙写了生活中并不实有的人和事，但仍然可以是符合文学真实性要求的。文学真实性通常表现为生活与艺术真实的统一。在文学创作中，符合艺术性要求的虚构和夸张，不影响文学作品的真实性。

广告作品中的诉求和产品、服务的本来面目相比，虽然会有某些不至于产生误导作用的夸大其词的现象（这是广告所允许的夸张），但依然可以被认为是真实的。广告的真实性必须以不误导消费者为前提。在广告作品中，恰当的虚构和夸张不至于动摇广告真实性的大厦。

（二）新闻写作对真实性的要求

1. 新闻真实性最起码的要求是确有其事

新闻要确有其事，这本来是不言而喻的，但在假新闻充斥媒体的今天，我们不得不郑重其事的强调。

2. 构成新闻的基本要素必须准确无误

所谓基本要素是指时间、地点、人物、事件、结果、原因，即西方新闻学所强调的 5 个 W（WHAT、WHO、WHERE、WHEN、WHY）加一个 H（HOW）。这些都是新闻赖以生存的因素，或者说弄清楚一个事实的起码条件、几个基本的环节。在任何一个环节上若有半点虚假，都会招致读者对整个新闻事实的怀疑，因此必须真实可靠，不能含糊其辞。

一般来说，时间、地点、人物、事件、结果几个要素还是比较容易表达准确的，主要难度在对"原因"这个要素的概括上。很多事物，尤其是比较复杂的事物，很难简单地归结为某一个原因。单向思维、直线思维所造成的片面性与绝对化，是以往我们的不少报道让受众不信服的症结所在。

3. 新闻中引用的各种资料必须准确无误

这里所说的引用的各种资料，主要是指数字、史料，还有背景资料等等。它们在新闻中的作用是很重要的。这一条要求与上一条基于同样的理由。俗话说，"一颗耗子屎坏了一锅汤"。如果在引用的资料上出现差错，也会使读者对整个新闻存疑。

4. 新闻所反映事实的环境、过程、细节、人物的语言、动作及人物的思想认识和心理活动必须真实

新闻写作有一个大忌讳：绝对不能虚构情节、合理想象、添枝加叶。这是它与文学创作的一个重要的区别。刚从事新闻工作的青年记者以及通讯员，由于没有工作经验，或者没有系统地接受过新闻业务训练，在进入新闻写作时，常犯的毛病是将文学写作与新闻报道混同。为了追求生动感人，凭主观想象，在行文写作时增加了一些不真实的东西，甚至将新闻当小说写。

虚构和假设是新闻的陷阱。苏联著名记者波列沃依曾说过：一个新闻工作者不论是为报纸写文章，还是写任何新闻作品，甚至是艺术特写，他都不能也没有权力展开幻想的翅膀，即使在细节的描写上，也应该做到准确无误。要知道，任何一种哪怕是考虑最周全的杜撰，任何一种用来修饰和渲染素材的虚构的细节，都会破坏使报纸通讯有力量的主要东西——真实性。

5. 能表现整体上本质上的真实

不能孤立、静止地看待事物、报道事物，而是要表现事物整体上、本质上的真实。列宁曾说过："在社会现象方面，没有比胡乱抽出一些个别事实和玩弄实例更普遍站不住脚的方法了。罗列一般例子是毫不费劲的，但这是没有任何意义的或者是完全起相反的作用，因为在具体的历史条件下，一切事情都有它个别的情况。如果从事实的全部总和，从事实的联系去掌握事实，

那么，事实不仅是'胜于雄辩的东西'，而且是证据确凿的东西。如果不是从全部总和，不是从联系中去掌握事实，而是片断的和随便挑出来的，那么事实就只能是一种儿戏，或者甚至连儿戏也不如。"①因此，我们要追求具体事实与概括事实有机结合，微观真实与宏观真实有机结合，现象真实与本质真实有机结合。

二、避免新闻失实

（一）造成新闻失实的原因

在实践中，报道失实这一现象一直困扰着中外新闻界，并带有普遍性、顽固性的特点。造成新闻失实的原因是多方面的，既有客观原因，也有主观原因。

1. 客观原因

客观原因主要表现在政治和经济方面。新闻传播活动总是在一定的政治环境中的，其真实性的实现不可能不受到政治环境的影响和制约。正如西方新闻界注意到的，在某种社会思潮兴起的时刻，新闻界炮制的假新闻就明显增多。同时，金钱等经济利益也会对新闻报道产生强烈作用，而造成新闻失实。随着我国社会主义市场经济体制的确立，过去国家财政全包的报刊等新闻媒体已经逐步走向市场，有些新闻媒体盲目追求经济效益而造成新闻质量下降。或片面追求轰动效应和市场卖点，或公然搞有偿新闻，一切服从于金钱这个指挥棒，新闻的真实性从何谈起？

2. 主观原因

主观原因有以下两个方面。一是政治素养较差，或在思想认识上存在些糊涂、错误的观念，因而带来了采访、报道工作的失实；或报道思想不纯，有意夸大事实，耸人听闻；或为赶时髦，以偏概全；或急功近利，"超前预报"。二是业务素养较差，或对新闻文体的特点认识糊模，用文学创作的方法来对待新闻写作，以致报道失实；采访不深入，不细致，走马观花，蜻蜓点水；或道听途说，偏听偏信；或知识不够，对出现在报道中的知识又不懂装懂，自以为是，结果写出来的报道往往出差错；或片面追求生动，进行所谓的"合理想象"。

---

① 《列宁全集》第23卷，人民出版社1986年版。

(二) 如何避免新闻失实

如何避免新闻失实？需要记者在思想上增强责任意识，在理论上加强政治素养和业务素养，在行动上体现敬业精神。

从2001年新闻媒体开展"十大假新闻"评选活动至今，虽然中国新闻界上上下下齐心协力贯彻"打假"，可是媒体制造出的各色令人瞠目结舌的虚假新闻依旧不时映入我们眼帘。在新闻报道中，或无中生有，或捕风捉影，或移花接木等等，这些都是新闻失实的表现。虚假的新闻和失实的新闻，有着共同之处：违背了新闻的真实性原则。前者属于"造假"（报道的是子虚乌有的东西），后者属于"失真"（与事实的原貌不相吻合）。杜绝虚假新闻和失实新闻，最根本的办法是：深入采访，严格审视，严加核实。

杜绝虚假、失实的新闻，还应当尤其注意这样一个问题：消除隐性失实现象。一部分新闻作品，所报道的事实是与其原貌相符合的，但有的报道以偏概全，在总体结论上经不起推敲，现象真实与本质真实缺乏有机结合；有些新闻作品对新闻事实所呈现的结果的报道是真实的，但对造成结果的原因的追寻和归结却并不准确，或是简单归因，或是错误归因，从而形成隐性失实，这就有待于严格的审视。

还有些时候，作为消息源的有关部门所提供的情况不实，存在着某种差错，如不能及时发现并加以纠正，就会造成不实报道。因此，对消息源提供的情况进行核实和辨别，显得十分重要。

2010年11月15日，中共中央宣传部、中共中央对外宣传办公室、国家广播电影电视总局、新闻出版总署、中华全国新闻工作者协会联合下发《关于深入开展"杜绝虚假报道增强社会责任加强新闻职业道德建设"专项教育活动的通知》，定于2010年11月至2011年4月在全国新闻单位开展为期半年的"杜绝虚假报道增强社会责任加强新闻职业道德建设"专项活动，并指定《三项学习教育通讯》、中国新闻出版报、《中国记者》《新闻战线》《新闻记者》及各地主要新闻期刊组织相关讨论并刊登系列文章。由此可见，我们的责任部门及全社会对杜绝虚假新闻的决心。

三、新闻真实与主观倾向的关系

新闻倾向性是指新闻工作者在报道中表现出来的立场、观点，除了一些自然界和科技信息的传播外，新闻一般都带有政治倾向性。资产阶级新闻机构极力否认、遮掩他们的政治倾向性，标榜"客观、公正。"社会主义新闻机构公开表明自己新闻的倾向性。我们认为，新闻的倾向性与真实性是共存的，真实性是第一位的，倾向性是第二位的。新闻的倾向性是建立在事实的基础上的，倾向性必须依附于事实，不能凭空、人为地强加给新闻事实以倾向性。既要坚持新闻真实性，而报道又难免有其倾向性，这两者如何统一？马克思、恩格斯提出的要求是："根据事实来描写事实"。①

"完全立足于事实，只引用事实和直接以事实为依据的判断，由这样的判断进一步得出的结论本身依然是明显的事实。"② 前一个要求，其基本立足点是事实。即使有倾向，也必须尊重客观事实，要根据事实来说话，这就可以做到既有倾向性，又有真实性。与此相对、相反的是，为个人成见、偏见和私利所左右，为倾向性所左右，抛开事实或背离事实进行新闻报道，如果是这样，那就只有倾向性而全无真实性了。后一个要求，立足点也还是事实。在新闻报道过程中，所引用的事实，所作的判断也完全依据事实，这样就可以保证结论本身也仍然是事实。对于实际上存在倾向性的新闻工作者来说，他们所应该做的是这样一件事：将倾向性隐藏在对于事实的真实的叙述的文字背后。一个形象的说法是"记者的舌头是缩在后面的。"

附：2010 年假新闻点评

一、中国作协作家团入住总统套房

【刊播媒体】《重庆时报》《华西都市报》

【发表时间】2010 年 3 月 30 日

【作者】张晓禾 杨万亮

【"新闻"】中国作协第七届九次主席团会、七届五次全委会昨日就开始在重庆举行，而作协主席团委员陈世旭、舒婷、赵本夫等也陆续到渝。记者从接待人员处获悉，这次来渝开会的作家入住的是一家五星级酒店，有的作家还住总统套房。吃的是 2000 多元一桌的宴席，接送车辆是奥迪车。

【真相】中国作协新闻发言人陈崎嵘回应，该报道是失实的。事实真相是：重庆申基索菲特酒店在 27 层确有一间"总统套房"，但没有任何人入住。全体与会人员用的都是宾馆平日标准的自助餐。会议期间，组织与会人员参

---

① 《马克思、恩格斯全集》第 1 卷，人民出版社 1982 年版。
② 《马克思、恩格斯全集》第 42 卷，人民出版社 1982 年版。

观渣滓洞集中营旧址、"打黑除恶"资料展览和到重庆烈士陵园祭奠扫墓等活动，都是集体乘坐大巴、中巴车往返。

【点评】中国作协召开主席团会和全委会，与歌星张信哲开演唱会本是风马牛，只因恰巧同一日到达重庆，又住同一家酒店，于是被"新闻敏感性超强"的记者扯到一块进行"关公战秦琼"，而且非得要在出场方式、衣食住行上分出高下。结果这一比就比出事来。细读报道，标题和报道中的内容互相矛盾。比如，标题是"住：选择总统套房"，而文中却称"作家团对酒店设施的要求很简单"。如今，"娱乐至死"已成为新闻报道的痼疾，有话不好好说，有事不好好写，非得要语不惊人死不休，一定要炒成轰动新闻才满意，不摔跟头才怪！而"标题党"大行其道，危害甚烈，也由此可见一斑。

二、中国每年有220万青少年死于室内污染

【刊播媒体】中新社

【发表时间】2010年5月16日

【作者】刘长忠

【"新闻"】一项权威机构最新调查显示，中国每年有220万青少年死于因室内污染所引发的呼吸系统疾病，因此被中国国家科技部列入"十五"科技攻关重大项目"室内空气污染控制措施的研究"科研课题。记者从中国疾病预防控制中心今天下午举行的新闻发布会上了解到，中国标准化委员会中国青少年卫生健康指导中心最新调查结果表明，中国每年有220万青少年死于因室内污染所引发的呼吸系统疾病，其中100万是5岁以下幼儿。

【真相】5月18日，卫生部在其官方网站挂出关于"中国疾控中心举行新闻发布会"不实报道的声明。声明说，疾控中心近日未以"中国疾病预防控制中心"名义举办过新闻发布会，中心也未发布过任何关于空气污染导致人群死亡的具体数据。同日，中新社总编室发出《关于〈中国每年有220万青少年死于室内污染〉一稿的说明》："我社记者于2010年5月16日依据中国疾病预防控制中心环境与健康相关产品研究所'十五'科技成果'室内空气重点污染物健康危害控制技术'推广会上提供的材料，播发了《中国每年有220万青少年死于室内污染》一稿，受到一些读者的质疑。现接到会议承办方北京海曼普环保科技有限公司给我社总编室发来的致歉函，称'该数据我公司未经核实，对于可能给读者造成的误解我公司深表歉意'。中国疾病预防控制中心环境与健康相关产品研究所科技成果推广办公室对此表示认可。"

【点评】这则假新闻的来龙去脉算是搞清楚了，但中新社的说明实在看不明白！核实新闻事实，本是媒体的职责，怎么变成提供材料的公司之责任？

明明应该是中新社向广大读者致歉，怎么变成提供材料的公司向中新社致歉？更看不懂的是该新闻的最后一段：中国科技部、卫生部、中国疾病预防控制中心、中华预防医学会、中国保健协会、中国卫生监督协会等部门今天在此间举行"国家'十五'重大科技攻关项目——室内空气污染控制措施研究成果发布会"称，由中国疾病预防控制中心环境所研制的以海曼普滤芯为主要净化材料的海曼普快速除甲醛空气净化器，成功为解决中国普遍存在的家装污染和室内空气污染提供了一种有效的手段（原文如此——本刊注）。文字佶屈聱牙且不说，怎么看都像是植入式广告啊！

三、70%举报人遭打击报复

【刊播媒体】《法制日报》

【发表时间】2010年6月18日

【作者】杜萌

【"新闻"】据最高人民检察院材料显示，在那些向检察机关举报涉嫌犯罪的举报人中，约有70%的举报人不同程度地遭受到打击报复或变相打击报复。其中，各类"隐性打击报复"举报人的行为，因其手段"合法"，行为隐蔽，难以界定，一直处于法律救济的"边缘死角"。在近日召开的"2010年检察举报论坛"上，有专家认为，我国对举报人的保护在立法领域存在明显的缺陷和疏漏。专家建议应制定完善各种单行法律法规，以构建完备的公民举报权保护体系。

【真相】《中国青年报》6月22日报道《最高检："七成举报者遭打击报复"报道不实》："最高人民检察院举报中心主任王晓新在通报'12309'举报电话的运行情况时，驳斥了此前'70%的举报者遭到打击报复'的说法。……这一数字被最高人民检察院举报中心主任王晓新斥为'不客观'、'不准确'。……王晓新说，根据最高人民检察院的统计，举报人遭受打击报复的案件很少，每年不会超过200件。"

【点评】作为国内最权威的法制媒体，理应比一般媒体更懂得证据的重要性。《法制日报》的报道中明白无误地告诉读者"据最高人民检察院材料显示"，但立马被最高人民检察院当头一棒"报道不实"。其中是非曲直，外人难以评判。但从新闻报道角度来分析，《法制日报》明显有疏漏之处。首先，没有明确指出"70%的举报者遭到打击报复"究竟是出自最高人民检察院的哪份材料？其次，所依据的材料是否权威可靠？当然，最纠结的还是第三个问题：最高检的这份材料是否可以公开？如果涉密而公开报道，则成为泄露国家机密，那就罪加一等。因此，媒体报道此类敏感问题，必须慎之又慎！

四、西安市已被确定为国家第五个直辖市

【刊播媒体】《甘肃日报》

【发表时间】2010年7月7日

【作者】张鹤

【"新闻"】要知道,国家规划的3个国际化中心城市中,就有西安,而且,西安已被确定为国家第五个直辖市。这更能够印证一个命题,那就是,天水、甘肃融入陕西后,将会得到更多的发展机遇。反之,则很可怕——西安、陕西面朝东部发展时,天水、甘肃就会成为少人问津的背部,经济盲区也会由此产生。

【真相】7月9日,《甘肃日报》刊发《重要更正》:"7月7日本报三版刊登的《智者的声音》一稿存在严重错误。稿件中关于'西安已被确定为国家第五个直辖市'内容失实,系记者在某论坛采访时,对演讲者的演讲内容理解和文字表述有误,值班编辑审稿不严。见报后在社会上产生了误导,造成不良影响。特此更正,并向读者致歉。"新闻出版行政部门依法对《甘肃日报》下达《警示通知书》。甘肃日报社通过网络和《甘肃日报》刊发了更正声明;同时,对相关责任人分别作出调离工作岗位、停职检查等处理,有关部门已责成社长、总编辑作出深刻检查并处罚款。

【点评】正应了那句老话"自己的事别人先知道"!西安被确定为国家第五个直辖市,这么大的新闻,陕西媒体却没有一点动静,反倒让千里之外的兰州媒体抢了先,岂有此等好事?况且,作为一家省级党报,披露这么重大的新闻,没有官方文件,没有权威新闻源,仅凭一个专家的演讲,而且未经采访核实便仓促见报,未免匪夷所思。

五、金庸去世

【刊播媒体】《中国新闻周刊》官方微博

【发表时间】2010年12月6日

【作者】不详

【"新闻"】金庸,1924年3月22日出生,因中脑炎合并胼胝体积水于2010年12月6日19点07分,在香港尖沙咀圣玛利亚医院去世。

【真相】报道甫出,香港明报发言人立即表示,"该传闻为假消息。"事实上,香港并没有一家名为圣玛利亚的医院,名字相似的圣玛丽医院位于湾仔。当天深夜,《中国新闻周刊》副总编辑、新媒体总编辑刘新宇在新浪微博上承认"编辑未作任何核实草率转发。这暴露了该编辑缺乏应有的新闻素养,也暴露了我们管理上的漏洞",并"代表周刊新媒体真诚接受大家批评,并力求以此为戒"。7日上午，刘新宇提出辞去《中国新闻周刊》副总编辑、新媒体总编辑职务，当天下午获准。

【点评】都说名人难当，可怜金庸老先生"被去世"已非首次。2010年6月，就有媒体爆炒金庸去世。当时，金庸的好友倪匡、潘耀明曾痛骂媒体"没牙齿"（无耻）。资深媒体人吕怡然在东方网发表评论《为虚假报道担责的勇气可嘉》："尽管这则'客里空'并非出现在《中国新闻周刊》的正刊上，尽管总监、总编们事先并不知晓那个编辑之作为，但是因《中国新闻周刊》乃隶属于中新社，而'金庸去世'的消息又出现在其官方微博上，借助长期积淀的品牌公信力，致使虚假消息被'当真'，以讹传讹，影响更为恶劣。在这个意义上看，老总难辞其责。"总编辑引咎辞职固然可敬，但是，对于微博这个新媒体来说，如何设置审核机制，怎样有效把关，却是一个艰难的挑战。

摘自《新闻记者》2011年1月第335期

第四节 新闻写作中的情感思维

一、情感思维方式及其作用

（一）情感思维方式

思维学告诉我们，思维模式的静态结构由有机的三个基本要素构成：知识结构、价值观念、情感结构。其中，情感结构是思维模式的驱动系统，对思维模式起着重要作用：第一，影响思维模式的强度；第二，影响思维目标的确立；第三，影响思维的跳跃和非逻辑性；第四，驱动思维模式的变换。可以说，从理论上而言，情感正是新闻写作运思的驱动系统。

从写作学的角度看，写作活动中的感知活动，是伴随着作者的情感的。情感是渗透在人的一切写作活动之中的、伴随着认识一起出现并和认识活动交织在一起的心理现象。情感是作者写作的内动力，当作者在感知某个客观对象时，情感总会渗透到客观对象方面去，在情感思维过程中，存在着以情取舍、以情评价、以情而作的情况。彼得罗夫斯基也认为，情感是关于世界上所发生的对人具有重要意义的事物的信号系统。无数作用于感官的刺激物，由于情感的产生而把其中某些刺激物分出来并把他们相互融合在一起，仿佛粘在一起，产生印象并涂上某些情感色彩的记忆映象保存下来，从生理学的角度看，这是因为某些刺激物对人来说变成了有益或有害的信号，而情感的体验则是作为条件反射系统的强化而表现出来的。"这段话说明，从心理学角度看，情感作为一种信号系统融入了思维，成为思维的客观依据。

从新闻实践上看，新闻是记者对生活认识的结果。认识的过程与情感流动的过程是统一的。认识的切入，激起情感的活跃；情感的奔涌，又牵动认识的深化。情感的积累与认识的积累几乎是同步的。从采访一开始，情感就随境而生，感物而起，并随着认识的加深而加深。积累到一定程度，就会产生强烈的写作冲动，并且驱动着作品的构思，成为流动于作品之中的生命汁液。所以，不是由记者开口抒发，而是融合浸透在内容之中。

（二）情感在新闻写作中的作用

我们先看一则新闻作品的采写故事：2003年"非典"肆虐期间，相当一部分人情绪紧张，有大祸临头的感觉。正在这个时候，《甘肃日报》的记者收到了一条短信："SARS：Smile And Retain Smile（微笑，并保持微笑）"。同时，还注意到了同样内容的一则公益广告。正是这种简单而深刻的"释词"，激发了作者的灵感和情感。作者带着这种情感采访了医生、患者、普通人，搜集了与"微笑素材"相关的一个个鲜活的事实，引出一个深刻的道理：只要保持乐观，就一定能笑到最后。这就是新闻作品《微笑，并保持微笑》采编过程，作品发表后，得到了报社和上级宣传部门的好评，同时在读者中产生了积极反响，并获得第十四届"中国新闻奖"一等奖。从上面的例子不难看出，情感在新闻采写的过程中有着不可忽略的作用。

1. 情感因素是记者采访的内在动力

意大利的女记者法拉奇说："我不是一个解剖学家型或冷眼旁观型的记者，我是带着千百种愤怒感情和千百个问题去采访的"。[1] 记者对新闻事实的选择若没有外界因素的影响，感情因素是主要的决定因素。心理学认为，当一定的刺激信息刺激大脑时，大脑便马上对这些信息按照自己的情感条件进行评价、选择，那些能引起积极肯定的心理体验的事物就会被选择。当然，记者对事实的感情评价不仅是作为一个普通个体的评价，更应作为新闻媒介的代表按新闻标准对事实进行审视。

---

[1] 刘宇晖等：《世界第一女记者——奥莉娅娜·法拉奇》，四川人民出版社1997年版。

2. 情感交流能缩短采访者与被采访者之间的距离

要想在较短的时间内完成采访任务，而且取得较大的收获，记者只有与采访对象之间产生较融洽的关系，达到彼此内心的默契，才能从采访对象那里获得全面、系统、丰富的新闻素材；才有可能掌握到大量的具有典型意义的情节、细节；才有可能准确地把握采访对象思想上、感情上的脉搏。

3. 情感思维驱动着新闻写作的运思和表述

新闻素材被采集后，情感思维继续驱动着新闻写作的运思和表述，情感支配着写作主体对感知的材料进行甄别，把最有意义的事实从事实的"海洋"中分离出来，提炼出新闻的主题——它往往是情到深处后情感的凝结。表述时同样伴随着情感，美国名记者朱尔斯·洛在介绍其写作经验时说，记者处理的"不单是事实和细节材料，而是事实材料中的微妙之处：情绪和情感"。

4. 满足受众情感需求，增强传播效果

具有感情内容的新闻作品，更能以丰富的色彩打动读者，增强新闻报道的吸引力与感染力。著名记者穆青曾说，在采写人物通讯时中，我们常感到仅仅是用客观事实的描述，还不足以充分表达出感情，也不能满足读者感情上的需要。因此，为了使读者和记者一样地动感情，在必要时就需要用蕴含哲理的抒情描写和议论。哲学家黑格尔也曾说，冲动与激情是一切行动的生命线，没有激情，任何伟大的事业都不能完成。新闻写作也印证了这一思想。

二、情感抒发模式及原则

（一）情感抒发模式

1. 从情感抒发摄取的对象上看

从情感抒发摄取的对象上看，情感可以依附于景物、人物的描写之中。其模式有：借景抒情、借细节表情感、借取物象抒情、借人物之口抒情。

借景抒情。新闻作品借助于描绘景物而抒发感情，感情寓于写景之中。在这其中，情由景所背负，景为情而浸蘸，情是灵魂，景是载体。借景抒情是新闻作品中最为常见的手法，在通讯中尤为普遍。范炬炜等写作的荣获第十四届"中国新闻奖"一等奖的通讯《目击杨利伟飞天归来》，有这样一段写景抒情的文字："真是天公作美，昨天这里还刮着大风，而今夜却是明月星空，几乎感觉不到风吹，一望无垠的大草原敞开胸怀，与我们一起静静等待着从太空归来的中国首位航天员"。在这里，作者借助景物描写，把一种喜悦之情、自豪之情、期盼之情传达给了读者，正是这种景中含情，创造出了一种优美的意境。

借细节表情感。细节是反映事物个性、特点的一句话、一个表情、一个动作、一个摆设或一角场景，它虽然只是细微的活动，但它却能影响作品的品位、作品的高度和深度，蕴于细节中的情感，则是影响作品感染力的因素。由何平等撰写的、荣获1995年"中国新闻奖"特别奖的人物通讯《领导干部的楷模——孔繁森》，是一篇感人至深的作品，为我们展示了当代共产党人的博大胸怀。作品运用大量的细节描写，最感人的是孔繁森第二次进藏前与母亲告别的细节，孔繁森"默默地站在母亲面前，用手轻轻梳理着母亲那稀疏的白发，然后贴在老人的耳朵旁，声音颤抖地"把自己又要进藏的事告诉母亲，"年迈的母亲抚摸着他的头，舍不得地"挽留，孔繁森内疚地"扑通"地跪在母亲面前，给母亲深深磕了一个头。这里的抒情性细节描写，让读者深切地感受到了一个有情（亲情）有义（深明大义）的儿子与一位通情达理的母亲的离别之情。追求抒情性细节的描写，可以说是中国新闻写作的一大传统，细节的刻画，不仅是情感抒发的需要，它同时也是丰富人物内心世界、揭示主题的关键。

借取物象抒情。这种写法是通过借对物象的描写，寄托、传达写作者的某种情感，常用比喻、象征、拟人等手法，曲折委婉地将情感透露出来，使文章蕴含深厚，情深意远。新闻作品中的物象，可以是记者现场观察到的，也可以是记者所体验而"联想"到的，当然，这种"联想"不能是胡思乱想，而必须紧紧贴住现实生活中的真实形象，这样才不会有悖于新闻真实性的原则。由新华社记者何平、刘思扬撰写的荣获第八届"中国新闻奖"特别奖的通讯《在大海中永生——邓小平同志骨灰撒放记》，综合运用了各种抒情手法，巧妙借取物象，写出了不尽的哀思。在这篇通讯中，作者选取"大海"这一物象作为叙事抒情的载体：大海，是邓小平同志革命生涯的起点；大海，磨炼了邓小平同志坚强的意志；大海，坚定了邓小平同志革命的信念。"大海"这一物象在文中具有多重含义：它的汹涌波涛，给邓小平带来过诸多磨难，它的波峰浪谷使他的一生大起大落；大海广阔无垠，又是邓小平博大胸怀的象征；大海代表着大自然，是伟人邓小平的归宿。作品紧紧扣住"大海"这一物象抒情，形成了极强的感染力。

借人物之口抒情：新闻追求客观性原则，而借用人物之口抒情是使情感信息的传达"客观化"的有效途径，其指导思想是把情感当做客观化的信息进行处理。比如，在消息《金门学生直航厦门考厦大》中就是这样处理的，这篇消息报道的是金门学生直航厦门考厦大的事,这一新闻事实让人感动,也让人感慨,记者通过一位金门老伯之口把这种复杂的感情表达出来:"年轻人只知道,用两个多小时就可以从金门到厦门了,他们一点都不懂,这段路用了整整50年的时间,是多么的辛苦。"这种感慨之情融入对新闻事实的报道之中,既客观,又自然。

2. 从情感表达方式上看

从情感表达方式上看,抒情与叙述、描写、议论结合,情感的抒发借助于叙述、描写、议论的手段来完成。其模式有:借叙述抒情、借描写抒情、借议论抒情以及这几种表达方式综合运用。

借叙述抒情。叙述就是记叙人物的经历或事物发展变化过程,在新闻消息和通讯等文体的写作中,它可以交代事件发生发展的过程以及原因和结果,可以介绍人物的身世、经历、事迹。借助叙述抒情,就是在对新闻事实的客观叙述过程中,渗透记者的感情色彩。比如,由毕锋和李晓华写作的、获得第十六届"中国新闻奖"一等奖的消息《海拔4161米:总理跟我们合影》,有这样一段叙述:"站在前排中间的罗发兵、李金城、马新安、程红彬最令人羡慕。他们昨天与总理同在北京人民大会堂出席全国劳动模范和先进工作者表彰大会,今天又和总理在青藏高原相聚",叙述中流露出了无限的喜悦之情。

借描写抒情。描写就是用生动形象的语言把人物或景物的具体状态描绘出来,它要求用色彩鲜明、立体感强的文字把表述对象具体化、形象化,活脱脱地再现人、事、物的状貌,给人以栩栩如生和身临其境的感觉。借助描写抒情,就是记者把自己的情感熔铸于对人物、景物、场面和细节的描写中。上文谈到的借景抒情、借细节表情感等几种模式从表达方式的角度都是属于借助描写抒情的情况。

借议论抒情。议论就是对客观事物的评价,以表达自己的观点和态度。借议论抒情,就是记者对新闻人物和新闻事件所产生的强烈感情,通过议论的方式来表达,将感情和议论融为一体。比如,由李涛、郭亮等写作的、获得第十六届"中国新闻奖"一等奖的广播《历史性的握手》,记叙了胡锦涛主席与台湾国民党主席连战会晤的情景,文中就运用了议论和抒情结合的文字:"这是跨过了那道浅浅海峡的握手,这是穿超了半个多世纪纷纭历史的握手",议论中饱含着深沉的情感。

在不少新闻作品中,多种表达方式常常交融在一起,情感与叙述、描写、边议结合,使作品形成极强的感染力。特别是优秀的人物通讯中,莫不如此。

比如，由董宏君和朱玉撰写的、荣获第十三届中国新闻奖一等奖的通讯《公仆本色——追记湖南省委原副书记、省人大常委会原副主任郑培民同志》，叙述了郑培民同志一生的主要工作经历，描写了他为党公为民的许多感人情景，并进行画龙点睛的议论和恰到好处的抒情，揭示出他人民公仆的本色。

其三，适时地直抒胸臆。

直抒胸臆是指不借助其他手段，直接抒发自己的爱憎感情。适当地直抒胸臆并不影响新闻作品的真实性和客观性，在写作中，记者由新闻事实的叙述而引发的情感是水到渠成的，也可以被认为是一种客观化的信息。当然，这种情感抒发方式要求文字简洁、情感真实自然。比如，在通讯《领导干部的楷模——孔繁森》一文中，就有这样直抒胸臆的文字："无情未必真豪杰。为了党的事业，孔繁森把对家乡、对亲人的爱深深地埋在心底，把博大无私的爱献给了祖国和人民"，歌颂他的奉献精神。由张严平、田刚撰写的获得第十六届"中国新闻奖"一等奖的通讯《索玛花儿为什么这样红——记优秀共产党员王顺友》，也有一段直抒胸臆的文字："'山若有情山亦老'。如果王顺友走过的邮路可以动情，那么，这里的每一座山，每一道岭，每一棵树，每一块石头，都将洒下如诗如歌的泪水，以敬仰这位人民的乡邮员，用20年虽九死而不悔的赤心，锻铸了一个共产党员对党和人民事业的最高贵的品质——'忠诚'"，歌颂他对党和人民事业的忠诚。

（二）情感抒发原则

1. 情感要真实，杜绝虚情假意

真实地报道新闻事实是新闻写作的基本原则，真实地抒发情感则是新闻写作中情感抒发的基本原则。影响情感真实的因素是多方面的：记者情感投入过度，影响新闻事实的客观表述，会造成情感失真；记者为追求轰动效应，煽动感情，过分地铺张渲染，会造成情感失真；记者观点狭隘，在对新闻事实审视中渗入不正常不合理的情绪，会带来情感的偏差；行文中矫揉造作，扭捏作态，也会影响情感的真实表达。情感失真，就有可能影响表达的公正，造成新闻的失实，产生不良的社会效果。因此，真实地抒发情感是新闻写作中情感抒发的基本原则。

2. 情感要健康高尚，防止低级趣味

目前，一些新闻媒体由于盲目追求经济效益、盲目追求轰动效应，忽略新闻的舆论导向作用和道德感化功能，夸大和片面理解新闻的娱乐性和趣味性，导致了一些新闻作品媚俗、浅薄、猎奇的不良倾向，这是一种不健康的情感。英国著名的艺术评论家罗斯金说，一个少女可以歌唱她失去的爱情，但是一个守财奴却不能歌唱他所失去的钱财。为什么呢？因为前者感情高尚，可以感动善良的人们，而后者感情卑下，不能引起人们的共鸣。人类的一切情感，特别是与人民、与生活、与时代息息相关的情感，都是新闻作品情感的源泉，而一切病态的、格调低下的、颓废粗俗的情感，都是我们应该唾弃的。

3. 适度写情，情感的抒发要自然得体、水到渠成

新闻写作的意义在于传播信息、引导受众，这就决定了新闻写作中的情感思维必须是适度的。新闻作品中的情感应该是水到渠成的自然流露，是润物细无声的春风化雨，是冷静客观而不露声色的；新闻作品中的情感抒发还应该是适合于事实表达需要的，而不是泛滥化的、粗俗化的。

4. 巧妙写情，融情于事、融情于理、融情于景

一般说来，新闻写作中的情感抒发并不能像文学那样直白，常常把情感融于事、理、景的描写之中。融情于事，情感不致架空，不致让人不可捉摸，而是有了依附，让人可感可触，容易产生共鸣；融情于理，情感与理性结合，受理性支配，不仅使新闻作品有感染力，更能使新闻作品有说服力；融情于景，情感与特定的场景结合，借助特定的场景渲染出来，就不会使情感显得突兀，也更适于新闻表述的客观性、真实性与信息化原则。

第二编 02
基础新闻写作

第三章

消息写作（上）

第一节 消息概述

一、消息的含义和特点

（一）消息的含义

消息是对新近发生和发现的、有新闻价值的事实简明扼要、迅速及时的报道。

消息是新闻报道中的主角，是新闻报道中运用得最广泛的报道形式。

（二）特点

消息作为一种新闻文体，它必须具有一定的新闻价值，体现出时新性、重要性、显著性、接近性、趣味性等特征，同时，必须坚持真实性、客观性的原则。而它作为一种独立的新闻文体，与其他的新闻体裁相比，又具有属于自己的特征。主要有以下几个方面：

1. 简明扼要

任何消息，都是对新闻事实简明扼要的报道。它不可能像通讯那样，对事实的来龙去脉、详细经过、具体情况，作详尽细致的报道。它对事实的报道，是简明的、扼要的，往往抓住何时、何地、何事、何人、何因、何果等新闻要素，将新闻事实扼要地报道出来。即算有点描写，也只是扣住一两个核心细节，略加点染。

2. 篇幅短小

消息的句子短、段落短、篇幅短。消息的篇幅短小，与时效性原则紧密相关。最经济的文字，往往容易赢得时间。消息的篇幅短小，也与读者需要紧密相关。一般读者，每天花在读报上的时间，不过二、三十分钟，快速翻阅，篇幅过长的新闻，一般不容易被读者看中。

3. 用事实说话

新闻的来源是事实。新闻写作要用事实说话。离开了事实，新闻也就失去了根本。

和通讯比较起来，消息尤其要强调用事实说话。如果说，通讯写作中，还能允许一些恰到好处的、必要的议论与抒情的话，消息写作中，最好是把议论、评价、抒情去掉，"纯用"事实说话。

消息特别强调用事实说话，并非不要思想，不要观点。抓住广大群众普遍关心的问题，抓住党的中心工作贯彻执行过程中迫切需要解决的问题，抓住有思想意义、社会意义的新闻事实予以报道，这种报道行为本身就具有思想性、倾向性。但在消息的具体写作中，并不需要把思想、观点直接点出来。

消息写作，最忌图解领导讲话的精神，最忌图解政策条文，最忌说教，最忌作者站出来直接评论、议论、抒情。

二、消息的地位和作用

在新闻报道体裁中，消息是最常用、最多见的一种体裁，是新闻传媒的主角。在报纸、广播电台、电视台每天安排的新闻节目中，消息总是放在前面，而且使用频率最高。在西方发达国家，每天播出消息的数量占整个新闻节目的70%~80%，有的甚至超过这个比例。

消息的主角地位主要体现在两个方面：其一，消息不仅是新闻媒体刊登、播发的主要对象，而且它历来是新闻报道的正宗。其他新闻体裁如通讯、特写，是在消息的基础上发展起来的，是消息的延伸、扩大或补充。就是评论性文章，也是建立在消息的基础上有感而发，也往往是消息的理论化或引申。

消息的作用是多方面的，在诸种作用中，传播信息是最基本的，其他一些重要作用凭借这个基础才得以发挥。消息的作用主要有三点：

（一）传播信息的作用

新闻的本质是信息，是信息的特殊品种。作为新闻信息传播载体的消息，是传播有新闻价值的信息。就整个社会的受众来说，他们最需要的是公开的有用的信息。担当此任的莫过于消息了。因此，传播信息是消息的首要任务。消息重点传达决策机构的信息，包括政党、政府新近制定、颁布的方针政策，同时，传播上至天文地理、下至鱼虫鸟兽，大至国际国家、小至家庭个人的各种最新信息。毛泽东同志说过："报纸的作用和力量，就在它能使党的纲领路线，方针政策，工作任务和工作方法，最迅速最广泛地同群众见面。"①这是任何一种传播渠道所不能企及的。在当今"信息时代"，消息传递新鲜信息的作用将会愈来愈大。

（二）舆论导向的作用

发挥正确的舆论导向作用，是党和国家对新闻宣传工作的要求，反映了我国新闻媒体的性质和职责，也是由意识形态功能的特点决定的。新闻媒体是传播社会意识观念、把握舆论导向的重要部门。即使是西方的媒体，尽管他们标榜的是所谓的"新闻自由"，但实际上是存在着他们自己的一套宣传的价值体系的，事实上他们不折不扣地充当着资产阶级政党或某些财团势力的喉舌。我国的新闻媒体作为党和人民的耳目喉舌，其神圣职责就是要全面、深入宣传党的路线方针政策，充分生动展示人民群众的创造业绩和创造精神。江泽民在1994年1月24日召开的全国宣传思想工作会议上提出："我们的宣传思想工作，必须以科学的理论武装人，以正确的舆论引导人，以高尚的精神塑造人，以优秀的作品鼓舞人"②。在1996年9月26日视察人民日报社时进一步强调指出："舆论导向正确，是党和人民之福；舆论导向错误，是党和人民之祸"。③

（三）传播知识的作用

知识是人类对自然和社会运动形态与规律的认识和掌握，信息是生成知识的原料。知识与信息实质相同。消息不仅及时传播最新信息，进行舆论宣传，而且还通过报道来传播知识，普及知识，增强人的智慧，丰富人的文化生活。

就具体的新闻报道而言，任何一项科技发明创造，任何一种自然现象的新变化，任何一种社会现象的新变动，消息在报道这些事物的新情况时，一般要用知识背景材料来解释和说明，使受众理解新闻，并从中获得知识。有的新闻本身知识性很强，那传播知识的作用就更明显了。

---

① 《毛泽东新闻工作文选》，新华出版社1983年版。
② 《江泽民文选》第1卷，人民出版社出版2006年版。
③ 《江泽民文选》第1卷，人民出版社出版2006年版。

三、消息的分类

根据消息内容的重要性,将其分为"硬新闻"和"软新闻"。"硬新闻"通常指那些政治性、政策性、指导性、时效性很强,题材严肃,以反映政治、经济、科技等领域中重大情况为主的新闻报道。"软新闻"通常指那些人情味较浓、知识性趣味性较强、轻松活泼易于引起读者阅读兴趣,或时效性不太强的新闻。

根据消息的"事件形态",将其分为"事件性新闻"和"非事件性新闻"。"事件性新闻",通常指"一事一报"的新闻报道。它相对完整地报道一个事实,事件具有明确的起止时间;其事件又有突发性和非突发性之分。"非事件性新闻",往往超出了一个事实,它涵括了若干事件或状态,有时甚至是对一种倾向、思潮、趋势、现象的报道。它是在许多事实、事件的基础上,经过一定的归纳、分析而"抽象"概括出来的,其事件的发展,往往也不具有明确的起止时间。"事件性新闻"以时效性取胜,而"非事件性新闻"往往以深度、广度、"透视性"见长。

根据消息的篇幅,将其分为"一句话新闻"、"简讯"、"短消息"、"长消息"。简讯又称"简明消息"、"快讯"、"本日消息"、"昨日消息"、"最后消息",长可达100字左右,短则是"一句话新闻"。其特点是直接、迅速、扼要,只要报道出新闻事实就行。"短消息"指五百字上下的消息。短消息具有简讯之长,又较简讯清楚、具体,有时有背景材料的穿插。这种消息是最常用的消息形式,在西方又称"最可读消息"。"长消息"指千字左右的消息。这种形式多用于典型报道或述评消息。也用于报道重要的动态。这种消息有展开的余地,能穿插较多背景,结构上也有变化的余地,表现手法也可多样一些。

根据报道分工的范围,将其分为"经济新闻"、"科技新闻"、"军事新闻"、"外交新闻"、"文艺新闻"、"体育新闻"、"教育新闻"等。这种划分,主要是为了揭示不同领域内消息写作的特点。

根据消息报道的内容,将其分为"动态消息"、"经验消息"、"综合消息"、"人物消息"、"社会消息"、"述评消息"等。

第二节 消息的外部结构

消息的结构可以从外部和内部两个方面来考察。消息的外部结构是指不同的消息在组织新闻素材、安排写作顺序时表现出来的一些共同规律。消息的外部结构形式，除倒金字塔式结构是一种普遍公认的方式外，其他的结构方式是众说纷纭。我们认为主要的方式有：倒金字塔式结构、金字塔式结构、混合式结构、自由式结构。

一、倒金字塔式结构

倒金字塔式结构是消息中最常见的形式，在消息的结构形式中，独领风骚上百年，虽在新闻界的探索中遭到过一些非议，但至今仍是消息写作中最为基本、最为重要的结构形式。这种结构起源于19世纪60年代美国南北战争期间。当时，人们渴望迅速获得战争的消息，但由于电讯事业尚不发达，电报经常中断。为了尽可能把新闻中的主要内容抢先发出去，必须把最重要的内容放在消息的最前面，次重要的内容放在稍后的段落里，最次要的内容放在消息的尾部。这种结构方式，很像倒着的金字塔，故有是名。

这种结构形式因为是以新闻价值的大小来安排新闻事实，所以其特点就是头重脚轻、虎头蛇尾，最重要的材料放在篇首及导语，最不重要的材料放在篇尾，从导语至结尾，呈现出新闻材料重要性递减的逻辑顺序，其结构式样如下图所示：

最 重 要 材 料
次 重 要 材 料
更 次 要 材 料
最次要材料

例如：

盖茨及同窗报恩母校

美联社剑桥（1996年）10月30日电 微软公司的比尔·盖茨和他在哈佛大学时期的一个朋友合起来将向这所学校捐款2500万美元，用来建造一座计算机科学大楼。

　　该校将在这座大楼里实施它的计算机科学和电机工程计划。这所学校一直在努力扩大和加强它的计算机科学和电机工程计划。

　　盖茨和史蒂夫·巴尔默联合捐资的消息是昨天晚上宣布的。这笔捐款的数额在哈佛大学有史以来收到的捐款中占第五位。

　　盖茨是美国的首富，据估计，他现在大约拥有148亿美元。巴尔默是盖茨1980年带进微软公司的，他现在负责销售。据报道，他现在拥有37亿美元。

　　巴尔默和盖茨1973年在哈佛大学时曾同住过一个宿舍。这两个人决定以他们的母亲玛丽·马克斯韦尔·盖茨和比阿特丽斯·德沃金·巴尔默的名字为这座新的计算机大楼命名。它将叫做马克斯韦尔——德沃金大楼。

　　这篇消息报道的不是盖茨及其朋友捐款的前后过程，过程本身显然没有多大意义。这篇消息回答了读者最关心的几个问题。读者对这些问题的关心程度有所不同，消息的主体便依读者关心程度的大小，安排了主体部分的结构。读者最关心的显然是捐多少钱？这些钱用来做什么？这个事实最重要，由导语承担。主体部分依次排列的顺序是：背景、捐款意义——金额排次——二人拥有财富——二人关系。背景是对导语的解说和补充，故放在主体部分的最前面；二人捐款的排位也是读者感兴趣的，故紧随背景之后；二人目前有多少财产？是什么关系？读者也是关心的，但与捐款这一事实关系不是那么紧密，故放到稍后。

　　倒金字塔式结构在新闻报道中有其自身的优势：其一，符合新闻传播规律，把最重要的事实摆在前面，可以避免一般事实掩盖重要事实。其二，吸引受众，使受众用较少时间获得更多信息。其三，便于编辑及时、有效地处理稿件、制作标题和设计版面。

　　这种结构形式也有其局限性：程序固定化、单一化，掌握不好，容易写得呆板、生硬；标题、导语、主体也容易造成重复。

　　采用倒金字塔式结构的难点是准确地掂量构成新闻事实的各种材料的分量，排列出材料的主次。观察的角度不同，对新闻材料的轻重主次会有不同的认识；记者的立场不同，新闻导向不同，也会对新闻材料特别是政治性新闻材料的轻重主次认识不同，要寻求最佳观察角度，选取最佳事实，然后才能做出最佳安排。

二、金字塔式结构

金字塔式结构是相对倒金字塔式结构说的，它不像倒金字塔式结构那样，依据材料的重要性安排结构。它依据事件发展的顺序来写，事件的开端，就是消息的开头，事件的结尾，就是消息的结尾。一般说来，事件的高潮、结果往往在最后才显示出来。因为精彩的在后面，常常使受众产生一种悬念感，不得不继续读（听）下去，直到真相大白为止。金字塔式结构特别适合于写作那些故事性较强、以情节取胜的消息。请看日本《读卖新闻》的一则报道：

冻死的孩子重新复活

美国威斯康星州一个名叫麦肯罗的孩子，今年只有两岁半。一月十九日，在家人没有注意的情况下，他穿着一身睡衣，只身来到零下二十九度严寒的室外。家里人发觉后把他抱回屋里时，麦肯罗的一部分血液已经"冻结"，手脚也都僵硬了。当他被送往医院时，体温已下降到十五点五度。但是，在经过了包括使用心肺泵等先进设备抢救以后，麦肯罗竟然奇迹般地复活了。像这样处于低温状态下的人能够死而复生，在世界上是没有先例的，就是参加抢救麦肯罗的医生也对此感到惊叹不已。

现在，除了他的左手可能会留下由于冻伤后遗症引起的轻度肌肉障碍外，其他恢复都很正常，估计三、四周内，即可恢复健康。

金字塔式结构也叫编年体结构，它是倒金字塔式结构产生以前各国记者运用最广泛的消息结构形式。在我国，早期的新闻大多采用这种结构形式，按事情发生的顺序进行叙述，结构简单，变化不大，也不分段落。

三、混合式结构

混合式结构是一种将倒金字式塔结构和金字塔式结构混合起来的消息结构形式。采用混合式结构的消息，一般有导语，首先告诉读者最主要的新闻事实，然后，再按时间顺序把事件发生的来龙去脉介绍清楚。混合式结构形式兼具倒金字塔和金字塔式结构的优点，既突出了主要新闻事实，满足受众的新闻欲，又条理清楚、明白畅晓，是记者们乐于采用的一种结构形式。

例如：

开国大典

　　新华社北京（1949年）10月1日电　新华社记者李普报道：中华人民共和国毛泽东主席，今日在新中国首都宣布中华人民共和国中央人民政府成立，这是在北京庆祝中华人民共和国中央人民政府成立的典礼中宣布的。典礼在北京天安门举行，参加这个典礼的有中国人民政协全体代表和首都各工厂职工、各学校师生、各机关人员、市民、近郊农民和城防部队共30万人，主席台设在天安门城楼上，面对着列满群众和飘扬着红旗的人民广场。当毛泽东主席在主席台上出现时，全场沸腾着欢呼和掌声。

　　下午3时，中央人民政府委员会秘书长林伯渠宣布典礼开始。中央人民政府主席、副主席、各委员就位，乐队奏义勇军进行曲，毛泽东主席宣布说："中华人民共和国中央人民政府已于本日成立了。"毛主席亲自开动有电线通往广场中央国旗旗杆的电钮，使第一面新国旗在新中国首都徐徐上升。这时，在军乐声中，54门礼炮齐鸣28响。毛主席宣读了中央人民政府公告。

　　毛主席宣读公告完毕，阅兵式开始。阅兵式由人民解放军朱德总司令任检阅司令员，华北军区司令员兼京津卫戍区司令员聂荣臻将军任阅兵总指挥。朱总司令驱车检阅各兵种部队后回到主席台上宣读了人民解放军总部命令。受阅部队随即分列经主席台前由东向西行进，前后历时3小时。受阅部队以海军两个排为前导，接着是一个步兵师、一个炮兵师、一个战车师、一个骑兵师，相继跟进。空军包括战斗机、蚊式机、教练机共14架在全场上空自东向西飞行受阅。在阅兵式中，全场掌声像波浪一样，一个高潮接着一个高潮。

　　阅兵式接近结束时，天色已晚，天安门广场这时变成了红灯的海洋。无数的彩色火炮从会场四周发射。欢呼着的群众在阅兵式完毕后开始游行。当群众队伍经主席台附近走出会场时，"人民共和国万岁！"的口号声响入云霄。毛主席在扩音机前大声地回答着："同志们万岁！"毛主席伸出身子一再地向群众招手，群众则欢呼鼓掌，手舞足蹈，热情洋溢，不能自已。当游行的队伍都已有秩序地一一走出会场时，已是晚间9点25分。举着红灯游行的群众像火龙似地穿过全城，使新的首都沉浸在狂欢里直到深夜。

应该指出的是，混合式结构在展开消息的主体部分时，除了按时间顺序之外，有时也按事物的逻辑关系（主要是并列关系）和空间视角展开叙述。

四、自由式结构

有人把倒金字塔式结构、金字塔式结构、混合式结构以外的其他消息结构形式，诸如镜头画面式、对话式、问答式等，统称为自由式结构。其实，自由式结构形式还应包括消息写作中多种创新结构形式，这是鉴于消息的结构形式多种多样，且不断发展变化。无论是在中国，还是在外国，消息的写作大有向自由、活泼的方向发展的趋势，其结构也越来越灵活多变，没有一定之规。这里主要介绍散文式结构形式。

散文式结构，就是用散文手法写的消息，形散神不散，表现手法不拘一格，最重要的材料，常常不在消息的开头，而是根据表达主题的需要，灵活安排。散文式手法是穆青同志于1982年1月提出来的，经过一番争鸣，很快就被业内人士认同，郭玲春写的下面这条消息，是散文手法较早的成功实践。

金山同志追悼会在京举行

新华社北京（1982年）7月16日电（记者郭玲春）鲜花、翠柏丛中，安放着中国共产党党员金山同志的遗像。千余名群众今天默默走进首都剧场，悼念这位人民的艺术家。

"雷电、钢铁、风暴、夜歌，传出九窍丹心，晚春蚕老丝难尽；党业、民功、讲坛、艺苑，染成三千白发，孺子牛亡汗未消"，悬挂在追悼大会会场的这副挽联，概括了金山寻求光明与真理，为人民鞠躬尽瘁的一生。人们看着剧场大厅里陈列的几十帧照片，仿佛又重睹他的音容笑貌，他成功地塑造的爱国诗人屈原的形象，他在电影《松花江上》的拍摄现场，他为演《风暴》与"二七"老工人谈心，他在世界名剧中饰演的角色，他在聆听周总理的教导，他与大庆《初升的太阳》剧组在一道……他1911年生于湖南。1932年加入中国共产党，自此献身革命，始终不渝。

哀乐声中，人们默念着他的功绩。30年代，他在严重白色恐怖中参加中国反帝大同盟和左翼戏剧家联盟。抗战爆发，他担任上海救亡演剧二队副队长，辗转千里，演出救亡戏剧，尔后接受周恩来同志指示，组织剧团远赴东南亚，向海外侨胞作宣传。新中国成立前夕，又担负统战工作。他事事以党的利益为重，生前曾对他的亲人说："我首先是一个共产党员，演员是我的第二职业。"

新中国成立后，他将全副心力献给党的艺术事业，不断进取、探索、求新，被誉为人民的艺术家。

他遭受过"四人帮"的摧残，但对自己的信仰坚贞不移。近年致力于戏剧教育，并以多病之身，担负繁荣电视文艺事业的重任。

夏衍在悼词中称金山的不幸辞世，是我国文艺界的重大损失，高度评价他几十年来的革命、艺术活动，号召活着的人们学习他对党的事业的忠诚，学习他在艺术创造上认真刻苦、精益求精的精神。

他半个世纪前便结下革命情谊的挚友阳翰笙在追悼会上的讲话中说，是党造就了金山，是党把他培养成革命的、杰出的人民艺术家。

与金山一起工作、生活过的大庆人，惊闻噩耗后，派代表星夜兼程，来和他的遗体告别。在今天的追悼会上，他们说，金山是人民的艺术家，人民将会怀念他。

文化部长朱穆之主持追悼会。参加追悼会的有习仲勋、王任重、胡愈之、邓力群、周扬、贺敬之、周巍峙、冯文斌、……

第三节　消息的内部结构

消息的内部结构是指构成一篇消息的各部件以及各部件之间的关系，它一般包括"标题"、"消息头"、"导语"、"主体"、"结尾"、等部件。"新闻背景"只表现出结构内容的意义，但由于它在消息中有不少特殊的功能，通常地把它放在结构要素中加以讨论。

一、消息的标题

（一）标题的作用

消息的标题也就是消息的题目。它以简短的文句概括新闻内容，是新闻价值的集中体现,也是影响受众满意度的重要因素。新闻的标题诞生于报纸,但报纸的新闻最早是没有标题的。随着近代报纸的出现,新闻才有了揭示具体内容的标题。1870年3月24日《上海新报》上的"刘提督阵亡",应该是我国目前见到的最早的、比较完备的标题。五四时期,标题的形式已比较完备,多行标题也不为鲜见。西方的一些报纸较早就使用了标题。例如,林肯遇刺消息的标题就多达17行,非常壮观。广播电视问世以后,新闻标题被推广到电子新闻领域,产生了新闻提要,获得了新的发展。

新闻标题之所以从无到有,从不完备到完备,从一种媒体到多种媒体,原因是多方面的,但关键在于新闻标题能够起到明显的"两导"作用。

1. 导受作用。导受即引导受众阅读和视听,是导读、导听和导视的总称。无论报纸、广播、电视的新闻报道,标题总是最突出、最引人注目的部分。一般情况下,有无标题、标题精妙与否,直接影响受众的阅读。而今,新闻媒体迅速发展,新闻数量与日俱增。受众无法兼收每一条新闻,以接触标题为主的"标题受众"不断增多。新闻竞争越来越首先表现为标题的竞争。"先浏览一遍标题,再选有兴趣的看"是读者阅报的基本习惯。同样一篇新闻,标题是否精当,导受的结果是不一样的。随着教育事业的发展,受众的文化层次不断提高,标题就更需要讲究导受艺术。

2. 导向作用。标题的导向作用主要体现在:标题可以或显或隐地表明对新闻事实的态度和看法,进而影响社会舆论,引导受众的是非观和价值观。标题的导向作用,最为明显的表现是可以借题发挥。例如,1939年,当德国法西斯侵占捷克之后,我国有的报纸作了这样的标题:"妥协政府的结果(引题)捷克亡(主题)"。这个标题透过现象审视本质,鲜明地揭示了妥协政府的极大危害性,发人深省,起了积极的舆论导向作用。

标题的导向作用,更多的是通过词语的褒贬和语气的强弱来显示的。例如:"广昌路上好睡觉,咸宁路上跌断腰",这则标题通过对比,好与坏、褒与贬,受众已一清二楚。

实际上,标题揭示新闻事实,即使不着一字褒贬,也会显示出某种倾向性。例如:"将军送子上南沙",这则标题只是客观地叙述事实,但受众可以感受到它的倾向性。

(二) 标题的形式

新闻标题形式有单一型和复合型两种。单一型只有正题而无辅题;复合型有正题又有辅题。辅题包括引题和副题。

1. 单一型标题

只有一个主标题，这是短讯采用最多的标题形式。例如：

<正题>长线旅游开始回落　短途旅游依然兴旺

（《人民日报》2012年1月28日）

<正题>长春免费文化大餐庆新春

（《人民日报》2012年1月28日）

2. 复合型标题

一是由正题、引题、副题组成。例如：

<引题>四架飞机、一辆汽车攻击时贸中心、五角大楼、国会山、戴维营

<正题>恐怖分子袭击美国

<副题>江泽民当夜致电布什向美国政府和人民表示深切慰问向死难家属表示哀悼

江泽民对我在美工作人员、留学人员、旅美华侨和在美港澳台同胞的安全深表关心

（《北京青年报》2001年9月12日）

二是由正题、引题组成。例如：

<引题>百年期盼终实现　神州大地尽欢腾

<正题>首都各界隆重庆祝香港回归祖国

（《光明日报》1997年7月2日）

三是由正题、副题组成。例如：

<正题>六百勇士斗死神　雷场放飞和平鸽

<副题>云南边防扫雷部队提前3个月完成扫雷使命

262平方公里和平土地移交边疆人民

（《解放军报》1994年9月25日）

（三）标题的写作要求

正题、引题、副题在标题中相互联系，同时又扮演着不同的角色，承担着不同的责任，因此，对它们有不同的要求。

1. 正题。又称主题、母题、主标题、大标题，是标题的主体、骨干，用来概括说明新闻中最主要的事实和思想，居于显要位置，字号大于引题和副题。

从表现方法看，正题可以是实题，即叙述新闻事实；也可以是虚题，即评价新闻事实，揭示其含义或隐含的理念。但在单独使用的情况下，消息的主题应当是实题或有叙有议的虚实结合题。例如：

①（引题）开发一个项目　带出一批能人　富了一个村庄
　（正题）甘肃农村青年角逐"丰收杯"

（《人民日报》1989年11月12日）

②（正题）美人身后多逸事 诸暨萧山抢"西施"

（《人民日报》1989年2月12日）

第一个标题中，前者为辅题，是对事实的评价；后者为主题，是对事实的叙述。这个标题有了前面的评价，受众能更清楚地认识事实的意义。但如果去掉后者，只取前者作为主题，受众就会不知新闻所云，标题就无异于文章的题目。因此，没有辅题的消息的主题一般不宜作虚题。第二个标题虚实结合，受众能够从中获得新闻事实，因而可以单独使用。——单一结构的标题（正题）触及新闻事实。有辅题，则可采用虚实互补。

从句子结构看，主题可以是单句，即只有一个动词，也可以是复句，即包含多个动词。在通常情况下，主题应该是一个独立的句子，让受众在一瞥之间获得一个比较完整的信息。

从外在形式看，主题可以是一行，也可以是多行。但以一行为主，一般不宜超过两行，以求醒目。多行通常用于表达多项同等重要的内容或一个难以简化的长句。如果是一句话分成两行，要注意语气的顺畅和概念的完整。

2. 引题。主题的引导题，位于主题之前，因排列有纵向和横向的不同，又分别被称为肩题和眉题。引题通常用于说明、引申和烘托主题，一般可作虚题。

新闻的来源、背景和原因，一般由引题来交代。例如：

①（引题）专家预测
（正题）美国可能再次遭遇灾难性飓风袭击
（《湖南日报》2005年10月9日）
②（引题）渴！8个月滴雨未见
（正题）意大利海瘦山枯
（《湖南日报》1989年2月15日）
③（引题）外面的考生千方百计挤进来　里边的学子早早琢磨逃出去
（正题）大学校园出现围城现象
（《中国青年报》2005年4月4日）

新闻的意义、本质，一般由引题来揭示。例如：

①（引题）神舟再度飞天　中华续写辉煌
（正题）我国两名航天员齐上太空
（《中国青年报》2005年10月13日）
②（引题）人生自古谁无死　留取青山在人间
（正题）共产党员高凤歧身患绝症仍率领全家绿化荒山
（《光明日报》1985年8月9日）

新闻的环境、气氛，一般由引题来点染：例如：

①（引题）人文自然相辉映　红花绿叶互映衬
（正题）"绿色张家界"举起红色旅游大旗
（《湖南日报》2005年3月27日）
②（引题）白荷冰清玉洁　红荷嫣然如霞
（正题）微山湖十万亩野生荷花溢清香
（《新民晚报》1989年8月2日）

3. 副题。主题的辅助题，主要用来补充、解释和证明主题。通常位于主题之后，又称子题、副标题。副题的职责是补充、说明主题，因而一般宜作实题，不作虚题。

如果主题不胜负担，难以概括新闻中重要的信息，就应借助副题予以补充。例如：

（正题）张艺谋圆英雄梦　姜文出演秦始皇

（副题）四大腕儿聚首神侃不是神侃

(《北京青年报》2001年2月23日)

如果主题含而不露，不叙述具体事实，受众不易明了，就可以借助副题予以解释。例如：

（正题）毕节用"五子登科"治理生态环境
（副题）山顶戴帽子　山腰系带子　坡地铺毯子　大田种谷子　山下抓票子

(《人民日报》1988年7月13日)

如果主题就虚论虚，不提供具体事实，受众易觉空泛，就应借助副题予以证明。例如：

（正题）泰安榨干政绩水分
（副题）不再考核农民人均纯收入

(《中国青年报》1997年7月15日)

重要信息较多的新闻，副题可以作成补行的多层题，通常称之为"副题组"。例如：

（正题）发展上海证券市场的策略选择
（副题）时间向度：高瞻远瞩　分步实施　稳重求进
　　　　空间向度：服务全国　依托香港　走向世界

(《解放日报》1990年2月28日)

二、消息的导语

消息导语，是指消息中以简练而生动的文字介绍新闻事实中最主要的内容，并能引起读者阅读兴趣的开头部分。消息导语，是消息这一新闻体裁特有的成分，在消息中肩负着十分重要的任务，起着举足轻重的作用。

（一）导语的作用

1. 展示最具新闻价值的信息，起告知作用，起导读、导视、导听作用。导语的这一作用与消息标题的作用是相同的。导语不管用什么方式写成，通常都必须做到这一点。事实具有新闻价值，是受众对此予以关注的依据。事实的新闻价值高，它就会广受关注。相反，它绝不会受到广泛关注。因此，新闻记者在进行新闻报道的过程中，要选择具有新闻价值的事实加以报道，通常要在导语部分就展示事实的新闻价值。如果所报道的事实颇有新闻价值，而导语部分又并未展示其新闻价值，就很难吸引受众继续往下阅读。

2. 提供受众最感兴趣的信息，激起阅读、收视、收听的欲望，起吸引受众的作用。

有时，一篇消息所报道的新闻事实涉及诸多方面。而受众感兴趣的只有其中的一个方面或一个部分。导语应当将受众最感兴趣的那一个方面或部分，放在醒目的位置特别加以突出。也就是说，写作导语的时候，要牢牢把握受众的兴趣点，其他的相关内容完全可以放到消息的主体部分加以叙述。在信息爆炸的今天，导语做到这一点显得特别重要。

3. 确定写作的重点内容，起定调、定音的作用，起画龙点睛的作用。

导语为一篇之首，导语确定了写作重点，抓住了要害，材料的取舍便有了依据、准绳。导语写好了，主体也就容易展开了。因此，对于记者的写作来说，推敲导语，是写好消息的第一步。

(二) 导语的类型及写作要求

导语的种类很多，根据不同的标准，可以对导语作不同的分类。目前比较有影响的，有以下三种分类的方法。

其一，按新闻要素分类。这是欧美的一种分类方法。一个完整的新闻事实由五个"W"加一个"H"构成，作者从中找出最能表现新闻事实本质特点的一个要素，用这一个要素组织一条导语。如此产生的导语，就有不同的侧重点，进而形成不同类型的导语。以此来区分导语类型，就是"六要素分类法"。据此，导语有六种类型：何人导语、何事导语、何时导语、何地导语、为何导语、如何导语。

其二、按时间远近点分类，这种分类法是美国新闻界20世纪70年代提出来的。新闻报道，与新闻事件的发生，往往具有时间差，报道最快的，可能是当即、当天。报道慢的，可能是数日、数周。为了加强新闻报道的时间性，遇到最近发生的事实，就把时间要素突出地写进导语。遇到时隔多日的事实，它仍具有报道的价值，就在导语中回避时间要素，以其他形式开头，因而就有了直接性导语和延续性导语（又称间接性导语）的区别。

其三、按照表达方式分类，这是中国的导语分类法。根据表达方式的不同，将导语分为叙述型导语、描写型导语、议论型导语。下面重点介绍这三种类型。

1. 叙述型导语

与新闻报道客观地叙述事实这个基本特征相适应，大多数消息导语采用的是叙述型导语。叙述型导语包括直叙式、概括式、对比式等不同形式：

（1）直叙式导语。要求开门见山，把最有新闻价值的新闻事实告诉读者。例如：

> 本报讯 一女子为情所困，欲开煤气自杀，结果煤气外泄，致使整栋楼居民被迫紧急疏散，这是昨天中午发生在杨浦区控江三村某号内的惊险一幕。
>
> （《新民晚报》2004年2月14日）

直叙式导语适合于快速地报道新闻，适合于快节奏的现代生活。但是要写好它并不容易。这类导语如写不好易陷于平淡无奇，缺乏吸引力。要避免这个弊病，首先必须鉴别一下，你所要报道的内容中，哪一个新闻事实最有新闻价值，对读者将最有吸引力，那就在导语中突出这个事实。一般而言，这样的导语必须有较大的新闻信息量，而且所涉及的人或事必须有较为显著的特点。

（2）概括式导语。又叫综合性导语。它的特点是对整篇报道的内容进行浓缩和概括，大气包举，笼罩全篇，为读者提供整篇消息的梗概。这类导语适用于那些内容复杂、过程曲折的消息。例如：

> 新华社济南2月12日电 经最高人民法院核准，安徽省原副省长王怀忠12日在济南被执行死刑。这是继胡长清、成克杰之后，我国改革开放以来第三个被处以极刑的省部级以上腐败高官。

（3）对比式导语。就是把现在的情景和过去的情景相比较，或者把此时此地的情景与另一处情景相对比，使之相映成趣。它的特点是着眼于当前，讲过去是为了衬托现在，使消息中所蕴含的新闻价值充分地显露出来。例如：

> 新华社拉萨1月2日电 新中国成立前没有一公里公路，在狭窄险

道上全靠牦牛、毛驴驮运或人背的西藏，今天已有一万五千八百公里的公路通车。

在内地，一万公里长的公路不算稀奇，但加上西藏过去"没有一公里公路"这个对比性背景材料，就使这条新闻的意义显示出来了。

2. 描写型导语

这类导语是一种通过绘声绘色的描写而达到一目了然效果的样式，具有现场感，生动、活泼、具体、形象，能引起注意。

描写型导语的写法比较自由多样，可以从记者目击的现场气氛情景写起，给人以身临其境的感觉，所以这种导语又叫见闻式导语。写好这种导语的关键是要深入现场，要有真情实感，捕捉新闻事实的某个方面的特征和侧面，或描写新闻人物的神态、特征或外貌。如：

新华社华东1948年10月10日电　9月28日上午8时，在胶济路北侧寿光县境内弥河上的张剑桥桥头，我寿光公安局查哨口扣留了一个穿着黑色旧棉袍、用毛巾蒙着脸，躺在一辆大车上呻吟的"商人"。这就是从济南逃出来的国民党山东省主席王耀武。

这条导语勾勒了显赫一时的国民党中将司令、省主席化装逃跑外貌神态，让人看到国民党军队兵败如山倒的狼狈情景。

描写还可以用较少的词、词组、分句，构成定语或定语词组，再现事物的某一特征。如：

本报巴黎专电　在巴黎，人们常能见到一些衣冠不整、精神沮丧的人，或卧倒在地铁座椅上，或手握酒瓶蹒跚而行。这就是游离于社会的流浪汉。

（《人民日报》1983年3月30日）

导语的描写，主要是白描勾勒，寥寥数笔，勾画出事物人物的轮廓。如：

合众国际社（1972年）2月21日电　帕特和理查德·尼克松今天在周恩来的正式宴会上，胃口好极了，吃得津津有味，像老手一样使筷子。

有些导语在白描的基础上，选取事实的最佳部位或细节、声响、动作、情绪，增添局部性的"工笔细描"。即对其中最有感染力或最能说明问题的某一点，着墨较多。这种写法的导语有如电影中的特写镜头，故称特写式导语。如：

本报讯　"啪、啪……"一连五枪，只见一辆解放牌卡车的一只轮胎被打穿了五个洞，但汽车仍在稳稳地继续行驶。

（《四川日报》1949年4月16日）

这种导语使新闻信息有很强的可视性和镜头感，可以调动读者的注意力。当然，这种导语在设计中并不是万能的，随处可用的。记者描写时，要准确判断这类题材是否适合用特写手法。被报道的事物，总应该在色彩、音响、动作、画面上有较明晰生动可写的一面，否则描写无所依据。同时，描写要简短、适当、具体、通俗，要避免滥用细节、过分渲染、陈词滥调等毛病。下面是《纽约时报》1979年2月7日的一条导语：

莫汉·拉尔是一个6岁的男孩，大肚子，害羞地笑着，他说他吃不饱，可能从来没吃饱过，他喝沟里的脏水，不着身子，从未看见过医院、浴室，也从未看见过一块肥皂和一个医生。

使专家们绝望的是，这就是真正的印度——在成千上万的印度村庄里，数以百万计的孩子都像莫汉·拉尔这个样。

这是西方记者常用的一种复合导语，两个自然段组成。先用描写的手法勾画出流浪儿的外貌，然后一转揭示印度严重的社会问题，这种描述，能在感官上和感情上打动读者。

3. 议论式导语

新闻报道以客观叙事为主，一般不允许记者在报道中大发议论，但也不排除在叙事过程中画龙点睛式的说理、议论。议论式导语往往采用夹叙夹议的方式，通过极有节制、极有分寸的评论，引出新闻事实，揭示新闻本质，以唤起读者的注意。它有评论式、引语式、设问式三种形式。

（1）评论式。评论式导语往往在导语中直接评点或评价新闻事实。它或是先下评论后叙事，或是先叙事后评论，或是夹叙夹议。试看下面的例子。

美国名将和澳大利亚新秀望着站在领奖台最高层的林莉。这标志着一个时代的结束——中国人在世界游泳锦标赛上仰人鼻息的时代结束了。

(1991年1月8日《中国青年报》)

评论式导语,其评论要紧扣新闻事实,不能脱离新闻事实乱发议论。它的评论要少而精,最好是一句,一语中的。

(2) 引语式。引语式就是引用要人、权威或群众的话来开篇。采用引语式通常有两种情况:一是所引的话,本身就是重要新闻;一是借他人之口,来评价、引带新闻事实。试看:

路透社北京11月2日电 邓小平副主席今天说:中国没有叫台湾投降,而是希望它接受在平等的基础上就中国和平统一的问题进行谈判。

根据引语的方式,引语式导语又有直接引语和间接引语之分。直接引语即直接引用原话,间接引语是把别人的原话略加整理引出。直接引语应加引号,以示真实准确。间接引语则不能加引号,但必须符合原意,不能断章取义,不能不负责任地随意歪曲谈话人的意思。

使用引语式导语应谨慎。美国学者威廉·梅茨在《怎样写新闻》一书中曾指出:一位提供消息的人,决不会有意识地使自己的话构成一则新闻导语;而且也很少有某个人的话,一字不差地加以引用就是一条最好的导语。我们在使用引语式导语时应做到:所引的话,应精彩、主动,富有新意,能牢牢地抓住读者;所引的话要精炼,不能连篇累牍;所引的话要真实,符合原意;所引的话,应和报道主题紧密相关。

(3) 设问式。设问式导语是以设置疑问开头的导语。它以疑问提挈全篇,吸引读者的注意。试看:

尽管高科技已使阿波罗号飞船登上月球表面,但人类对自身赖以生存的地球却仍然有着太多的困惑:地球生来就这么大吗?陆地之间怎么会出现宽阔深邃的汪洋大海?造福于人类的油气矿藏又何以分布得如此贫富不均?

(1992年3月5日《新华社新闻稿·中国学者提出地球演化新学说》)

8点上班的钟声响过之后,中央国家机关有多少人迟到?

(1987年6月15日《新华社新闻稿》)

设问式导语的制作，关键是问题的设计。首先，所设的问题，应紧扣新闻主题；其次，这些问题，应该是读者欲知而未知的问题；其三，设置的问题应难易适当，即不要过于浅显，又不要过于深奥；其四，不要无疑而问。

三、消息的主体

消息的主体是导语后的具体展开部分。我国新闻界对于"主体"部分有几种不同的称呼：有人把它称为"正文"；有人称之为"新闻的展开部分"；有人称之为"新闻躯干"。欧美新闻界把这部分内容称为"Boby"。而Boby这一词，在英文中有多种意思，既有身体、躯体、躯干之意，也有主体、主要部分之意。主体是消息的主要组成部分，有了它，消息才显得充实和完美。

（一）主体的作用

主体的作用主要表现在两个方面：

1. 展开作用。即对标题和导语所涉及的新闻事实的具体展示。在消息标题和导语的写作中，为了突出新闻事实中最具吸引力的内容，为了简洁，现代导语（第二代、第三代）往往省略一些新闻要素，对事实的叙述也取概括的方式。正如美国新闻学者所说，"导语是新闻报道的主旨、序曲和开场白。"[①] 它只能将读者吸引过来，而不能让读者尽兴——了解事件全貌；对传播者一方来说，仅凭导语也难以揭示新闻主题，实现报道意图。因此，还必须在导语之后，通过主体对新闻事实做出进一步的交代，亦即展开导语所提示的内容。

2. 补充作用。即对标题和导语所涉及的新闻事实加以必要的补充和延伸。它们可以是新闻要素，可以是新闻背景，也可以是次要的新闻事实。对新闻事实的补充和延伸可以扩充新闻的信息量，使新闻的内容得以完整、丰富，主题得以升华。

当然，展开作用和补充作用不是截然分开的，很多消息的主体部分，对标题和导语的内容，既有所展开，又有所补充。例如：

---

① [美] 约翰·钱塞勒：《记者生涯》，世界知识出版社1985年版。

平潭大开发　共筑两岸人民美好家园
一批促进两岸往来的基础设施项目昨日开工建设

本报讯（记者　兰锋　王凤山）平潭距离台湾新竹68海里。昨日，在这个祖国大陆离台湾本岛最近的地方，有两个交通基础设施项目开工。通过这两个点，大陆与台湾岛的时空距离将大大缩短，两岸人民共筑美好家园的愿景又近了一步。

一个是福州至平潭铁路。这是规划中的北京至台北铁路在大陆的最末端，未来将从这里通过两岸海底隧道直达台湾。

另一个是海峡高速客滚码头。码头投入营运后，将争取开辟对台高速客滚航线。届时从平潭到基隆3.5个小时，到新竹仅1.5个小时。

作为海西战略的重要突破口，平潭开放开发牵动着方方面面。福建省把推进平潭开放开发作为加快建设海峡西岸经济区的重要抓手，提出要积极探索"共同规划、共同开发、共同管理、共同经营、共同受益"的两岸合作新模式，努力打造两岸人民共同家园。

美好家园需要两岸携手共筑。一年多来，平潭基础设施建设全面推进，开放开发环境不断优化。今年5月，福建经贸代表团赴台发布了推动平潭开放开发十项政策，岛内外各界积极响应。台湾一批重要工商企业、行业团体、高等院校纷纷组团前来考察。台湾远雄集团和世贸集团的"海峡如意城"、台湾协力集团的微电子产业园等项目先后落地开建。平潭还与台湾新竹市政府、新竹观光旅游协会、物流协会等达成了合作意向。台湾四大工程顾问公司共同组成平潭开发投资筹备小组，将在打造平潭智慧岛、信息岛、低碳经济岛等方面进行合作。此外，新加坡金鹰集团等海内外企业也纷至沓来。

昨日，由台湾协力集团等投资57亿元的协力科技产业园同时开工；台湾世新大学、台湾东森集团与福建师范大学等合作的福建海峡学院正式签约。

在开工现场，来自台湾投资方的福建海峡高速客滚航运公司总经理叶华陶表示："未来平潭—台湾航线的开通，对福建乃至两岸航运来说是一次革命，它将推动两岸交流合作向更高层次迈进。"

"平潭是一片创业热土，等基础设施完善后，这里将成为两岸交流的重要纽带。"协力科技产业园光导体项目总经理陈孟邦说，近来不少台湾朋友打电话向他了解平潭发展情况，并表示了考察投资的浓厚意愿。

就在22日落幕的第六次"陈江会"上,又一批两岸合作协议签署,跨越台湾海峡的交流合作更加热络。平潭这块大陆距离台湾最近的热土,将更加引人注目。人们期待,平潭真正成为两岸人民共同构筑的美好家园

(《福建日报》2010年12月26日)

这是一篇获得第二十一届中国新闻奖一等奖的作品。这篇消息的标题和导语交代了主要的新闻事实,主体部分对标题和导语的内容,既有所展开,又有所补充。主体部分的第一、二、三段主要是展开导语所提示的内容,包括"两个点"及其意义,第四、五段主要是对新闻事实的补充和延伸。

(二)主体的结构

消息的主体既然是对标题和导语的补充和展开,那么它的结构与消息的整体结构就应该是密切相关的。因此,我们在讨论消息的主体结构时,要与消息的整体结构结合起来。

在倒金字塔式结构的消息中,主体的梗概、关键和精华,几乎都在导语中出现了。在这一类消息中,主体实际上是对导语中已披露的新闻要素作进一步的解释、补充。对于金字塔式结构的消息来说,主体可以说是全篇的主干,它是由人物、时间、地点、事件经过、原因等要素及新闻背景构成的,是事实过程的有计划的展现。至于混合式结构的消息,导语中交代了最主要的新闻事实,主体则是按时间顺序对事件进行展开。这是从内容上分析的。从结构上看,它又有几种常见的结构方式。

1. 按重要程度顺序安排层次

按重要程度顺序安排层次,就是按照新闻事件内容的重要程序或受众关心程度先主后次地安排事实材料。这是通常所说的倒金字塔式结构法,它是消息写作中常见的写法,尤其多用于事件性新闻即动态消息。一篇消息,导语是最重要最新鲜的事实概括,而在主体部分同样依照重要程度递减的顺序来安排层次。例如上文列举的《盖茨及同窗报恩母校》就是这种形式。

2. 按事件发展顺序安排层次

按事件发展顺序安排层次,就是根据事情发展的时间先后来组织材料、排列层次。这也是消息主体中常用的结构法之一。这种结构,可以顺叙,即由远及近,它能清楚地反映出新闻事件始末,脉络清楚,适合我国受众的习惯和口味。它适合金字塔式结构以及由它衍生的"积累兴趣"结构、"延缓兴

趣"结构等形式。在内容上，适合那些故事性较强的事件，也适合内容较为复杂但却线条单一的消息写作。本章第一节所举的《冻死的孩子重新复活》都是按这种顺序安排层次的。

3. 按逻辑顺序安排层次

按逻辑顺序安排层次，就是根据事物的内在联系或问题的逻辑关系来组织材料、安排段落和层次，不受时间顺序的约束。这种结构方法，有利于反映事物内在发展规律，揭示出事物的本质特征与意义，因而会有较强的说服力。它较适用于非事件性新闻，如综合消息和述评性消息的写作。

按逻辑顺序安排结构有不同的形式：它们各部分之间或是因果关系，或是递进关系，或是主从关系，或是并列关系，或是对比关系，或是点面关系，这要视材料性质和消息类型而定。

在实际写作中，消息主体结构的安排常常是事件发展顺序和逻辑顺序紧密结合，交叉使用，几乎很难把两者区分开来。这样做便于安排材料，即使事实叙述得有条理，又能把事物各个方面的逻辑联系讲清楚，更好地为主题服务。例如：

55小时目睹36次日出日落

神六刷新我国载人航天多项纪录

新华社北京（2005年）10月14日电 截至14日16时，神舟六号飞船已进入太空55小时，两名航天员在太空目睹了36次日出日落，飞行约151万公里。

从北京时间12日9时发射升空以来，两名航天员各自经历了两次太空睡眠，身体健康状况良好，按照预定计划顺利完成了一系列空间科学实验。飞船第5圈实施了变轨，由椭圆轨道变为圆轨道。14日5时56分，在北京航天飞控中心的组织指挥下对飞船进行了首次轨道维持。神舟六号飞船升空后以每秒约7.8公里的高速飞行，两名航天员目前已在太空飞行约151万公里，是迄今为止我国在太空飞行距离最远的人。

神六刷新多项纪录

第一次进行多人多天太空飞行试验

神舟一号到四号是无人驾驶太空飞行试验，神舟五号是一人一天的太空飞行试验，神舟六号是两人多天的太空飞行试验，为未来航天员在空间站生活和工作奠定了基础。

第一次进入轨道舱

航天员首次往返轨道舱，进行了失重状态下的关闭返回舱门及检漏试验。"生命之门"连接返回舱与轨道舱，一旦两个舱室气压不同，舱门就无法开启，要么会被弹开，一旦撞到航天员身上可能造成伤害；同时，它的密封性至关重要，飞船返回前两舱分离，这个舱门必须严丝合缝地关闭，一旦舱门漏气，返回舱就会在几秒钟内变成真空，因此航天员进入轨道舱科学意义重大。

第一次进行真正有人参与的空间科学试验

杨利伟在神舟五号上没有进行真正意义上的空间科学试验。这次费俊龙、聂海胜参与的空间科学试验包括：实施对地观测、海洋污染监测、大气状况监测、植被状况监测以及生物科学和材料科学的研究。

第一次在太空生活中的创新

航天员完成压力服穿脱试验、吃上热食和复水食品、在"太空马桶"解手、喝上采自地下1700米的矿泉水、自测血压、在睡袋里睡眠、拍摄到首次在轨干扰力试验。

这篇消息的主体，首先按时间顺序概述两名宇航员在太空的情况，之后介绍"神六"刷新多项纪录的新闻事实。在介绍"神六"刷新多项纪录的新闻事实时，分四个方面进行介绍，这四个方面是并列关系。

（三）主体的写作要求

1. 紧扣导语，而不重复导语

写好主体，一个重要的问题是如何处理好主体与导语之间的关系。在具体的写作中，应避免以下两种情况的出现：

一种情况是：与导语重复的内容太多，甚至于好多字词都重复出现。解决这个问题，关键在于对主体和对导语的功能加以区分。导语的功能是以精练的语言展示新闻事实最精彩的内容，主体的功能是具体展示新闻事实的内容。准确理解和把握二者的不同功能，就不会在文本中出现过多的重复。以上是避免重复的方法之一。方法之二，同样的意思，可以考虑用不同的词汇加以表述。这样可免去行文的单调之感。

另一种情况是：主体与导语的内容相脱节、相游离。在主体的写作过程中，可以对导语中已经作过展示的内容不再过多提及，而着重于对未曾涉及的内容加以补充。但是，所补充的事实和内容，应当是与导语有一定关联性的，否则就会成为"闲笔"。

2. 内容充实，事实典型

消息必须用事实说话，不能空发议论。主体的写作，也必须内容具体，不能把空泛的议论、抒情塞进消息。同时，又要防止罗列事实，平铺直叙，事例要典型。

四、消息头和结尾

（一）消息头

消息头的形式主要有"讯"和"电"两大类。

"讯"，主要指通过邮寄或书面递交形式向报社传递的新闻报道。报社通过自身的新闻渠道所获得的本埠消息，一般标明"本报讯"。无论是记者还是通讯员为一家报社写稿，在其消息的开头，一般应冠以"本报讯"三字。如果稿件是从外埠寄来的，则应标明发布新闻的时间和地点，如"本报长沙9月10日专讯"。

"电"，主要指通过电报、电传或电话等形式向报社传递的新闻报道，又称"电头"。"电头"是由发布新闻单位的名称、发布新闻的地点以及发布新闻的时间所组成，三者缺一不可。如"新华社纽约9月11日电"。

消息头是消息的标志，正规的新闻报道不可忽视消息头的运用。消息头在使用中主要有以下的作用：

①消息头是区别于其他文体的标志之一；

②消息头与新闻发布单位的声誉紧密联系在一起，它促使新闻发布单位谨慎地对待每一条消息，力求客观、翔实、新颖、生动；

③消息头能标明新闻来源，以利读者判断；

④消息头是"版权所有"的标志，消息前一旦标明"本报讯"，就表示这条消息是本报独家采集的新闻，其他新闻媒介不得任意转载、抄袭。对于通讯社的电讯稿，报社不能任意增补更改。如有删节，则应在消息头上标明："据××社××地××月××日电"。

（二）消息尾

1. 消息结尾的作用

有人认为：消息不存在结尾的问题，这种观点主要源于倒金字塔式结构的写法，因为在倒金字塔结构中，材料越到后面越不重要，编辑可以视情况进行删减。

我们认为消息是有结尾的。结尾，是消息的最后一段或最后一句，表示一则消息的完结。对于倒金字塔式结构，不能认为最后一段或最后一句不是结尾。结尾表述的内容是承上而来的，至于后面的段落、句子是否可以删掉，编辑是不能随意处理的。在不影响文章整体结构的前提下，是可以删掉的。删到哪一段，哪一句，那段、那句的前面就是结尾。对于其他结构的消息，则有明显的结尾。而且这个结尾还会发挥其应有的作用。消息的作用主要体现在以下几个方面：

(1) 概括作用。即对新闻事实加以概括。
(2) 升华作用。即对新闻报道画龙点睛，升华主题。
(3) 启发作用。即对报道的事实加以引申，以此启发受众思考。
(4) 补充作用。即对前文所报道的新闻事实予以补充。

2. 消息结尾的几种方式

(1) 水到渠成，自然结尾。

按传统的倒金字塔式结构写作的消息，如果在导语和主体中，把有关的事实、材料介绍清楚了，就可以自然结尾，而不必专门构思一个结尾部分，这是自然结尾的一种方式。再一种情况是按时间顺序写作的消息，一般是把先发生的情况写在前面，后发生的情况写在后面，最后的结果也就是消息的结尾。这种结尾形式，虽然分量很重，是全篇的高潮，但从文理上来看，它也是顺理成章、水到渠成，也可看成自然结尾式。

(2) 首尾关照，巧妙呼应。

美国新闻学者认为，写作技巧最好的结尾是再回到报道开始介绍的人和事，即在消息的最后，补充新的材料，或展开导语中来不及展开的新闻要素，形成专门的结尾部分。呼应式结尾可以增加消息的信息量，使之首尾连贯，浑然一体，显得紧凑、利落。

(3) 画龙点睛，卒章显志。

消息的结尾，用少而精的语言，或记叙、或议论、或抒情，画龙点睛，揭示出文章的主题。例如：

"我们都是中国人"

本报讯（记者艾辉 黄荣铨） 最近，广东省邮电管理局副局长梁锋在美国夏威夷访问时经历一事，使他触摸到了台湾同胞的坚定的中国心。

今年 7 月份，梁锋在夏威夷参团参观一文化设施，团里有不少台湾同胞，导游是个美国人。按这位导游的规矩，要把这个 20 多人的团分组，标准是"台湾人"、"懂英语的中国人"和"不懂英语的中国人"。当导游要求"是台湾人的举手"时，没有一人举手回应。他感到很奇怪，又连说了三遍，却反而激起了台湾同胞的气愤。

有的台湾同胞说："我们是出生在台湾的中国人"，有的台湾同胞说："我们是海峡对岸的中国人"，有的台湾同胞更斩钉截铁地说："我们都是中国人"。

梁锋说，见到这样的情景，深深感到两岸人民的确血浓于水，统一观念根深蒂固，李登辉宣称的"两岸是国家与国家的关系"在台湾也是不得人心的。

(《羊城晚报》1999 年 8 月 15 日)

这则消息的结尾运用的就是带抒情性的议论，揭示出李登辉分裂祖国不得人心的主题。起到了画龙点睛的作用。

五、消息的背景

消息背景是指与新闻事实有联系的历史条件、社会环境、政治因素、地理特征和科学知识等材料。一般说来，新闻事实都要有背景材料来烘托，这是由生活的辩证关系和新闻的取材特点所规定的。新闻事实与外界事物有千丝万缕的联系，它的发生都会有来龙去脉、前因后果，这就决定了大部分新闻既有新闻事实，又有背景事实。所以，背景也是一种事实，是能对新闻事实起说明、补充、衬托作用的事实，又被称作"新闻背后的新闻"。

(一) 消息背景的作用

背景材料在消息写作中起到的作用主要有以下几个方面：

1. 突出、深化新闻主题的作用

新闻的主题主要靠新闻事实来体现，但背景材料的巧妙运用可以给新闻事实提供一个参照物，起到烘云托月、深化主题的作用。例如：中国新闻社 1986 年 8 月 21 日的《广西一农民除掉被日本人刻在脸上的"亡国奴"三字》，文中的背景材料这样写道：

> 今年 67 岁的杨清福是广西靖西县人，抗战期间，他曾在国民党军队服役，在柳州会战中，被日本侵略军俘获。日军用针头和化学药水在他左右脸颊及额头上，从右至左刺上拇指大小的"亡国奴"三个字。据老人回忆，当时同遭此厄运的有十几人。杨清福死里逃生后，曾三次用土药想把这耻辱的记号除掉，但均未成功。

而在抗战胜利后的第 40 个年头里，广西医学院附属医院联合南宁市康复医院给杨清福老人顺利地做了除字手术。从背景交代中，知道了农民杨清福额头上刺字的经历，也知道了他们几十年里心中的耻辱以及洗刷耻辱的强烈愿望。这则背景对整个新闻的主题的提升有很好的作用，甚至比新闻主体还更有意义。

2. 补充、解释新闻事实的作用

消息的新闻事实是现实生活中刚刚发生或正在发生的事实，但其事实的产生，都有其环境条件、具体原因，因此有必要将这种条件和原因作一些必要的交代。它或者弥补新闻事实的不足，完善新闻内容；或者解释新闻事实，解答受众的疑问。例如：新华社记者 1990 年 7 月 8 日在《参考消息》上发表《土耳其总统"爷爷"盛情邀请中国"外孙女"王晴赴土就学》一文。文中用较大篇幅补充一段事实，即中国女孩如何成为土耳其总统的外孙女的：

> 提起埃夫伦总统的"中国外孙女"还有一段故事哩。
>
> 1982 年 12 月，埃夫伦总统访华时曾到上海少年宫参观，当时王晴作为小向导一直陪伴着，她的活泼可爱、聪明伶俐的神态，特别讨人喜欢。总统事后回忆说："她陪我参观少年宫，她的小手拉着我的手——就像我自己的外孙女一样"。
>
> ……
>
> 埃夫伦总统回国后，指名邀请王晴来土耳其参加国际儿童联合会。于是她同 9 名"小使者"组成的中国儿童代表团在 1983 年 4 月来到土耳其。
>
> 自那以后的 6 年多来，埃夫伦和她的"中国外孙女"一直没有见过面，但总统一家经常同王晴通信。
>
> 随着总统和她的"中国外孙女"感情的加深，埃夫伦想让王晴来土

耳其上大学。他把这一想法告诉中国大使刘华和1990年3月在土耳其访问的中国副总理田纪云。尔后中国大使馆转达了埃夫伦总统的邀请,建议有关部门将王晴安排在她的埃夫伦总统爷爷身边上大学。

这一大段交代,将王晴与埃夫伦的结识交往过程从头到尾历历数来,真是一个完整动人的故事。

3. 巧妙暗示、表达己见的作用

新闻强调用事实说话,但记者可以借助背景材料,用客观手法表达自己的立场、倾向。胡乔木在《人人要学会写新闻》中说:新闻是"无形的意见","愈是好的新闻,就愈善于在内容上贯彻自己的意见,也愈善于在形式上隐瞒自己的意见。"例如:

谢 胡 自 杀

新华社北京(1981年)12月19日电 据阿通社报道,阿尔巴尼亚部长会议主席穆罕默德·谢胡12月18日凌晨自杀死亡。

这一消息是阿尔巴尼亚党政领导在18日晚发布的一项公报中公布的。这项公报说,谢胡是在"神经失常"时自杀的。

在这以前,阿通社在12月17日曾经发表谢胡16日在地拉那接见罗马尼亚政府贸易代表团的消息。

谢胡自1948年起任阿尔巴尼亚劳动党中央政治局委员,1954年起任阿尔巴尼亚部长会议主席,终年68岁。

上述消息所报道的事实是:谢胡自杀身亡。对此,新华社未予置评,然而实际上已经作了否定。妙就妙在不显山不露水地提供了两个背景材料:一是谢胡临死前两天还接见过罗马尼亚政府贸易代表团(言下之意是死前精神相当正常);二是他长期以来担任阿尔巴尼亚党政高级领导职务(可见多年来未发现神经失常史)。两则背景材料都包含着一定的潜台词。在这里,用富于内涵的事实作为背景来说话,效果要比由新华社直接进行否定性的评论好得多。

4. 拓宽视野、增加趣味的作用

在拓宽受众视野、增加阅读情趣方面,背景材料比消息的某些要素更有灵活性和自由度,因为它不是新闻事实,可视情况来取舍。例如,《人民日报》1990 年 10 月 30 日刊登了一篇写法独特、意趣横生的新闻，名为《"狗不理"新探》。它说的是记者探究天津"狗不理"包子生意兴隆的奥秘何在。对"狗不理"，人们只知其名，而不知其源，这就需要注释。文中写道：

> "狗不理"的历史可谓久矣。它的创始人高贵友开办此店是在 140 年前。由于手艺独到，袁世凯曾将他做的包子进贡给慈禧太后并获得个"龙颜大悦"。当初店铺的字号"德聚"也逐渐被掌柜的小名"狗不理"所代替了。

用了这段背景材料，文章的味与包子的味相映成趣了。

（二）消息背景的类型

消息的背景材料是多种多样的，类型的划分标准也不统一。比较常见的是从内容和功用两个方面来划分。从内容上看，大致可分为历史背景材料、社会背景材料、地理背景材料、人物背景材料、事物背景材料（有的加上知识背景材料、数字背景材料、政治背景材料等）；从功用上看，大致可分为说明性背景材料、解释性背景材料、对比性背景材料（有的加上补充性背景材料、变换性背景材料等）。

1. 按内容分类

（1）历史背景材料

从内容上看，历史背景材料指与新闻事实相关的历史事实、历史观点，用以解释说明新闻事实，或对比衬托新闻事实。从时间上看，新闻报道的核心是新闻事实的最新变化点，而与这一点密切相连的在这一点之前的发展过程，就属于历史背景。它是为了让受众了解事情的来龙去脉。

（2）社会背景材料

这是与新闻事实有关的社会环境的材料。许多事物的新闻价值往往在与同类事物的比较中显现出来，或在一定的社会环境中，才能体现出它的真正价值。社会背景就是挖掘和交代新闻事实与其他事实的联系，渲染一定的社会环境。

（3）地理背景材料

传媒是不受时空限制的，最早的第一篇消息不仅当代人、而且后人将继续阅读，而人的经历具有时空限制性，所以新闻作品中涉及的关于地理方面的情况，诸如国内外的城市、地区的自然环境状况、风土人情等可能会给受众带来阅读上的困难，这就有必要在消息中增加地理背景材料。尤其是现在兴起的风光、旅游新闻中更有必要。

（4）人物背景材料

人物背景指的是人物的基本情况，包括主要经历和社会关系。消息报道的新闻事件要涉及人和人的活动，当新闻中出现读者不熟悉的新人物，或是过去熟悉，由于时间久了印象不深的人物，就需要进行介绍。

（5）事物背景材料

在报道社会生活中出现的新事物、取得的新成就的这类消息中，记者有必要介绍一些与新事物、新成就相关的知识，帮助受众了解这些新事物、新成就的意义与价值。

2. 按功能分类

（1）说明性背景材料

它一般包括以下内容：对新闻事实的原因、条件、环境、政治背景、及历史演变进行说明；对新闻人物的出身、经历、身份、特点进行说明。

（2）解释性背景材料

它一般包括以下内容：对新闻事实从历史、地理、科技等方面进行解释；对与新闻事实相关联的重要的、难解的概念术语加以解释。

（3）对比性背景材料

这一类背景，主要用来构成与新闻事实的对比关系，从某一方面来衬托新闻事实。它包括对事物进行的前后对比、新旧对比、左右对比、正反对比，通过对比，突出新闻事件的意义。

（三）背景材料的灵活运用

背景材料的运用没有固定的格式，位置依需要而定，它可以安排在消息的任何部位。

1. 标题中穿插背景

标题是消息的浓缩与精华，文字上要求简而又简、精而又精，但这并不影响背景材料的使用。例如：

五四新文学时代最后一位大师走了（引题）
巴金平静辞世（正题）

（《中国青年报》2005年10月18日）

引题中的"五四新文学时代"的"一位大师"就是历史背景材料，它旨在突出巴金的社会地位，增强新闻的价值，引起受众的关注。又如下面的标题也同样收到这样的效果：

中国猿人第一个头盖骨发现者（引题）
裴文中追悼会在京举行（正题）

2. 导语中穿插背景

导语也提倡文字简练，在这一部分一般是不加或少加背景材料，但有的消息在导语中插入了背景材料，效果却相当不错。例如下面两则消息的导语：

美联社马萨诸塞州大巴灵顿（1999年）4月4日电 以阿尔贝特·爱因斯坦站在一块黑板前和墨索里尼拧鼻子等照片闻名于世的摄影记者卢西恩·艾格纳昨天在一家私人疗养院去世，终年97岁。

（《著名摄影记者艾格纳逝世》）

路透社伦敦（1999年）2月24日电 发出泰坦尼克号遇难信号和第二次世界大战结束消息的莫尔斯电码，昨天成为科学技术无情发展的牺牲品。

（《再见，莫尔斯电码》）

爱因斯坦与墨索里尼，泰坦尼克号与第二次世界大战结束，用这样一些著名的人与事充当背景，并且让它们在导语中出现，对于调动读者的阅读兴趣，是十分有效的。

3. 导语之后接背景段

这是一种最常见的写法。为什么导语之后立即插入背景？究其原因，主要是两个方面：一是导语中出现的关键性的人和事、关键性的词语急需解释，否则，会影响对新闻事实的理解，影响主体的进一步展开；二是鉴于思维逻辑和文章过渡的需要。例如：

合众国际社耶路撒冷（1993）3月8日电 巴勒斯坦代表团女发言人哈南·阿什拉维今天告诫说，不要让纽约世界贸易中心爆炸事件在全世界引发一场反穆斯林的"绿色恐慌"。她说，抱有成见可能会阻碍中东和平努力。

绿色是伊斯兰教的传统颜色，早期的穆斯林征服运动就是打着绿色旗进行的。

阿什拉维说，尽管在爆炸事件中被逮捕的嫌疑犯穆罕默德·萨拉马是在（约旦河）西岸出生的，但是这次爆炸事件"同巴勒斯坦人没有直接联系"。

（《伊斯兰组织否认同世贸中心爆炸有关》）

"绿色恐慌"一词是阿什拉维发言中使用的关键性词语，新闻有必要在导语之后立即说明这一词语的来历，否则，会影响读者对整篇文章的理解，从而减弱他们的阅读兴趣。正因如此，记者在导语之后立即加入了相应的背景段。

4. 主体中穿插导语

第一种情况是插入独立的背景段。第二种情况是背景材料分散穿插在主体之中。

5. 放在结尾部分

有些新闻的背景材料是非要不可的，但又不易穿插在上述所说的几种位置，例如某些突发性事件，受众最关心的是新闻事实的具体状况，而相关的背景材料最好放在结尾。

（四）背景材料使用时应注意的几个问题

1. 坚持服务性原则。背景材料要为主题服务，要为受众着想，不要随意运用。要有利于突出新闻事实，要有利于主题的表达，要有利于受众的理解。

2. 坚持必要性原则。背景材料是辅助性材料，是否使用要视具体情况而定。如果不使用，受众对新闻事实及其意义难以理解，这时使用是完全必要的；否则，就没有使用的必要。

3. 坚持简明性原则。一般情况下，背景材料不宜过多过长，以免喧宾夺主，湮没了新闻事实。背景材料的语言也要简明扼要、恰如其分。

4. 坚持灵活性原则。运用背景材料不要形成固定的位置和段落，要巧妙穿插、灵活运用，以免行文生硬、形式呆板。

5. 坚持通俗性原则。背景材料的使用，目的是帮助受众排除障碍、理解新闻事实，因此，必须化难为易。

第四章

消息写作（下）

第一节 简　讯

一、简讯的特点

简讯是新闻报道中最简短、迅捷的一种体裁。它的原型大多是一般的消息，因为当天报纸版面的限制，或者因为版面（填空）的需要，有时是因为新闻价值判断的差异，而被压掉了一些内容，成了简讯。为这样一个形成过程所决定，简讯的基本特点是一个"简"字。

（一）篇幅简短

通常只有几十个字，长者一二百字。用一句话报道一件事，叫"标题新闻"或"一句话新闻"。

（二）内容简略

简讯一般不说明事件的详细经过，对新闻背景也不作交代或仅作简要说明，新闻要素中的"何人""何事"是其内容的重点。

（三）结构单纯

简讯不分导语、躯干与结尾段落，只用一个自然段，简单明了地说明新闻事实即可。

简讯的优势是非常突出的：在同样的版面里，可以容纳更多的新闻信息，为不同层次的读者了解社会生活的各个侧面，或各取所需提供了方便。

它的不足之处：不能详细的报道新闻的内容。

二、简讯的写作要求

（一）提供最新信息

一般说来，记者在面对重大的突发性事件时，可先发一条简讯，以争时效；至于其他传媒已报道的新闻，则不宜作为简讯发出。

（二）提供最有价值的内容

新闻事实本身的内容可能非常丰富，但要抓住最有新闻价值的内容来报道，不必面面俱到，诸如事情的详细经过则可省略，背景材料可点到即止。

（三）提供事实的基本要素

简讯既要简单又要明了。构成新闻事实的基本要素"何人""何时""何地""何事"应当有所交代，尤其是"何事"要素不能省略，至于"为何""如何"要素，一般不写。当然，如果"为何"或"如何"要素恰是读者感兴趣的，那也应扼要地加以叙述。

三、案例分析

【例文】

陈际瓦当选广西壮族自治区政协主席

本报南宁1月11日电 （记者庞革平、谢建伟）1月11日，政协第十届广西壮族自治区委员会举行第五次全体会议，陈际瓦当选政协第十届广西壮族自治区委员会主席。

（《人民日报》2012年1月12日）

这篇简讯只交代了构成新闻事实的基本要素"何人""何时""何事"。

第二节 动态消息

动态消息是刚刚发生或正在发生的事实的及时报道。在消息的诸多体裁中，它是最常用、最基本的报道形式，是报道量最大、时效性最快的一种体裁，是最能反映新闻特征的新闻体裁。

一、动态消息的特点

动态消息的特点，主要体现在两个方面：

（一）动态感

动态消息以变动着的事物为报道对象，体现了事物发生和发展变化过程的动态。什么是动态呢？它指刚刚发生的、正在发生的或即将发生的新闻事实，通过报道，让受众获知事实的最新发展动向。怎样才能抓住新闻事实的动态呢？一是关注事实的从无到有，从无到有即体现动态；二是关注事实的从有到变，从变化中体现动态。对于以往的事实，则一般作为新闻背景处理，也就是要以新带旧，由近及远，遇事先从眼前的最新变化写起，然后再回叙事件始末及由来。

（二）时效性

在激烈的新闻竞争中，各个新闻单位之间往往以动态消息的时效性一决高低，因此，动态消息必然以时效为第一生命。日本共同社曾经以比前苏联新闻媒体提前39分钟公布勃列日涅夫逝世的独家新闻为自豪；在1984年奥运会上，中国新华社以比东道国美联社快20分钟、比路透社快15分钟发布"中国选手获得本届奥运会第一块金牌"的独家新闻而赢得前所未有的赞誉。

时效性体现在时间和时机两个方面。从时间这方面看，它着力于迅速报道变动中的事物，让受众能最快地获得对于事物现状的了解。一般说来，受众常常是从动态消息中最先获取新信息的。从时机这方面看，是指抓住合适的机会发表信息。比如，庆祝"教师节"活动的稿件，在"教师节"前后刊登才是好时机。

二、动态消息的写作要求

（一）善于捕捉动态消息的报道题材

动态消息是一事一报，这就要求记者要有一双慧眼，能够发现具有传播价值的新闻事实，并立即采取行动。单发事件，如"珠江璀璨夜 花船竞风流 广州市民昨晚驻足两岸争睹芳容"（《南方日报》2005年11月25日）、"我国首次载人航天飞行圆满成功"（《人民日报》2003年10月16日），等等，比较容易把握；较为困难的是从庞杂的事物中发现报道题材，例如从各种会议、新闻发布会，以及其他社会事物中截取有价值的部分，都需要记者具有很强的新闻敏感与行动能力。

在这方面，值得称道的是新华社关于1976年"天安门事件"的报道：1978年11月15日，在北京市委常委会议上，新华社北京分社记者从一位领导人的长篇讲话中听到为"天安门事件"平反的意见之后，立即用236个字的动态新闻突出报道了这一消息，即消息《中共北京市委宣布1976年天安门事件完全是革命行动》，这一消息，引起了国内外的广泛关注；新华社关于克林顿承诺"三不原则"的报道也是成功的一例：1998年6月美国总统克林顿访华，6月30日在上海图书馆与市民座谈。席间，他讲到了在台湾问题上美国的"三不政策"，这是美国总统第一次亲口谈到"三不政策"。新华社记者立即意识到这一谈话的重大意义，迅速将这段谈话抽取出来，以375个字的篇幅单独发稿，即消息《克林顿总统公开重申对台湾"三不"原则》。它们的成功之处，就在于抓动态，在于发现值得一事一报的新情况、新问题、新信息。

（二）善于表现动态消息的动态感和现场感

写出动态感，就要求多用动词。美联社在语法和用词的规定中，要求记者"牢记一个句子中至少应有一个实体动词，这个词应该是句子中最重要的词"，这是因为动词具体、明确，能准确而形象地描绘出事物的动态，相对而言，形容词、副词等，往往比较抽象、空泛。同时，还有很多表现手法也能增加文章的动感，诸如以静衬动、化静为动的手法。

写出现场感，就要求有某些生动的细节，用白描的手法加以刻画。动态消息因篇幅短小不能浓墨重彩地刻画，所以多用白描的手法，选择准确传神的动词，勾勒出现场的细节。再现新闻事实的现场，能让受众产生身临其境的感觉，增强受众对事件的兴趣。

（三）善于确保动态消息的时效

时效是动态新闻的生命。动态新闻保证时效的方法之一，是"化整为零"，以确保即时发稿。突发事件或其他时效性很强的事件，一般不待事情全部结束，或有了时间再报，而是跟踪事件进展，随时发出消息。例如，1997年11月8日，长江三峡工程实现大江截流，新华社记者以滚动发稿的方式，从上午8时至下午18时30分，共发出28条快讯，每半个小时发出一条，及时地报道了这一事件的全过程。

一些突发性灾害的报道，尤其不能等待结果，要传达阶段性的信息。例如地震，一般不待查清伤亡或财产损失情况，即可发出快讯。至于赶写的稿件是否能发有时要由媒体负责人定夺。但是，作为第一线记者，必须牢记时效对于新闻，尤其是对于动态新闻的重要性。

（四）善于运用"客观笔法"

动态消息强调用事实说话，它相当于西方新闻界所说的"纯新闻"，即"一种不加评论等（主观色彩）、原原本本报告事实的新闻。"[①] 因此，写作动态消息，要尽可能采用客观记述的方式，压低主观色彩，以增强说服力。例如，1999年5月8日，以美国为首的北约悍然轰炸我驻南斯拉夫大使馆，造成人员伤亡、馆舍被毁。面对这一事件，置身现场的中国记者无疑是义愤填膺。然而，落笔写作时，记者又不能不抑制自己的悲愤，用客观的笔法，忠实地报道事实。

三、案例分析

【例文】

北约野蛮轰炸我驻南使馆

本报贝尔格莱德5月8日电　记者吕岩松报道：当地时间7日午夜

---

① ［日］内川芳美等：《大众传媒用语词典》，东洋经济新闻社1982年版。

（北京时间8日早5时45分），以美国为首的北约至少使用三枚导弹悍然袭击我驻南斯拉夫大使馆。至目前为止，至少造成3人死亡，1人失踪，20多人受伤，馆舍严重毁坏。

当地时间7日晚，北约对南斯拉夫首都贝尔格莱德市区，进行了空袭以来最为猛烈的一次轰炸，晚9时始，贝尔格莱德市区全部停电。子夜时分，至少3枚导弹从不同方位直接命中我使馆大楼。导弹从三楼五层楼顶一直穿入地下室，使馆内浓烟滚滚，主楼附近的大使官邸的房顶也被掀落。

当时，我大使馆内约有30名使馆工作人员和我驻南记者。新华社女记者邵云环、光明日报记者许杏虎和夫人朱颖不幸遇难，据悉，这是外国驻南外交机构第一次被炸。

爆炸发生后，中国驻南联盟大使潘占林一直在现场指挥抢救。许多华侨对使馆给予了极大帮助。潘大使在被炸毁的使馆废墟前，愤怒地指出，"这是对中华人民共和国的攻击。"

南联盟外长约万诺维奇说："使馆是中华人民共和国的领土，北约炸弹是对外交的轰炸。"当地时间8日下午，中国在贝尔格莱德的数百名华人举行抗议游行，数千南斯拉夫人参加了游行。

（《人民日报》1999年5月9日）

这是一篇比较典型的动态消息。记者凭着自己的新闻敏感，迅速发现具有新闻价值的事实，及时从现场发回的报道。当然，这是一件轰动全国并与国家尊严紧密相关的事，仅此一篇消息是远远不够的，为了确保消息的时效，只能根据事件的进展，随时发出消息。

这篇消息的最成功之处，在于它的客观记述。这是《人民日报》记者发自现场的报道，记者亲眼目睹祖国的使馆被炸，目睹自己的同胞、同行不幸遇难，他的悲愤可想而知。但文章严格用事实说话，消息具体地报道了使馆被炸、人员伤亡的情况，引用南联盟外长约万诺维奇的话，指出了事件的性质。这种客观记述的办法，可以让全世界持不同政见的读者首先了解并接受铁的事实，它是伸张国际正义的第一步。

另外，文章也能传达出现场气氛，使新闻具有动态感。文中用了"穿入""掀落""浓烟滚滚"等词，准确而形象地再现当时的情形，给人身临其境的感觉。

第三节　综合消息

综合消息是指围绕一个主题思想，从不同侧面概括反映某个事件、问题的全局性情况，或综合报道不同地区、单位具有同类性质又各有特点的多件新闻事实的一种新闻体裁。

一、综合消息的特点

根据综合消息的概念，我们可以归纳出综合消息的几个特点：

（一）取材面广事多

综合消息之所以被称为综合消息，其综合性主要体现在取材的范围广、选取的事件多。这也是它与其他消息尤其是动态消息的区别之处。一般说来，综合消息报道的不是某一个具体的事件和活动，而是某一个方面、某一个范围、某一个部门带全局性的情况。它不是一事一地的报道，而是由不同时间、不同地点若干不同的事实组成，所以，也叫"组织性新闻"。

由于综合消息选取的新闻事实可以是不同时间和不同地点的，所以对材料的综合又有横向综合和纵向综合之分。所谓横向综合，是把不同地区、部门、单位发生的同类事件加以综合报道，以反映全貌，即是把发生在不同地点的同类事情组织在一条消息中。所谓纵向综合，是指对在一段时间内发生、发展、变化的诸多新闻，按进程组织起来的综合报道，同样反映全貌，即是把发生在不同时间的同类事情组织在一条消息中。

（二）主题集中鲜明

综合消息包含了多个具体的新闻事实，如果每一个具体的新闻事实都自有一个主题，就反映不出大局，也就失去了综合的意义。要反映大局，必须将各个新闻事实进行分析、归纳，找出它们的共性，看看它们共同显示了什么趋向，也就是说抓住它们的共同本质。这个共同本质就是消息的主题。在这里，综合是服务于表达新闻主题的一种手段。

综合消息不像动态消息那样，记者的观点、报道的主题，常常隐藏在事实的叙述中，它虽然也是用事实说话，但必须在叙述事实的基础上，从众多新闻事实中，概括提炼出一个共同的主题，并诉诸文字。它可以是记者直接说出，明显而直露；也可以通过引用有关人士的话间接地表达出来。

二、综合消息的写作要求

（一）要总览全局，高屋建瓴

我们常说，只有站得高，才能看得远。综合消息报道的是带全局性的情况，这就要求记者能站在全局的高度认识局部发生的新闻事实。一些新闻事实，如果仅从微观的角度来看，是没有多大的新闻价值的，但如果把它放在宏观的背景下来观察，则能显示出非同一般的意义。例如《我国影坛崛起一代女导演》这篇综合消息，新闻事实来源于文化部评出15部优秀影片，其中有7部片子的导演是女同志，如果从微观的角度来看，价值不是很大，但把它放在世界影坛这个大的背景下，其价值就凸现出来了，因为在世界影坛上，女导演一向是凤毛麟角。

（二）要分析综合，深入挖掘

分析与综合是写作综合消息的基本思维方式，先分析，后综合，综合建立在分析的基础之上。面对众多的材料，要先理清头绪，看看各种材料之间有什么内在联系，哪些材料足以说明问题，哪些材料只是枝蔓或联系不大，分清材料的主次、轻重，同时对材料进行深入挖掘，抓住事物的主要方面和本质特征，概括出观点，确立主题。进而围绕观点、主题选取材料，把它综合整理成一篇出色的新闻报道。例如《取下神像挂地图》这篇综合消息，它的新闻材料是河南省上蔡县新华书店出售中国地图17500幅，达到了历史最高水平，中国青年报的记者来到这个县后，深入采访，挖掘这个材料的实质，得出了这样的主题：市场经济体制建立以后，农民找到了发财致富的门路，买中国地图，是为了寻找自己的产品市场。这篇新闻报道达到了一定的深度。

（三）"点"与"面"结合

写综合消息，要善于运用"点"的材料和"面"的材料。所谓"点"的材料，是指具体、典型、有特点的事实；所谓"面"的材料，是指概括性的事实。有了"点"的材料，才会使受众对新闻有具体、深入的了解；有了"面"的材料，才会使受众对新闻的全貌有整体上的把握。点面结合，才能加强综合消息的深度与广度。例如《北京：非常时期 平常高考》这篇综合消息，以北京35中、北师大实验中学、北京四中及一位女生、一位家长作为"点"的材料，让受众感到非常时期考生及家长的平常心态；以考场现场场景为"面"的材料，营造出考场内外轻松愉快的气氛，同时，各级政府部门和学校的前期准备和考务管理也是"面"上的材料，使人感受到党和政府以及全社会对教育的关心。不愧是一篇既有广度又有深度的新闻。

三、案例分析

【例文】

我国农民的生活半径迅速扩大

新华社西安1999年9月28日电（记者郭献文 白林）"三十亩地一头牛，老婆孩子热炕头"，这个我国农民传统的生活理想如今已被放弃。即使在农业资源富饶的关东地区，农民们也纷纷走出老家，到外面去寻求新的发展空间和生活。

37岁的武荣奇，家住陕西礼泉县双合村。他第一次出潼关是10年前。那一年，乡亲们望着成堆卖不出去的苹果而发愁，情急之下，武荣奇带着一卡车苹果，揣着一张地图，一路打听闯进武汉，不到半天，苹果一销而空。拿着净赚的6000元钱，武荣奇拉着苹果又闯进了更远的上海，又一销而空。如今，双合苹果已销往全国，双合人的足迹也遍布所有省区。

"咱们庄人以前窝在地里抠活路，如今是趴在地图上找富路。"武荣奇自豪地说。百户人家的双合村，现在多数人年出外时间都在半年以上，十几户人已落户他乡。村民惠志超在深圳办起了企业，有了小汽车，当起了深圳市民。

还有一位礼泉农民叫赵爱国，10年前开始做苹果生意。去年他销往俄罗斯、越南的苹果超过亿斤。他说，他每年三分之一的时间在国外，每天都通过电话和互联网掌握着世界市场信息。

以往我国多数农民喜欢在居室里供奉神像，如今越来越多的农民家里挂起了各式各样的地图。在河南省上蔡县东黑河村，农闲时八成以上的青壮劳力外出做木工、搞建筑。村里年过花甲的李陈氏不识字，但她认识地图上的北京、上海、西安。她说，她的四个儿子在这些城市做工，看着地图，儿子就像在身边一样。

据四川、河南、湖南、山东、陕西统计，这几个劳务输出大省每年跨省外出打工和做生意的农民超过2000万人次。

旅游对今天的农民来说，也不再是一种陌生的奢侈。中国国家旅行社的一位管理人员介绍说，近年来，我国沿海和内地农民旅游的需求越来越大。无论在火车上、轮船上，还是在飞机上，随处可见农民旅行团。

统计资料说，1998年中国农村出游人数已达3.85亿人次，成为世界上最大的旅游人群。

西北大学经济学教授、陕西省政府秘书长王忠民说："我国历史上，农民大规模的背井离乡从未中断过。只有今天，他们不是被逼无奈地逃避战乱和灾荒，而是为提高生活质量自愿远离家门。"

这是一篇比较典型的综合消息，充分体现了综合消息在写作上的特点。其一，记者能站在一定的高度，发现一般人不易发现的普通事实中隐含的新闻价值。改革开放后，农民进城务工已是一件很普遍的事，只有把它放在大的历史背景下，把它与改革开放前进行对比，才能体现出它的价值。其二，对主题的开掘深，由农民进城务工这一现象而看到农民一改传统的生活理想，寻求新的发展空间，提高生活质量的新的生活观念，歌颂了党的富民政策。其三，涉及的面广而且材料丰富，有武荣奇、赵爱国、李陈氏等人的典型事实，有四川、河南、湖南、山东、陕西等省的概括性材料，做到了点面结合。

第四节 述评消息

述评消息是以夹叙夹议方式传播新闻信息的一种新闻体裁。它既负有报道新闻事实的任务，同时还要对新闻事实发表评论，这使它既具有一般消息所具有的新闻性特点，又具有新闻评论所具有的评论性特点。

一、述评消息的特点

述评新闻的特点，我们可以通过与消息和新闻评论的比较来了解。

首先，与消息比较。述评消息所述的事实也是新近发生的新闻事实，既具有新闻的"五要素",又具有新、快的特点,所以,述评也具有新闻性。但它又不同于一般的消息,它有较强的评论色彩,动态消息和综合消息中,有时也有一言半语的评论,但是整个消息的中心在述不在评。述评消息则不同,记者要运用分析、归纳的方法,评论事理,褒贬人物,揭示新闻中不易为读者所了解的原因、意义,具有一种较强的评论色彩。

其次,与新闻评论比较。它们的共同之处都是需要依托事实发表意见,但两者对事实和意见的处理有显著不同:述评消息一般要对新闻事实做较为全面、详细的介绍,这是其"述"的内容,而"评"的内容呢?则是对新闻事实本身进行分析、解剖,即"就事论事",议论不展开,其重点仍在于给受众提供信息;新闻评论则是一种以发表意见为主的新闻体裁,新闻事实只是评论的由头、证明论点的论据,通常不需做具体、详细的介绍,它强调的是"就事论理",它可以借新闻事实去评说与新闻事实相关的社会现象、社会问题,目的是让人们提高认识、明辨是非。

述评消息按照内容区分,又有形势述评、事态述评、工作述评、思想述评四种。形势述评是对国内外、省内外、行业内外某一阶段带倾向性问题的述评;事态述评是记者对于国内外发生的一些重要事件的性质、意义、发展趋势的述评;工作述评是就某项工作的经验、教训或存在的问题,提出建议或予以批评等的述评;思想述评是对萌芽性或者倾向性的思想、观念所进行的述评。

二、述评消息的写作要求

(一)在新闻题材的选择上,要有针对性

述评新闻在给受众提供某一新闻信息的基础上,还要给受众思想上的启迪和工作上的指导,因此,记者在材料的选择上要有针对性。什么样的新闻材料宜于写成述评消息呢?一般说来,事实单一、意义不言自明的材料,则没有进行分析、评论的必要,而有些复杂的事实,包括带有普遍性、倾向性、与党和人民的利益密切相关的重大事件及疑难问题,这就有必要进行评说,使受众了解其作用和意义,得到启迪,提高认识。例如《"天体大十字"预言宣告破产》一文,就具有极强的针对性。"天体大十字"预言盛传几十年,在科学界争论不休,本文在报道"天体大十字"预言彻底破产这一新闻事实的同时,提炼出了批判"末世观"、弘扬科学精神这一有针对性的主题。新闻播发后,被全国各大媒体广泛刊播,受众反响强烈,收到了良好的社会效果。在第十届"中国新闻奖"评选中,这篇述评新闻获得一致好评,获得消息类一等奖。

(二) 在对新闻事实的分析上,要能透过现象看本质

述评消息的写作,要解答人们普遍关心的问题,要消除人们的模糊认识,要能给人以启迪,那么,在对新闻事实的分析上,就要透过现象看本质,要精辟中肯地评论新闻事实。例如《中原我军占领南阳》一文,开始叙述新闻事实:"南阳守敌王凌云于四日下午弃城南逃,我军当即占领南阳",然后逐层分析南阳的战略地位、战局形势以及我军胜利的原因,最后指出战局的发展趋势:"王凌云到襄阳,大概接替宋希濂当司令官,但是从南阳到襄阳,并没有走多远,襄阳还是一个孤立的据点,王凌云如不再逃,康泽的命运是在等着他的。"述评已无可辩驳的事实和透彻的分析,揭穿了国民党所宣称的王凌云"主动撤离"南阳,"国军""战略转移"等谎言。这篇述评消息发表30多年来,赞誉之声不绝,除了消息反映的是重大题材外,还在于作者对事态的深刻分析和对局势发展的英明的预见。

(三) 在写作方法上,要做到述评结合

述评新闻中的事实,可以是概括性的材料,也可以是具体的事例和确凿的数据,但必须是典型的、有说服力的;述评新闻中的分析、评论,应该具有精辟、简洁的特点,见解独到,要言不烦,分析中肯,一针见血。在写作上,它往往夹叙夹议,叙议结合,精辟的议论,使事实显得更为醒目;而典型的事实,又使议论显得精彩有力。但"述"与"评"的分量,是不能等量齐观、平分秋色的,在述评消息中,述为主,评为辅,述的分量要大,评的分量相对要小。

在具体的行文时,述评结合可以有多种多样的形式,可以先叙后议,可以先议后叙,可以夹叙夹议,但不管采用哪种形式,都要求观点从事实中来,观点和材料之间有着内在的逻辑联系。

三、案例分析

【例文】

徐闻人大考评官员　6人不称职丢乌纱

此事引起各界高度关注,省人大代表认为需用制度保证其公正性长效性

南方日报讯（记者/徐林）　湛江市徐闻县发生了一场"官场地震"：6名官员在人大和组织部的联合考评中不过关，被摘乌纱帽。此事引起各界高度关注，赞同者认为这是党管干部和人大监督的又一创新，"能上不能下"的局面或有改善；质疑者则担心这仅是一场"秀"。"要用制度规范来保证考评的公正性和长效性。"昨日，记者采访了部分正在广州参加省人大常委会议的省人大代表，他们认为，徐闻人大和组织部门的探索性做法应予鼓励，在这一过程中要坚持党管干部的原则，坚持依法履行监督职能。

经过投票前的考评动员和调研后，4月23日，徐闻县人大常委会联合县委组织部对县政府组成部门、公安系统6个大队及其下属中队等实权部门的领导进行最终的投票考评。投票当天，参加投票的人员包括县人大常委会组成人员、组织部正副部长、徐闻各级人大代表、乡镇党政领导及各界代表共100多人。考评公安系统时，还邀请了部分服务对象参与投票。

考评的结果分为"优秀"、"称职"、"基本称职"、"不称职"四个等次。投票时，投票人实行一人一票。优秀票的得票率不低于90%，为"优秀"；不称职票的得票率超过40%，为"不称职"。最终，4位县政府组成部门班子成员、公安局交警大队大队长和巡警二中队中队长考评"不称职"，徐闻县委给予免职处理。

徐闻人大的创新做法以及考评结果在网络上引起了较大反响。部分网友认为，这是一个创举，有助于老百姓表达民意；但也有网友表示质疑，担心这仅是作秀，无法保证公平公正，也难以坚持下去。

对此，广东省依法治省办常务副主任张宇航认为，徐闻人大在县委的领导下联合组织部对政府机关进行监督，可以让党委从另一个渠道了解干部的表现。"从依法治省、治市、治县的角度上看，我们强调要发挥党委的领导作用、人大的主导作用、一府两院的执法主体作用、政协的民主监督作用以及人民群众的有序参与作用。徐闻人大考评官员符合这样的要求，在今后的探索中要注意坚持党管干部的原则，坚持依法履行监督职能。"

"我不希望这只是一阵风似的，要形成机制性的约束。"省人大代表俞雪花表示，人大联合组织部考评官员需要从制度上对公正性和长效性进行规范，既不缺位，也不越位。投票人和调研人员的构成要科学，不能仅听一家之言，仅看一时之失。"老百姓心中有杆秤，希望人大监督的创新能够让这杆秤现实化、具体化。"

这篇述评消息获得了第二十一届"中国新闻奖"三等奖，在写作上，体现了述评消息的写作要领。其一，在选材上有针对性：这件事虽然单一，但却有评说的必要。其二，在分析时能透过现象看本质：既要保证民意畅通，又要保证公正公平。其三，在写法上述评结合：先述新闻事实，再引用有关人士及专家的话对这一现象进行分析和评论，分析中肯，能给人警示和启迪。

第五章

通讯写作（上）

第一节 通讯概述

一、通讯的定义

许多专家、学者都为通讯下过定义。

刘明华、张征等人认为："通讯是一种详细、生动的新闻报道体裁。"① 童广安教授认为："通讯是一种比较详细、生动、形象地报道国内外新近发生的事实的新闻体裁。"② 陈果安教授认为："通讯是一种比较详细深入地报道客观事实和情况的新闻体裁。"③ 程天敏教授认为："通讯是一种比消息详细生动地报道客观事实或典型人物的新闻体裁。"④ 上述定义的表达方式不尽相同，但都强调了报道要详细生动这一要点。这也是通常的、传统的说法。

丁柏铨教授在其主编的《新闻采访与写作》一书中是这样认为的："通讯是关于新闻事实的延展性报道。"⑤ 这应该是一种创新的说法，我们认为，它更准确地概括了通讯的内涵。

二、通讯的特点

（一）内容的延展性

我们知道，消息文体对于新闻事实的报道，往往是一种勾勒概貌的、浓

---

① 刘明华、徐泓、张征：《新闻写作教程》，中国人民大学出版社 2002 年版。
② 童广安：《现代新闻写作教程》，郑州大学出版社 2004 年版。
③ 陈果安：《现代实用新闻写作》，中南工业大学出版社 1997 年版。
④ 程天敏：《新闻写作学》，山西教育出版社 1999 年版。
⑤ 丁柏铨：《新闻采访与写作》，高等教育出版社 2004 年版。

缩式的报道，它并不提供关于新闻事实的详细情况，并不对细节进行充分展开。与消息文体相比，通讯文体更能报道新闻事实的全貌、全过程，更能完整地演绎新闻的诸种要素，更能展示新闻事实和新闻人物的细节。这些差别在报道同一题材的消息和通讯中体现得尤为明显。

通讯作品的内容相对丰满，在消息作品中无法保留的一部分内容可以为通讯作品所包容。特别应该指出的是，在消息写作中通常并不看重细节描写。因为细节描写对于新闻信息的传播来说并不能增加其重要性，相反倒会使文本显得冗长。通讯作品在传播必不可少的新闻信息的同时，还必须注重于形象感染力，因此它无疑应当重视对细节和情节的描写。对细节和情节展开生动的描写，这正是可以形成动人的力量的地方。

（二）手法的多样性

记者写作通讯，往往通用多种表达方式。在一般情况下，消息多用叙述和说明，描写也占有一定比重，对抒情和议论则有所控制。这样一种状况，是和消息作品主要用来传递新闻信息的功能相一致的。通讯作品，当然也承担着传递新闻信息的任务，但除此以外，它还兼有陶冶受众情操的作用。它的被认可，是建立在受众的新闻需求和精神享受获得双重满足的基础之上的。正因为如此，通讯作品的作者所动用的表达方式和表现手法是多种多样的，而且使用得相当自如。在所有新闻文体中，通讯是摄取文学因子最多的一种文体。

（三）效果的多层性

优秀的通讯作品经传播以后，常常能形成多层性的效果。第一层次的效果：使人获得丰富的新闻信息。这是受众阅读通讯作品和阅读文学作品结果有所不同的地方。第二层次的效果：使人受感动、受感染。这是受众阅读通讯作品和阅读消息作品结果有所不同的地方。第三层次的效果：使人进而得到理性启迪。一般而言，通讯作品中发人深省的内涵要比消息作品中的多。这是因为，通讯的作者在作品中较多地融入了自己的理性思考。

三、通讯的类型

按对象分：人物通讯（以记人为主）；事件通讯（以记事为主）；风貌通讯（以记地为主）；工作通讯（以记经验为主）。这样一种通讯分类为业界人士所广泛接受。

按表达方式分：叙述型通讯（主要表达方式为叙述）；描写型通讯（主要表达方式为描写）；议论型通讯（主要表达方式为议论）。

按报道形式分：有访问记、专访、特写、大特写、新闻小故事、集纳、巡礼、侧记、记者来信等。

访问记。由记者出面登场，以采访活动的过程为主要线索来结构和组织材料。写作时有问有答，现场感较强，而且可以穿插各种背景材料，使通讯有一定深度。

专访。访问记的一种，是就特定的问题、特定的对象进行专门的访问，内容集中。专访以人物、现场和记者为三要素，突出"专"、"访"二字。专访涉及面一般不宜太宽，不应贪大求全。

新闻小故事。或称新闻故事、小故事。其要求一是"小"，二是有"故事"，三是以小寓大。通常反映一人一事，表现一个片断，内容单一，篇幅短小，线索简单，不求写繁多人物，不必横生庞杂枝节，但求精悍、生动。

特写。将生活中某个特定的画面予以放大，集中突出地描绘事件和人物的某些片断、细节和部分，给人以深刻的印象和强烈的感染。

大特写。是抓住社会热点中的事件、人物或现象，对新闻事实作全方位、多侧面的报道，用优美的文笔、新颖的题饰、突出的照片吸引受众的一种报道形式。

集纳。把表现一个主题的而又相对独立的小故事或片断事实组合起来，"集纳"而成为一篇。集纳中的事实，可以是发生在同一时间的，也可以是不同时间的；可以是发生在同一单位、一条战线，也可以不是。

侧记。从一个侧面反映新闻事件或新闻人物的通讯。取材自由，不求反映事件全貌、全过程，但求抓住特点，扣紧受众的兴趣点，回答受众普遍关心的问题。写作时往往夹叙夹议，兼谈感受。

巡礼。边走边看，巡游浏览，很自由地把所见所闻写出来告诉受众，讲求动态感、现场感、亲切感。常用移步换形的方法，有较多议论和抒情。

四、通讯与相关文体的比较

（一）通讯与消息的比较

通讯和消息都属于新闻文体，这就决定了它们有诸多共同点：（1）都讲究时效性；（2）都讲究新闻真实性；（3）都注重凸现事实的新闻价值。

通讯和消息毕竟又是两种不同的新闻文体，它们在许多方面都存在着差别：（1）时效有差异。消息的时效性强于通讯。（2）结构有差异。具体体现在以下两个方面：一是标题形态的差异。通讯的标题通常由正题和副题构成，正题用于揭示主题或者提出理念（可以是完整的句子，也可以只是短语或词组），副题用于交代所报道的对象或范围。消息的标题形态较为复杂，且富于变化，但正题以明确展示新闻事实的完整句子居多。二是正文布局的差异。为数不少的消息，信息的重心在文本的前半部分；而在通讯中，则并没有重心前置这一说。（3）容量有差异。在通常情况下，通讯的容量要大于消息的容量。（4）表达有差异。通讯在多种表达方式的运用方面，其自由度远甚于消息。

下面请看同题材的消息和通讯个案。

消息：

陈景润遗体在京火化

新华社北京（1996年）3月29日（记者秦春）著名数学家、中国科学院院士、中国科学院数学研究所研究员陈景润的遗体今天在北京八宝山革命公墓火化。

陈景润是因长期患病医治无效，于1996年3月19日13时10分去世的，终年63岁。

温家宝、卢嘉锡、朱光亚今天上午来到八宝山革命公墓为陈景润送行。乔石、刘华清、宋健、王兆国、洪学智、严济慈等在陈景润逝世后分别以不同的方式对他的逝世表示哀悼，向他的家属表示慰问。

（1996年3月30日《新华每日电讯》）

通讯：

告别陈景润

新华社记者　秦春

今天，八宝山革命公墓礼堂一片静穆。一代数学巨星陈景润安卧于鲜花松柏间，在低回的哀乐中，人们默默地为他送行。

陈景润一生为了钟爱的数学事业，孜孜不倦，呕心沥血，积劳成疾。

最终，在距离哥德巴赫猜想"1+1"的辉煌顶峰只有咫尺之遥时，他却体力不支地倒下了。

人们缓缓地从他身边走过，默默地鞠躬，轻轻地走过，生怕惊醒了这位一生过度劳累的数学家。

一幅高悬的挽联向人们展示着陈景润的不朽精神——"景星有意顽强拼搏移动数学群山摘取明珠光寰宇；润物无声奋力奉献攀登科技高峰掬捧丹心照汗青。"

十多年来无微不至精心照料陈景润生活的妻子由昆医生，今天为丈夫送行，特意穿上她平时最心爱的军装。在她敬献的花篮上方，陈景润那张身着白衬衣、鲜红羊毛衫的大幅彩照，高悬于灵前。依然是欣慰微笑，温和的目光。

温家宝、卢嘉锡、朱光亚前来八宝山为陈景润送行。乔石、刘华清、宋健、王兆国、洪学智、严济慈对陈景润的逝世表示哀悼。中组部、统战部、人事部、卫生部、中国科学院的领导前来为陈景润送行。

著名数学家王元、杨乐、吴文俊、丁石孙来了。今天为陈景润送行，无不悲痛地说："这是我国数学界的重大损失。"

的确，在陈景润走过的63年的人生旅程中，他在解析数论的研究领域取得了多项重大成果，至今仍在哥德巴赫猜想的研究领域保持世界领先水平，在世界数学史册上为中华民族书写了辉煌一页。

陈景润生前最喜爱的学生之一王天泽博士，如今已是河南大学数学系教授。此刻，面对恩师的遗容，他久久不愿离去："陈先生的勤奋、严谨治学精神使我终生难忘，他永远是我心中的楷模。"

18年前作家徐迟描写陈景润的报告文学《哥德巴赫猜想》，曾对当时的一代青少年成长产生过深深的影响，激励和鼓舞了他们勤奋学习去攀登科学高峰。如今，一代数学巨星陨落，已是82岁高龄的徐迟老人又拿起颤抖的笔，记下哀思。

（1996年3月30日《新华每日电讯》）

消息作品突出的是"陈景润遗体在京火化"这样一件事，叙述显得相当简约，可谓言简意丰，也并不追求叙述的生动性。通讯作品则以饱含深情的笔触，穿插叙写了公墓礼堂的场景、气氛，人们的感受、心境，数学巨星陈景润的辉煌成就，甚至还写到了妻子由昆的衣着打扮和陈景润的音容笑貌。总之，保留了许多无法写到消息中去的材料，采用了许多并非消息所常用的写作手法。由此，通讯显得比消息丰满和生动，也就是情理中的事情了。

（二）通讯文体与报告文学的比较

通讯与报告文学分属于新闻和文学两种不同的文体范畴，应该说，它们之间的可区分性是比较明显的。然而，必须承认，通讯与报告文学又是关系非常亲近的两种文体。报告文学是文学与新闻联姻的产物。既然是"报告"就必须用与新闻报道非常接近的纪实手法写成。而报告文学所采用的许多文学手法，也常常为通讯文体所采用。

但即使如此，两种文体也还是有着很大的差别。属于新闻文体的通讯，必须恪守新闻真实性原则，在确保新闻真实性的前提下方可采用某些文学手法。而对于报告文学来说，它当然也有真实性的要求，这种真实性应体现在"五要素"必须符合新闻真实性的要求上；但是，相比较而言，通讯有着比报告文学更为严格的真实性要求。通讯作者在采访未及之处，不允许进行合理想象或复原想象。合理想象包含了某些主观臆测的成分，或许有一定的道理，但是通讯写作中是不被许可的。所谓复原想象，是指行为主体在受到某种信息的刺激以后，根据以往生活经验所进行的恢复事物原貌的想象。在通讯写作中，这种想象同样是不被许可的。因为，如果事物的原貌并不来自于记者的采访所得，对记者来说是缺乏采访依据的，而只是来源于他的主观想象，当然是不可取的。而在报告文学写作中，作者却不完全拘泥于新闻的真实性，在不违背事件的进程、人物的原貌、生活的逻辑的前提下，可以适当使用复原想象。

此外，在人物心理活动描写方面，通讯作品必须谨慎而行，人物心理活动的内容必须以当事人的自述或其他了解情况的人所提供的情况为依据，据实而写。而在报告文学中，人物心理活动描写则可以相对舒展。这也是两者相比有所不同的地方。

第二节　通讯的主题

一、通讯主题的重要性

通讯的主题是指通讯要表达的中心思想，是通讯作者经过对现实社会的观察、体验、分析、研究，通过对通讯素材的提炼和组织，所表达的对客观世界的一种认识或一种思想观念。

　　鲜明的目的性是通讯写作的主要特征。它是通过确立主题和表现主题来实现的。下笔写通讯之前，必须确立表达什么主题。通讯对世界的反映不是镜子式的直观反映。无论人物通讯，还是事件通讯、工作通讯等，都是新闻工作者在一种思想观念统辖下"组织起来"的新闻报道体裁。通讯的素材包含广泛，既有新事实，又有大量的相关的背景。记者采访来的人物对话、现场观察材料、动人细节和有声有色的情感素材，如果没有一个主题来统帅，就会变成一堆零乱无序的东西。由这样的材料组成的作品，就会失去思想意义和指导作用。确立了合适的主题，全篇通讯所使用的材料就有了灵魂，全部文字也就有了凝聚中心。

　　通讯的主题，是人们评价一篇通讯时首先的评价标准。一篇通讯的质量高低、价值大小，主要看其主题正确不正确、深刻不深刻，新颖不新颖，思想意义和指导作用大不大。

二、通讯主题确立的原则

（一）既要符合客观事物的本质特征，又要体现人物和事件特色

　　主题往往是作者对新闻事实传播价值的认识。要确立正确的主题，首先要弄清楚，所报道的事实中是否存在记者这种认识的依据。如果事实中提炼不出记者所确立的主题，那么这种主题就失去了存在的依据。这就是说，通讯主题的确立要符合客观事物的本质特征。

　　我们的新闻事业长期以来担负着宣传党和国家的方针政策的重任。每当新的中央精神、新的政策下达之后，宣传报道的口径自然转到宣传贯彻上面来，但在这类新闻作品中，存在着大量主题失真的问题，即采访对象的情况与所设想的主题不对位。如有一些报道把所有"大款"捐款办公益事业的行为都说成是"爱心"的表现，其实，他们当中的有些人也不乏花钱拉关系、捐款买名声的，当然也还有其他心态的。把这些都说成是"觉悟高"、"有社会责任心"的表现，是强扭角度的失实报道。受众普遍比较反感，易产生逆反心理。因此，记者在提炼通讯主题时，第一个要把的关就是主题与客观存在的实际情况是否相符的问题，就是主题的真实性问题。

　　通讯主题的确立，必须从报道对象的实际出发，同时，还要精心研究其特色，突出其特有的方面。例如，上海的水电修理工徐虎，所从事的工作极

为平凡，但记者在深入采访以后，经过一番凝神思考，还是发现了他的特色：这一每天19点钟升起的太阳，将党和政府的温暖送进了千家万户。这正是他有别于其他先进人物的地方。作为公交车的售票员，李素丽有着许多高出于其他售票员的地方。将她的所有这一切归结到一点上，那就是：岗位作奉献，真情为他人。这就构成了她的鲜明特点。锁定对象的特点，对于通讯作者来说，就找到了全篇作品的着力点；对于通讯的读者来说，就获得了读后眼前为之一亮的闪光点。

（二）通讯的主题要深刻，要能反映事物的内在规律性

新闻媒体有着充当社会认知工具的职能。记者在采写新闻通讯时，面对的是一个错综复杂、瞬息万变的世界。如果新闻撰稿人认知能力不强，就很容易被众多的表面事实和假相所迷惑，以至于向大众传媒传播了表面的事实和错误的评价而误导舆论。因此，新闻记者应当善于透过现象看本质，善于将丰富的感性材料去粗取精、去伪存真，进行一番由此及彼、由表及里的深入分析，抓住事物深一层的本质，深化主题。

那么，怎样深化通讯的主题呢？可以从以下三个方面进行考虑：

一是要有全局意识。有些事情，乍一看没有什么新鲜之处，影响似乎也不大。要考察这些题材的主题的深度，必须把这些题材放到全局的高度去衡量，深入研究其在全局中所占的地位，它是否有利于或者有害于社会发展的根本问题，它们的代表性、典型性如何等。

近年来，新闻报道中的批评报道越来越多，涉及的问题也越来越复杂。因为事实复杂、头绪繁多，记者往往使用通讯这种体裁反映问题、探索原因、总结经验、梳理思路。而这类通讯常常需要运用"全局性的视角"和根本利益的标尺来观察和研究问题。

例如，《"弱智"摘帽的背后新闻》就是一篇从教育的全局出发，探讨我国应试教育出现的扼杀青少年个性、严重损害青少年身心健康的怪现象——将正常学生"划"为"弱智"以提高"升学率"。记者在采写这篇通讯时，并不是只着眼于浙江余杭市的7名被"错划"为"弱智"的学生，而是着眼于全国教育界这个并不罕见的现象——"当地教育部门的一份统计资料显示：该市的确测评出'弱智'学生1131名，弱智率达1.69%，远远高于国际上0.4%的正常弱智标准。""据悉，对学生进行所谓的智力测评，在许多地方并不罕见"，着眼于应试教育所结出的这枚"断送教育本身"的恶果——"学生被打入另册后，责任心不强的教师干脆放任不管，使这些智力原本正常的

学生渐渐真的成为'弱智'。""余杭市教育局负责弱智生测评工作的葛老师说:'学生如果被列为弱智行列,他的学习、生活及将来的工作、乃至成家立业都会受到影响。'"

在这里,记者把余杭市的7名"弱智"生问题放到全国应试教育愈演愈烈、弊端无穷的大背景下去衡量利弊,使这7名学生被摘"弱智"帽这样一个本地教育新闻有了全局性的意义,也使这篇通讯反映了一个深刻的主题:教育不能以牺牲学生、牺牲教育目的、丧失教育道德和教育原则为目的,应试教育正在毁灭教育的根基。

二是要有历史观念。不少新闻工作者都知道,看问题离不开全局意识。一般说来,记者常常能把新闻事实放到更为广阔的空间和一定的高度来认识,从而深化主题,而"时间"这个思维的角度常为人所忽略,有人称这种现象为"时盲"。很多事情如果只从当前的状态来看,往往感觉不出它的意义所在,一旦把它放到历史中来考察,其新闻价值便赫然显现。

例如,由达次采写的获得第十四届"中国新闻奖"的《科技下乡 巫师"下岗"》一文,就是一篇从历史角度显现主题的通讯。西藏作为少数民族的聚居地,其民风民情都必须得到尊重。在过去的岁月里,巫师们的"生意"是很兴隆的。这个只有200多人的村子就有63名巫师。他们要么出现在农田中,指挥人们何时种地、怎样下种,要么在干旱季节念符咒撒糌粑求神祈雨、阴云密布时又做法"驱冰雹",或者走村串户为人"除病"。在我国,科技带动人们发家致富已是正常的、普遍的现象,但在这个曾是远近闻名的"巫师村",就具有较大的新闻价值。作者正是站在历史的高度来审视这一新闻事实,将新闻题材隐含的深层次的意蕴挖掘出来。

三是要展示人的心灵。通讯的写作,要在开掘人物思想深度上下工夫。一个记者,若能将笔触及到人物的内心世界,探讨其精神上的动力,将会启迪受众的心智。但我们看到的有些通讯,却忽略了这一点。作者虽然在事实收集和表述上下了不少工夫,但写出的人物仍然让人感到模模糊糊,"活"不起来。什么是"活"呢?是心灵的激荡,心灵的感染力。没有心灵的感染力,人物立不起来,主题也难以深化。著名记者范敬宜多次提到一个命题:"感染是新闻作品生命力之所在",通讯必须如此。

例如,由郑穗华等采写的《黑脊梁》一文,不仅描写了连长李邦亮惊人的吃苦耐劳精神和苦干的业绩:带领一连夺得比武六项第一、一项第二;在乱石沟里和山坡上造了6亩良田,解决了连队的吃菜问题;利用休假帮家里收麦子盖房子……李邦亮的苦干是为了什么呢?他的内心世界回荡的是:作为一名军人,"就是国家一道安全屏障";作为连长,就要"托起战士的希望";作为家庭的一员,作为儿子、丈夫、父亲,就是"妻儿老小的依傍"。这种对人物心灵的展示,使这篇通讯具有感染人、打动人心的力量。

(三) 通讯的主题要能体现时代精神,要力求新颖、独到

我们经常看到一些通讯,虽然事例是具体的、个别的,但主题却似曾相识。比如写人物,总有"千人一面"的感觉。每一个时代,社会公众在精神上都有区别于其他时代的鲜明特色。通讯的作者应当致力于潜心研究时代精神中的积极进取的方面,体现时代的强音。例如,中共金华市委常委、金华军分区政委范匡夫,在各方面都有着出色的表现。记者贾永经过深入采访,掌握了有关他的大量的第一手材料,在此基础上确立了以下主题:以信念、人格、情操,诠释着"三个代表"的重要思想。这篇通讯弹奏出了时代的最强音。

通讯的作者要在他人尚未涉足的思维领域确立主题,通过提炼,使之具有新颖性。刊于1984年4月1日《经济参考》的通讯《访厕所》,其切入角度是颇为新颖的,此前还很少有人就厕所问题进行报道。经过提炼,作者最后确立了这样的主题:厕所折射出的"入口"工作与"出口"工作的反差,说明首都的市政建设尚存在不少问题,从而以厕所为题,做了一篇让人意想不到的大文章。

同时,通讯的作者还可以根据自己对时代精神的深刻理解和对报道对象特点的独特发现,提出自己的新颖的理念。1991年8月8日《光明日报》刊登的金振蓉所撰写的通讯《勋章背面的未了情》,写功臣的事业与未了情之间的矛盾,深入细腻地开掘了先进人物、模范人物的丰富的心灵世界,揭示了先进人物、模范人物离不开最亲爱的人支持的主题。

通讯主题的提炼,应当拒绝平庸,在避免趋同上做文章。1986年12月20日的《哈尔滨日报》,曾刊登过一篇通讯:《一个青年个体户说/"我们穷得只剩下钱了"——精神文明建设备忘录》。该文揭示了这样一个主题:青年个体户物质上是富翁,但精神上是"穷汉",他们不应该成为被遗忘的群体。这一主题在当时是相当独特的。刊于2003年5月31日《文汇报》的通讯《一个善举带来满天大雁》,没有仅仅停留于描写爱护野生动物的好人好事。作者没有满足于确立人们很容易想到的主题,比如:爱护幼小生命,呵护野生动物,注重环境保护,等等;而是表现了一个颇具独特性的主题:人类与动物应当和谐相处。

三、通讯主题提炼的方法

(一) 依据事实，提炼主题

有时，同一个事件，同一个人物，可以从不同的侧面提炼出不同的主题。

例如：一个原本性格内向的女工下岗后，为生活所迫先后干起了家庭保姆、建筑工地油漆工、街头卖报人，最终办起了一家红火的主食加工店。她本人也经历磨炼，从胆小怕事的女工到麻利、果敢的女经理。这一事实过程可以用来说明几个方面的主题：①市场大潮对人的淘漉和磨难是造就企业家的途径；②一个下岗女工的顽强精神；③社会上许多服务业有待开发；④"从一而终"的就业观念应当转变。但哪一方面更能反映生活的本质，哪一方面的主题经传播后可获得正面的社会效果，则可根据不同记者的认识、不同媒体在不同社会背景下的报道需要作出选择。但是有一条原则是不能动摇的，即所选主题是受事实限制的。

依据事实来提炼主题是通讯采写过程中选择、确定主题的常规思维过程：作者在接触新闻人物和新闻事件前，对将要采集的事实不甚了解，对将要写作的通讯主题也没有实现预想。需要在了解事实过程中逐步分析素材，进入主题发现和提炼的过程。通讯的写作过程是，先将大量事实收集到手，然后对这些事实做详细分析，弄清楚事实各个侧面之间、多个事实之间的内在联系，搞清楚作为原因的事实和作为结果的事实，然后抽出可以贯穿各事实之间的意义线索，再判断这些意义线索哪条更具有传播价值，更具有普遍的示范和警示意义，预测它的传播效果而最终确定主题。

例如，由辛梅采写的获得第十四届"中国新闻奖"的《振超效率：赶超世界第一》一文，就是依据事实提炼主题的典型。记者首次发现以个人名字命名的"振超效率"之后，立即意识到这是一个有新闻价值的事实，记者随后在近一个月的时间里，对许振超及其周围的人进行反复采访，发现了许振超许多鲜为人知的感人事迹，最后把人物定位为"中国产业工人的优秀代表"进行报道。该文通过大量感人的事例，对许振超紧跟时代步伐，勇于创新、敢争一流的拼搏精神，以及以振兴青岛港为己任，干一行、爱一行、精一行的中国工人阶级的主人翁精神，进行了多侧面的立体反映，充分展现了一个当代产业工人的风采。能够首次发现并推出一个迅速叫响全国的人物典型，与记者和编辑对文章主题的提炼是密不可分的。

(二) 预设主题，事实印证

作者依据长期对生活的观察和思考的结果或媒体布置的报道思想，预先设定主题，然后围绕该主题寻找、选择事实，以验证主题，这是很多新闻从业者选择通讯主题的一种思维过程，这就是所谓的"主题先行论"。很多新闻实践证明，这种"主题先行"的办法，即在进入采访之前就考虑主题的思维过程，往往可以产生无主题意识时采写通讯所难以产生的效果。因为采访前对某一主题的大致设想，是作者依据长期对社会生活思考、观察的结果，是对其传播价值深思熟虑、反复推敲的结晶。用艾丰的话来说，就是"凤凰落在梧桐树"。①"凤凰"指主题，"梧桐树"指题材。"凤凰落在梧桐树"指这两者的最合适搭配。

有人认为，记者在具体接触采访题材之前，是不能考虑主题问题的，事先有所考虑，就是"主题先行"。事实上，记者在提炼自己报道的主题时，不仅可以主题先行，而且还可以说，许多好的报道都是"主题先行"的。《谁是最可爱的人》这篇报道的主题，事实上是魏巍去朝鲜采访之前就已经形成了，到朝鲜采访后，了解到许多战士的英雄事迹，使他有了更加强烈的愿望来表现这一主题。可见，正确的"主题先行"有利于提高报道的质量。正如马克思主义哲学原理所说，感受到了的东西，我们不见得能够理解它；但是理解了的东西，我们就能够更深刻地感受它。

这种做法与"带着框框下去"的区别在于：先行的主题是从生活中得来的，不是记者凭空想象的产物。"框框"则往往是主观想象的结果；先行的主题必须和实际情况，即新闻事实相结合。在采访过程中还要对主题作出必要的调整、深化和发展。而"框框"则是僵死的。先行的主题要经受实践的检验。如果记者事先考虑的主题与实际情况不符，记者就要改变报道主题，使自己的主题更符合实际。而带着"框框"的记者则不管实际情况发生多大变化，仍然硬把事实往"框框"里套，虚假报道往往就是这样产生的。

---

① 艾丰：《新闻写作方法论》，人民日报出版社 1995 年版。

第三节　通讯的表达方式

在通讯的写作过程中，作者在表达方式的运用方面，比写作消息和新闻评论有着更大的自由。但是，同一种表达方式，在通讯作品中使用和在文学作品中使用，情况并不完全一样。

一、叙述

叙述是通讯和消息的主要表达方式。新闻报道"用事实说话"，首先就必须把事实交代清楚，其所用的基本表达方式即叙述。通讯中的叙述比消息中的叙述来得具体、来得舒展；它不同于文学作品中的带有虚构成分的叙述，而严格忠实于报道对象的原貌。

例如：

为护送一位 80 岁的非典留观病人——
她们用膝盖攀上 40 级台阶

王永钦

　　6 月 2 日，刚刚从内蒙古医院出院的一位 80 岁老人，向记者讲述了一件让他一辈子也忘不了的真实故事。7 名女护士，用她们柔弱的双肩，硬是将这位 80 岁的危重病人，艰难地用膝盖爬上了 40 级台阶，演绎了一出新时代白衣天使护佑生命的绝唱。

　　……

　　护士长赵爱武和张晓玲抬着重头在前，刘俊英、赵玉玲个子高在后边。当担架的前部上到第四个台阶时，担架的倾斜度加大，不能继续前进。此时，穿着厚厚的隔离衣、戴着 12 层棉纱口罩，又抬着这么一位重病人的她们，早已是汗流浃背。

　　为了保证病人的绝对安全，护士长果断地指挥前面的人跪下，慢慢前进，以保持担架的平衡。这 40 级台阶，在我们平常并不觉得有多么艰难；可此时，对这 7 位护士来说，真像是当年的长征。她们咬紧牙关，用膝盖攀登着每一级台阶。不一会儿，隔离服磨破了，膝盖也钻心地疼，流下的汗水模糊了她们的视线。由于无法擦拭眼睛，她们只能凭着感觉往上爬。当爬到圆形楼梯的转弯处时，两米长的担架却无法顺利地转过只有1.39米宽的楼梯。紧急关头，赵爱武和张晓玲二话没说，趴下身子用自己的身体支撑着担架。当她俩从担架下爬出来时，前面的同志又趴下了……就这样，她们一点一点艰难地前行，倒下了爬起来，爬起来又倒下。大家不停地从战友肩上接过担架，坚韧不拔地攀登。这普通的40级台阶，她们足足爬了半个小时。

……

(2003年6月4日《中国妇女报》)

这是一篇获得第十四届中国新闻奖的优秀通讯。上面所摘录文字的二、三、四段详细地记叙了内蒙古医院护士护送一位80岁的非典留观病人的经过，用了400多字，细节非常感人。如果出现在消息中，这段叙述就可能被简化为：

护士长赵爱武和张晓玲抬着重头在前，刘俊英、赵玉玲个子高在后边。为了保证病人的绝对安全，护士长果断地指挥前面的人跪下，慢慢前进，以保持担架的平衡。她们一点一点艰难地前行，这普通的40级台阶，她们足足爬了半个小时。

总的说来，消息中的叙述较通讯中的叙述简括、精练，表现出"粗线条"、"轮廓式"的特点。写消息时能否尝试改用另一种套路呢？在消息的叙述中线条适当细一些，保留一点精彩的细节，如能这样处理，消息将显得更加鲜活。可见，消息在写作上依然存在着一定的创新空间。

如果是文学作品对上述情节进行叙述，为了增强叙述的效果，还会吸收某些虚构的成分。

二、描写

通讯作品常常需要对人、事、景、物进行比较细致的描写。通讯和消息中常有景物描写，但后者较为简略。通讯描写人物时常会进行肖像描写、行动描写、语言描写、心理描写甚至是细节描写。通讯所进行的人物心理活动描写，必须建立在真实可信的采访依据的基础上，应杜绝合理想象和胡编乱造。消息当然也会有人物描写，但一般都只用白描手法，文字极为简洁，而且很少进行人物心理活动描写。至于说文学作品，根据表现主题的需要，可以进行各种描写，而进行人物心理活动描写时，则可依据人物自身性格发展的逻辑。

例如：

江苏省姜堰市俞垛镇
农村"春晚"农民演
本报记者　汪晓东　姚雪青

大年初五，午后时分，涌动的人潮驱走了冬日的寒意，江苏省姜堰市俞垛镇叶甸村热闹起来，文昌街两侧的人越聚越多，村里的春节文艺演出就要开始了！

一阵喜庆的开场锣鼓中，身着裙子、系着腰带、扎着头巾的舞龙演员，精神抖擞、载歌载舞走了过来。"哇，好大的龙呢！"骑在妈妈肩上的孩子惊呼。放眼望去，6条龙首尾相连，中间还有挑花担、舞龙狮、打腰鼓、荡花船的，足有1公里长。两旁的观众更是不下2000人。

"老张舞得好！"人群中有人大声叫好。老张就是舞龙球的张桂芝，他今年67岁，是村卫生室的医生，也是远近闻名的大"明星"，"从艺"40多年，吹拉弹唱无一不会，是村里文艺宣传队的负责人。

"这是咱们村的'春晚'哩！"趁着演出间隙，满头大汗的张桂芝和我们聊了起来。"咱们村的人，个个都有两下子！大伙儿的积极性可高啦，全村30%的人都参加过演出，有些甚至全家齐上阵。"

和我们一起观看演出的俞垛镇副镇长纪小斌点头称是："以前，我们也曾请过明星大腕给农民搞演出，花了不少钱，可大伙儿反响一般。这几年我们悟出个道理，农村基层文化建设，最重要的就是让农民成为主角。你看，咱们的这些节目，全是农民演、农民唱、唱农民。大伙儿看得也带劲，演得也来劲！"

"铛！"一声锣响，演出重新开始，张桂芝手持龙球，回到队伍最前面。"今年是龙年，今天咱们就要舞出个龙腾虎跃、龙马精神！"他哨子一吹，舞动龙球，现场顿时又沸腾起来。

（《人民日报》2012年1月28日）

这是江苏省姜堰市俞垛镇"春晚"现场，文章采用描写的表现手法，让人有身临其境之感。

三、抒情

通讯是一种可以较多地包含抒情性成分的新闻文体。通常,通讯中的抒情,与叙述、描写、议论结合,情感的抒发借助于叙述、描写、议论的手段来完成。其模式有:借叙述抒情、借描写抒情、借议论抒情以及这几种表达方式综合运用。借助叙述抒情,就是在对新闻事实的客观叙述过程中,渗透记者的感情色彩;借助描写抒情,就是记者把自己的情感熔铸于对人物、景物、场面和细节的描写中;借议论抒情,就是记者对新闻人物和新闻事件所产生的强烈感情,通过议论的方式来表达,将感情和议论融为一体。

例如,由张严平、田刚撰写的获得第十六届"中国新闻奖"一等奖的通讯《索玛花儿为什么这样红——记优秀共产党员王顺友》,文章用翔实的材料记叙了王顺友的感人事迹,同时,穿插了不少抒情,叙事和抒情结合。

> ……
>
> "山若有情山亦老"。如果王顺友走过的邮路可以动情,那么,这里的每一座山,每一道岭,每一棵树,每一块石头,都将洒下如诗如歌的泪水,以敬仰这位人民的乡邮员,用20年虽九死而不悔的赤心,锻铸了一个共产党员对党和人民事业的最高贵的品质——"忠诚"。
>
> 如果说马班邮路是一条连接党和人民的纽带,他就是高原上托起这纽带的脊梁。
>
> ……
>
> 王顺友是幸福的,他的幸福来自于他的工作。尽管他长年一个人默默地行走,但是他的胸膛间却激荡着大山内外的心声;尽管他身躯矮小,但是他却在党和人民之间托起了一条血脉相连的纽带;尽管他朴实如石,但是他又挺立如山。他就像高原上的一道脊梁,用无声的力量实践了自己心中一个朴素的信念:为党和政府做事了不起,为人民做事了不起!
>
> 如果说马班邮路是一个人的长征,这条长征路上凝结着他全家人崇高的奉献。
>
> (2005年6月2日新华网)

四、议论

通讯可以运用夹叙夹议的方法对人或事作出直接的评论。消息是以事实说话，除述评消息一般不允许作者直接发表议论。通讯则在报道人物或事件的同时，表露记者的感情与倾向。通讯的议论，一是紧扣人物或事件，依傍事实作适时的、恰到好处评价点拨，揭示出事中之理。二是切中肯綮。一般而言，通讯中的议论应做到数语中的，言简意赅。

例如，由《湖北日报》记者熊家余、姜平采写的获得第十四届"中国新闻奖"二等奖的通讯《尴尬的阻击战——双汇市场遭遇解析》一文，作品选取双汇冷鲜产品进入湖北市场遭遇阻击的典型事例，揭示这一现象所体现的封闭与开放的观念冲突、官本位与企业本位的冲突、依法行政执政的为民理念与职能部门"权力寻租"行为的冲突，议论紧扣新闻事件。在文章的结尾，有这样的议论语句：

一些人，口口声声讲"放心肉"。"放心肉"真的来了，为何又将其拒之门外呢？

一些人，口口声声讲"工业化"。新型工业化的成果来到面前，为何又视若天敌呢？

一些人，口口声声讲"开放市场"，为何又总在自己的"地盘"上筑起一道道的"篱笆墙"呢？

还有那似乎永远打不完的啤酒大战、化肥大战、农药大战……到底意味着什么？

双汇带来的冲击，是新型工业化对落后生产方式的冲击，是开放意识对传统观念的冲击；双汇遭遇的尴尬，是我省发展环境改善不够的尴尬，是我们的思想解放不够的尴尬。难道不是吗？！

（《湖北日报》2003 年 7 月 17 日）

这里的议论切中肯綮、鞭辟入里，一针见血地指出了某些省份在走向开放、迈向新型工业化进程中暴露的带根本性的社会矛盾。这种依据事实的议论具有很强的说服力。

五、说明

说明这一表达方式,在通讯和消息中常常用于交代背景,或对新闻事实(事件)本身和与此有关的概念术语进行解释。

陈锡添撰写的获得第三届"中国新闻奖"一等奖的通讯《东方风来满眼春——邓小平同志在深圳纪实》一文,是新时期以来的一篇优秀作品。文中的不少地方交代了必要的背景材料,不仅帮助读者加深了对当前新闻事实的理解,而且使整个作品更具有深度和力度。而对背景材料的交代,主要是借助于说明这样一种表达方式来完成的。例如,通讯的第一部分写到小平同志千里迢迢,甫抵深圳,市委负责同志劝他老人家好好休息。但是,小平同志却毫无倦意,他说:"到了深圳,我坐不住啊,想到处去看看。"紧接着,通讯作者临时中断了叙述,以一段说明文字交代了相关的背景:

众所周知,邓小平同志是创办经济特区的主要决策者。早在1979年4月,他在听取当时中共广东省委主要负责人的汇报后说:可以划出一块地方叫做特区。陕甘宁就是特区嘛。中央没有钱,要你们自己搞,杀出一条"血路"。次年8月,全国人大常委会正式通过并颁布《广东省经济特区条例》,中国经济特区就这样诞生了。深圳特区是邓小平同志亲自开辟的最早的改革开放的试验地之一。它的发展情况,小平同志当然十分关注。1984年1月,小平同志曾到深圳视察过。一晃,8年过去了。深圳的面貌又发生什么样的变化?老人家急不可待要亲眼目睹一番。

(1992年3月26日《深圳特区报》)

在以上文字之后,作者又继续往下叙述。插入的这段话,交代了深圳特区的来历,交代了小平同志和它的特殊关系,在文中无疑有着很重要的作用。

六、不同表达方式的交融

在通讯作品中,多种表达方式常常交融在一起。有时,作者边叙述边议论,在议论中叙述,在叙述中议论,这就是所谓夹叙夹议。有时,作者以情语描写景物,做到了情景交融,写景的语言充满了作者的情感。在通讯中,作者有时还会使用移情及物的手法。

请看 2010 年 8 月 21 日《陕西日报》记者李艳、巨跃先、李海静所写通讯《为了 1176 名旅客的安全》中的一段文字：

>   在石亭江滔滔的洪水之上，仅用 15 分钟，脱线列车上 1176 名旅客就安全转移完毕，没有一名伤亡。这一壮举，创造了中国铁路旅客紧急疏散的奇迹。
>   8 月 20 日 13 时 40 分，K6 次列车载着这群创造奇迹的人——西安铁路局西安客运段 K165 次列车第二包乘组 43 名（有 3 人在四川）英雄回家了！
>   一下车，凯旋的英雄们就被鲜花、掌声和咔嚓嚓的镜头所包围。
>   俗话说，男儿有泪不轻弹。可是，接过西安铁路局局长汪亚平递上来的鲜花，K165 次列车副车长张亮抑制不住内心的激动，眼含热泪。面对亲人，面对同事，43 名包乘组成员个个眼圈通红，似乎有无尽的话想要倾诉。
>   "你们是功臣，是英雄，防止了一起重大事故的发生！"听到汪亚平局长亲切的话语，乘务员孙红梅的眼泪刷的就淌下来，怎么都止不住。抹抹泪水，她说："回想起来很后怕，真怕见不上大家了，但是，我们又特别骄傲，因为，所有的乘客都安全转移了。"
>   15 分钟，到底是怎样一个与死神搏斗的瞬间？
>   ……

在滔滔的洪水之上，能用 15 分钟把 1000 多名旅客安全转移，本身就是一个奇迹。作为一篇反映突发事件的通讯，作品真实完整地展现了 K165 次列车乘务人员临危不惧、临危不乱展开生死大营救的生动场面。文章以叙述、描写为主，同时结合了议论和抒情，并将各种表达方式融合在一起。"在石亭江滔滔的洪水之上，仅用 15 分钟，脱线列车上 1176 名旅客就安全转移完毕，没有一名伤亡。这一壮举，创造了中国铁路旅客紧急疏散的奇迹。"先叙述，再议论。在"8 月 20 日 13 时 40 分，K6 次列车载着这群创造奇迹的人——西安铁路局西安客运段 K165 次列车第二包乘组 43 名（有 3 人在四川）英雄回家了！"一段中，"这群创造奇迹的人"是建立在叙事基础上的、紧扣事实的议论。

第四节 通讯的结构

一、纵式结构

（一）时间顺序式结构

这是一种按时间顺序安排结构的方式。在这类通讯中，新闻事实随着时间的推移逐步地得到展示。时间的线性流动，串起了新闻事实的整个过程。这种结构方式的最大好处是线索单一、顺序推进，因而条理清楚；但它的缺陷也与此有关，给人的感觉是单调、缺少起伏，受众难以保持长时间的阅读兴趣。如果通讯作者想要采用这种结构方式，那么就有必要根据题材的情况进行慎重权衡。如果新闻事实的情节性比较强，采用这种结构方式进行报道将可以收到比较好的效果。

例如，由记者李选清、赵波、刘程采写的获得第十六届"中国新闻奖"一等奖的通讯《英雄携手飞天——神舟六号航天员费俊龙、聂海胜出征记》一文，在结构的安排上就是时间顺序。

英雄携手飞天——神舟六号航天员费俊龙、聂海胜出征记
李选清　赵波　刘程

公元2005年10月12日凌晨5时37分，中国人进军太空的又一次伟大出征，从酒泉卫星发射中心问天阁拉开序幕：

"总指挥同志，我们奉命执行'神舟'六号载人航天飞行任务，准备完毕，请指示。中国人民解放军航天员大队航天员费俊龙、聂海胜"。

两年前，在同一个地点，我国航天员杨利伟首次从这里出征太空，圆了中华民族的千年"飞天梦"。

如今，他俩肩负着中华民族探索宇宙奥秘，和平开发利用太空资源的使命，再次踏上通天之路。

"出发"！问天阁广场响起了载人航天工程指挥部总指挥陈炳德庄严有力的声音。

"是"！费俊龙、聂海胜一个标准的军礼，定格在人类又一次征服太空的史册上。

费俊龙，汉族，江苏昆山人，大学文化，1965年5月出生，1982年入伍，中国航天大队三级航天员，上校军衔，是中国首批航天员当中级别最高的飞行员——特级飞行员，曾因连续安全飞行1599小时22分的骄人成绩，荣立二等功。

聂海胜，汉族，湖北枣阳人，大学文化，1964年9月出生，1983年入伍，中国航天员大队三级航天员，上校军衔。他飞过3个机种，安全飞行1480小时，被评为一级飞行员，先后荣立三等功两次。是我国首次载人航天飞行首飞梯队成员之一。

两小时前，执行第一组飞行任务的费俊龙、聂海胜准时起床。面临发射，两人平静得如同一次普通的出差，心跳依然保持着每分钟70次左右。经过7年常人难以想象的艰苦训练，经过一次次近乎苛刻的考核选拔，他们从14名航天员中脱颖而出，代表祖国第二次出征太空。

晨光微露，国旗招展。酒泉卫星发射中心航天员公寓广场上，身穿军装、礼服和五颜六色民族盛装的人们在晨风中静静伫立。中央领导来了，与航天员朝夕相处的战友、教练员来了，还有天真烂漫的孩子们也来了……

5时37分，在人群企盼的目光中，费俊龙、聂海胜身着乳白色的航天服，从容地从问天阁航天员专用通道向送行的人们迎面走来。他们的脸上，挂满自信的笑容。紧随他们身后的，是4名身着天蓝色训练服的航天员：翟志刚、吴杰、刘伯明、景海鹏。

在出门的刹那，记者看到，费俊龙、聂海胜不约而同地把目光瞄向了问天阁门前右侧墙上。那里，有首飞航天员杨利伟招手致意的巨幅画像。头顶天空，背靠深邃的宇宙，杨利伟传递着黄皮肤的中国人伫立世界民族之林的豪迈，折射出中华民族对太空探索不屈不挠的精神。

在得到总指挥的授命后，费俊龙、聂海胜转身走向停在旁边的专车。车队在5辆摩托车护送下，穿过夹道欢送的人群，向发射塔架驶去。

5时58分，车队到达发射架下。仰望高高的塔架，只见上面悬挂"祖国和人民等着你们凯旋"的巨幅标语。

陈炳德总指挥带领全体工程指挥部的领导和科学家，已率先来到塔架下，在防爆电梯门口排成一列，向航天员告别。

当费俊龙、聂海胜走来时，陈炳德总指挥突然间下令："敬礼！"送行队列里，将军和科学家们分别行军礼和注目礼。

敬礼，象征着嘱托，共和国把庄严的使命交付飞天骄子。

敬礼，象征着祝福，航天人把真挚的祝愿献给航天英雄。

"费俊龙同志，聂海胜同志，你们就要肩负祖国和人民的重托飞向太空，希望你们发扬我军一往无前的战斗精神，沉着冷静，坚毅果敢，出色地完成这次光荣的任务。我们期待你们凯旋！"陈炳德与费俊龙、聂海胜握手惜别，深情叮咛。

"谢谢首长，我们一定不辜负您的期望，请祖国放心，请人民放心！"费俊龙答道。

电梯启动，在无数双火热的目光注视下，从容地登上发射塔架，走近飞船舱……

9时整，火箭点火发射，似春雷震撼大地。费俊龙、聂海胜携手乘坐"神舟"六号飞船飞向茫茫天穹。他们将沿着杨利伟开辟的航迹，飞得更长、更远……

（《解放军报》酒泉10月12日电）

（二）逻辑递进式结构

按照事物发展的顺序或作者对所报道事物认识的递进顺序来安排层次。这种结构具有理性思维的特征。它需正确把握各种材料在表达主题思想时的地位，如主与次、深与浅、因与果等使层次安排呈递进式，一层比一层深。

例如，发表在1998年5月11日《经济参考报》上的工作通讯《阜阳拒绝铁路》（作者偶正涛、周文逸），其递进式结构的形式非常清晰。它的递进线条是：

现象：地处京九铁路最大枢纽站的阜阳企事业单位拒绝使用铁路。他们运输货物都用汽车。

现象背后的事实：暴露铁路的弊端。有以下几个方面：

①铁路运输费用高——"诱人的价格，吓坏人的费用"；

②铁路货运乱收费严重，货运装卸不到位；

③铁路客运服务不好，吃拿卡要严重。

事实背后的原因：铁路缺乏市场观念、制度僵化、管理混乱。

总结：垄断行业不能以垄断思想对待市场。

通讯中虽然没有用"因为""所以"的连接词，但阜阳拒绝铁路的现象和原因之间的因果链条已经相当清晰了，事实之间层层安排已使事物内在的逻辑显现出来，最终使受众不能不接受通讯的结论。

（三）悬念式结构

在通讯的开头设置疑团，布下悬念，然后揭示事情的真相，消释疑团。运用这种结构形式，要有完整的情节，还要注意使布下的悬念与释消疑团两部分对应相顾、融为一体，形成悬念式结构的完整统一。这种结构在纵向安排上是高潮在前，先倒叙、后顺承，对受众有吸引力。

例如，刊登在1979年8月28日《中国青年报》上的通讯《纯洁的心灵，高尚的情操》（作者王定球、林秀娟、陈和玉），开头是这样设置悬念的：

婚礼结束了，客人也已散尽。可是，新郎不是首先走向新房，而是径直奔进堂屋后面的一间小屋。小屋里，病榻上躺着一位面目清秀的姑娘。

"礼义，累了吧！"姑娘闪动着乌黑透亮的大眼，深情地说。

"不累。兰芝……我……"

"嗯？你，你怎样？……"兰芝凝神地望着他。

"我……兰芝，我对不住你。"礼义含着泪说。

"不要这样想，今儿个是你的喜日子，你们幸福我就高兴。"兰芝笑着劝慰道。

接着，一阵沉默。

不知内情的人一定会奇怪：新婚之夜，为什么新郎不去陪伴新娘，却向这位姑娘表露心迹呢？

二、横式结构

（一）空间顺序式结构

这是一种按空间顺序安排结构的方式。在这类通讯中，通常所记述的是同一时间点上或同一时间段中发生的不同空间的事情。有时，作者选取某一个时间点，然后向不同的空间延伸，记述诸多的人和事。有时，作者选取的是跨度不大的某一时间段，记述不同空间中的人和事。在这里时间的推移非常缓慢，给人以被故意拉长的感觉。不同空间中的人和事，被汇聚到同一个主题之下，体现出相同的指向。例如通讯《今夜是除夕》，所选取的是除夕夜这个特定的时间段，写了如下几个片断——

①在中央电视台：不笑的人们
②在长途电话大楼：传递信息和问候
③在红十字急救站：蓝灯，救护车紧急出动
④在北线阁清洁管理站："城市美容师"的话
⑤在妇产科医院：新的生命诞生了

应该说，上述人和事之间并不存在外观上的联系，但是，人们"在应该与亲人团圆的夜晚"，"却在为他人而辛勤地忙碌"这一点上，有着内在的紧密联系。在安排这类结构的时候，必须注意两点：一是空间的转换有序，不能给人以凌乱之感；二是不同空间中的人和事用体现某种内在联系的"线"来贯串。

（二）并列式结构

按材料性质归类，并列地写出几个不同的方面。这里有两种情况：一是先主后次的并列；二是同等重要的并列。无论哪种并列，都是围绕主题展开事实。

例如，获得第十五届"中国新闻奖"二等奖的通讯《一份触目惊心的审计"清单"》（新华社北京6月23日电，记者沈路涛、邹声文、张旭东），就是从几个不同的方面来并列构成文章的。全文用三个小标题即三个方面来概括存在的问题：

第一个小标题为"中央一些部委赫然在榜 预算管理问题突出"。具体是列举中央预算管理中存在的主要问题：预算外资金清理不彻底；部分资金使用脱离地方政府、人大的管理和监督；一些作法影响部门预算的真实完整；部分专项转移支付管理仍不够规范。中央基本建设预算管理中也存在部分中央预算内基本建设投资按基数法分配，不够合理等问题。此外，部分中央部门和单位存在挤占挪用财政专项拨款和其他有专项用途的资金等问题。

第二个小标题为"长江堤防再现'豆腐渣'工程 救灾款竟成'唐僧肉'"。主要内容是：当前中央补助地方支出已占中央财政总支出的一半以上，但财政部在每年编制和报告中央财政总预算时，未将其细化到地区和项目，使资金分配缺乏透明度。而且近年来，政府基础设施投资规模不断扩大，但在项目规划、决策、审批和管理中仍存在一些不容忽视的问题。

第三个小标题为"一人竟从银行贷出74亿元 金融机构出现新的风险点"。主要内容是：近几年来国有商业银行重大违法违规问题和经济案件时有发生，而且呈现出新发案件多、涉案人员层次高、涉案金额大的特点。究其原因，这与银行一些分支机构依法经营意识不强，内部控制机制不完善，特别是对一些分支行的"一把手"管理监督不力有很大关系。他建议，强化国有商业银行内部控制，建立严格的领导责任追究制度，切实防止权力失控，防范和化解金融风险。

三、纵横式结构

（一）纵横交叉结构

这种通讯的结构，体现出记者的笔触在事件进程中某些时间点上向不同空间的延伸。在这里，如果将时间比作经的话，那么空间就是纬，时间之经和空间之纬是交叉在一起的。纵横交叉式结构和空间顺序式结构的差别就在于：前者会在诸多时间点上频繁地作空间上的延伸，而后者则并不是这样（仅在一个时间点上作横断面式的处理）。

（二）浓缩时间式结构

在通讯写作过程中，在确保新闻真实性的前提下，完全可以对文学作品的表现手法有所借鉴。通讯《汉城决战的最后 40 秒——男子 4×100 米决赛画外音》，报道的是 1986 年汉城亚运会上中国和韩国为争夺金牌总数第一而展开的最后的较量——男子 4×100 米接力决赛。比赛地点：运动场；比赛时间：40 秒钟。空间和时间都极其有限，但通过"画外音"，作者的叙述由场内的有限时空，延伸到场外的广阔时空。其结构方式颇为新颖独到。

（三）蒙太奇式结构

蒙太奇是一种电影语言。其基本特点是镜头之间讲究必要的跳跃和组接。通讯《在大海中永生——邓小平同志骨灰撒放记》，在对伟人邓小平骨灰撒放过程进行记录的时候，并没有满足于对各个镜头作连续不断的、刻板的记录，镜头处理表现出相当明显的跳跃感。该作围绕"骨灰撒放"这一中心事件，采用闪回手法引出许多重要的历史片断，建立起它与现实场景之间的自然联系，写出了邓小平一生的坎坷经历和他的伟大情怀。

第五节 通讯的开头和结尾

通讯与消息相比，反映的事实相对完整，文章的整体感较强。通讯完成之后，就成了一个相对封闭的体系，它的开头、结尾是通讯的有机组成部分，不可缺少。通讯是围绕主题组织材料，结构文章的文体，因此，开头与结尾皆与它的主题有关。开头要吸引受众的注意力，引导其向某一方向思考，结尾要总结全文、深化主题、开阔思路、引人回味。

一、通讯的开头

通讯的开头与消息的开头完全不同。消息的开头常用导语这个自然段概括出整个新闻事实的主要要素，而通讯的开头则往往是作为开启读者思路、寻找叙述起点、预述主题和标示风格的一面小旗。从一些通讯的成功经验看，通讯的开头有以下几种。

（一）归纳

归纳是通讯开头中最为常见的一种。例如中央电视台 2002 年 9 月 25 日《焦点访谈》播出的题为《发展经济，法字当先》的开头是这样的：

> 最近记者在安徽省广得县采访时了解到，这个县为了建工业园，向每个单位下达具体的任务指标，让每位干部职工按照职称和级别的不同交纳 1500 元到 5000 元不等的集资款。如果不交，有关部门明确表态：后果自负。

在这段文字中，记者已经对新闻事实的主要内容进行了浓缩和概括，以后的文字都是对此进行的延伸和展开。

（二）叙述

这也是通讯开头中极为常见的一种。例如中央电视台 2003 年 12 月 2 日《焦点访谈》播出的专题《艾滋孤儿的家》，开头是：

    记者见到这次采访的主要对象朱进中时，他正在送同村 11 位来北京接受免费新药实验的艾滋病感染者乘车回家，在他们生活的那个村子里，有近 400 人因为 1991 年前后的卖血染上了艾滋病毒，2000 年一年就死去了 58 个青壮年。这几年在朱进中的家乡，已经开始进入艾滋病毒感染者死亡的高峰期。

    这段文字是通讯的开头，记者从与采访对象见的第一面开始进行叙述，体现出娓娓道来的特点，对于通讯来说是比较恰当的。如果是为以上材料撰写消息的导语，恐怕就应当进行更多的提炼，文字上也还可以再压缩。

（三）描绘

    描绘性开头在通讯写作中同样占有极为重要的地位。通讯由于篇幅较大，在对人、事、景、物进行必要的描绘方面有着比较广阔的空间。请看安东尼·卢卡斯为《林达·菲茨帕特里克的两个世界》所选择的开头：

    欧文·斯克拉大夫的接待室位于第五大道二号，它的窗户朝着华盛顿广场。一位正不安地等待牙医开钻的病人可以看鸽群在斯坦福·怀特设计的威严的华盛顿拱门上盘旋。孩子们在广场宽阔的走道上玩"造房子"游戏，大学生们手拉手，在美洲榆树下漫步。

（四）设置悬念

    2003 年 12 月 11 日，中央电视台《新闻调查》栏目播出的专题片《选举现场枪杀案》，具有很强的悬念色彩：

    今年 8 月 19 日，福建省福州市闽侯县廷坪乡黄埔村在村委会主任换届选举过程中发生一起枪击案，曾经担任该村党支部书记的肖书建连中数枪，被人打死在离投票箱不到 5 米远的地方。案发之后，此次选举的候选人之一，该村现任村委会主任肖书浙逃离了黄铺村，并被当地警方确定为重大犯罪嫌疑人。为什么一起枪击案会发生在选举现场？这次枪击案的背后究竟隐藏着什么真相？今天的新闻调查，与你一起关注这起选举现场的枪击案。

选举现场发生了枪杀案。很显然,这个话题能够立刻引起读者的兴趣。为了吸引读者的眼球,记者有意不在报道的开头采用归纳式来报道经过调查得出的结论,而是运用了一个有悬念意味的开头来抓住受众的注意力。

(五) 其他

一些记者觉得单纯使用一种形式的开头常常不能充分表达出他们的所见、所闻、所思、所想,因此,他们尝试使用混杂着几种形式来作为开头。刊于2003年10月27日《经济观察报》的通讯《柏林转生》,其中的开头这样描写记者眼中的新柏林:

> 这是围墙倒塌14年以后的柏林,一个新与旧、激进与传统、自由与统一的集合体。在青黄色的晚灯里,大街小巷遍布着表现派风格的乱写乱画,没有人能够阻止它们。这使得柏林体会到生长的快乐。它们与这座城市日常生活中的秩序和优雅处于极端对称的位置。

与传统的开头有很大不同,这条开头中既有评论,也有描述,也许它显得不够客观,却带来了感人的效果。

二、结尾

通讯的结尾也千姿百态。好的结尾,可以起到深化主题、激发感情、引人深思、加深印象的作用。常用的结尾形式有以下几种:

(一) 评论式结尾

评论可以是当事人一句精彩的话语,也可以是某位局外人的点评。现在,某些媒体甚至也允许记者自己进行评论。总之,在事实之外,评论式结尾试图让受众了解更多的观点。例如中央电视台《焦点访谈》栏目2002年3月27日播出的《"毒"害生命黑作坊》,在结尾部分就非常明确地表明了自己的观点:

> 目前,河北省及高碑店市的整治工作还在进行当中,当地有关部门已经查封了一些违法企业,并将安排打工人员进行全面体检,对当地的企业主进行法制教育。

据了解，我国《职业病防治法》将在 2002 年 5 月 1 日正式生效。有了这样的法律，但愿吕继香等人的悲剧不要再发生，但愿千百万工人的权益能够真正得到保障。

(二) 对比式结尾

可以用一个与所报道的事件截然相反的事例来结尾，以形成鲜明对比。例如，在报道某中小煤窑发生爆炸伤亡事件而被当地政府关闭时，记者可以运用调查而得的材料说明，当地的其他小煤窑仍然在"坚持生产"，以此来说明隐患并没有真正消除。

(三) 引语式结尾

用新闻人物的话来结尾往往别有新意。它们令受众"如闻其声"，它们中有可能形成对事件的评论，也可能没有评论色彩，而仅仅引发读者的思考，引语式结尾因此往往显得格外耐人寻味。例如上文曾提到过的通讯《阜阳拒绝铁路》的结尾，就引用了阜阳市委一位负责人的话：

阜阳市委一位负责人说："垄断行业不能以垄断思想对待市场。"这位负责人感慨地对记者说：阜阳人盼铁路，"跑部进京"要铁路，勒紧裤带自筹资金修铁路，像当年支持淮海战役一样支持铁路建设。建京九铁路时，曾创下了半月之内搬迁 600 户、征地 3000 多亩的"阜阳速度"。现在阜阳市铁路四通八达、存量资产数十亿元。我们殷切希望铁路充分发挥其应有的社会效益，"阜阳不再拒绝铁路"。

(四) 闲笔式结尾

有的结尾看上去与报道的内容本身并无直接的联系——例如，在中央电视台《新闻调查》栏目 1996 年首期播出的《淮河水》中，结尾处出现的是孩子们在学校里琅琅的读书声和渐渐远去的校舍。初看上去，这和记者着力调查的淮河环境污染问题并无直接联系，但用在报道的结尾，却让人体会到，环境问题是事关子孙后代的大问题，从而加强了报道的忧患意识。不过，记者在使用这种结尾时，应切忌牵强附会、矫揉造作。

第六章

通讯写作（下）

第一节 人物通讯

一、人物通讯概述

（一）人物通讯的含义

人物通讯是以报道人物为主的通讯。人物通讯报道的对象主要是那些能体现时代精神的先进人物、先进集体。在我国，新闻是党的喉舌，宣传先进是新闻媒体的一项重要任务。比如我们熟悉的新闻人物：黄继光、雷锋、焦裕禄、蒋筑英、张海迪、孔繁森、郑培民、钟南山、任长霞等，都是通过通讯报道宣传开的。当然，现在媒体发展迅速，人物的报道也全方位，通讯之前有消息，通讯同时或稍晚，有新闻评论，之后还会有电视纪录片。

（二）人物通讯的报道对象

1. 先进模范人物

它是指新闻媒体报道的在一定时期或一定地区，其事迹或思想观念能够代表时代潮流、反映时代精神的新闻人物或人物集体，一般称为典型人物。典型人物报道是我国新闻事业的一种传统而重要的宣传报道方式，也是我国新闻事业的一大特色。典型人物可统称为受表彰的各类先进人物。如全国十大杰出青年、司法系统评出的十大法官等，还有各省、市、县、乡树立的先进典型。

2. 新闻人物

这里所说的"新闻人物"，不是从宣传角度树立起来的人物，而是指在大大小小的新闻事件中涌现出来的杰出人物。有两类：一是与事件有关的新闻人物。如，1999年5月8日，以美国为首的北约突然用导弹袭击我国驻南斯拉夫大使馆，造成我国三位新闻工作者邵云环、许杏虎、朱颖殉职。一时间，这三位新闻工作者成为人们关注的新闻人物。各媒体相继刊登了报道邵云环和许杏虎的人物通讯。还有一类是精英人物。他们是社会生活中有显著性的人物，如巧于致富的农村专业户、创造经济奇迹的企业家、新当选的人大代表、新就任的部长等等。另外，当红的歌星、影星，体育界明星，也常作为人群中"显眼"的一族成为人物通讯的报道对象。

3. 凡人奇事，奇事凡人

社会生活中出现的大量平凡的劳动者，他们不属于哪级树立的典型，亦无轰轰烈烈的业绩，但他们的一事、一语、一情、一思，他们的所作所为符合我们报道的主旨，符合主流意识形态弘扬的精神。这类人物通讯也可以算是新闻小故事，常常有小巧、新奇、隽永的特点，人因事而显，人与事相连，一般篇幅不太长，有时说不清是写人还是写事。

4. 平民百姓

这类人物似乎没有值得特别提及的先进思想和传奇事迹，他们不是因事迹而进入人物通讯，而是因为他们的命运、他们的生存状态值得社会关注，具有一定的社会认识价值，才被作为报道对象。平民化人物通讯是20世纪90年代中国新闻文体中出现的一种新的报道类型，它带来了新的理念和新的技法。如中央台的《东方时空》栏目的子栏目《生活空间》中的人物报道。它以"讲述老百姓自己的故事"为口号，标志其创作理念和技法的平民化特征，开辟了电视平民化的路子。与此同时，一大批报纸也开始刊发平民化的人物通讯，其中社会新闻反映最为突出。

5. 批评或揭露性报道中的反面人物

人物通讯不排除对一些有争议的人物，转变中的人物，甚至对一些反面典型作报道。在改革开放及社会转型的过程中，滋生出大量社会腐败现象。其中，党政官员以权谋私，大搞权钱交易的现象常常引起老百姓的激愤和舆论的震荡。20世纪90年代后，媒体纷纷将在社会生活中影响比较大的、反腐败案件中的主角——腐败的官员作为人物报道的对象，详细披露其犯罪事实，谴责其对社会正义和人民生命财产的侵害，剖析其道德上的堕落和人性蜕变的轨迹，并揭示产生腐败的社会土壤，起到了警示社会、释放民怨、鼓舞斗志、引导舆论的作用。如，媒体报道的原湖北省副省长孟庆平受贿案；原江西省副省长胡长清受贿案；原广西壮族自治区副主席徐炳松受贿案；原全国人大常委会副委员长、原广西壮族自治区主席成克杰受贿案等一批大案要案。

(三) 人物通讯的表现形式

通讯写人物，有两种写法：一是对人物一生，或某一个阶级，或某一方面，作比较全面的报道，这样的人物通讯，人物活动和事件发展的时间跨度大，空间转换比较多，所用的材料比较多，一般情况下篇幅也比较长。还有一种写法，不对人物作全面的报道，而是抓住某个特定的情景，寥寥数笔，把人物的精神，特点写出来；或是对人物的精神、特点，作一些侧面的报道。这一类通讯，通常又被称为"速写"、"特记"、"特写"。

除了写一个人的外，还有集中写几个人，写一个集体的通讯。

二、人物通讯的写作要点

（一）体现当今的时代特征

人物通讯不同于人物传记。人物通讯有新闻性，它报道的人物，要有时代感，能反映时代的精神和面貌。这是研究材料，挖掘主题的问题。有一位植树劳模叫潘从正，20多年来坚持植树，抛家离舍，一直坚守在自己的岗位上，风沙吹不走他，断粮逼不走他，病魔赶不走他，是个出了名的"老坚决"。一般人会把他作为劳模来歌颂，但穆青等人却另辟蹊径，因为具有这种执着、坚决精神的劳模每个时期都有，往前排15年，也值得提倡，时代感不强。他们从潘从正的植树经历，看出他尽管执着，但由于各种干扰，总是劳而无功。50年代碰上"共产风"，60年代碰上"造反风"，70年代碰上"反击右倾翻案风"，这些人为的"政治风"与自然风沙的危害一样，给他的植树事业造成了极大的损害。最后，通讯的主题改为：要抵御人为"风口"的袭扰，中国再也不能瞎折腾。时值1979年，粉碎"四人帮"，人们渴望安定团结，这一主题与时代精神一拍即合。又如，雷锋是正值全国提倡"为人民服务"的背景下产生的先进；孔繁森是全国"反腐倡廉"的形势下产生的典型；郑培民、任长霞属于"立党为公、执政为民"的典型。

（二）写出人物的特点、人物的思想基础和思想境界

人物通讯的关键是写人。如何把人写活，是人物通讯的首要任务。要把人物写活，首先要抓住人的特点。一般而言，人物的特点越鲜明，人物的形象越生动。比如，报道一个劳模，他做了很多事情，特别是那些老劳模，事

迹更多，我们总不能把他的主要事迹都写进去，我们应该研究这位劳模和别的劳模有什么不同，一定要找出这个"不同"来，有这个"不同"，那些最能表现这个劳模本质的材料、事迹就自然而然的选择出来了。

要写出人物的特点，就要把人物放在具体的环境之中，不能回避矛盾。有人认为，先进人物不能有缺点，或者有缺点也不能写，怕影响其高大的形象。其实，先进人物也是现实生活中实实在在的人，他（她）也具有常人的情感，常人的喜怒哀乐。他（她）们也生活在具体环境之中，而通过矛盾冲突的描定正是揭示内心世界的一种最好手段，也是新闻真实性的要求所在。张海迪是生活的强者，但作为强者，她有一个过程，最初的时候，她也有过想自杀的念头和冲动。植树劳模潘从正，记者在采访中，听社员们说，曾对老伴（婆）揣了一拳。一位村干说："报道先进人物还能写他打老婆吗？"……它深刻地反映了潘从正在理想无法实现时的矛盾、痛苦的心情，这位老人倔强的个性就显现出来了。

要写出人物的特点，还要精选典型的情节和细节。情节和细节是"纪实性"的，比较简明，不像小说那样渲染、夸张。但一定要有，如果没有，肯定读者印象不佳，人物特点不够鲜明。一般的读者是靠情节、细节来记住这个人物的，这就如我们现在记得的小说等作品的人物一样，人物形象存在于情节之中。

写人物，要挖掘人物的思想基础和思想境界。即"做了什么"（第一个层次），"怎么做"（写与众不同的性格、特点，第二个层次），"为什么要这样做"（思想基础、精神境界是行动的动力，是对人物深层次揭示，第三个层次）。

三、案例分析

【例文】

雪山上，好大一棵"英雄树"
——记奋战在雪域高原国防施工一线的兰州军区某工兵团

本报记者　张海平　高志文　孙兴维

这是2010年两种别样的眼泪：

在都市，有一棵银幕上的树叫"山楂树"，许多人坐在影院里看着它擦着眼泪，这是一种怎样的泪？

在高原，有一棵雪山上的树叫"英雄树"，它是兰州军区某工兵团。记者走近它，看到这棵很少有人知道的"英雄树"落泪了，这又是一种怎样的泪？讲述着怎样的故事呢？

"军人，站着时为国家尽忠，倒下后才能陪陪父母尽孝"

那一刻，这支队伍哭了。

当总部专家组宣布由他们施工的国防工程全部通过验收时，工兵团几乎人人流下热泪。

"战友们，施工任务完成时，请你们把所有的机械车辆都鸣响，让我再听一听那熟悉的声音。"此刻，雪山上的机械车辆鸣声震天动地，三营原教导员刘克勇仿佛又回到这支队伍中。

每年春未到、燕未来，刘克勇背起行囊走向高原。他对战士说："我们去给国家扛大活，尽一个军人的本分。"

山，爬了几天几夜；车，行在云上云下。白天，钻洞开岩，泥浆满身，吃不饱的是氧，吃一肚的是尘，每次有险情，他把战士挡在身后。夜晚，风狂吼，雪纷飞，戴着皮帽，盖上大衣，仍冻得睡不着觉。他走进一个个帐篷查铺，生怕有谁冻伤，牵挂着谁有心事睡不着，而自己一晚只睡三五个小时。

高原缺氧累得吃不下饭，他组织吃饭比赛，对大伙说：吃，在雪山上不是美味和享受，而是生存，是战斗。可当战士问他自己为啥每顿只喝一碗稀饭？他就笑着说：自小爱粥，新兵时外号叫"一碗粥"。直到有一天，他连一碗粥也喝不完，倒下了。

没人知道，4年上雪山累倒的教导员，这次是带着胃癌的诊断书上山的，每天背着大伙儿大把地吃药。

手术后医生说：来晚了。预感时日不多，他对妻子说："军人，站着时为国家尽忠，倒下后才能陪陪父母尽孝。"撑着病体，他回到了秦岭深处父母住的那间土房。看他大口地吐血，妻子泣不成声："借钱买的新房钥匙拿到了，你还没住过一天。"他摇摇头对妻子说："给战友捎句话，我想穿着军装走。"

军装送来了，上面还别着他刚荣立的二等功军功章。穿上这身军装，刘克勇永远合上了眼睛，这一天离他36岁生日还有36天。

从雪山遥望秦岭，相隔千里送战友。官兵们只能捧着他的遗像，为他再熬一碗粥，为他唱起"战友，战友，亲如兄弟……"

那一刻，雪山在呼唤勇士们的名字：一营炊事员王东东，奋战高原突发肺水肿，牺牲时刚刚20岁；一连列兵张豪，舍身排险救战友，牺牲时年仅19岁……几年里，该团有4名官兵在雪山献出生命，过百人受伤或致残。

几多好战友，几多好兄弟，用热血和生命为祖国筑起新的长城。他们就像这棵"英雄树"的落叶，纵然化作了泥土，却滋养着雪山上这棵挺拔伟岸的"英雄树"，为祖国站岗尽忠。

"雪山上，不弯的是脊梁骨，不断的是顶梁柱"

那天，这个老兵哭了。当工程通过验收时，李副参谋长流着热泪和战士们紧紧相拥。工地上他官最大，年龄最长，战士喜欢叫他"李老汉"。

工程在高海拔延伸，离天三尺三。强烈的高原反应让新兵心里发慌，这时他走在最前面当"试验品"。医生说："你50多岁的人，不能和小伙子比。"他说："只要我没倒下，他们就会平安。"只有医生知道，年年上雪山的他身体早已如快散架的车。那次，他刚组织战士撤离，数十吨重的巨石就像锅盖一样压了下来。烟尘未散，大伙儿惊魂未定，他抓起手电筒往塌方处走，连队干部拉住他："让年轻人上吧……"他回过头说了一句话："哪有父母让孩子往险处冲，自己站在旁边看的道理！"

这天，八连连长张建宏收到一封特快专递。打开一看，竟是结婚不到半年的妻子寄来的离婚协议书。望着离婚协议，他一夜没合眼。团领导过来劝他："先别签，下山也许还能挽救。"张建宏说："多少官兵家里遇到这难、那难都没有下山……"他流着泪，在离婚协议书上签下了名字。雪山上这样离婚的有24人，分手前大多说过这句话：不是不爱你，可我无法愧对这身军装。

流着眼泪为战士擦眼泪，背着包袱为战士卸包袱，这就是雪山上的带兵人。常年在高原生活，团政委任秉涛40岁出头已掉了8颗牙，参谋长周兴东不到40岁，头发几近掉光；生死考验面前，副政委王建文站出来担当"敢死队"队长……

"雪山上，不弯的是脊梁骨，不断的是顶梁柱。无论多大的队伍、多小的集体，领导这样挺胸担当，遇到怎样的困苦和险阻，都能昂起头往前走。"一位将军动情地说。

"艰险中，有敢登刀山的排头，就有敢下火海的排尾"

说起新兵王小龙，团长黄明付哭了。

那天，轰的一声，距黄明付几米远的地方塌方了，王小龙被埋。蜂拥跑来的官兵拼命地用双手扒呀扒，黄团长扒破了手指，扒掉了指甲，才扒出王小龙。

他抱起王小龙大喊："挺住！"王小龙眼皮动了一动，黄明付转身奔向救护车，不停地喊着："挺住，挺住！"然而伤太重，路太远，王小龙在团长的怀里再也没有睁开眼。抚摸着王小龙满是尘土的脸庞，黄明付想起昨天还和他在工地上有过一段对话：

"女朋友来信了吗？"

"刚分手。"

"为啥？"

王小龙嘿嘿一笑，不语。

黄明付拍拍他的肩膀说："你年龄还小，好好干，好男儿何患无妻。"

"是！"王小龙给团长敬了一个军礼。谁知这竟是这个入伍刚刚半年、年仅18岁的士兵给他敬的最后一个军礼。多么阳光的男孩，多么可爱的战士，才刚刚谈恋爱……黄团长的眼泪不停地落在王小龙冰冷的脸上。

走向雪山的士兵大多是像王小龙一样的90后。士官黄渝，患高原肺水肿被送下山，不顾医生劝阻两次悄悄重返雪山，两次被领导强行送下山。士官周伟，施工中食指被砸断，伤未痊愈就返回连队。他说："手受伤了，但眼和腿好使，可以在山上当个安全员。"

年年上雪山的班长刘吉平对记者说："艰险中，有敢登刀山的排头，就有敢下火海的排尾。工地上，每人平均两天消耗一双手套，20天磨破一套工作服，30天穿烂一双胶鞋。团里规定，挺不住的战士随时安排下山，但从没见一人提出下山。"

这些战士20岁上下，不管昨天的生活怎样五光十色，他们在雪山上被感动了，改变了，变得如此坚强。在雪山上他们懂得了什么是军人的使命，什么是为国担当。他们是这棵"英雄树"的新枝嫩芽，风华正茂，茁壮成长。

"退伍时，带不走一身军装，但雪山已把我炼成一块钢"

那天，退伍老兵捧着军装落泪。

树绿前出征，叶落后归营。一年又一年，他们四季在雪山上穿着厚厚的迷彩服。部队规定，战士退伍要上交军装。很多老兵走下雪山就面临退伍，入伍时发的春秋和夏季军服，他们没有机会穿一次。

入冬的大西北，寒风刺骨，这里出现了独特的风景：老兵们穿着崭新的夏季军装相拥在一起,在营门前、宿舍旁、岗哨上,兴高采烈地合影留念。这是他们第一次也是最后一次穿着这身漂亮军装。

军号吹响,向军旗敬最后一个军礼,转过身背起简单的行囊,老兵们从五湖四海来回大江南北去。他们行囊里带走的是什么呢?老兵杨伟,带走了一双被焊花灼得满是洞眼的胶鞋,他说:"退伍带不走一身军装,但雪山已把我炼成一块钢。有这双鞋在身边,此生哪有跨不过的坎。"老兵蒋迪伟行囊里的几个矿泉水瓶子,装着他从工地捡的石块,他说:"看着它,一辈子记着在雪山的日子,一辈子懂得怎样做人做事。"

"英雄树"的眼泪,没有"山楂树"的凄凉和忧伤,只有报效祖国的热血与刚强,不辱使命的欣慰与豪迈。拥抱了雪山,拥抱了战友,一批批老兵这样离营返乡。他们化作了这棵"英雄树"的种子,撒向了祖国的四面八方。

(《解放军报》2010 年 11 月 16 日)

这篇人物通讯获得了第二十一届中国新闻奖二等奖。文章把笔墨聚焦在展示工兵团官兵奉献精神上,精心布局,精选事例,精妙施工,通过典型人物核心事迹透视昆仑工兵家国情怀,以不到 3000 字的篇幅,让读者如临其境,在脑海中浮现出这一英雄群体的形象。我们可以从作品评介、社会效果这几个方面来了解人物通讯的写作特点、要求及社会反响。

作品评介:本文是解放军报一篇颇具特色的事迹通讯。报道对象兰州军区某工兵团是军委领导批示、总政组织宣传的全军典型。该团官兵常年战斗在高海拔的雪域高原,担负着繁重的国防施工任务,官兵克服常人难以想象的困难,在高原书写了一曲献身国防工程的时代壮歌。记者采用了"英雄树"这个比喻说法,采用细节刻画和白描相结合的手法,塑造了"生命禁区"一群有血有肉的钢铁工兵的军人风骨和情感世界。整篇作品语言凝练,意蕴深厚,感人肺腑,读后浓烈的英雄气息扑面而来。

社会效果:稿件刊发后受到总部领导和部队官兵的好评,被评为当日解放军报优质稿。稿件同步在全军政工网刊出后,网友跟帖达数百条,纷纷对工兵团的感人事迹表示由衷钦佩和崇高敬意,也对这篇稿件成功塑造了这样一个英雄群体给予很高评价。一些部队把该文作为核心价值观教育的生动教材,许多部队通讯员将该文剪贴下来,作为报道的范文研究。人民网、新华网、央视网、新浪网、搜狐网等各大网站转载了此文。

第二节 事件通讯

一、事件通讯概述

（一）事件通讯的含义

事件通讯是以报道事件为主要内容的通讯。这要求记者选择某一典型的新闻事件，全面客观地反映其始末，形象、具体地描绘其细节，集中、深刻地揭示其主题，给读者以较强的思想教育与启迪。事件通讯报道的题材十分广泛，其报道的对象往往涉及政治、经济、军事、科技、外事、公安、司法、体育、社会生活等各个方面。

（二）事件通讯的特点

1. 事件具有典型性

它所报道的事件在现实生活中比较重要或显著，具有典型意义，不是一般的故事；它能够体现一种精神，对群众有普遍的影响作用。这样的事件，可以是重大事件，也可以是生活中的小事，但事件虽小，却有典型意义，能说明问题。例如，1990年正是假冒伪劣商品横行中国之时，通讯《商业部长买鞋上当记》通过描写专管产品销售的部长竟买了双劣质的"三无"皮鞋，引发出假冒伪劣产品必须下大力气整治这个问题。最后以部长的话结尾："我是一个部长，买了劣质皮鞋能及时退换。但要是普通消费者呢？"话语发人深省，深化了通讯主题。

2. 事件具有完整性

事件通讯主要是报道事件，而不像其他通讯那样，或侧重写人，或侧重介绍风光。因此，在报道事件时，比较注意故事情节的完整性，即使篇幅短小的小故事，也要把事件前因后果交代清楚，使受众有一个比较完整的印象。

3. 事理具有启迪性

事件通讯往往通过叙事揭示一定的道理，反映一定的思想观点，体现出事件中所蕴涵的思想意义，寓理于事，给人一种认识或启迪。

(三) 事件通讯的报道对象

1. 突发性事件

突发性事件，指事先无法预知、突然发生的事件，例如政治冲突、民族骚乱、刑事犯罪案件、重大责任事故和各种突然降临的自然灾害等。对于突发性的事件，多数媒体总是循着"先简后详"的原则，先用消息抢先报道，将灾难的大致情况和损害程度抢先告诉受众，以满足他们尽快获知信息的心理需求，继而再采写详细的事件通讯，将消息中的"如何"以及"为何"要素一一展开，对事件的原因进行探索，满足老百姓详知、深知的心理需要。

突发性事件因其不可预知和灾难色彩给记者的采写也带来很大的难度。一是记者的采访写作大多在事件发生之后，很难在现场进行同时空的观察，不容易看到事件的发生过程，只能靠事后采访当事人和目击者，从他们的回忆中了解情况，勾勒事件的过程。二是突发性事件大多数是灾难性的，常常伴随有生命和财产的惨重损失，而我们的报道大多是去挖真相，追踪原因，因此，去调查这一事件本身必然牵涉到某些人的责任、名声和利益的损失，所以，记者的采访常常受到封锁。

2. 在社会上产生较大影响的预知事件

这些事件一般是意义重大且事前预知。如党的重要会议的召开、长江三峡成功实施截流、卫星发射成功、重大体育赛事、重大考古发现、重要的审判等。对这些历史性的重大事件，报纸一般要发大型的具有历史文献性质的纪实性事件通讯。

以预知事件为题材写成的事件通讯，其特征有：一是因题材重大，报道的社会影响也比较大，记者写的报道可以起到历史文献的作用；二是现场材料丰富，可感可信。因为采访预先知道的事件，记者有较充分的时间进行策划和采访准备。另外，记者有可能赶赴现场进行采访，"见证历史"，大量的镜头化语言使通讯可感性强，可信度高。

3. 反映社会精神风貌的小故事

生活中每时每刻都在发生着大大小小的"故事"：一个老人摔到了，被送往医院；失学的儿童、身患绝症无力支付药费的青年，常常能得到社会人士的捐助；消费者买了伪劣商品要索赔……千千万万这样的小故事、小事件，既不像突发性事件冲击力那么强，又不像重大活动那样为众人瞩目，但是，通过展示这类故事的发生、发展和矛盾解决的过程，褒扬社会中的人类美德，传递精神文明，针砭时弊、抨击丑恶，有利于扶正祛邪，净化社会风气，发挥新闻引导舆论的作用。所以，这一类生活中的故事也常常成为事件通讯的重要题材。

二、事件通讯的写作要点

（一）叙事完整，剪裁精当

所谓叙事完整，一般包括了某一事件的开端、发展、高潮、结局，也包括事件的各新闻要素俱全。完整的事件，能反映全貌。

所谓剪裁精当，是说要围绕主题，精选一个或数个能反映事件本质而又生动形象的骨干性材料，要精心筛选事件中具有典型意义的人物材料。对于这些骨干性的、典型的材料，要取够，从事件的情节到细节，从人物的概况到语言行动，力求丰满、充实。而对那些过程性材料，则宜略用。

（二）以小见大，显示意义

事件通讯的写作一般用大中取小、小中见大的方法来选择和表述事件。

事件通讯的新闻价值，在于事件内蕴的意义。所以，不能就事论事，要把事件放在时代的天幕上观察、评判，从而发掘事件所蕴含的先进思想、闪光精神或者警训意义。

（三）抓住矛盾，描绘场面

事件发生、发展的过程中，总会有矛盾，有冲突。人与人的矛盾，人与自然的矛盾，在人与客观世界矛盾面前，还会产生人物的内心矛盾。要写矛盾冲突的高潮，也就是写矛盾冲突的关键时刻、节骨眼，写细、写够，写出主体形象。写出矛盾冲突的高潮，结构也就有了起伏。在矛盾冲突的节骨眼上，事件的蕴含、人物的心态往往会分明地显示出来，通讯作品也就有声有色了。

事件总是在一定的自然环境和社会环境中发生、发展和了结的。事件总是存在于一定的时空场中，因此，事件的发生、发展也就表现出一定的场面。事件通讯，要描绘关键的、典型的场面，显示事件的形态、性质、色彩、声貌等特征，给人以身临其境之感。

（四）叙事为主，勾勒人物

事件通讯毫无疑问以叙事为中心，交代事件的来龙去脉、前因后果。但人是事件的主宰。事件所蕴含的时代精神、先进思想，是通过事件中人的活动、人的言行表现出的。没有人，就没有事件上的新闻价值。在一起大的事件中，涉及的人物可能很多，不可能人人都写到。要写那些在事件发展进程中，在事件发展的各个阶段上，起关键性作用的人物。写他们的行动，写他们的言语，写他们的内心和外貌，但一般都是简笔勾勒，是速写式的、白描式的。其他人物推到背景上去表现。

三、案例分析

【例文】

中纪委文件刚下发，景德镇市邮政局仍顶风违纪
副科级以上干部公款赴日游　第二批出游者计划明日出发

7月8日，对景德镇市邮政局部分副科级以上干部来说，无异于一个节日，有些人甚至显得迫不及待。据了解，继6月14日该局组织副科级以上干部东渡日本公费旅游之后，上次没有去的副科级以上干部8日又将出发。

赴日游：这钱是上级奖励的……

6月14日早上5时，景德镇市邮政局一行22人从景德镇出发，开始了为期一周的日本之旅。他们从景德镇乘坐豪华大巴先到上海，再从上海乘飞机到日本，6月20日回到景德镇。据知情人说，这22人中，在职副科级以上干部5人，退休干部5人，其余为客户经理，还有部分家属，不过家属的费用需要自理。邮政局一名周姓副局长亲自带队。

据该局一位知情员工透露，由于邮政局保险业务做得好，上级单位发了一笔奖金，局领导决定将这些奖金用于副科级以上干部和部分营销人员赴日本旅游，每个人的团费为5800元。知情人说，该局随南昌虹桥旅行社出游，由旅行社代理相关事宜。

引质疑：大家赚的钱不是私款……

对此行为，该局基层员工纷纷质疑。一名基层职工愤愤不平地说："钱是大家赚的，不是私款，成绩应归功于全体职工，为什么只安排副科级以上干部去旅游？为什么不能用这笔钱去帮助需要帮助的职工？"面对这样的质疑，该局一名副局长私下解释说："这次旅游是奖励这些干部

的，派他们去参观学习，里面也有营销精英，并不全是副科级以上干部。"

一名支部书记在召开支部会时，有党员发言提出，这次副科级以上干部赴日本公费旅游是违反党纪的行为，企业发展还很困难，员工收入低，福利待遇差，应该把这笔奖金用来提高员工的工作热情，改善员工福利。该书记回应道，这笔钱是省里奖励我们的，即使不去国外旅游，我们局里也得不到。

一名员工无奈地说："领导想出国，员工能怎么样啊，反映了又能怎样？"

老员工：这种行为很不妥……

表面上风风光光的赴日游背后，却是退休员工生活的艰辛和无奈。

记者前往邮政局老家属楼，看到职工家属楼破败不堪，黑乎乎的墙皮，很多地方连玻璃都没有了，只用黑色的破布胡乱堵上。走进老楼，发现楼梯上的水泥都已经脱落了，露出里面的钢架，让人觉得危险。

住在二楼的邮政局老职工陈师傅把记者迎进他40平方米的房子。狭窄的房间显得很拥挤，里面连一件像样的家具都没有。就连这样的房子还是陈师傅的妻子嫁过来时用自己带的钱从单位买的，陈师傅靠自己微薄的收入根本买不起。陈师傅做过电话工、邮递员、营业员，1995年退休，到现在还过着艰苦的生活。记者表明自己的身份后，老人的眼眶立刻红了，说话都哽咽起来。他说自己生活太苦了，对于单位组织副科级以上干部去日本旅游的事根本就不知道。"这种行为不仅对老职工不公平，对领导干部的形象也有影响。他们为什么不用旅游的公款去帮助困难职工？"他说，原局领导在任的时候，逢年过节还会到他家去看望，发放慰问品，"现在新换了领导，但还没有登过我家的门"。

操作者：有这回事但不太知情……

获悉景德镇市邮政局工会副主席赵雍华是负责公费旅游的经办人和具体操作者，记者7月6日16时左右找到他。赵雍华要求记者出示证件，他用了一分多钟的时间翻看记者证，看完后脸上的表情有些复杂，左顾右盼的，从裤兜里把手机掏出来，想要打电话却欲言又止。他起初说对这件事不是很了解，但在记者的追问下，赵雍华承认了邮政局曾经在6月14日组织过一次赴日本旅游，7月8日即将再次赴日本旅游，但他强调旅游的钱都是个人自掏腰包而且是利用假期出游的。记者又问是否有副科级以上干部前往时，他说也有但没有透露具体姓名和人数。赵雍华随后以要出门办事和自己并不完全知情为由拒绝了记者的采访。

记者在求证赵雍华的说法时,一食堂师傅说:"开玩笑,自己花钱谁去呀!"有人还告诉记者,7月8日即将出发的旅游团将由该局另一名副局长带队。

查《解释》:顶风违纪后果严重……

写稿于此,记者检索了一下:6月29日,新华社播发了中共中央纪委印发的《用公款出国(境)旅游及相关违纪行为适用〈中国共产党纪律处分条例〉若干问题的解释》,其中,对于组织者,给予撤销党内职务或者留党察看处分,情节严重的,给予开除党籍处分。这是从制度上狠刹公款出国(境)旅游歪风的有力举措。然而,有的部门有的人,偏偏不听劝、不遵守,甚至顶风违纪。

(《江西日报》2010年7月7日)

这篇事件通讯获得了第二十一届中国新闻奖一等奖。文章对景德镇市邮政局公款旅游事件的来龙去脉及前因后果进行了报道,我们可以从作品评介、社会效果这几个方面来了解事件通讯的写作特点、要求及社会反响。

作品评介:记者采访深入,报道客观公正,行文流畅、生动,现场感强,所揭露的问题正是当下中纪委与广大群众痛恨的公款旅游之歪风。中纪委文件刚下发没几天,景德镇市邮政局仍顶风违纪公款游,事例具有很强的时效性和典型性。

景德镇市邮政局公款旅游及封杀党报事件闹得沸沸扬扬。中央电视台、新华社、中新社、人民日报、光明日报、法制日报等数百家媒体纷纷在显著位置提及或转载此报道,不少中央媒体纷纷跟进报道,各种针对此事的评论更是铺天盖地。

社会效果:中国新闻出版报著文,将景德镇市邮政局封杀党报事件列为2010年中国新闻界最有影响的舆论监督事件之一;中国青年报认为,此事已成为公权力公然对抗舆论监督报道的一个里程碑式事件;法制日报则指出,景德镇市邮政局扣发党报,实质上是权力部门对新闻舆论监督权利的严重侵犯。本报的报道在全国新闻界引发了一场关于如何保障新闻舆论监督的大讨论。至今,此事的冲击波还未停止。此事引起国家邮政局的高度重视,最终景德镇市邮政局数名副局长受到撤职等严肃处理。江西省则以此报道为契机,狠刹公款旅游风,起到了较好的舆论监督效果。

第三节 工作通讯

一、工作通讯概述

（一）工作通讯的含义

工作通讯是反映不同领域、各行各业工作中新情况、新办法、新经验、新矛盾、新问题或者新趋势的通讯。它是有中国特色的新闻体裁，西方很少见到这种体裁。

（二）工作通讯的报道内容

按照传统的观念，工作通讯要围绕党和政府的中心工作，宣传党的各项方针政策，指导实际工作。进入改革开放之后，特别是在建立社会主义市场经济的过程中，各行各业的工作方式与内容都在变化，因此，工作通讯的内涵与外延也随之有了新的拓展。在围绕党和政府的中心工作进行报道时，还发挥着沟通各行各业、交流彼此工作方面的信息的桥梁作用。其具体报道内容有：

1. 展示各项工作中的成功经验

经验性报道是我国新闻媒体特有的品种，这是由我们媒体的性质和任务决定的。报道典型经验，除了采取综合消息的形式外，工作通讯以其篇幅和时效的宽容度，几十年来一直是最具有传播效果的另一种新闻报道体裁。

一般来说，采写工作通讯要力争通过反映一个单位、一个地区或一个行业、一个领域工作中所取得的成功经验，对其他行业起到展示经验、启发思路、引导、示范的作用。它的报道选题偏重于成熟的经验，及由此带来的新思路、新观念。这类工作通讯在我国各级机关中所占的比例很高，成为党和政府指导工作、引导舆论的有力武器。

2. 反映工作中的问题和教训

反映工作中的问题和教训，揭示这些问题和教训中带有普遍意义的内涵，以引起社会的注意，推进各项工作的顺利进行。这种类型的工作通讯比较多地体现在调查性报道上，这是近年来越来越受到青睐的一种报道形式。

3. 剖析工作中的难点问题

这种类型的工作通讯比较多地体现在分析性报道上。也就是说，它不仅要通过调查，展现出工作过程中的各种问题和矛盾，还要对此进行分析和解剖，找出问题的原因，探寻可能的解决方案。一般说来，它的选题要扣住工作中的"老大难"问题和大众舆论关注的"热点"问题。

二、工作通讯的写作要点

（一）指导实际，体现政策

指导实际是工作通讯的写作目的。工作通讯所报道的新经验，所研究的新问题，来自实际，又要返回实际，指导实际。这就是要求所报道、所研究的问题，要有典型性，应是关系国计民生的突出问题；这也要求所报道、所研究的问题是体现党和国家在新的历史时期的方针、政策的问题。换句话说，就是要求记者、编辑"吃透两头"，一头是实际，一头是党和国家的方针、政策。只有"吃透两头"并在通讯报道中体现"两头"，才能够指导实际。

（二）善抓"热点"，敢碰"难点"

所谓"热点"，是指新的历史时期实现党和国家中心任务的关键性问题，比如管理体制、住房制度改革中的经验或问题，新技术挑战中的新对策，争取党风好转、加强党群关系中的新经验或新出现的问题等等。记者要敏锐地发现这些"热点"上的新情况、新动向、新事物、新观念，及时总结予以报道。所谓"难点"，是指那些早已出现，却迟迟得不到解决的"老大难"问题。这类问题，往往关系到党和国家工作人员的工作作风问题，也关系国家经济生活和人民切身利益的问题。记者要以高度的党性，以对人民负责的高度责任心，不辞劳苦地去调查、研究这类问题，并敢于反映这类问题。

（三）材料和观点都要有新意

无论是抓"热点"还是碰"难点"，都要写出新意：一是材料新，比如新经验、新探索、新动向；二是观念新，即新的认识，新的思想。比如通讯《常州的对策——长江三角洲见闻》就很有新意。面对经济竞争和世界新技术的挑战，常州人采取的三项对策和制定这三项对策的指导思想，在当时是很能使人耳目一新的。这三项对策是：

其一,"改善司令部的智力结构"。中共常州市委新的班子,九名常委有四名是大学生;加强经济战略研究,重大问题未经调查论证,不进入决策讨论;

其二,主攻箭头指向世界,指向未来,变资源型产品为技术知识密集型产品;

其三,与大专院校、科研单位结成新的联盟,充分发挥人才、知识、科研成果的作用。

(四)力求写得生动活泼

工作通讯是谈情况、谈办法、谈经验、谈矛盾、谈问题的,比起人物通讯、事件通讯,题材的生动性要差一些。如果在写作上不注意生动性,就可能给人沉闷乏味之感。老记者刘衡曾说道,工作通讯、经验介绍,不容易写好,常常写得干巴、枯燥,业务性、技术性太强,大部分读者不爱看。

为此,工作通讯的写作要力求生动活泼,这样才能吸引受众的眼球,达到宣传政策、指导实际的目的。根据写作的实践经验,要加强生动性,可从几个方面进行努力:

其一,要选取生动的事例。工作通讯选取的事例本身生动、典型,就能增强文章的生动性。

其二,在表述时,可选用多种形式,如见闻式、日记式、对话式、随笔式等。

其三,适当地运用虚实结合、夹叙夹议的表达方式。

其四,适当地运用比喻、比拟等手法,把话说得形象些、生动些。

三、案例分析

【例文】

看资源枯竭型城市如何转型
十年阜新 焕然一新
本报记者 孙健 何勇 任胜利

岁末年初,哈气成冰。走辽西北,看阜新"转型"。

总投资245亿元的大唐集团煤制天然气示范项目如火如荼施工;金

风科技阜新生产基地风电设备年产值实现30亿元；德尔汽车转向泵公司占国内同行业市场达20%；鲁花花生油阜新公司年销售额20亿元……"阜新从未像今天这样，有这么多值得外地客人一看的项目。"当地干部说。

十年间，在党中央、国务院关怀下，在辽宁省委、省政府的直接领导下，阜新初步完成从单一产业结构到多元发展的转变。2001年转型之前，煤电工业占工业比重达76%；而目前，农产品加工、煤化工、新型能源三大支柱产业三足鼎立，液压装备、氟化工等六个产业集群初具规模，多元产业格局已形成。

"经过十年转型，阜新已走出困境，夯实基础，进入跨越发展的新时期。"阜新市委书记潘利国说，"站在新起点，在经济转型试点的基础上，我们提出争创全国资源型城市经济转型示范市的重大部署，正从'试点'向'示范'迈进。"

煤电一条腿走路，走到无路可走；依靠现代农业走出阵痛期

阜新取意于"物阜民丰，焕然一新"。这个1940年建市的辽西北城市，曾是共和国的工业重镇："一五"时期，国家156个重点项目，阜新即有三个煤矿和一个电厂项目，有当时亚洲最大的海州露天矿和发电厂。

2001年底开启的这场马拉松式的艰难转型，是逼出来的。

因煤而立、因煤而兴，也因煤而衰。50年间，阜新累计生产原煤7亿吨，发电2000亿千瓦时，为共和国做出巨大贡献。

辉煌过后是阵痛。进入21世纪，挖了一辈子煤、发了一辈子电的阜新人，忽然发现城市无法维持了，日子无法继续了。

到上世纪末，国家对阜新的投资88%集中在煤电行业，城市人口55%以上为煤电系统职工和家属。21世纪初，阜新矿务局20多万在职矿工中，有一半下岗；当时，全市下岗失业人员达15.6万人，占全市职工总数的45%！

海州煤矿退休职工王国贤回忆，当时4个儿子先后从矿上下岗，孙子孙女们吃喝拉撒，还要上学，"只能是过一天算一天。"

转型之初，产业结构极度单一，缺乏发展后劲，是最大的困难。单纯靠煤炭这个资源注定走不下去了，而就业、吃饭是必须解决的当务之急。怎么办？

阜新土地辽阔，农业资源丰富，发展畜牧养殖业和农产品精深加工业，可以吸纳大量劳动力就业。因此，现代农业成为当时决策者选择发展接续替代产业的主攻方向。

在"是转型还是后退"的争议声中,不到两年时间,阜新全市建起10多个以安置矿区下岗职工再就业为主的农业园区和50多个专业小区。阜新从市委书记、市长到普通工作人员均到各地招商,引进产业化龙头企业50多家,包括河南双汇、内蒙古伊利、沈阳辉山乳业等,很多企业当年投资,当年生产,龙头企业安排近8000人就业。通过发展第三产业,鼓励下岗职工自谋职业,又有一大批下岗职工重新找到工作。2002年当年安置就业和再就业4.15万人。

"现代农业可以解决就业,但不可能强市,更不可能实现阜新经济转型这个历史任务。"阜新一位老干部说,"但客观地看,在当时的历史条件下,这也许是尽快走出阵痛期的最好选择。"

"绿色"产业,绘出阜新新未来;多元发展,撑起阜新新格局

十年转型,阜新产业经济依次走过黑黄绿三种色调:从转型之前的依赖煤、电,到转型前5年单纯靠现代农业走过难关;继而,靠风电、煤化工及相关链条这些更具持续发展能力的产业,最终绘出"绿色能源之都"的新蓝图。

一花难独放。没有区域经济的整体发展和突破,经济要素本就缺乏的资源枯竭型城市,难以单兵突进。对欠发达地区来说,搭建平台至关重要。

进入"十一五"时期,阜新转型迎来重大机遇:中央出台"振兴东北"战略;"沈阳经济区"吸纳阜新,并上升为国家战略;辽宁省委、省政府提出举全省之力"突破辽西北",并着力帮扶阜新。借着这些东风,2006年,阜新明确提出:建设全国重要的农产品及食品加工供应基地、新型能源基地和煤化工基地,即"三大产业基地"的目标。

寒冬,车行在阜新空旷的野外,白雪皑皑,荒草萋萋,北风拍打着车窗,一派北国风光的壮美。不远处,屹然矗立着巨大的风力发电机,像一排排身着白衣的健壮士兵。

地下煤炭有限,地上风能无穷。在国家产业政策的鼓励下,风能丰富的阜新引来了华能、华润等八家央企和十几家地方风电企业,投资建设风力发电场,如今装机总容量已经达到180万千瓦,占辽宁全省的45%。按照规划,十年后,阜新将崛起为一个闻名全国的千万千瓦级别的风电之都。

风电上马,风机装备制造产业随之兴起,大金重工、金风科技等多家制造企业落户阜新。风机制造、风场建设成为阜新新经济增长点。

煤化工产业，是阜新经济转型的又一重要战略选择。阜新地处辽宁、内蒙古交界，辽宁缺煤，内蒙古富煤，却外调困难。而巴新铁路（锡林郭勒盟巴彦乌拉镇—阜新新邱区）建设通车后，大量煤炭进入阜新，为阜新发展煤化工产业和火力发电提供了条件。在国家发改委、能源局支持下，阜新煤化工产业基地建设正式列入国家规划。

2010年3月，大唐国际总投资245.7亿元、年产40亿立方米煤制天然气示范项目在阜新正式开工建设，这是阜新历史上投资最大的工业项目。大唐煤制气一期力争2012年底投产，将向沈阳等城市输送优质天然气，缓解沈阳经济区天然气供应不足的局面。

2008年，辽宁提出"三大区域协调发展"战略，把突破辽西北与辽宁沿海经济带、沈阳经济区摆在同等重要的位置。阜新在"三大产业基地"的基础上，明确提出发展液压装备产业、氟化工产业、板材加工产业、皮革加工产业、铸造产业、新型材料等六大产业集群。"从谋划到初具规模仅三年时间，累计新开工项目688个，竣工投产项目367个。如今，六个产业集群产值已占全市规模以上工业的40%。"市长齐继慧说。

从单纯经济转型迈向经济社会协调发展，始终把改善民生放在第一位

入冬前，浙江来阜新投资的一个机械加工企业，想招工500名，结果却招了不到100人，只好求助于市政府有关部门。

阜新转型十年，昔日就业难，如今招工难。转型前，失业率最高时超30%，目前登记失业率为3.9%。城市人均居住面积由7平方米上升到23平方米，成片棚户区不见踪影……民生大为改善，这个十年前被列入全省"最不稳定的地区"，社会和谐度明显增加。

"十年转型，阜新的最大体会和亮点是，始终坚持改善民生与转型发展同步推进，尽最大程度改善民生，提高人民幸福指数。"潘利国说。

对于转型之难，阜新市委常委、常务副市长杨忠林深有体会："作为典型的资源枯竭城市，阜新转型试点要破解的不仅是发展问题，还有民生和社会问题，也有遏制生态恶化等一系列问题。"

没有到过老阜新的，难以想象阜新当时的生态之差、环境之困、生活之苦。

2001年，阜新环境空气质量达到国家二级标准天数仅有146天，到处烟尘灰霾；居民区沿矿而建，棚户区总面积接近500万平方米，占辽宁全省1/3多，人均住房不足7平方米，居住条件、环境恶劣，甚至上厕所都排长队；基本公共设施匮乏，无大型垃圾处理场、污水处理厂。城市人口的25%，农村人口的55%属于特困，城乡群众极度困难。

转型十年，阜新始终把改善民生放在与转型发展同等重要的位置上来抓。从2005年开始，启动了全省面积最大、任务最重、困难最突出的棚户区改造工程，15.3万户棚户区居民喜迁新居，生活环境、条件得到极大改善。

新邱区益民街道棚改新区居民刘炳恒和老伴，住上了近60平方米的楼房，每月还领2600多元的养老金。刘炳恒说："以前住破平房，冬天取暖是个大问题，连上厕所都头疼，都不知怎么过来的。"

阜新市把就业和再就业工作作为转型发展的首要任务，在全省率先建立起就业和再就业的实名制登记制度；通过责任状对每个部门、每个地区的完成情况进行量化考核，按月考核、按季通报、年终总评，将考核结果列为政绩考核的重要内容，实行奖惩。10年来累计实现实名制就业64.1万人次。

随着转型的深入，全市民生保障各项事业全面开花。社会保险覆盖面不断扩大，20.4万城乡低保对象实现应保尽保，基本养老保险、城镇居民医疗保险等五险覆盖面不断提高；农业人口参合率达到100%。"百万农民增收致富工程"历时5年基本完成，帮扶城乡贫困群众30余万户次，扶贫、开发净减少农村贫困人口57.17万人次。对低保对象在冬季取暖费、住房动迁、子女上学等方面给予优惠政策，每年仅为低保家庭减免取暖费达2000万元。

十年转型，阜新站上一个新的起点。2011年，阜新决策者自我加压，提出创建"转型示范市"的新目标：到"十二五"末期，基本完成经济转型任务，实现人均生产总值达到全国平均水平，城乡居民收入达到全省平均水平，把阜新城乡建设得更加美好，让阜新人民生活得更幸福。

"那种迷惘绝望的心态没有了。现在全市干部群众精气神足、心气顺，人人想干事业、思赶超、求跨越。对转型期的城市来说，这是最可宝贵的精神财富。"阜新市委常委、宣传部长李国强说。

"作为一个资源型城市，不仅要追赶先进地区，还要补偿历史的欠账，面临着补课和赶超双重压力。"齐继慧清醒地认识到，"目前，阜新改革中遗留问题尚未得到全面解决，全面完成经济转型试点的任务还很艰难；但依靠转型十年取得的经验，有'阜新速度'和阜新精神，这个目标一定能实现。"

2011 已然隐去，2012 已经走来。冬日正午，雪花仍在飞舞。

离开阜新，在城外高速，回望这个站满了脚手架、充满生机和活力的城市，找寻十年前她不堪回首的困窘，哪里还有多少影子？十年后，这个城市无论怎么发展，也许都不是奇迹。

（《人民日报》2012 年 1 月 18 日）

这是一篇总结经验的工作通讯，具体探讨了阜新作为资源枯竭型城市的转型之路。文章从三个方面进行分析：一是煤电一条腿走路，走到无路可走；依靠现代农业走出阵痛期。二是"绿色"产业，绘出阜新新未来；多元发展，撑起阜新新格局。三是从单纯经济转型迈向经济社会协调发展，始终把改善民生放在第一位。这些经验，对我国资源不足的城市发展是有一定的指导和借鉴作用的。

第四节　风貌通讯

一、风貌通讯概述

（一）风貌通讯的含义

风貌通讯又称为"旅行通讯"、"概貌通讯"。它是着重描绘社会变化、时代风尚及风土人情的通讯报道。风貌通讯具有开阔眼界、互相沟通、增长知识的作用。

风貌通讯是通讯中最早出现而又运用较多的一种类型。它继承我国古代山水游记文学的优良传统，是游记文学与新闻报道的结合体。虽然现代风貌通讯对古代精湛的游记文学的写作技巧有所继承，但它与古代游记文学有着本质的差别。差别在于：它不是文人墨客记述闲情逸致之作，也不是失意之士情怀的抒发，而同其他通讯体裁一样，是时代的写照，是历史的缩影，是新闻传播的工具。

在我国新闻传播史上，曾出现过众多的优秀风貌通讯。例如，瞿秋白的《饿乡纪程》、《赤都心史》，周恩来的《旅欧通信》，邹韬奋《萍踪寄语》、《萍踪忆语》，范长江的《中国的西北角》、《塞上行》等，大都以客观的笔调,描绘作者的旅途见闻和所思所感。随着时代的发展,这类通讯的新闻性和时代性不断得到加强,发展成为反映社会新貌的风貌通讯。同时,其表现形式也愈加丰富,报刊上常见的"见闻"、"巡礼"、"散记"、"侧记"、"记行",大都属风貌通讯。

(二) 风貌通讯的分类

风貌通讯按表现形式可分为四类,见闻类、巡礼类、散记类、侧记类。

"见闻类"通常包括"见闻""见闻录""参观记""访问记""杂记"等。记者到某地某单位采访,边走边看,把采访中的所见所闻写出来,报道给读者,就是"见闻"。"见闻"比较强调"客观性",通过客观的介绍,以反映某地的社会情况、社会风貌。它一般以记者的行踪为线索。作者很少作直接评价。但所见所闻,要写得广泛些、多样化些,要充满新鲜感。

"巡礼类"通常包括"巡礼""纪行""掠影""拾零""拾趣""拾萃""一瞥"等。记者到某地,边走边看,记下所见所闻所感,报道给读者,就是"巡礼"。它一般也以作者的行踪为线索,它写的材料,大多比较零散,以"巡游"为线索,将分散的材料组织成篇。

"散记类",记者到一个地方或一个单位,把在头脑中印象最深的一些人物、事件、景物记下来,联缀成篇,就是"散记"。"散记"所记录的风土人情、社会风貌,不一定是最本质的,但对大众来说一定是新颖的、新鲜的。"散记"取材广泛,表现形式灵活,有些像散文,但有新闻性。

"侧记类"通常包括"侧记""纪实"等。一个事物及其发展,往往包含多方面的内容,不去反映事物的全貌、全过程,而是抓住其中一个片断或几个片断来反映全貌、全过程,就是侧记。侧记适应于报道一些重要活动或重要事物。

二、风貌通讯的写作要点

(一) 描"新"写"变,要抓特点

风貌通讯的新闻性体现在一个"变"字,要善于描"新"写"变",即写新的社会气象,写旧貌换新颜。风貌通讯可以报道一个地区、一条战线、一个单位发展变化的新气息、新面貌,可以介绍祖国风光、地方物产、人情风格,也可以反映异国的社会现状和风土人情,无论是国内题材还是国外题材，都要抓住特点。一方水土一方人，一方风俗一方情。风貌通讯要抓住一方一地最有特征的事、物、人，再现于作品，以展示具有乡土气息的时代风貌。是否能抓住特征，是风貌通讯成败的关键。

如新华社记者采写的《温州夜行记》（新华社1993年5月11日电稿），通篇的见闻使你对这个陌生的"中国私营经济之都"留下鲜明的印象。记者在饿了九个小时，下了火车，狼吞虎咽一盘炒年糕后，又爬上去温州的夜行车。本想在车上睡一觉，但上车后发现"夜不能寐"，借此"夜不能寐"之机，记者感受了温州人的特点，感受了温州的变化。文章写了温州人白天做事晚上赶路，车上东倒西歪照睡不误；写了夜景"一家家农户开的店堂彻夜不闭，一盏盏灯箱、一串串链炮，繁星满天，光亮触目"。在进行了全景式的扫描之后，记者又将镜头推进，着重写车中一对年轻夫妇带着自己啼哭不已的8个月的婴儿外出创业……

（二）访今问昔，对比衬托

要展现新貌，仅写今日风貌是不够的，还要用昔日的风貌加以衬托，否则，读者看不出"新"在哪里，"变"在哪里，"变"在何处。旧貌衬新颜，主题思想也就显豁了。例如，《人民日报》1995年4月9日发表的通讯《山也还是那座山》（作者安详），以特有的文化情调展现了革命老区的新貌。这篇通讯用对比的手法报道了革命老区交城人在改革开放年代里艰苦奋斗、千方百计摆脱贫困的喜人景象。过去交城是"苦叫鬼的地方"，这里的山是"一座套着一座"，这里的路是"七扭八歪"；这里的水"不浇那个交城浇文水"，整日吃的是"莜麦面、山药蛋"。改革开放以后，终于在海拔2000米的大山里有了小麦和玉米，继而有了"白花花的大米"和蔬菜，实现了"村村都通机动车、二级乡路连成网"的宿愿，乡镇企业近几年利税上了亿。通过对比，交城面貌的变化展现在受众的眼前。

（三）动静结合，"画"中见人

风貌通讯是"风俗画"和"风景画"的融合汇一，但无论是描自然风景，还是绘社会风情，都要既写静景，又写动景，尤其是要写活动中的人。人，是"画面"的主体，只有通过人，才能生动而深刻地表现社会，展示社会风情。比如张万舒的通讯《故乡人民的笑声》（续篇）（新华社合肥1981年10月30日电），就在风俗画里展现了一系列人物的音容笑貌，特别是通过记者的大哥张维波的谈话，使记者三次暗中吃惊，并以回忆的方式追叙了大哥过去的精神状态，两相对照，显示出大哥精神面貌的巨大变化，从人的变化中，透出农村变化，透出时代的新气象。

（四）穿插引用，趣味横生

风貌通讯使各种人都感兴趣的原因之一，就是它的知识性、趣味性。风貌通讯传播知识，是着重于有声有色地介绍现场见闻，所以，知识又是和情趣结合在一起，使人便于接受，乐于接受。同时，恰当地穿插背景，引用历史、典故、神话传说、诗词歌赋以及有关的科学知识，既能拓宽通讯的视野，又能增强作品的知识和趣味性。例如，记者孟西安所采写的通讯《美哉，米脂婆姨》（1995年5月15日《人民日报》）中，穿插引用了陕北的民谣、民歌，米脂县名来历，"貂蝉洞"、"丈人县"等材料。如引用民谣"米脂的婆姨绥德的汉，清涧的石板瓦窑堡的炭"，赞美陕北人杰地灵；引用民歌"陕北的山来榆林的水，米脂的婆姨实在美"、"毛格闪闪的人眼粉格丹丹的脸，米脂婆姨赛天仙"，赞美米脂婆姨的美；穿插介绍米脂县名来历，《米脂县志》云："地有米脂水，沃壤宜粟。米汁淅之如脂，故以名城"。这些材料的穿插引用，给作品增添了诱人的情趣。

（五）缘景抒情，真切自然

风貌通讯往往要描写景物、风光，这是风貌通讯很重要的组成部分。但在描写景物、风光时，笔尖必须融进自己的饱满热情。风貌通讯的叙事写景会较多的带上记者的主观感受，感情色彩比较强烈。风貌通讯也常常要借助议论和抒情深化主题，增强作品的感染力，但议论抒情要缘景而发，要真切自然，情感色彩的明暗要与风貌通讯的格调和谐。例如，著名长篇旅途通讯《中国的西北角》，是范长江同志在30年代深入川北、陕西、甘肃、青海、内蒙古等广大西北地区，将沿途见闻以通讯的形式陆续在《大公报》上发表的通讯。通讯的字里行间饱含着对国民党黑暗统治的控诉，对生活在水深火热之中的人民的同情和关切。而采用的抒情方式就是缘景抒情，缘物寄情。

三、案例分析

【例文】

雪域高原：你是这样和谐吉祥
———西藏自治区成立四十周年之际访问纪行
新华社记者　顾瑞珍

拉萨印象

告别喧嚣的都市，像所有踏上这片神奇土地的人一样，西藏给我一种久违的宁静、单纯和快乐，一如拉萨清澈的阳光。

来到西藏的第一站是拉萨。藏语中，拉萨是"神仙居住的地方"，由松赞干布所建，距今1300多年，而布达拉宫、八廓街、大昭寺，历经时光梳洗却辉煌如新。

初到拉萨，由于高原反应，凡事都要慢，看到藏族同胞四季不变的氆氇袍，喝酥油茶，吃糌粑，日子从容自在，时间仿佛凝固了。在适应了拉萨的海拔后感到，他们生活得幸福悠然。

雄伟的布达拉宫是拉萨最高的建筑——在拉萨任何一个角落，抬头远望，定能看见气势磅礴的布达拉宫：澄澈的蓝天下，红白相间的宫殿坐落在山顶，两千多间佛殿和房屋透出黑色的窗户，而金灿灿的屋顶衬着白云显得无比壮丽。

参观布达拉宫不由得让人惊叹：在这迷宫一样的建筑里，几乎集中了全西藏所有的珍宝。

围绕大昭寺的环形集市街道，就是著名的八廓街。这是拉萨城市的中心。八廓街呈六边形，以大昭寺为中心，其实是一条围绕大昭寺的转经道，有两公里长。据说，过去八廓街两边的房子都是带天井的藏式楼房。现在看到的都是经过改造的新式楼房，楼层不高，一楼为门面，经营工艺品、藏药和珠宝首饰等。街道中央有统一修建的开放式摊棚，满是各种玛瑙、骨质、木质、银和藏银做的项链、手链、戒指、手镯等，还有法号、香炉、藏刀等。

拉萨的日照时间很长，晚上九时阳光依然明媚。傍晚时分，在繁华的八廓街转转，谁都会对琳琅满目的藏式物品爱不释手。

对第一次进藏的我来说，很难想象拉萨从前的样子。梁海虹是1987年进藏的大学生，说起拉萨这10多年的变化，他说："翻天覆地，简直让你不敢想象。"

目前，拉萨城区面积已达54平方公里，是50年前的18倍；城市道路总长由50年前的1公里增加到241公里；平均每23人就拥有一辆私家汽车，是全国平均水平的5倍还多。

大家惊喜地发现，在拉萨能买到几乎所有的时髦用品，还能吃到花样繁多的佳肴和时令蔬菜、海鲜；这里有宽带网络，有琅玛厅，还可到温泉泳池尽情畅游……

虽然语言不通，但当大家要和身着藏装的老人、小孩或是姑娘、小伙合影时，他们大多落落大方。一些孩子还会追着让你拍照，也不管能否得到照片。一位身穿藏服、头戴红头巾坐在寺院门口的藏族老人给我留下深刻的印象。她慈祥地看着过往的人们，我们过去献上哈达，与她合影，她并不推辞，脸上始终带着从容的微笑，那么平和、那么安详，让人景仰。离开拉萨，我都一直在回味老太太那包容的微笑，总是在想，她如何修炼出如此平和宁静的心态？

在西藏，人们通常这样形容7个地市：拉萨最好，那曲最高，林芝最美，山南最近，日喀则最大，阿里最远，昌都最险，走过4个地市后，我也基本认同了这种概括。

拉萨是我所去过的城市中最让我难忘的。它是一个让人质朴如山的地方，在这里你可以任思想无际地驰骋。

林芝散记

在拉萨通往林芝的318国道上，沿途蓝天和白云把近处的青山、远处的雪山，映衬得错落有致：白云如雾似带盘亘在青山腰间，蓝天白云间显露出圣洁的雪山峰顶……

林芝，藏语意为"太阳的宝座"，地处藏东南雅鲁藏布江下游，平均海拔3000米左右，是西藏海拔最低的地区。这里山川秀丽，峡谷险峻，气候湿润，动植物种类繁多，甚至盛产香蕉等热带水果，素有"西藏江南"、"东方瑞士"之称。林芝历史上属边地，在服饰、习俗和建筑等方面都与拉萨有很大的不同。

虽只有上下两车道，山路多弯，但柏油路一直通到林芝地区行署所在地——八一镇。这种路况在西藏几近奢侈，别说阿里、昌都，连日喀则、那曲都没有。

中午时分，我们到了海拔5013.25米的米拉山口，拉萨和林芝的分界岭。在西藏，每遇山口都会看到无数经幡、哈达和玛尼堆，经幡、哈达随风飘扬，猎猎作响。山口献哈达，藏民口里说着"哈索拉"，司机罗布告诉我，是祈求平安顺利的意思。

由米拉山口下行进入林芝地区后，黑色牦牛毛织就的游牧帐篷越来越多，不规则地散落在道路两边的草甸子上。车刚停下，就不知从哪里跑来几个藏族小孩来要钱。司机说，在这里用零钱布施别人的现象很常见。

车行途中，路边时有藏族同胞招手搭车，其状毫无谦卑之态，有车停下，司机也毫无施舍之感。哪怕不能搭载，他们也会做手势示意，不会视而不见。途中有修道工人，司机也会招手致谢，工人也自然地招手回谢。地广人稀，也许是艰苦恶劣的自然环境造就了人与人之间的和谐互助。

从林芝地区的工布江达县前行不远，就会看到尼洋河清丽的身影。尼洋河，藏语有"仙女的眼泪"的意思，清澈的河水泛着浪花在山谷中东流而去，滋养着这方神奇的土地。

"中流砥柱"形象地概括了尼洋河中的一处景观，滔滔河水中，一块巨石巍然屹立，没人知道它如何形成，也没有人能解释它怎么站在这里。

离林芝越近，绿意越浓，恍惚间以为到了江南。当地的人说，林芝有天然氧吧之称，植被生长非常繁茂。

林芝森林植被等自然景观保存完好，素有"天然的自然博物馆"、"自然的绿色基因库"之称。除植物外，林芝的野生动物种类也很繁多，长期以来，藏民族就有爱护野生动物的传统美德，这种朴素的保护意识，使西藏的野生动物有一个安稳的栖息地，林芝的虎、鹿、野牛、扭角羚、麝、赤斑羚、雕等国家重点保护动物多达106种，其中国家一级重点保护动物达30种。

十年前，八一镇还是"全城没有一条水泥路，没有一座超过三层的楼房"的边陲小镇，如今，几乎所有的旅游者都会对这座"现代化的新城"留下深刻的印象；十年过去了，林芝GDP翻了三番，财政收入翻了近三番，农牧民人均收入翻了近一番，固定资产投资翻了四番多。

驶出八一镇，翻过色季拉山，便到了林芝县鲁朗镇的鲁朗林场。这里的特产是松茸和各种蘑菇，还有白木、当归、党参、天麻等药材，最值钱的是松茸，据说一斤可卖几百元，现在主要出口日本和韩国。

林场内一位戴着礼帽的50多岁的长者仁青次仁告诉我们,这个草场属于鲁朗镇卓玛村和扎西岗村所有,以前一直闲着,这两年才开办成骑马场,在夏天旅游季节接待游客。两个村现有45匹马,大家商定将马分成3组,牧民分成6组,每天出15匹马,轮流到骑马场来接待游客,营业收入按实到的人头"分红",每位牧民一个月来草场工作10天,能挣300多元。

在西藏自治区的自然和人文景观中,各地差异很大:藏北草原辽阔壮美,有北国风光之韵;后藏山川奇雄宏伟,具苍凉广博之感;山南雅砻则是藏文化发祥地,农业发达,山河秀美,好似长江黄河流域。而林芝山水却与江南风光十分相近。由于副业较发达,林芝被称为"首富之地",地委书记白玛朗杰介绍,林芝地区的年人均收入、人均GDP都居自治区之首。

羊卓雍湖

悄悄地,那一湾湛蓝的湖水不经意地出现在眼前。吉祥羊卓雍措秋莫湖,宛如一位娴雅的绝色仙子,安静、神秘、美丽、圣洁,自顾自悠然地荡漾在蓝天白云雪峰的簇拥中,那么深奥,又那么单纯。

羊卓雍湖(吉祥羊卓雍措秋莫湖的简称,也称羊湖)是古老的封闭性高原湖泊,藏语意为"高山草场上的碧玉",湖岸蜿蜒曲折,湖水清碧明澈,与纳木错、玛旁雍措并称为西藏的三大圣湖。

从拉萨向南至浪卡子县境内,越过雅鲁藏布江曲水大桥,沿岗巴拉山盘山而上,就可看到海拔约4437米的羊卓雍湖。与雅鲁藏布江840米的天然落差,使羊卓雍湖成为西藏的能源重地,藏中电网40%的发电量来源于羊卓雍湖抽水蓄能电厂。

羊卓雍湖的四周没有树木,也没有杂草,湖的主题意境非常突出。如果静静地在湖边小坐片刻,会释然,很爽朗,并且这种感觉会贯穿在你的整个西藏之行中。

纳木错

来到纳木错,只能用两个字形容——震撼。

"纳木错",位于当雄县与班戈县交汇处,被尊崇为"圣湖"、"天湖"。从拉萨沿青藏公路,颠簸4个多小时,车子艰难地爬上海拔5000多米的念青唐古拉山山麓,进入纳木错湖区,在大草滩上不时见到成群的牛羊。草滩上的草并不茂盛,但面积很大。半小时后,我们来到纳木错最大的半岛扎西陀岛,这里是观湖的最佳位置。映入眼帘的就是令人神往的纳木错了,一片无比宽广湛蓝的水面舒展在眼前。不禁让人疑惑:这哪里是湖,分明是海!

纳木错是世界上海拔最高的咸水湖,据当地人介绍,海拔4700米,是西藏三大圣湖之首。它像一颗晶莹的宝石,镶嵌在万里羌塘草原上。纳木错湖滨广阔、水草丰美,是全年均可放牧的天然大牧场。藏羚羊等众多野生动物也经常出现。

尽管阳光灼人,但还是有不少慕名而来的游客嬉戏在湖边。湖水清澈见底,让你情不自禁地掬一把湖水拍拍脸。灿烂的阳光下,远处湖面飘移着一幕幕淡蓝色的轻烟,让人对它向往、崇拜。

作为圣湖,纳木错在藏族同胞心目中有着非常神圣的地位。每逢藏历羊年,四面八方的朝圣者会千里迢迢前来参加盛大的转湖节,用十几天时间徒步绕湖一圈,向它祈求福祉、平安……

错高湖

虽然错高湖没有跻身西藏三大圣湖之列,但它的美却无与伦比。错高在藏语中意为"绿色的水",也称巴松错。从巴河镇深入山林就可抵达这里。

有"小瑞士"之称的巴松错,海拔3469米,总面积37.5平方公里,湖水面积25.9平方公里,这里集雪山、湖泊、森林、瀑布、牧场、名胜古刹于一体,景色各异,四季不同。湖心岛上的措宗寺,始建于吐蕃赞普时代,距今已有1500多年历史。

群山环抱中,错高湖形如镶嵌在高峡深谷中的一轮碧绿的新月,像一块嵌在林海中的蓝宝石,清澈见底,分外宁静。两岸的高山上布满了丰富的原始植被?,青黑色的是青枫树,深绿色的是松树,浅绿的是杨树,山峰顶端云雾笼罩间却赫然看见斑斑白雪覆盖着黑色的山体。

据当地人介绍,巴松错的湖水都是从雪山流下来的融化的冰雪水汇集而成的,难怪蓝得那么透彻,蓝得那么纯净。

(《经济日报》2005年8月10日)

文章紧扣"和谐吉祥"的主题,选取拉萨、林芝、羊卓雍湖、纳木错、错高湖等景点展开叙述描写,反映了雪域高原特有的人情风貌。文章发表在西藏自治区成立四十周年之际,其意义是不言而喻的。

第五节 专访

一、专访概述

（一）专访的含义

专访是通讯中的一个品种，它是在特定的背景下，记者对具有一定的新闻性和代表性的人物、地区、单位或重大事件进行专门访问的纪实。

专访这种新闻样式，是很早就在我国新闻界出现的一种报道体裁，它经常被冠以"访问记"、"对话报道"等名称。近些年来，随着新闻改革的深入，新闻报道的内容和形式都发生了变化，专访报道的涉及面不断拓宽，形式也不断创新。在报刊、广播电视中越来越有市场。许多报刊为体现自身特色，满足读者的需要，专门开辟了"本报专访"栏目；一些电视台也纷纷开办专访栏目。

（二）专访的特点

专访是一种比较特殊的通讯体裁。一方面，它与一般通讯有共同之处，比较详细生动地报道新闻事物；另一方面，又有着它的特殊之处，这个特殊之处就表现在一个"专"字上。它是记者带着一个比较明确的专门的目的。对事先选定的有关人员进行专门采访，然后实录采访对象的谈话，穿插一些现场实况和背景材料写成的。

专访的特点，概括起来有以下几点：

1. 专访强调的是"专"

专访强调一个"专"字，即专门的采访对象、专门的内容。专门的采访对象，是事先经过选择的"特定的被访问者"、"专门的采访对象"。即便有的专访是"记事"、"记言"，也是通过对访问与此有关的"特定的人"来完成的。专门的内容，即突出专题性，回答"特定的问题"，专一性，无论写人、记事还是记言，都不面面俱到，而是突出某一些侧面，这些侧面是记者根据报道的需要专门选择的。

2. 专访强调的是"访"

与其他新闻文体相比较，专访更注重采访手段，它所进行的是　种特殊的访问，或称正式访问。即记者是有备而来的，事先怀着一个比较明确的、专门的采访目的到现场去的。多数采访是按预先准备好的既定方案或计划进行的。而且一般说来，在正式的访问开始之前，记者已准备了文体认定，也就是说，他很明确要写出一篇专访。而记者在进行其他采访的时候，多数情况下，行动之前并没有明确的文体意识，只有在采访的过程中或结束后才面临"量体裁衣"的问题。但"专访"是个例外。

3. 专访一般具备人物、现场、记者三个要素

"人物"，即被访者，是个特定的概念，不是指作品中的人物，而是指被采访的人。"人物"是构成专访内容的主角，不仅是活生生的个人，还包括人格化的集体。"现场"，即采访现场，也是特指的概念，不是指专访再现新闻事实的现场。专访"现场"是构成专访内容的重要陪衬，有了它使作品增辉添色，显得生动、真实。不过，专访"现场"不必过于花费笔墨，以简洁为好。"记者"，指专访者，在专访的内容构成上起配角作用，但对于"人物"和"现场"又起着支配的作用。记者不一定在每篇专访中出现，有时隐形在专访之中。

（三）专访的种类

根据专访报道的侧重点，可以将专访分为人物专访、事件专访、地方风物专访、问题专访。

人物专访重在报道某一新闻人物，侧重于介绍这个新闻人物的事迹，介绍他的经历、爱好、品德、性格等。在较多的情况下，人物专访的报道对象就是它的采访对象，如《深情的嘱托——访聂荣臻元帅》（1990 年 7 月 26 日《光明日报》）。有时候，人物专访的报道对象不一定是它的采访对象，如《访阿里夫人》（1995 年 5 月 19 日《文汇报》），专访访问的是拳王阿里的夫人，阿里夫人着重谈的是拳王阿里的个性、爱好等。

事件专访重在介绍某一新闻事件或历史事件，作者专门访问某一事件的当事人或知情者，由他们介绍这一事件的有关情况。如《光明日报》1988 年 9 月 3 日发表的《沉重的思考——对于一位女研究生被骗案的追踪采访》，记者紧紧围绕研究生小 A 这桩被骗案，专门采访了阴险狠毒的骗子李敏、强奸犯宫长恩以及受骗者小 A，从而深刻说明了"在改革开放、建设社会主义商品新秩序过程中，文明战胜愚昧，生机战胜腐朽的任务是多么长期、艰苦！"这样的事件专访，抓住人们普遍关注的新闻事件，具体展示事件的内幕，剖析事件发生的原因，并把当事人的谈吐、灵魂揭示出来，发人深省，给人教

益，受到了广大读者的欢迎。

地方风物专访着重介绍某地、某单位新面貌。如《夜访石壕村》（1989年2月5日《光明日报》），写的是伟大诗人杜甫当年夜宿过的石壕村而今脱贫致富的新面貌。新华社北京1984年4月19日发的电讯稿《初访新航天城》，作者报道了在航天城的所见所闻，展现了一幅科学和艺术统一的美景，描绘出中国宇宙空间技术的未来。这类通讯，和我们前面说的概貌通讯差不多。

问题专访是以解答问题为主的专访，通常是就人们迫切关心、亟待解决的某一问题，访问有关的专家、学者、领导人或权威人士，请他们对这一问题作出解释和解答，以帮助读者了解问题、认识问题、解决问题。如1994年9月2日《经济日报》发表的《莫把市场经济庸俗化——北京大学经济学教授胡代光访谈录》，就是请采访对象谈如何理解"市场经济"的有关问题，以纠正社会上的一些错误认识。问题专访以分析问题解决问题为重心，但为了表明采访对象的权威性，他在这一问题上所具有的发言权，也可以适当地介绍一下人物的身份，他在这一问题上的研究成果。

二、专访写作的要点

（一）抓住时机、明确目的、选准对象

专访很讲究新闻性和现实针对性："五一"前夕访劳模；比赛盛事访明星；科技代表大会召开访科学家；人大开会访人大代表；遇到重大的历史纪念日访当事人；遇到重大的社会事件访知情者；遇到社会普遍关注的问题访权威人士……1982年9月15日下午，邓小平为纪念冯玉祥将军百年诞辰，接见了冯玉祥的子女，《羊城晚报》记者抓住这一时机；当大师刘海粟第十次登上黄山，《光明日报》记者以此为由头，就写了专访《黄山白发看争高——访艺术大师刘海粟》。成功的专访，往往不失时机，闻风而动，师出有名。如果错过了时机，专访的新闻价值就可能削弱，激不起读者的兴趣。

专访，还要突出一个"专"字，不能全面铺开，面面俱到。专访的突破口一般都比较小。记者采写专访时，往往将问题集中到某一点上，以突出最有新闻价值的内容，因而，决定写专访，就必须明确自己的目的，明确自己的采写中心：是用专访来回答广大群众迫切关心的问题？还是用专访来宣扬某些人物的先进事迹？是用专访来纪念伟人、名人、人们心中难以忘记的人？

还是用专访来宣传某项新成果、新发明,或介绍新观点、新知识?……心中一定要有底,目的明确。

确立自己的目的,必须集中,不能包罗万象,不要试图作"全景"、"全程"性的报道。要突出"专题性",集中在"一点"上,同时还要考虑现实的针对性。脱离了社会普遍的关注和需要,专访就不会成功。选好专题,专访的"专"字就有了基础。

写专访还要选好专访的访问对象。选好专访的采访对象,是一篇专访是否成功的关键。西方的一些记者提出,专访的对象必须是"一位富有魅力的人物",或是"从事有趣的职业的人"、"具有引起争论观点的人"。我国新闻界一般认为,应选择新闻人物、英雄人物、权威人士。具体说来,应选择重大新闻事件中,人民群众普遍关注的人物,值得歌颂的人物;要选择为祖国争得荣誉的人物;要选择在平凡工作岗位上做出了不平凡事迹的人物;要选择具有最新动态的知名人物;要选择那些富有情趣的新人新事中的人物;要选择那些有新闻性的人物。

(二)注重谈话纪实,加强现场实感

专访之所以又称访问记,是因为它主要写采访的情况、谈话的过程、现场的情景。专访很大程度上就是访谈录。要突出"访"字,就要注重谈话纪实。

谈话纪实要保留谈话的本来风格,体现采访对象的个性特点。采访对象谈话,各有各的个性:有的庄重严肃,有的幽默风趣,有的热情洋溢,有的细腻委婉……保留谈话风格的同时,还可以作些简要而传神的描述。

专访还要注意记叙采访情景,再现访问现场。采访中的某些情景,往往是谈话的触媒;采访中有些实物,往往能表现人物的风貌,甚至引起一段动人的故事。写专访,要注意现场实景,注意谈话情景,把读者引向谈话现场,使读者如见其人,如闻其声。

(三)要处理好记者在专访中的地位和作用

这也是专访在写作上的特点。专访要访。不仅要有被访问对象,还要有访问者——记者的形象。有访有谈,专访就有了生活气息、现场实感。同时,专访中有了记者,读者就能看出访问者与被访问者的感情交流,获得真切感和亲切感。当然,记者在文中也可以不出场。究竟出不出场?什么时候出场?怎么出场?出场多少次?都是很有讲究的,作者应根据主题的需要,灵活掌握。

第七章

新闻评论写作

第一节 新闻评论的含义及特点

一、新闻评论的含义

新闻评论是针对现实生活中新近发生的、具有普遍意义的新闻事实和迫切需要解决的问题而发议论、讲道理,直接发表意见的新闻体裁。

新闻评论是一种议论文体或论说文体。它和媒体上其他文体一样,是客观事物的反映,是人们对客观事物的认识,但它与只记述事实的文章,与形象化反映现实的文艺作品均不同,它对客观事物的反映,是概括性和抽象化了的,即通过对客观事物的分析,来进行议论和阐述,通过讲道理来表明自己的主张,并以此去影响、感化和说服读者。

新闻评论总是针对现实生活中典型的新闻事件和群众普遍关心的重大问题,直接阐明编辑部和作者的立场和态度,反映舆论和引导舆论。实践表明,作为直接影响社会舆论的重要宣传形式,新闻评论越来越受到各种新闻舆论工具的重视。特别是改革开放以来,随着新闻改革的不断深入,社论(本台评论)、评论员文章、短评、编者按、专题评论等等,都以其短小精悍、生动活泼的形式大量出现,日益受到人民群众的欢迎。

新闻评论的内容或者对象,不外乎两种情况:一种是具有新闻价值同时具有议论价值的事实,这时,新闻评论往往与有关报道同时发表,此所谓同期评论。另一种是当前的社会现象(包括思想现象)、社会问题,它既可以是先进的理念等正面的评论对象,又可以是苗头、倾向、问题、矛盾等带有负面性质的对象,加以分析评论,以引起人们关注。新闻评论既然是评论,那么就应该把重心放在议论上。

二、新闻评论的特点

（一）具有显著的新闻性

和其他新闻体裁一样，新闻评论的首要特征是它的新闻性，这是由新闻传播的性质决定的，也是新闻评论与其他评论的重要区别。新闻评论的新闻性，主要是指它的评论对象本身就是新闻，或具有新闻所要有的真实性，体现出强烈的现实针对性。而其他评论，比如文学评论，其评论的对象是文学作品或文学现象，并不是通常所说的新闻，不具备新闻所具备的素质，也不具备新闻评论所要求的现实针对性。新闻评论所体现的某种新闻性，要求它所评论的对象，或是真实的人，或是确实发生过的事，或是客观存在的社会现象，而不是虚拟的人、事、社会现象。

新闻评论与文学评论虽然都重在分析议论，但两者是有着明显差异的：前者通过对评论对象的分析议论，所要阐明的是事实后面所包含的具有认识价值的道理，从而给人以一定的启发；后者通过对评论对象的分析议论，所要探讨的是按美的法则进行创作的规律，所要揭示的是对象所具有的美的形态、美的特质，目的在于提高人们的审美能力和审美水平。

（二）具有鲜明的政治性

新闻评论的政治性，也是决定于新闻传播工具的性质的。新闻宣传总要反映一定的观点和倾向，代表一定的阶级、政党或政治集团的利益。有些新闻媒体总是标榜不偏不倚的纯客观态度，但它们的立场和态度总会在报道中特别是言论中表现出来。这种现象，中外报刊，概莫能外。我们的新闻评论，总是公开表明自己的政治立场，作为党和人民的喉舌，有着鲜明的立场和态度。

新闻评论的政治性，主要表现在它针对那些具有政治意义的问题发言。它总是围绕着重大的政治问题以及在贯彻执行党的中心工作过程中产生的各种思想问题，进行实事求是的具体分析，从而阐明党的立场和主张。那些具体的业务技术问题，学术问题，一般情况下不是它评论的对象。但是，如果这些问题涉及政治思想问题，或是在目前具有重要的政治意义，那就成了它的评论内容。

（三）具有广泛的群众性

新闻评论的群众性，首先表现在它的内容是广大群众最关心和最感兴趣的，是同人民群众的利益密切相关而又能反映人民群众的要求和呼声的。新闻评论所涉及的，常常是属于公共领域的、适合于通过新闻传媒刊播的话题，对于这样的话题，受众常常表现出关注的兴趣和热情。即使是专业性的新闻媒介，在宣传上也应该面向更大范围的受众。新闻评论要面向广大受众，不仅内容要符合公众的要求，而且在论述方式上也要考虑读者的特点，照顾他们的兴趣爱好和接受能力，为他们所喜闻乐见。

新闻评论的群众性，还要求新闻媒介尽量吸收广大群众关心评论工作，参加评论的写作。这样，可以使新闻评论拥有更广泛的受众，使它的内容更加贴近实际、贴近生活、贴近群众，更加丰富多彩。近年来，报纸上的各种专栏评论日渐增多，如《群众论坛》《读者论坛》《大家谈》《百家言》，发表的全部或大部分是群众来稿。而网络新闻兴起，使这一大众参与变得更加方便和直接。

（四）具有极强的逻辑性

新闻评论作为一种议论类文体，与同属于新闻文体的消息、通讯相比，表现出极强的逻辑性。这种逻辑性首先体现在论点、论据和论证之间的严密的逻辑关系上，论点要合乎逻辑，论据要能支撑论点，论证是运用论据证明论点的逻辑过程。逻辑性其次体现在论证推理的严密上，相当多的新闻评论，都是在层层推理过程中进行的。

第二节 新闻评论的选题立论及论证

新闻评论的选题，就是选择所要评价的事物或所要论述的问题，确定所要评论的对象和论述的范围。就一篇评论来说，选题主要是指它提出的是什么问题，是针对什么问题而发表评论。简而言之，选题就是选择和确定论题。论题选择得恰当，评论写作就有了明确的目标和方向。

新闻评论的立论，就是一篇评论所形成和提出的主要论断或结论，是作者对所提出的论题的主要见解，是选择论据和分析事物的指导思想，是整篇文章的"纲"，起统率全文所有观点和材料的作用。

选题和立论是新闻评论不可分割的两个方面。选题是立论的基础，立论是选题的思想升华。如果说，选题旨在提出问题，那么，立论正是经过思考酝酿而形成和提出的解决问题的论断和结论。这两个环节，关系着评论的成败或优拙。在一般情况下，选题在先，立论在后，选题为立论提供基础，立论赋予选题鲜明的思想观点。当然，它们又是相互渗透的，不能截然分开。

从新闻评论的写作过程来看，选题、立论是写作过程中构思酝酿阶段的两个主要环节，它们是说理论述的前提，立论只有经过缜密的说理才有可能被读者所理解和接受，才算完成立论的使命，才能实现正确地引导社会舆论的目的。因此，从一定意义上说，说理论述或论证正是新闻评论的基本特征，离开了说理论述也就失却了新闻评论的自身价值，而说理论述或论证是否合理有效则直接决定作品的吸引力和生命力。

总之，选题、立论、论证在新闻评论的写作中具有举足轻重的地位，切不可等闲视之。为了确实提高评论质量，我们有必要对选题的根据、立论的要求、论证的原则等问题进行探讨。

一、选题的根据

新闻评论选题的要求在于，它所评论的对象和范围应当是选择当前具有迫切意义的、有着普遍引导作用、又能配合整体的新闻宣传部署的问题。要体现此要求，关键在于必须明确选题的根据，在掌握根据上下工夫。新闻评论选题，根据主要有以下三个方面。

一是当前的客观形势、舆论动向和宣传任务，以及最近中央发布的重要决定、工作部署和最新的政策精神。这些不仅是选题的重要来源，而且有助于选题和立论体现坚定正确的政治方向，赢得人们的重视。

例如，中共十六大提出了本世纪头20年中国全面建设小康社会的发展目标，"社会更加和谐"是其中一个重要内容。两年前召开的中共十六届四中全会明确提出，要"把和谐社会建设摆在重要位置"。此后，胡锦涛等中共领导人多次就构建和谐社会问题进行调研，并作出重要阐述。2006年，备受瞩目的中国共产党第十六届中央委员会第六次全体会议，再次研究构建社会主义和谐社会问题，并审议了《中共中央关于构建社会主义和谐社会若干重大问题的决定》。构建社会主义和谐社会是我们党目前提出的重大战略任务，围绕中央的这一重大决定，各党报党刊纷纷发表文章进行评论。《人民日报》就发表《把人民群众利益放在第一位——三论学习贯彻〈中共中央关于构建社会主义和谐社会若干重大问题的决定〉》《在攻克难关中共建和谐社会》等评论文章。第一篇阐述构建社会主义和谐社会是一个复杂的社会系统工程，必须统筹兼顾，突出重点，坚持把群众的利益放在首位，着力解决好群众最关心、最直接、最现实的利益问题，力求在解决突出矛盾和关键问题上不断取得实实在在的成效。第二篇指出在构建和谐社会中，我们会遇到各种困难，只要我们勇于承认困难、采取切实措施、应对与解决各种难题，我们的社会就能够顺利前行。万众一心、团结合作、共建和谐，和谐之光就一定会早日降临。《经济日报》发表了《构建和谐社会要坚持六项原则——三论学习贯彻十六届六中全会精神》的社论，论述构建社会主义和谐社会，要遵循的六项原则。《法制日报》发表了《法律要成为社会利益平衡器》的评论，从三个方面进行立论：第一，法治是构建和谐社会的基石；第二，法治是构建和谐社会的重要手段；第三，立法对和谐社会有重大的影响力，怎么解决这些利益冲突，很大程度上看我们的法立得怎么样。

　　为配合中央的重要决定和政策精神，各地方提出了构建和谐地方的工作部署，为此，各地方党报也有相应的评论。《安徽日报》发表了《社会和谐是中国特色社会主义的本质属性》的评论，论述了怎样构建和谐安徽的论题，文章指出，构建和谐安徽既是一种治皖的理想和愿望，又是一种治皖的方略和机制，同时也是治皖的目标和结果，构建和谐安徽是构建社会主义和谐社会的组成部分。《江西日报》发表了《让和谐创业的主旋律更雄浑更响亮》的评论，文章以"建设和谐平安江西，共创富民兴赣大业"为论题，从讲事业发展，讲社会发展，讲文化发展，讲人的全面发展，特别是讲经济发展的角度进行论述。

　　二是实际生活中层出不穷的新情况、新变革、新矛盾、新风险，以及来自广大群众和社会基层的呼声和要求。这是新闻评论选题取之不尽、用之不竭的源泉。

　　请看《大连日报》编辑冯越文章：

另一种溃堤
冯　越

　　今年夏天长江发大水，我到现场去采访，身临其境，得到的印象特别深刻。我多少年来就在大连生活，城区和郊区没有什么大河，所以我根本想象不到，在长江流过的某些地段，江水要比地面高，大堤随时都有溃决的可能。那些骇人的景象,只要看了一次就忘不了,至今还时时在我的梦里萦绕。但还有一种也是十分骇人的景象,在我原先也是不可想象的,那就是灾区的居民超生相当严重。

还是先从我自己的感受说起吧。在湖南的岳阳市,一对夫妻领着三个孩子招摇过市,这是当地人见怪不怪的日常一景,只是让我们显得有点少见多怪了。在湖北的洪湖市,我到一所高中去采访,顺便问了一下初中、小学的开学情况,在场的高中生都说得清清楚楚,因为他们家差不多都有三个孩子,弟弟妹妹是否开学了,他们还不了解吗?

我的感受是真是假,可以用最近出现的新闻人物来做个旁证。那个在湖北省嘉鱼县大水中抱住大树9个小时、最后被解放军救了出来的小姑娘江珊,现在她和一个姐姐被安排到北京上学去了,在洪水中她失去了一个姐姐、两个弟弟,就是说,原先家里一共5个孩子。那个在电视上两次亮相的湖北省公安县的女考生陈凤,已被某大学录取,然后又免收了学费,她感激地说:"幸亏这么多好心人帮助我!不然我家里还有弟弟、妹妹,真没钱上学了。"她没说清楚家里到底几个孩子,至少也是三个了。那张风靡全国的赈灾照片《母女重逢》,其背景材料是:嘉鱼县妇女段德莲,领着一儿两女(都不到10岁)去躲洪水,失散之后又在此重逢了。9月10日的某报头版头条,用"三兄妹同题金榜"、"两姐妹峰回路转"之类题目,报道了灾区里各方人士资助特困生上学的事,超生之多,生育之密,已经属于不打自招、不知羞耻了。这家报纸的"编者按"热情洋溢地说"这使他们深深地感受到了社会主义大家庭的温暖",是这个"大家庭"叫你生这么多孩子吗?你把孩子生出来,当然就有责任让他过上好日子。家里那么多孩子,一口饭要好几个人分,好日子何时能光临到你的头上!相反,你这还耽误了别人的好日子,全国人民的好日子。

计划生育的大道理,自从党中央1980年9月25日发表了控制人口过快增长的公开信之后,这18年里宣传得比打雷还响,各个省市、各个基层政权都设有专业工作人员;国家的宪法、地方的法规还有乡规民约,没有不写这一条的。实行计划生育,现在不单纯是一个道德感召、动员说服的问题,而是中国的基本国策问题。多少年来中国的、外国的经验告诉我们,人类要与自然环境和谐相处,人口过快增长是不行的。就拿这次长江水灾来说,如果人口少一些,何必要在上游砍伐那么多的天然林木,何必要在中游的长江河道里开荒种地、修筑民垸,何必要围湖造田，减少了湖泊减弱水灾的能力？正是人口过多，破坏了人与环境的平衡，人为地加重了自然灾害！过去不懂那么多道理，甚至还以为"人多热气高，干劲大"；现在这些道理已经家喻户晓了，计划生育从理论上、方法上到行政措施上都有了成套的体系，竟然还有人超生成风，这真是愚昧而且顽固不化，害人、害国、害己了。

今年的抗洪抢险已经结束，大河里的水位已经复原，"长江水位居高不下"等词语不再用了。而在这之前去看长江，随时都有溃堤的危险，其场面很是吓人。人们常常把计划生育工作比做"把守住人口增长的大堤"，现在我国的人口也处于"水位居高不下"的状态，也是同样松懈不得！人的生育期是漫长的，人口流动性比过去大多了，工厂、农村过去管理计划生育的办法也都遇到了新问题。对长江大堤要"死看死守"，才能防止溃堤，对于人口增长的大堤不也是一样？如果该管事的人不管，该自觉的人不自觉，处处管涌，处处渗漏，"超生游击队"上了报纸、电视，名正言顺地成了"超生正规军"，那可就太可怕了！这种溃堤之危害，可要甚于长江的溃堤了。想象这些，各种险境如在梦中萦绕，真叫我不寒而栗！

后来作者谈写这篇评论的体会时说：1998年夏天，我国南方发生特大水灾，报社打算派记者到南方进行现场采访。这样的任务是轮不到编辑出门的。但我在得知消息后，立即缠上了领导，非要去不可。副总编辑周大新考虑再三，批准让我去。于是我就和摄影记者邢永臣一起，冒着40℃的高温，在长江沿岸的灾区采访，每天发回来一篇报道或一组照片，把抗灾第一线军民的斗争场面传递给《大连日报》的读者。我来自大连市，在这里，计划生育国策深入人心，"只生一个好"成了市民自然而然的选择。在这种风气的熏陶下，我看到当地普遍的超生情况，就觉得心里压得喘不过气来。当时有个新闻人物，是武警从长江中救出来的小女孩儿江珊，实际她家一共有五个孩子。在一场大水中淹死了她的母亲和两个弟弟、一个姐姐之后，她的父亲竟然不要剩下的两个女孩儿，任凭她们被送到福利院，而他打算再婚，再生男孩儿！当时的社会舆论对此听之任之，北京的某个贵族学校为了打出自己的名声，竟然以"献爱心"为名，把江珊和她的姐姐一起带到北京，免费上学，在电视屏幕上大亮了一回相，几乎人人对此叫好！我真想问，这样把计划生育国策放到了什么位置上？不行，我得说话！我写稿给《中国青年报》，处理稿件的编辑很美支持，可是过了两天，他很负责任地打来电话，说是稿件不能发了,你另找出路吧。我又邮给了《人民日报》,当时也没能发表(后来发表于10月23日)。后来,我和我们报社的编辑左正红谈起这个话题,但没想在本报发稿(因为大连并不存在严重超生现象)。左正红很敏感地说,你快点写出来吧,《大连日报》适合发!第二天我如约交出稿件,左正红和仇大川编辑商量,把原来已经排好的稿件换掉,把我的稿件推出去。就这样,我写的言论《另一种溃堤》在9月16日《大连日报》第11版发表了。

以后这篇稿件获得第九届(1998年度)中国新闻奖的二等奖。在《第九届中国新闻奖作品集》这部书里,专家对作品的评语是:"作者根据自己在抗洪前线采访所见所闻及新闻媒体公布的材料,批评了某些地区严重的超生现象,宣传了计划生育的基本国策,较早地提出了'人口过多,破坏了人与环境的平衡,人为地加重了自然灾害'这一观点。作品观点正确,题目生动,紧扣事实,文笔犀利,有较强的说服力。"

这篇作品获得中国新闻奖后,当年接触到这篇稿件的《中国青年报》编辑,后来调到了中国人民大学新闻学院教课,采用的教学课本里,恰恰就有这篇文章。这位编辑给我写信,告诉我这件事,还说:"我给学生们讲了,这篇好文章就是从我的手里漏出去的!"[①]

三是重要的新闻事实、新闻事件和新闻典型。即从新闻报道中选题。这是社会舆论关注的热点,是结合实际引导舆论、发挥教育功能的好教材,也有助于评论选题富有针对性、新闻性和时代感。

在新闻评论中,这类选题是比较多的。编者按语、短评、评论员文章乃至部分社论常常是以新闻报道所提供的重要的新闻事实、新闻事件和新闻典型(包括正、反面的人和事)为其选题立论的根据、契机、依托或由头的。

关于从新闻报道中选题的案例:在2006年"五一"黄金周期间,发生了31名户外运动爱好者穿越新疆车师古道遇险的新闻事件。《人民日报》随即发表了题为《当冒险成为时尚》的时评,对此现象发表评论。文章先列举了这样的新闻事实:在"五一"黄金周的旅游中,一种时尚现象正在悄然兴起,不少年轻人不屑于去挤旅游热点看攒动的人头了,转而选择去穿越人迹罕至地区,进行带有一定冒险性质的自助游,然而,各路自助探险的出险率却居高不下。接着对这种探险精神予以肯定:那些有志于去大漠深处、高山之巅探险的年轻人,是值得称道的。他们不作惊人之语,只是为了丰富人生、更亲近和了解大自然,这样的经历,让人热血贲张之余,对人生、对国情的体

[①] 董广安等:《中国高级记者成名作透视·评论卷》,河南人民出版社2003年版。

会，一定会比庸常生活来得更深刻。在此基础上，作者提醒人们，应该明智地处理"冒险"与"牺牲"之间的辩证关系。

二、立论的要求

一篇成功的新闻评论作品，就其立论而言，理应具备这样的基本要求：针对性、新颖性、准确性和前瞻性。

（一）针对性

所谓针对性，指的是立论能够针砭时弊，针对不良社会风气和倾向性矛盾，针对偏颇乃至错误思想，运用正面引导或批评论辩的方式对症下药，以促使矛盾转化，帮助人们提高思想认识，产生积极的社会效应。立论没有针对性，能不能有的放矢、言之有物是衡量一篇新闻评论作品能否产生社会效应，能否促使事物发展的一项首要标准。

立论的针对性，表现在敢于和善于切中实际生活中的迫切需要解决的弊端、陋习对症下药，针对迫切需要解决的实际矛盾立论，针对人们的思想疙瘩进行说理引导。

例如，美女经济是我国市场经济的产物，也是一种严重的社会弊端。随着市场的竞争，有人看到了美女经济能吸引眼球、拉动消费、促进旅游、带来税收。美女经济的实质，一言以蔽之，就是利用女性的容貌、身体甚至性的特征来刺激消费，追逐经济利益。一本据称是国内美女经济奠基作的专著下了个"权威"定义：美女经济就是围绕美女资源所进行的财富创造和分配的经济活动。在这里，将女性物化、商品化和工具化的意图是十分明显的，商业机构操纵女性的容貌和身体，使之沦为赚钱机器，女性的独立人格和社会价值荡然无存，而女性的形象和尊严也遭受极大的贬损。在一些商业促销现场，女性是刺激看客购买欲的挑逗者；在许多平面和电视广告中，女性是贪婪的物质主义者、娇嗔的小女人、情色的暗示者。总之，在诸多被美女经济推崇者所津津乐道的策划和出演中，女性被抽离了内涵、智慧和灵魂，只剩下性感的躯壳，供人观赏。针对这种社会陋习，2005年4月4日《中国妇女报》刊登了孙钱斌的评论《必须看到美女经济泛滥的社会成本》，对这一现象进行分析。文章指出："在'美女就是生产力'的口号下，女性的容貌价值被无限夸大，而知识、技能、品格则被置于次要地位，这样的用人标准已经成为一种'软暴力'，迫使女性更多地专注于自己的外表，甚至不惜承受手术刀的风险,相反,女性追求自身素质提升的愿望、追求与男性平等的社会地位和社会分工的努力则受到很大的抑制,这对于女性的全面发展、对于两性平等的进步事业是极为不利的。"“与此同时,美女经济的泛滥已经侵蚀了社会的价值观,甚至影响到了我们的下一代。凭借强大的造势能力,美女经济及其营造的'一夜成星'的幻境将一种误导的人生观、价值观渗透到社会的各个角落。"文章提醒人们,一个社会的良性运行离不开健康、向上的先进文化的激励,而美女经济的泛滥是精神文化领域的低俗化倾向,是当前我们面临的社会问题之一,因此遏制美女经济的泛滥应该成为全社会的共识和共同行动,这是建设社会主义先进文化的必然要求。

应该说,这篇新闻评论能很好地针砭时弊,对美女经济带来的显形危害和潜在危害进行了较为透彻的分析,对社会、尤其是美女经济的推崇者和策划者来说,是一付对症下药的良药和清醒剂。这篇评论以其极强的针对性获得了第十六届"中国新闻奖"。

总之,评论是否有的放矢具有针对性,和评论的价值与功能成正比。只有做到了有的放矢,具有较强的立论针对性,才有可能使评论起到积极引导舆论的作用。至于怎样才能增强立论的针对性,那就要求评论作者增强评论意识和政治责任感;要求作者重视理论和政策学习,全面和深刻领会中央精神;要求作者注重体察民情,把握群众的思想脉搏;还要求作者热诚关注当前的社会思想动态、宣传动态和舆论导向,善于在政治与业务、理论与实践、宏观与微观的结合上进行联想和思考。

(二) 新颖性

评论的立论、判断要有新见解。见解新颖的评论才能引人入胜,给人以启发。对于新事物、新问题提出新的看法和见解,这容易做到。而评论的选题有些是老问题,有些是老生常谈的题目,那么应该选择新的角度,从新的层面上去立论。在一篇评论文章中,要么有新的观点,要么有新的论据,依据新的事实材料立论,要么选择新的角度。总之,要给读者一点新鲜的东西。

首先是立论和论断要有新见解。

北宋诗文革新运动的领袖欧阳修的《朋党论》,其特点就在于立论新颖。请看其中一段:"臣闻朋党之说,自古有之,惟幸人君辨其君子小人而已。大凡君子与君子以同道为朋,小人与小人以同利为朋,此自然之理也。然臣谓小人无朋,惟君子则有之。其故何哉?小人所好者,禄利也,所贪者,财货也。当其同利之时,暂相党引以为朋者,伪也;及其见利而争先,或利尽而交疏，则反相贼害，虽其兄弟亲戚，不能相保。故臣谓小人无朋，其暂为朋者，伪也。君子则不然，所守者道义，所行者忠信，所惜者名节。以之修身，则同道而相益；以之事国，则同心而共济，终始如一，此君子之朋也。故为人君者，但当退小人之伪朋，用君子之真朋，则天下治矣。"

庆历三年（1043），宋仁宗用杜衍、富弼、韩琦、范仲淹等人，酝酿改革，得到欧阳修等的大力支持，但遭到守旧势力的强烈反对。反对派大造舆论，诬蔑富、范、欧等人为"朋党"。欧阳修乃作此论，并不如一般人那样否认自己是朋党，而是接过论敌攻击自己的口实，承认自己这些人是朋党，并且说"朋党之说，自古有之"，只不过有"小人之朋"和"君子之朋"两种，指出只有辨别邪正，"退小人之伪朋，用君子之真朋"，天下方能大治。这样的立论和论断，既符合历史事实，又新颖别致，真是振聋发聩！

其次，评论如果能依据新的事实立论，即使评论的是老主题，也会常论常新。尤其是一些为纪念日、节日发的评论文章，更应该如此。例如国庆节，《人民日报》大多要发纪念性社论，同样的纪念节日写出新意是很难的。可是《人民日报》做到了，总是依据当时的形势写出新意。1995年国庆社论，依据的是刚刚闭幕的党的十四届五中全会通过的《中共中央关于制定国民经济和社会发展"九五"计划和2010年远景目标的建议》，主题定为《走向新世纪的中国》。1996年国庆社论，依据的是中华民族跨世纪的宏伟蓝图——"九五计划"和2010年远景目标已经开始组织实施，是开局的第一年，国民经济继续保持快速健康发展的良好势头，这在中华人民共和国的编年史上，1996年是很不寻常的一年的事实，主题定为《把祖国建设得更美好》。

第三，要善于选取新的立论角度。对于同一事实，同一论题，适当变换立论角度，善于选取新的角度也会给人以新鲜的感觉。

在评论写作实践中，选题方向一致，立论方向不一致的情况是常有的。比如三苏父子（苏洵、苏轼、苏辙），都曾经写过《六国论》，试图总结六国兴亡的历史经验，他们的选题方向是大体上一致的，然而他们立论的方向却各有侧重。苏洵的《六国论》，贯穿着六国亡于赂秦的中心思想；苏辙的《六国论》，其中心论点是六国亡于不能团结御敌；苏轼的《六国论》，选题范围相同，但选题和立论方向却不同，他提出的问题是六国为什么不能够久存，而结论是"盖由于重视养士"。

对于同一问题从不同角度立论如：2005年6月2日《南宁晚报》发表的雷泓霈撰写《别将"高考服"妖魔化》和吴睿鸫撰写《统一"高考服"是伪善之举》就是一个很典型的例子。

别将"高考服"妖魔化
雷泓霈

高考时,学生会被分配到各个考点,比较分散,没有伙伴给予的温暖和安慰,他们肯定会感到无助、孤独、寂寞,因此,更应该注意释放、化解不良情绪,而"高考服"因为印有醒目的图案,有育才中学的耀眼字样,在名校效应和团队精神的鼓舞下,激发出学生内在的自豪和自信感觉,稳定情绪,用更积极的状态迎接高考。

高考不仅是在考知识,更是在考心理素质,所以,为了缓解学生压力,各个学校都很重视心理帮扶,如"自信就能成功"、"跨过去,就是海阔天空"等标语、口号等。育才中学将"心理按摩"用生动形式来表达,从环境上感染学生,从仪式上帮助学生,从心理上疏导学生。

在纷纷扬扬的"高考经济"中,人们的思维来越敏感,认为这是在助长"高考经济"。如果学校进行乱收费,它可以隐形进行,巧立名目,家长根本看不出来,何必用如此不高明手段呢?妖魔化"高考服",恐怕会伤了学校的教育热情!

统一"高考服"是伪善之举
吴睿鹈

广州育才中学自从1999年便有一"传统"——为高三毕业班的学生统一订制"高考服",意在激励斗志。"高考服"上有本校老师专门设计的激励标志。(《北京娱乐信报》5月31日)

众所周知,在高考期间,考生的心理负荷是极其沉重的,也是十分脆弱不堪一击的。在经历十年寒窗的同时,来自社会、家庭以及方方面面的压力,更是常人难以承受的。我们可以想象几百名身着"高考服"的学生奔行在大街上是什么景象,我估计宛如战场,硝烟弥漫,杀气腾腾。这一定会使原本就很紧张的气氛更加紧张。再说,连续几天穿同一件衣服,这么炎热的天哪受得了?每件衣服收25元,不出示任何收据,学校是否从中牟利?更有学生直言,穿上自己喜欢的衣服,也可以放松心情。至于识别身份,校服其实就是最好的标志。

那些不顾及考生真正的心理感受的人,眼里只盯着"高考经济"这块诱人的蛋糕,或许其真正的目的是从考生们的腰包里直接或间接地掏钱，真可谓醉翁之意不在酒。因为他们并不是真正给考生一个心理宽松的环境，营造一个心情舒畅的高考氛围，对此，我们只能认为广州市育才学校统一"高考服"，是伪善之举，更是荒唐之举。

这几篇评论所论述的对象，所依据的新闻事实是相同的，但由于各自选取的角度不同，因此都具有新意。

（三）准确性

立论的新颖应当以准确为前提，这是立论的又一基本要求。立论的准确性，包括下列几个方面：论点的准确，包括概念、论断、提法和分寸的准确；论据、引语的准确；语法、逻辑的准确；完整、准确地阐明党和政府的方针政策和法规；坚持一切从实际出发，实事求是，力戒浮夸和武断，等等。

在写作实践中，违背准确性的现象时有发生。例如，某报曾载文提出"怎么赚钱就怎么干"和"大利大干、小利小干、无利不干"等论断，都是似是而非、十分有害的观点。其实，赚钱应有个标尺。凡是符合"三个有利于"即有利于发展生产力，有利于增强国家的综合国力，有利于提高人民生活水平的钱就可以大胆去赚，反之，则不能赚。又如，有的文章在批判社会上的"文凭热"时写道："文凭乃一纸空文，没有什么价值，只有实际能力才是真正有用的。"这种提法是绝对和片面的，它把真文凭、假文凭，混来的文凭、靠艰苦奋斗得来的文凭通通说得一无是处了。

立论违背了准确性，就会失去人们的信赖，甚至直接导致人们思想上和行动上的混乱，即酿成错误的舆论导向。

（四）前瞻性

前瞻性指的是能够及时洞察矛盾和预测将会出现的矛盾，尽早地探寻事物的内在规律及其发展趋势，进而设想出解决矛盾的办法和途径，以便站在时代潮流的前面引导舆论，推动事物的发展。

在这一方面，毛泽东的论证是最为成功的。1942年7月，希特勒出动150多万兵力企图占领斯大林格勒[①]，苏联军民为此进行了异常艰苦的浴血奋战。当"许多人在这种时候还被德国的攻势所迷惑，以为德国还有获胜的可能"时，毛泽东撰写了《红军的伟大胜利》作为《解放日报》的社论于当年

---

① 斯大林格勒现名伏尔加格勒。

10月12日发表。他在这篇社论中透过现象分析本质，非常明确地指出："在人类历史上，凡属将要灭亡的反动势力，总是要向革命势力进行最后挣扎的，而有些革命的人们也往往在一个时期内被这种外强中干的现象所迷惑，看不出敌人快要消灭，自己快要胜利的实质。"在社论中，毛泽东提出了自己的预见："这一战，不但是苏德战争的转折点，甚至也不但是这次世界反法西斯战争的转折点，而且是整个人类历史的转折点。"他还进一步指出："拿破仑的政治生命，终结于滑铁卢，而其决定点，则是在莫斯科的失败。希特勒今天正是走的拿破仑道路，斯大林格勒一役，是他的灭亡的决定点。"苏德战争的发展完全证实了毛泽东预见的科学性，仅仅一个多月以后，苏联红军开始反攻，取得了斯大林格勒战役的伟大胜利，此役果然成为第二次世界大战的转折点，不可一世的法西斯德国军队从此由进攻转向败退。这篇新闻评论收入《毛泽东选集》时标题改为《第二次世界大战的转折点》。毛泽东发现斯大林格勒战役是苏德战争甚至是第二次世界大战的转折点，是对人类战争史特别是对拿破仑政治生涯研究的规律总结。

1945年，当抗日战争已经接近最后阶段的时候，美国驻华大使赫尔利露骨地宣称要继续支持国民党政府的反动政策，造成了中国内战的危机。毛泽东在同年4月2日为新华社写的述评《评赫尔利政策的危险》中鲜明地指出："假如赫尔利政策继续下去，美国政府便将陷在中国反动派的又臭又深的粪坑里拔不出脚来，把它自己放在已经觉醒和正在继续觉醒的几万万中国人民的敌对方面，在目前，妨碍抗日战争，在将来，妨碍世界和平。"这个结论，表现了毛泽东作为无产阶级革命家的气魄和远见，历史事实证明这一论断具有科学的预见性。

1941年6月29日，胡乔木为《解放日报》写了题为《苏必胜，德必败》的社论。文章从德国出师无名，无法进行精神动员，苏联则相反；德国的实力在量和质上都是有限的，苏联则相反；德国对苏联作战要遇到许多重大技术困难，苏联则没有；德国内不稳而外孤立，苏联则内坚强而外多助等四个方面的比较分析论证中，得出结论：苏必胜，德必败。历史证明，这个结论是正确的，表明胡乔木的认识过程和事物的发展过程是一致的。这篇社论是在苏德战争爆发一个星期后写的，能够做出这样高瞻远瞩的预测，除了科学的分析，还体现出胡乔木作为战略家和政治家的胆识。

在第二次世界大战期间，国际上有一位颇有名气的战略预言家，他准确地预言了德军进攻苏联、日本发动太平洋战争和苏联出兵中国东北的重大历史事件，曾受到美国总统罗斯福、英国首相丘吉尔的高度评价。这位受人尊敬的战略预言家就是陈孝威,是一位离职的中国将军。一是预言德国将入侵苏联——三个月后成为事实。1941 年 2 月,陈孝威在他主办的香港《天文台》周刊上发表了一篇题为《论大不列颠之战》的文章指出:在欧洲,希特勒德国不会再与苏联和平共处,德国征服中欧及西欧多数国家后,必然要对苏联开战。苏联情报部门将陈孝威的文章送给斯大林,斯大林不以为然,甚至对外交部长莫洛托夫说:"这是别有用心的说法,说不定那个作者就是中国的托洛茨基分子。"然而,事实很快验证了陈孝威的预言,3 个多月后德国突然对苏联发动了攻击。二是预言日本将南下,1941 年 10 月中旬,陈孝威在《天文台》和《香港时报》上又相继发表评论时局的文章,指出:已和中国打仗多年的日本,为了取得南太平洋诸岛的战略物资,并经由印度支那半岛包围中国南翼,势必南进。美国要遏止日军南下,必须迅速扩充驻南太平洋的海军力量,增加舰队基地,以援助中国,牵制日军。罗斯福对此见解十分重视,美国陆军部长史汀生也对陈孝威深为敬佩。遗憾的是,他们虽然对此十分重视,但终因欧洲战事激烈,没能及时对日本采取有效的防范措施。不出陈孝威所料,一个多月后,日本发动了太平洋战争,成功地偷袭了美国珍珠港,接着席卷了南太平洋。其行动与陈孝威的判断完全一致。三是预言苏联将对日宣战——半年以后果然如此。1945 年初夏,陈孝威写文章对美国在太平洋战场进攻日军的战略方针进行了分析和判断,后来美军的军事行动也与其分析相吻合。美国驻华大使曾受命给陈孝威写信。信中说到,美军统帅部在作战部署中曾参考过他的有关文章,特向他表示感谢。1945 年初,陈孝威发表文章,说到苏联在战胜法西斯德国之后,完全有力量自苏联远东地区对中国东北境内的日本关东军发动全面进攻。陈孝威的预言再次被验证。1945 年 8 月 7 日,苏联正式对日宣战,兵分三路进入中国东北,同日本关东军展开激战,最后取得胜利。陈孝威对形势的精辟见解,对战事的准确预测,令世人惊异。美国总统罗斯福和英国首相丘吉尔等世界政坛要人都先后给陈孝威写信,称赞他的见解。

三、论证的原则

新闻评论说理论述的基本原则和要求,概括起来就是论据与论点统一,虚与实统一,破与立统一,严肃与生动统一。

（一）论据与论点统一

论据和论点的统一，是新闻评论说理论述的一项重要原则和要求。毛泽东在《改造我们的学习》一文中，就材料与观点即论据与论点的辩证统一关系进行了阐述：不凭主观想象，不凭一时的热情，不凭死的书本，而凭客观存在的事实，详细地占有材料，在马克思列宁主义一般原理指导下，从这些材料中引出正确的结论。

论据、论点以及说理论述或论证，是构成新闻评论的要素。在一篇评论中，论点是观点，是立场和态度，是见解和主张，是文章的灵魂；论据是材料、是证据、是基础。论点支配论据又依赖于论据，而论据则从属于论点又支撑着论点。说理、论述或论证正是揭示论据与论点之间的逻辑联系，使论点得以确立并得到阐明的过程和方法。一篇成功之作，首先要做到论点准确、新颖、鲜明，论据真实、新鲜、典型；同时，还要善于运用恰当的说理或论证方法，使论据和论点水乳交融地统一起来。

新闻评论属于议论文的范畴，它的要素实际上是议论文的要素，包括论点、论据、论证三项，但是具体要求与一般议论文有所不同。任何一则新闻评论，不论篇幅长短，都必须具备这三项构成要素。例如，1982年2月7日发表的前福建省委书记项南的题为《有些案件为什么长期处理不下去？》的社论，连同标点符号只有164字：

有些案件为什么长期处理不下去？

项　南

今天本报又公布了两个重要案件，坏人受到揭露处理，这很好。

有些问题群众看得很清楚，干部也有很多议论，问题的性质已经非常明白，但是就是处理不下去，而且长期处理不下去。为什么？

一是自己屁股上有屎；

二是派性作怪；

三是软弱无能。

还有什么？也许还有其他原因，但主要是这三条。

你这个单位的问题长期处理不下去，是什么原因，算哪一条，不妨想一想。

（《福建日报》1982年2月7日）

就是这么短的一篇社论，不也同样具备论点、论据、论证三要素吗？它的论点，就是对于标题所提出的问题的回答：有些问题已经弄清楚、性质已经确定的案件长期处理不下去，根子在于领导。这个论点虽然没有直接表述出来，但十分确定，异常鲜明，是任何一个读者都能确切无误地理解的。论据则是社论列举的三个可能的原因，其中任何一个都足以说明为什么根子在领导，而不在别的什么地方。而贯穿于论点和论据之间的论证，则类似于形式逻辑所讲的或然论证；它通过论据提供可能的原因，要求有关单位的领导自己去"对号入座"。正因为三要素俱全，而且表达得相当干脆利落，所以文章虽短，却出现了令人不能不信服、不能置若罔闻的雄辩的逻辑力量。

（二）虚与实统一

虚与实统一是评论论述的又一个原则和方法。在评论写作中，虚与实是对立的统一。虚，指理论、观点、政策、思想；实，指事实、实践、业务、材料。写评论，要和当前实际问题结合起来，力求虚实并举，善于务虚。

为什么说虚与实的统一是评论写作一个重要原则和要求呢？

说理论述之所以要虚实统一，这是因为写评论既要反映事物具体的方面，更要揭示抽象的本质方面。离开了抽象的方面，光讲具体的方面，容易陷于就事论事的事务主义的泥坑；同时，离开了具体的方面，光讲抽象的方面，也会让人感到腾云驾雾，高深莫测。唯有将两方面有机地结合起来，见虚见实，虚实相融，文章才会有血有肉，才会产生思想性、指导性和可读性。

2007年8月19日《南方都市报》上发表的胡永球撰写《南京大屠杀遇难者与不成比例的名录》就是事实与理论结合、虚与实统一的例子。

南京大屠杀遇难者与不成比例的名录

胡永球

《南京大屠杀遇难者名录》2007年8月13日在南京首发。三本书收录了8242名遇难者资料。与被屠杀的30多万人比较，不到3%。加上《南京大屠杀幸存者名录》2592人，总共也只有10834人。那场浩劫中惨遭屠杀的绝大多数遇难者至今连姓名都没留下，这是为什么？

最先提出这个问题的，是法国女记者切尔西。她特别把灾难最深重的南京与广岛的见闻进行了对比。广岛被原子弹轰炸的残骸都保存完好，南京难以找到当年的屠城遗址；广岛2001年公布原子弹受害者221893

人，精确到个位，南京死难人数36万以上，墙上仅刻有3000个死难者的名字；广岛每年举行悼念大会，工厂、学校、机关停止一切工作，全城哀悼，南京大屠杀纪念大会1985年才开始，除了悼念大会场，鲜见肃立默哀场面；南京参加纪念大会的只有2000人左右，最多不到万人，广岛参加纪念大会的有5万多人，占全市人口的1/21。切尔西不解地问：两个民族对历史的记忆，为什么差别这么大？(《现代女报》2004年7月2日）

这个差别确实令人深思。众所周知，广岛与南京的浩劫性质完全不同。中国军民是无辜遭屠杀，而广岛被原子弹轰炸是因为本国统治者发动侵略战争招致报复，连累百姓受害。这两场浩劫哪一场更值得纪念，可能说不清。南京与广岛纪念遇难者的差别如此巨大的原因，从客观上讲，是因为广岛受到原子弹轰炸不久二战结束，日本人容易弄清情况。而南京大屠杀后，中国又进行了十多年的抗日战争和解放战争，和平距离大屠杀时间远，调查要难得多。但是，这肯定不是主要原因。假如新中国成立后把查清南京大屠杀当作大事，仅距离十多年，还是能搞清绝大部分事实，可是这项工作拖了许多年没有做。有关大屠杀的新闻报道，停留在重复笼统的数字和典型的个案上。南京大屠杀是这样，全国其他地方对日本制造的惨案调查大体也是这样。我们必须承认，这是我们民族不应当有的麻木和疏忽，切尔西的疑问和批评切中肯綮。据说，南京大屠杀遇难者名单收集工作将继续进行。笔者认为，这项工作不能按部就班，大屠杀过去了70年，亲历者寥寥无几，听亲历者亲口讲述的人也越来越少，晚一年都有不少知情人离世。南京以及其他日寇制造惨案所在地的有关部门，应当展开史料抢救工程，组织人员大规模调查，争取在亲历者知情者在世时，尽可能多地收集遇难者的姓名资料。这项工作已经迟了，再慢腾腾，将会造成永远无法弥补的损失。

(《南方都市报》2007年8月19日）

（三）破与立统一

立，就是正面提出和论证自己的观点，破，就是反驳和纠正错误的观点。在一篇评论中这两者常常是结合使用的。具体的论述方式：一是正面立论的评论，需要立中寓破，即在阐述正面观点的同时指明与之对立的观点是什么，它错在哪里；二是以批驳和证伪为主的评论，则需要破中有立，也就是在对不正确的言行进行批评、论辩、揭露的同时,还需要指明正确的应当是什么,应当提倡什么,应当怎样去做。

例如,2007年12月26日《潇湘晨报》上刊登的朱罗纪撰写的《学术反腐亟待引入"耶鲁标准"》一文,批评了我国的学术不端行为,分析了学术不端行为蔓延成风的重要原因,指出中国学术界亟待引入"耶鲁标准",制止学术剽窃行为。

学术反腐亟待引入"耶鲁标准"

朱罗纪

上周末,网络上突现一封曾在北大任教的耶鲁大学斯特恩斯教授致其北大学子的公开信,揭露了其北大学生论文剽窃行为,称:"这么多前途无量的中国年轻人认为要靠作弊才能成功让我十分伤心。"(12月25日《成都商报》)

斯特恩斯教授从其30年的教学经验出发,认为北大至少有半数学生存在剽窃行为,这种现象比美国或欧洲国家要多得多。当然,他的判断并非建立在翔实的抽样分析数据之上,只是他的"经验之谈",或者说是"一孔之见"。不过,他说出了一个真实存在的现象——学术不端行为在当今中国确实普遍存在,且呈现出代际蔓延之势。

斯特恩斯教授认为:"假如他们(指教授和行政官员)真的施以惩罚,剽窃决不会这么猖獗。"但是,从美国和耶鲁大学的学术生态中走出来的斯特恩斯教授,对于中国最高学府的学生"厚颜无耻得令人难以置信"的剽窃行为,依然感到十分愤怒,"心情沉重如同跋涉泥沼。"甚至追问自己:"为什么要给那些存心欺骗我的人上课呢?生命是如此的短暂,太不值得。"

显然,斯特恩斯教授是在以"耶鲁标准"衡量中国大学的学术生态。在"耶鲁标准"里,剽窃者将会在未来的人生中受到极为严厉的惩罚:研究生剽窃会被开除,没有学位;教员剽窃会丢掉饭碗。一句话,"在美国如果发现有人剽窃,此人的职业生涯可以就此毁于一旦。欧洲亦然。"之所以如此,是因为诚实是信任与社群的基础,学术领域如果充满欺诈,就会变成"每个人与每个人为敌"的战场,那么就难以出现值得信赖、可供共享的知识,也就没有科学,从而没有技术。

遗憾的是,中国的学术环境中所奉行的并非"耶鲁标准",而是另外一种雷声大雨点小的"中国标准"。在这里,把整本书翻译成中文然后署上自己名字出版的北大社会学家,仅仅丢了行政职务,仍然保有教授职位和薪水,这应该是学术不端行为蔓延成风的重要原因之一。

因此,笔者认为,为了纯洁学术环境,有效制止学术不端行为的泛滥和代际蔓延,中国学术界亟待引入"耶鲁标准",让学术剽窃者付出应有的代价。

(四)严肃与生动统一

新闻评论的思想性、理论性、政策性一般都比较强,思维方式是逻辑思维,很容易导致枯燥乏味,这样就要求讲究生动形象,做到逻辑思维和形象思维统一,严肃与生动统一。

著名政论家胡乔木写评论十分注重逻辑思维和形象思维的结合。他曾经语重心长地谈及自己的心得体会:"人的思维活动如果从根本上来分类,就有形象的思维和逻辑的思维。形象的思维是回忆、想象,逻辑的思维是判断、推理。艺术家靠形象的思维;科学家靠逻辑的思维。我们报纸工作人员不是艺术家,也不是科学家,不是写小说,也不是写科学论文,而是面对着广大的群众说话,写的是有关当前问题的评论,所以就要两样都有点——既要有形象的思维,又要有逻辑的思维;既要有抽象的说理,又要有具体的形象。"这话表明了这么一个观点,严肃的评论文体是可以写得生动的,办法之一即是要将抽象和具体、逻辑性和形象性结合起来,这是增强新闻评论说服力和感染力的一条带有规律性的重要经验。

例如,2005年1月27日新华网摘《发展论坛》郭松民撰写的《一电信局长要洗澡》一文,就是形象思维和逻辑思维结合,说服力和感染力并存。

一电信局长要洗澡

郭松民

某电信部门的一局长回到当年插队的地方看望老朋友,刚下车他就住进了镇里的一家招待所。经过一路的颠簸,电信局长身上汗渍渍的,他便想洗个热水澡。招待所条件有限,只有一个公用的澡堂。

电信局长来到澡堂门口被一个服务生拦住:"先生,您要洗澡的话请先交纳15元的初装费。我们将会为您安装一只喷头。"电信局长马上一愣，心想这招待所怎么这么宰人！但碍于身份没有发作。

他交了钱刚想进去却又被服务生拦住："先生，对不起，为了便于管理，我们的每只喷头都有编号，请您先交纳10元的选号费，选好的号码只供您一人使用。"电信局长有些生气，但还是交了钱选了"8"号。

服务生又说："您选的是个吉利号码，按规定您还得交8元的特别号码附加费。"

"见鬼！"电信局长压了压火，说："那我改成4号。4号也不是什么吉利号码，总用不着交什么特别号码附加费了吧？"

服务生说："4号是普通号码，当然不用交特别附加费，但您得交5元的改号费。"

电信局长无奈地摇摇头，心想当年这里的民风是何等的淳朴，没想到如今为了骗人竟如此巧立名目，真是世风日下啊！

他交了钱后更理直气壮地问："这下我可以进去洗澡了吧？"

服务生笑着说："当然！当然可以！您请！"电信局长瞪了他一眼，跛着步往里走。

服务生突然又补充说："对不起，我还得告诉您：由于4号喷头仅供您一人使用，所以不管您是否来洗澡，您每月还要交纳7元5角的月租费。此外您每次洗澡要按每30分钟6元的价格收费。另外，每月交费的时间是20日之前，如果您逾期未交，还要交纳一定的滞纳金……"

"够了，够了，我不洗了！"电信局长气坏了，扭头就想走。

服务生便问："您真的不洗了吗？"

电信局长声色俱厉地说："对！我永远也不在你们这里洗澡了！"

服务生微笑道："如果您不再使用4号喷头了，那您还得交9元8角的销号费。只有这样您以后才能再也不用向我们交纳任何费用了。"

电信局长大怒，和服务生大吵了起来。不一会儿，招待所的经理闻声赶来。电信局长一见经理来了，便高声嚷嚷着要投诉。经理了解了事情的经过后，笑着对电信局长说："先生，对不起，也许您还不知道，洗澡业在我们这里是垄断经营，还好你没有泡池子，不然还要收你的漫游费呢！"

第三节 几种新闻评论的写作

一、社论

社论是代表编辑部就某一重大问题发表意见的权威性评论。党的机关报发表的社论，是代表它所属的机关的。按我们现行的新闻工作的有关规定，社论发表前必须送请同级党委机关指定的专门机构或负责人审批。社论的观点，如果不是同级党委提出来的，至少也得到了同级党委的同意，它反映的是同级党委的意见。比如《人民日报》、《光明日报》、《解放军报》三大党报，属中共中央宣传部，一些重要社论，编辑部事先要研究和审定理论选题的内容提纲，并将它递中央有关领导审阅，经审阅批示修改同意后，再由社论作者写成初稿打印几份在内部传阅修改或根据需要送外部的专家阅正，最后总编辑定稿，必要时还要送中央负责同志定稿。

在报刊所有言论中，社论最具权威，最有影响，是新闻评论中的"重要武器"。社论是表明报纸的政治面目的旗帜，报纸必须有了社论才具有完全的政治价值。

社论的主要任务是根据当前的国内外形势，围绕党和国家的中心任务，阐明政策，引导舆论，指导实践。人大会议、政协会议是必须有社论的。比如毛泽东的评论《炮打司令部》在当时全国范围造成了巨大的政治影响。现在的社论仍然也不例外，比如，中国共产党第十六届中央委员会第三次全体会议闭幕之日，《人民日报》即于2003年10月14日发表了题为《全面建设小康社会的体制保证》的社论，阐发此次全会的重大意义，体现出指导性。

社论可分成不同类型：政治社论、工作社论、节日评论、思想评论、论战社论等。政治社论，针对的是政治问题、政策问题，阐述国家或政党的方针政策；工作社论，针对的是工作中重要问题或工作作风、工作方法；思想评论，针对的是一些错误的思想观点、思想倾向、思想作风，以及建设精神文明的思想内容；节日评论，针对的是重要节日、纪念日发表的；论战社论，用于对敌斗争，也可就重大政治问题展开论战。

社论的写作要求：一是集思广益。一些重要的社论，必须集体研究，精心修改，总编审定；而一些最重要的社论，党委书记、总编要亲自写作或动手修改。

二是面向广大读者。虽然不同的对象所关心的问题有所不同，但社论一般地应当尽可能以广大的人民群众为对象，应当讨论广大人民群众所普遍关心或具有普遍兴趣的问题，而不宜局限于很小的一部分有关的党政干部和有关专业部门的工作人员。

三是既要严肃庄重，又要通俗平易。社论具有极强的指导性，所以要求严肃庄重；而社论面向的是广大的读者，只有平易近人、通俗易懂，才能发挥思想启迪和舆论引导的社会功能。

例如，五月一日是国际劳动节，2011年5月1日，《人民日报》发表了题为《勤奋劳动 诚实劳动 创新劳动——庆祝"五一"国际劳动节》的社论。文章高度赞扬了我国工人阶级和劳动群众以自己的力量和智慧创造了巨大的物质财富和精神财富；指出"十二五"是全面建设小康社会的关键时期，是深化改革开放、加快转变经济发展方式的攻坚时期。要求工人阶级和广大劳动群众继承和发扬光荣传统，以高度的历史主动性，勤奋劳动、诚实劳动、创新劳动，自觉投身社会主义现代化建设的伟大实践。时逢"五一"，这篇节日评论无疑起到了影响舆论的作用。

二、评论员文章

评论员文章属于中型社论，介于短评与社论之间，反映编辑部的观点和倾向。除特殊情况，一般无须送审，它的权威性仅次于社论，而时效性又高于社论。

评论员文章包括本报评论员文章、本报特约评论员文章。本报评论员文章有署名的和不署名的，可以是个人的，也可以是集体智慧的结晶。本报特约评论员文章，是评论员文章的一种特殊形式，主要是有关党政机关或理论学术机构的负责干部、专家以及其他一些学有专长的人士撰写，以就当前重大理论问题、思想问题、政策问题发表独到的见解。这类文章，其规格比本报评论员文章要高一些。冠以"特约"二字，意在强调作者的身份。

评论员文章一般从某一角度某一侧面对某一问题进行直截了当的剖析，所评问题的面，比社论要宽泛些，既可以谈十分重大的问题，也可以谈不十分重大的问题。评论员文章除了一部分以独立形式发表外，大多数情况下是依托有关典型、配合重要报道、结合形势任务而发，运用上比较自由。

评论员文章具有社论的性质和要求，虽然它的规格没有社论的广，但也同样具有权威性和指导性。关于评论国际方面新闻事件的评论员文章，常常代表党和政府发表意见，比评论国内问题的评论员文章更具权威性。

请看下面一则例文：

新农村建设的好榜样
本报评论员

在千里冰封的北疆，有一个生机勃勃的社会主义新农村的典型：黑龙江省甘南县音河镇兴十四村。

兴十四村很平凡。名不见经传，往前数50年，那里还是个兔子不屙屎的荒甸子。

兴十四村又很不平凡。在"领头雁"付华廷的带领下，兴十四村人经过30多年的艰苦创业，用智慧和汗水在穷乡僻壤写下了可歌可泣的诗篇，硬是把一个一穷二白的旧农村建设成了经济发展、社会和谐、文明富裕的社会主义新农村！

兴十四村的巨变靠的是什么？

他们有一个好带头人和一个好支部。付华廷从当上村支书那天起，就发誓要"让乡亲们都过上好日子，让老百姓都说共产党好"，"不让一户受穷，不让一个人掉队"。30多年来，他带领党支部一班人全身心地扑在带领乡亲致富上，吃苦在前，享受在后，攻克了一个个难关，一步一个脚印地走上了共同富裕的阳关大道。在他们身上闪耀着共产党人的光辉。

他们有一种艰苦创业、顽强拼搏、不断开拓进取的精神。兴十四村是个从无到有的移民村，一切从零开始。"说了算、定了干，困难再大也要办"，他们从睡草窝棚起步，从用肩膀拉犁开荒垦田做起，战胜了多少常人难以想象的艰难险阻，一步步地实现了农业机械化，走上了工业化、城镇化的道路。

他们有一股咬定发展不放松的韧劲儿。兴十四村人认定了"发展是硬道理"，始终扭住发展经济这个中心不放。改革开放以来特别是进入新世纪后，他们更是与时俱进、抢抓机遇，发展现代农业、搞农业产业化，围绕玉米深加工，把农业产业链做长，把加工企业做强。他们主要依靠自身的力量，实现了经济持续快速健康的发展。

兴十四村是黑土地上建设社会主义新农村的一个榜样，那里的经济尚不发达、地理位置不算优越，交通也不方便。这样的地方、这样的条件下干出来的新农村,有说服力,有普遍意义。我们向读者推荐兴十四村这样的典型,旨在为全国的新农村建设提供一个范例,从中找到可学习、可借鉴之处。

建设社会主义新农村是党领导亿万农民建设美好家园、创造幸福生活的伟大实践。建设新农村没有固定的模式。学习兴十四村,最主要的是按照中央提出的"生产发展、生活宽裕、乡风文明、村容整洁、管理民主"的总要求,以科学发展观为指导,结合实际,开动脑筋,创造性地去探索、去尝试、去实践,把社会主义新农村建设扎扎实实推向前进。

(《人民日报》2006年12月18日)

这篇本报评论员文章是配合当天的头版头条新闻《龙江第一村——齐齐哈尔市兴十四村跨越式发展纪实》而发的。文章重点探讨了兴十四村发生巨变的原因:一是有一个好带头人和一个好支部;二是有一种艰苦创业、顽强拼搏、不断开拓进取的精神;三是有一股咬定发展不放松的韧劲儿。在我国大力提倡社会主义新农村建设的今天,兴十四村应该是全国学习的榜样,所以,文章最后指出:"我们向读者推荐兴十四村这样的典型,旨在为全国的新农村建设提供一个范例,从中找到可学习、可借鉴之处"。评论配合当前的政治形势,起到了舆论宣传的作用。

三、短评

除了社论、本报评论员文章外,报纸上最常见又规格较高的新闻评论是短评。它是一种篇幅短小、内容单一、分析扼要、使用灵便的编辑部评论。它根据党和政府的方针政策,常常配合新闻报道就现实生活和实际工作的某一方面的问题,代表编辑部发言。在选题、评述范围、立论角度、篇幅、规格等方面,它比之社论要具体单一、轻便灵活、短小精悍,一般由编辑部的具体部门定稿,属于新闻评论中的"轻骑兵"。

短评的形式一般情况下有两类:一是针对某一问题某一事物,发表简短的评论;二是配合新闻报道,就实论虚,起深化报道、启迪一般的作用。

短评一般配合新闻报道发表,对报道有一定的依附性。它要求短小精悍,一般在五百字左右,内容、结构、行文的语气都很集中。短评的论点应当集中、鲜明,论述应当一气呵成,力求达到"言近而旨远,词约而意深",而不应当成为社论或长篇论文的缩写。

请看下面一则例文：

谱写共产党人之歌

春 梅

庄仕华是一个有着崇高追求的共产党员和革命军人。他以自己的全部热情和能力，热爱新疆、扎根新疆、建设新疆，为新疆各民族群众奉献自己的光和热。他的高尚品德和精湛医术，造福边疆各族群众，推动民族团结进步事业，谱写了一曲共产党员忠诚之歌。

一个政党要有力量，要赢得人民的拥戴，要推动历史的进步，就要有成千上万像庄仕华这样的党员。如果每个共产党员都能时刻牢记自己的责任使命，始终不忘为党和人民的事业奋斗，始终不忘践行全心全意为人民服务的宗旨，党的事业就会兴旺发达，党的形象就会越来越好，各民族群众就会更加紧密团结在党的周围，共同投身于建设中国特色社会主义事业！

（《人民日报》2011年6月26日）

这篇发表于2011年6月26日《人民日报》第二版的短评，就是配合当天的通讯《飞向天山都是歌——记武警新疆总队医院院长庄仕华》（本报记者冯春梅）发表的。该评论篇幅短小，说理深刻，不仅深化了新闻报道的思想内容，也增强了言论本身的新闻性和可信度，强化了引导效应。

四、编者按语

顾名思义，是编者所写的按语，是依附于新闻报道或文稿的新闻评论。某一新闻稿发表时，有关编辑在它的前面、中间或后面写些简短的言论，对新闻中值得肯定的东西加以赞扬，点明其深刻的、带有普遍性的意义；对错误的、有害的思想和行为加以否定，批判，指出应从中吸取什么教训，这就是编者按语。

根据按语的位置，可以把编者按语分成三种基本类型：文前按语，文中按语和编后。

文前按语是加在文稿前的按语，在三种按语形式中，它地位最重，它冠于文前，片言居要，显得郑重其事；在字号运用上，或用楷体排出，或用比正文大一号的字体排出，显出重要的地位；在行文上，它提纲挈领，言简意赅。它可以是说明性的：提示相关内容；也可以是评论性的：表明编者的意见。

文中按语插入文中，附在某一句、某一段后面，用括号标出，有感而发，有疑就注，有错就批，表明编辑部的态度。较之前后按语，更便捷。

编后又称"编后小议"、"编者附记"、"编辑后记"、"编余"，它附在文后，旨在深化稿件的主题或报道思想。编后是编辑对新闻稿件有感而发的一种抒情、联想和议论性的文字，写法上接近随感、短评，可以抒情，可以议论，必要时也可以做些适当的论证，可以加标题。

在新闻评论诸文体中，按语不是独立的评论文体，它总是依附于报道或有关文字材料发表见解的。这就意味着报道本身也就是按语言论的基础，言论的论据。写按语不要简单地去重复报道本身所提供的事实和见解，也毋需展开具体的论证，直截了当地发表意见和主张就行了。

五、专栏评论

专栏评论指的是在报纸相对固定版面上特定的专门栏目中发表的评论。专栏评论就作者的构成而言，不管是群言专栏、集体专栏和个人专栏等类型，其栏目总是相对固定的。例如，《人民日报·今日谈》言论专栏，自 1980 年 1 月 2 日创办至今已有 20 个年头了。《经济日报·星期话题》于 1985 年 1 月随《经济日报》星期刊的创办而与读者见面，迄今也已 13 载。上海《新民晚报·未晚谈》专栏，由林放（赵超构）于我国新中国成立前后主持笔政达四五十年之久，直至 90 年代初期因作者逝世而终止。除栏目相对固定外，一般说来，体式也属相近，版面位置、篇幅大小大体也趋于稳定。

一篇成功的专栏评论，总是富有鲜明的时代感。所谓时代感，它至少包含两层意思。一层意思是密切配合党的中心工作，重视对当前政治、经济形势和精神文明建设中的重大思想问题发表意见，力求多侧面、多角度、多层次地弘扬主旋律，积极配合中心选题立论，注意处理好三种关系：选题上配合中心与"眼观六路"的关系，观点上宣传中央精神与反映群众心声的关系，风格上庄重严肃与生动活泼的关系。

另一层意思是善于敏锐地发现并抓住富有时代特点的新人、新事、新风尚、新变化、新矛盾、新精神及时发表评论，或者热情肯定，大力颂扬；或者针砭时弊，指明方向；或者剖析事端，辩明事理。同时，对于背离时代的歪风邪气、坏人坏事，则无情鞭挞，以儆效尤。也就是说，积极从正反两个方面入手，以正面引导为主，发扬时代精神，实现时代的使命。

新闻评论各类体裁中，如社论、评论员文章、编者按语、短评等一般都是编辑部的编辑、评论员执笔撰写的，也都是代表编辑部（社论还代表同级党委）发言的，直接体现编辑部的观点和态度。一般读者或作者是难以撰写或投稿的。而专栏评论则有所不同。它都是署名的，以个人的名义发表，并不直接代表编辑部发言，属于非专家型权威性言论，而是群言型评论，所以写起来比较自由活泼一些，必要时可以就某些问题进行商榷或讨论（当然要符合党的政策和总的指导思想），以明辨是非、畅所欲言。在语气上自然也容易而且应该格外平易近人，亲切感人。

请看下面一则例文：

有美感美谈
张保振

常到一些企业，也常看一些企业的宣传片，观感差别很大：

有的如雨后彩虹，清新自然，多姿多彩；有的如月夜流星，若隐若现，云遮雾罩。

有的如山巅天池，别具一格，令人难忘；有的如山川竹林，你青我绿，过目难辨。

有的如破晓鸡叫，声稀声少，启人心智；有的如塘边蛙鸣，声稠声多，不知所云。

凡此种种，启示我们，要想达到宣传效果，须得明白受众的需求，讲求质量、讲究创意，使人爱看愿听。这就必须有美感美谈。

美感美谈，是让人爱看愿听的"第一道门"。美感也好，美谈也罢，关键在一个"美"字。美，就是好。美感，就要好看；美谈，就要好听。好看，才能爱看；好听，才能愿听。好看，表现在画面、情节的取舍上；好听，体现在语言、音乐的选择上。"至美素璞，物莫能饰也；至贤保真，伪文莫能增也"。好画面、好语言来自生活，来自群众。不要脱离实际、脱离生活拼凑画面、情节，不要脱离群众编造华而不实的语言。

美感美谈，是把人引向真善美的"形象大使"。美感美谈，之所以称美，关键在真，根本在善。生活的辩证法告诉我们，美就是真，美就是善。贴金的东西，尽管外表耀眼夺目，却不是真美；损人的勾当，尽管嘴上天花乱坠，却很丑陋。正因如此，古人告诫我们：要"真伪毋相乱"，要"成人之美，不成人之恶"。这，同样是美感美谈之要诀。美感是感受，但感受源于真材；美谈是故事，但故事出自善念。真材，能让人动心；善言，能让人动情。无论是真材，还是善念，质如美玉，韵如美声，让人得到的是"望美人兮天一方"的怀念与向往。

美感美谈，是让人从牢骚焦虑走向理性平和的"转换器"。当前社会正处于转型期，不少人牢骚多、焦虑多，动不动就感情冲动、火冒三丈，甚至忘了自己的身份，口出脏话、斯文扫地。这不是一种理性的行为。西方有学者将人的发展分为三个阶段：感性的人、审美的人、理性的人，并称，"要把感性的人变成理性的人，唯一的途径是先使他成为审美的人"。如此说来，美感美谈正是审美的一条路径。这种审美，让人在不经意间，获得一种审美的快乐感与满足感。这种满足感，不仅体现在情感上、伦理上，而且体现在理智上、理性上，使人真切地感受到：生活不乏真善美，美意延年是真谛。

美感美谈，养眼养心。正是这"两养"，使美感美谈这"两美"有了"艺术哲学"之美，从而也实现了宣传之效果：达通，流传，进而形成口碑，形成风尚，积淀为韵味悠长的文化。

（《人民日报》2012年1月18日 第4版）

这是《人民日报》（人民论坛）的一篇评论，它针对企业的宣传片发表议论，启示我们，企业形象宣传片要想达到宣传效果，就必须有美感美谈。文章从正反两个方面对比入手，以正面引导为主，启人心智。

第三编 03

| 专业新闻写作 |

第八章

法制新闻写作

第一节 法制新闻概述

一、什么叫法制新闻

法制新闻是中国当代新闻事业发展中的独有现象。中国近代新闻史上和国外新闻传播活动中的"社会新闻"、"法院新闻"、"犯罪新闻"等概念，虽然都和"法制新闻"有着某种联系，但它们决不相等。法制新闻这一概念有特定的内涵。

简单来说，法制新闻就是社会各个方面新近发生的与法制相关的、有新闻价值的事实的报道。法制是一个国家或者地区法律制度的简称，是法律上层建筑各个因素——即法在实际生活中的运行、保证法律运行的国家机器，以及法律文化传统等方面的有机联系的系统。它主要包括法（法律规范），同时还包括法律实践及与之相适应的法律意识。法制最明显的特征是，依照立法程序制定的关于社会政治、经济、文化诸方面行为规范的实施，是由国家机器运作的强制力来保障的。

二、法制报道的对象和范围

（一）法制报道的对象

社会生活各个方面与法制有关的内容，其中也包括政治部门，都是法制报道的对象。在更具体地来看，人们又将报道对象作了不同的划分：有人从行业角度将法制报道分为"经济法制、刑事法制、民事法制、文教法制、行政法制"等；也有人把我国法制工作分为立法、执法、守法这"三个有机组成部分"。还有人认为，法制新闻应该包括：政法新闻（包括政法部门的方针政策、动态信息，以及各种重大典型案件的报道）；其他行政执法机关的活动和市场经济法制活动（包括法律对经济活动的宏观调控和市场主体依法经营）；公民的民主与民事权利的维护、在社会主义民主法制原则指导下产生的一切涉法活动。可以说，这些见解都从某个方面对法制报道的对象进行了概括，突出了各自的特点。

（二）法制报道的范围——立足政法口，面向全社会

在多年的实践中，我国法制新闻界逐步总结形成了一个"立足政法口，面向全社会"的报道原则。这一原则也体现出了法制报道具有面向整个社会、深入社会生活各个领域的广泛性。

"立足政法口"就是要明确政法工作是法制报刊的依托，准确、全面、及时传播政法信息是法制报道的基本责任。政法工作是国家法制的核心部分。法制报刊是党和国家在政法工作方面的喉舌，是人民民主专政的舆论工具。法制报刊的这种性质，要求它必须对政法战线的主要工作、重大问题，及时地发表具有指导性的消息、言论、通讯等法制新闻报道，坚持正确的舆论导向。政法工作同国家的政治形势、经济工作、社会秩序和人民日常生活有着直接的联系。社会主义法制反映国家、民族和人民群众的利益，深刻介入并调整各种复杂的社会关系。所以，法制报刊这方面的报道具有很强的全局性、政治性、群众性和敏感性。

需要注意的是，立足政法口，是立足政法机关、立法机关的主要工作，不是事无巨细地每会必报、每言必登。立足政法口这个重点，主要应体现在报道的质量上，体现在指导性上，不能只讲报道的数量，并且要注意将报道内容的工作性和新闻性很好地结合起来。

而"面向全社会"的主要含义是：随着整个国家各项工作逐步迈入法制的轨道，尤其是实行社会主义市场经济体制后，国家管理、经济发展、公民生活等方面，都与法律产生着越来越密切的联系，国家政治生活、经济生活、社会生活逐步法制化和规范化。所有这些内容，都是法制报道的对象。具体来说，包括：

政治生活方面。法制报刊要长期、深入报道实施"依法治国、建设社会主义法治国家"的治国方略。主要包括：国家立法机关按照严格的法定程序制定法律，并形成完备的法律制度体系，确保人民群众依法管理国家事务的权利；政府和公职人员必须严格依法行政，依法办事，依法行使权力管理国家各项事务；社会主义司法制度必须保障在全社会实现公平和正义。司法机

关公正执法，确保法律的权威。民主和法制不可分离，法治国家的法律制度是民主的制度化、法律化，是自由和人权的法律保障。社会主义政治文明建设最终也必须体现在法律制度上来。

经济生活方面。市场经济就是法制经济，它的经济秩序是通过法治来形成和维持的。法制新闻要关注这些内容：用法律规范市场行为，用法律规范市场秩序，用法律规范政府的宏观调控，用法律规范劳动和社会保障，用法律规范对外开放。以上这些方面法律的制定和实施，已经形成我国社会主义市场经济体制的法律体系和法律环境，对保护和发展社会生产力，是极为重要的。

社会生活方面。随着三个五年"普法"规划的依次完成，我国广大公民的法律素质有了较大提高，各种社会矛盾往往都是通过法律手段解决。法律与人们的生活形成了不可分离的关系。在社会生活中法律还总是和道德相联系。一般而言，一个社会中法律鼓励或禁止的，也正是道德所肯定或否定的。道德是法律的基础，法律是道德的保障。法制新闻通过对道德问题的介入，更加深刻地反映现实，实施舆论的引导作用，促进先进文化的发展。

第二节　法制新闻的特点

一、报道的确切性和真实性

法制新闻报道有着很强的政治性，不仅涉及国家的立法、司法活动、行政管理、制度的改革和设置，还涉及千千万万公众人物和普通民众的生活。因此，一定要从讲政治的高度认识法制新闻报道的重要性，重视法律的严谨性，重视事实的确切性，准确地使用和报道各种法律规范，要把"以事实为依据，以法律为准绳"作为法制新闻真实性的基本要求，对守法与违法、罪与非罪，都要体现出严格的法律界线，都必须用事实来说话。通过不断地传播真实的法律信息和法律事实，促进法律的实施，实现正确的舆论导向和法制宣传教育作用。

二、报道的程序性和公正性

法律、法规等的制定和修改，必须按照严格的程序来进行，这是立法工作的规范所要求的,也体现了基本的政治文明。而各种司法行为,也都必须严格依据法律制度的规定去进行,因此也有着很强的程序性,程序是保证司法公正的必要手段。法制新闻的报道自然也带有这种特点。甚至可以说法制报道的某些新闻价值在一定程度上就存在于程序之中。比如,一部法律的起草、审议、通过、公布、实施;一起案件的立案、开庭、审理、一审、二审、判决、执行,这些由程序所规定出来的不同的阶段,每一个程序都有着不同的性质和意义,它们都是法制新闻报道的重要内容。法制新闻要尊重和遵守这些程序,这是形成公正的法制新闻舆论所必须具备的。

三、报道的专业性和社会性

通过多年全民普及法律常识活动,法律已逐渐为广大群众所熟悉,但这并不等于人人都通晓法律了。即使那些法制比较完备的发达国家,普通人对法律问题仍需要律师的帮助。这表明,广大公民与法律之间需要桥梁,法制报道就是一座这样的桥。法律和法律制度有着大量的专业用语,工作有专门的程序,这些是普通受众感到陌生的。法制报道要注意将专业化的东西,化为群众易于理解的,使法律成为他们手中的工具,而不是面前的一堵墙。另外,法制报道的内容多是执法部门的工作,尤其是一些具有指导性的报道,只被与这些工作相关的人群所关心,而普通受众则喜欢那些同他们的社会生活有联系的法律问题和事件,因此,如何从受众的角度去选择那些有较强接近性的新闻,是解决法制报道专业性和社会性矛盾要注意的问题。法制报道在采访和写作环节中,都应体现专业性和社会性的结合,努力做到生动活泼,为读者喜闻乐见。

四、报道的阶段性和完整性

司法活动被程序规定成为了一个个的阶段,因此树立"法制报道是一个过程"的观念,对法制报道很重要,它有利于理解法制报道的完整性。报道作为人们对现实事物的反映,只能是一个逐步认识的过程,法制报道更是如此。案件的审理,本身就是一个过程,有着十分明显的阶段性。有的案件从受理到审结,其间经过相当长的时间。这个过程反映了人们认识的发展特点。掌握这个过程的阶段性,可使报道依据法律程序来进行,不出现超越法律程序的情况,新闻报道和案件审理之间可以形成一种协调的关系。另外,审理既然是一种特殊的认识过程，不可避免出现二审对一审的纠正或否定。根据这个特点，新闻报道在这个过程中的不同阶段，应有不同的报道方式和分寸。几个阶段连在一起，则形成一个完整的过程。这样，就不至于出现自己的报道前后矛盾，引起指责了。

第三节　法制新闻的写作原则及形式

一、法制新闻写作的基本原则

（一）坚持客观性原则

客观性原则主要是指依据事实、依据法律，跟随程序进行报道，避免越过审判程序公布证据、超过法庭认定案件性质、提前确定罪名等不妥行为。我国《刑事诉讼法》第12条规定："未经人民法院依法判决，对任何人都不得确定有罪。"这就是法院统一定罪原则，它是法制新闻客观性原则的依据之一。

有一个突出的例子：1988年5、6月间，首都一些报纸纷纷以"京石公路上一起绑架案"为题，报道了周志远一案。案情是：1988年5月2日，河北省保定地区交通局长周志远与家人乘车在京石公路收费处，与收票员冯瑞莲发生争执，并将冯带入周所乘的面包车内，驶出约1公里，才将冯放出车。且不说当时集中而措辞严厉的大量报道，给审判施加了不应有的巨大压力，仅从审判结果看，法院最后是以轻微"妨害公务罪"判决的，而有的报纸却从一开始在公安部门尚未拘传涉案当事人时，就在报上标以"绑架案"，也没有指出是什么部门以此罪名称呼此案的（实际上法院从未定过此罪名）。这种先于法庭给案件定性、定罪名的做法，就是一种典型的"报纸审判"现象，这是十分不妥的。这种"媒体审判"现象在一些为受众关注的案件报道中还时有表现，很值得新闻从业人员警惕。

客观报道还有着一系列技巧，最基本的就是指出消息的来源。在报道中尽可能写上诸如："警方告知"、"检察院的起诉书说"、"证人作证指称"、"律师认为"、"据当时目击者回忆"，等等。这样将有可能引起争议的事实和观点都以别人提供的方式进行表达（当然记者本人的"目击"除外），记者只是一个客观记述的角色，倾向性则由事实来流露。

客观报道还应该尽可能刊载多方意见。对一般的案件，报道一个审判结果也就够了，但一些为社会关注的重要案件，不但要报道法庭认定的内容，而且应尽可能将原告方或公诉人的意见，被告方、被告人的意见，以及律师的代理、辩护意见，适当地加以报道，既体现出社会舆论的公平性，又有利于人们正确理解法律，理解判决结果。

(二) 坚持准确性原则

无论是报道国家最高权力机关的立法活动，还是报道一起基层法院的案件审理过程，首要的是准确。要准确表达立法、司法行为中对事物性质的确定和对事实内容不同程度的区别，另外还要有必要的解释，让人们准确领会法律精神，避免任何偏差和含糊不清。比如，1997年新修订的《刑法》对"国家工作人员"的概念作了更加具体、明确的界定，这是惩处国家工作人员犯罪的司法活动的重要依据。那么，修订中有什么新的变化，这种变化的法律意义是什么，应该准确地进行宣传报道。这是法制新闻基本的、也是最重要的任务。

法制工作中有许多规范严格的用语和概念，也必须准确使用。比如，司法机关对犯罪嫌疑人采取强制措施，有的是拘传、有的是拘留、有的是逮捕，这些不同的手段，属不同的法律概念，有着严格的界线，不可乱用。再比如，许多报道中对那些被公安机关拘捕的"人犯"，统统称为"犯人"、"罪犯"，这从法律角度讲也不合适。"人犯"是司法实践中专指未经法院正式判决，但又被司法机关依照刑事诉讼法进行羁押或施以其他强制措施的刑事被告人。其中包括被公安机关刑事拘留、逮捕、取保候审期间的刑事被告人；包括检察院进行侦察、起诉期间的刑事被告人；还包括法院正在审理期间的刑事被告人。已被司法机关羁押、又在法院正式判决之前的刑事被告人都应称"犯罪嫌疑人"。而"犯人"、"罪犯"，都是指被法院生效的判决认定有罪、并处以刑罚的刑事被告人。有些报道中还将被劳动教养的人称为"犯人"或"罪犯"，这是不对的，因为"劳动教养，是对被劳动教养的人实行强制性劳动教育改造的行政措施，是处理人民内部矛盾的一种方法"。

(三) 注重社会效果的原则

在法制新闻报道中，最应凸显社会效果的莫过于案件报道。案件报道必须讲究社会性和新闻性相统一的原则，即在遵循新闻规律的前提下，及时、生动地把新近发生的重大案件真实地展现给受众，同时又要发挥法制宣传功能、批评监督功能和信息服务功能。怎样才能做到社会性和新闻性的有机统一？首先，在报道中，要时刻保持清醒的头脑，着力探索案件报道的品位。只有这样，法制记者才能从维护社会稳定的大局出发，认清案件报道尤其是暴力犯罪报道可能产生的诱发作用和对社会的不良影响，防止宣传中因顾此失彼而产生的负面效应。其次，案件报道要重视对本质问题的挖掘。在社会生活中，案件作为客观存在的事实，必然折射出一定的社会现象和社会问题。这种社会现象和问题是人类社会矛盾与纠纷的反映。因此，我们应该善于深刻剖析案件背后深层次的东西，由表及里，由浅入深，透过现象触及本质，在问题中找到案件产生的原因及解决的办法，让公众从中受到启迪。最后，案件报道要体现教育功能。一篇成功的案件报道，应当具有正确引导、教育公众的作用，以取得打击邪恶势力、警示社会、兴利除弊、惩恶扬善的社会效应。

注重社会效果，还必须站在符合法律的立场进行案例报道。不论是民事、刑事，还是其他案例，都有个正确理解、站在符合法律正确立场上进行报道的问题。否则，案例报道就可能产生不好效果。比如，1987年5月19日，某报刊登一条消息《重庆市公开审理第一件治安行政案》，副标题是："原告败诉，公安形象得以维护"。文中这样写道："法院经过认真调查后，认为事实清楚，证据确凿，适用法律正确，作出了上面的裁决，维护了公安的形象"。这种报道角度、表达方式欠妥，因为国家制定新的《治安管理处罚条例》，规定不服治安处罚的可起诉到人民法院，但目的绝不是什么为了"维护公安形象"，而是为了更好地对社会治安依法管理。对当事人和公安部门来讲，谁有错都会输官司。可记者却认为法院在审理因不服治安管理处罚而提起诉讼的治安行政案件时，裁决被处罚人败诉，就是什么"维护了公安形象"，这实在是对新条例的立法精神的严重误解。人民法院审理治安行政案件，是依法进行的审判活动，其意义在于促进治安管理工作走上法制轨道，无所谓维护谁的形象。一些读者和有关部门来信对报道提出了疑问和批评。可见，有了好的案例，还要正确理解案例的法律意义，注意写作的立足点问题。

注重社会效果，还必须注意保护公民的隐私权。案例报道的特点是详细，但有些案件中的受害者或与案件无关的亲属，不宜披露他们的姓名、住址，以保护他们在社会上正常生活的权利。尤其是与案件有关的举报人、证人，要为他们保守有关秘密，防止有时出于好心，甚至在赞扬他们的时候将他们公布出去，给他们的工作、生活带来不便。案例报道中涉及普通公民的事务，尤其是对一些容易引起敏感的道德、婚姻、家庭方面的问题，内容一定要慎重。公民中的某些行为可能是不符合道德规范的，但只要对公众利益没有损害，没有妨害他人，作为传播面很广的新闻媒体就没有必要去干涉。同时，揭人隐私也是一种违反记者职业道德的行为。

二、法制新闻报道形式

（一）法制消息

法制消息是法制新闻报道中最重要且常见的样式，具体包括简讯、动态消息、综合消息、述评消息、经验消息等形式。法制消息具有简洁明了、报道迅速的特点。

请看下面一则消息：

河北交通肇事二次碾轧案审结
马英豪被执行死刑

新华网石家庄1月5日电（记者 张洪河）备受各界关注的石家庄交通肇事二次碾轧致人死亡案审理终结，5日上午马英豪被执行死刑。这是记者从河北省高级人民法院新闻发布会上获悉的。

2005年12月27日晚，河北省石家庄青园街发生一起黑色本田轿车撞倒一行人后又掉头返回碾轧致死该行人案件。石家庄市中级人民法院依法公开开庭审理后，于2006年6月30日作出一审判决，认定马英豪犯故意杀人罪，判处死刑，剥夺政治权利终身。马英豪不服，提出上诉。

河北省高级人民法院受理后，依法于2006年12月22日公开开庭审理，认为上诉人马英豪在交通肇事后，开车调头返回碾轧被害人，故意非法剥夺他人生命并致人死亡，其行为已构成故意杀人罪，且犯罪情节特别恶劣，犯罪的后果特别严重，应依法惩处。河北省高级人民法院于12月29日作出终审判决，驳回马英豪上诉，维持原判，剥夺政治权利终身。

（2007年1月5日）

这篇动态消息采用了"倒金字塔式"的结构形式，消息导语简洁明了地告诉读者法院对马英豪的终审判决结果及执行情况，主体陈述其犯罪事实及交代整个案件的审理经过，全文显得简洁而不拖泥带水。

(二) 法制通讯

法制通讯是对与法制相关的典型人物、典型事件进行详尽而深入的报道，常见的形式有人物通讯、事件通讯、工作通讯等。法制人物通讯，一般靠情节与细节打动人，写作时可以从以下几个方面下工夫：一是注意运用近景特写手法。对人物的刻画，对现场的扫描，最容易打动读者的是"特写镜头"的笔法。二是注意细节描写。具体生动的细节，能打动人、说服人，是通讯写作的另一特色。法制事件通讯和工作通讯的写作，则应适当穿插背景，即说明新闻事件发生的历史、环境与原因，解释事件发生或人物成长的主客观条件及其实际意义，为烘托和发挥主题服务。

请看下面一则通讯：

国内4家鞋企向欧盟法院提出反倾销诉讼已获受理，4家上诉企业1月8日首度亮相发表联合宣言，呼吁更多企业站出来共同破"壁"——

为中国鞋业的明天打官司

本报记者 龚雯

四只"出头鸟"——"只要我们坚持，输了也是赢"

"冬天之后就是春天，不管这场鞋官司是输是赢，只要我们坚持，输了也是赢，赢了是更赢，关键要从'单兵突击'转向'协同作战'！"1月8日，在制鞋企业应对反倾销诉讼情况通报会上，中国皮革协会副理事长、奥康集团总裁王振滔代表奥康、泰马、金履、新生港元等4家上诉欧盟反倾销的制鞋企业，呼吁更多的国内同行站出来联手破"壁"。

这是自去年10月奥康第一个宣布起诉欧盟对原产中国的皮鞋产品征收反倾销税以来，中国上诉鞋企首度正面亮相。面对为期两年的16.5%反倾销税，目前仅奥康等4家企业正式向欧盟法院起诉，其他千余家中国鞋企均放弃翻盘机会。

奥康等4家上诉鞋企聘请的代理律师蒲凌尘透露了反倾销诉讼最新进展："去年12月29日，诉讼材料全部递交到了欧盟法院，对方已正式受理中国制鞋企业的诉讼请求。之后，会有双方的两轮答辩。欧盟可能会作为第三方支持欧盟理事会。接下来是口头答辩。总的时间预计2年左右。很快要进入复审程序，估计欧盟今年对中国鞋会有新一轮动作。"

抗辩是使命——"如果这两年忍了,中国鞋企将输得一塌糊涂!"

针对上诉,王振滔在接受本报记者采访时提了三点。其一,在反倾销诉讼的时间上,要有长期准备。或许官司没打完,征税期已结束了。诉讼首先是要让欧盟国家听到中国鞋企抗辩的声音。

其二,在官司的输赢问题上,要有两手准备。抗辩反倾销是一种使命,就算输了,我们也展示了中国鞋业负责任、讲规则的新形象,还可以为国内其他行业积累经验。

其三,面对越来越大的反倾销压力,国内鞋企应建立共同应对贸易壁垒的组织,而不是旁观几只"出头鸟"冲锋陷阵。

王振滔说,99%的中国鞋企选择了沉默,不是不愿起诉,主要是感到费用压力大,以及对WTO规则、诉讼程序较陌生。"其实,从某种意义上说,欧盟这次为期2年的16.5%反倾销税是'投石问路'。如果这两年中国企业忍了,那么第二步他们就会制定5年征税期,中国鞋企将输得一塌糊涂!现在看,几家上诉企业胜诉的机会还是不小的。"

中国皮革协会秘书长苏超英对奥康、泰马等上诉企业的举动赞赏有加:"奥康等几家企业没有怨天尤人,也没有消极等待,而是主动挺身而出,利用法律手段来维护自身在国际市场上的合法权益。这种做法是积极理智的,说明民营企业在变得成熟。"

诉讼提了醒——"品牌建设,产业升级,迫在眉睫"

目前,中国90%以上的鞋企是民营企业,全国年产鞋70亿双,约占世界的70%。制鞋业是中国市场化程度最高的行业之一。据悉,16.5%反倾销税对本就薄利的中国鞋业着实打击不轻。自欧方对华开征临时关税后,已有不少订单转移到周边国家。而且,由于欧方进口商都在观望终裁结果,2006年中国鞋企接单量明显减少。

商务部研究院专家指出,2005年以来,中国皮鞋对欧出口增长较快,主因是欧盟对华鞋类产品实施10年的配额体制终结后,中国鞋企出口潜力得以释放,与倾销并无关系。欧盟裁决中国鞋企存在倾销完全是基于否定中国企业的市场经济待遇这一前提,不符合中国发展实情。另一方面,多年来欧盟鞋类产业不断向外转移,就业减少,这也是国际产业转移的一个正常现象,将之归咎为中国产品的进口是站不住脚的。

苏超英说,这场诉讼给中国制鞋企业提了醒:加强品牌建设,推动产业升级,迫在眉睫。中国鞋业仍存在产能过大、产品附加值不高、贸易摩擦频繁等问题,特别是在国际上缺少叫得响的知名品牌。从这个角度讲,应该"感谢"欧盟反倾销推促了国内鞋企打造自主品牌、提升竞争力的步伐。

(《人民日报》2007年1月9日)

10月4日,欧盟理事会在卢森堡举行的会议上投票表决,批准对中国和越南产皮鞋征收正式反倾销税的方案。根据该方案,欧盟从10月7日起分别对两国皮鞋征16.5%和10%的反倾销税,为期两年。为此,国内4家鞋企向欧盟法院提出反倾销诉讼。这篇通讯开掘深入、角度新颖:"为中国鞋业的明天打官司"——不管官司是输是赢,但一定要打。文章从三个方面来说明,第一个方面和第二个方面回答为什么要打这场官司?"只要我们坚持,输了也是赢""如果这两年忍了,中国鞋企将输得一塌糊涂",第三个方面是从这场诉讼中得到的启示:"品牌建设,产业升级,迫在眉睫"。

(三)法制新闻评论

法制新闻评论是指对新近或正在发生的、引起社会广泛关注的法制新闻事实进行的评价和议论,可以及时传播意见信息,引导人们由现象到本质的进行正确的判断和思考。它是法制媒介的"灵魂"和"旗帜"。优秀的法制新闻评论适时而发,可以正确引导社会舆论,有利于推进社会主义法制建设。

请看下面一则评论:

"廉洁苏通",我们为你喝彩!

生秀红

在万里长江快要汇入大海的江面上,一座跨江大桥正在建设,它将把"人间天堂"苏州和有"中国近代第一城"之称的南通连接起来,故称"苏通大桥"。火热的工地上,吸引人们注意的,不光是大桥所拥有的数项"世界之最"的高科技成果,更是建设者们提出的一句响亮口号:我们的工程不仅要连接苏通,更要"廉洁苏通"。

好一个"廉洁苏通",真值得喝彩!

"廉洁苏通",是一种庄严承诺。战场交锋,有敢否亮剑之说;牌桌博弈,有敢否亮底牌之举。亮剑或亮底牌,表现的是一种精神,一种胆识,一种气魄,一种自信。苏通大桥建设者们敢于把"廉洁苏通"的口号叫响,在反腐败的战场上,无疑也是一种亮剑。可贵的是,他们不是把廉洁停留在口头上，或是作为文件、会议上的点缀，而是把它看得像构成大桥的重要部件一样，舍此就不能建设，更无法竣工。为了这份承诺，他们与承包商的第一次洽谈是"廉政纪律交底"、签订的第一份合同是"廉政合同"、给承包商的第一份告知是"廉政举报方式"、让他们参加的第一次会议是廉政部署会、公示的第一张图表是"廉政责任人"……这一个个"第一"，像一个个鲜活的音符，谱写出激越雄壮的反腐倡廉主旋律，响彻在建设工地的每个角落，使人们深深感到，建设者们确实在用真情、真劲、真诚履行和实践着自己的诺言。

"廉洁苏通"，是一种自我约束。这些年来，建筑工程领域也是一个腐败多发领域。一个工程完工了，一批贪官倒下了。在庆祝竣工的锣鼓声中，人们也常常为那些很有才干，但不幸由干部沦为囚徒的人感到痛心。苏通大桥建设者们意识到，要做到建设大桥留清名，就要创造一种自我约束机制，把反腐倡廉作为每个人的必修课。他们以制度建设为重点，以主题活动为抓手，通过读书思廉、民主评廉、故事颂廉、典型导廉和观反腐影视、看廉政展览、听贪官忏悔、临监狱警示与廉政述职等，形成了强烈的廉洁奉公思维和氛围，大家算集体荣誉账、组织培养账、事业前途账、家庭幸福账和经济得失账，使廉洁从政成为一种理念，一种规范，成为自觉践行的操守。

"廉洁苏通"，还是一种深刻启迪。苏通大桥建设者们的实践说明，反腐败只要下决心、立恒心，用壮士断臂的勇气和斗志打一场围剿腐败的持久战，就一定能打赢这场特殊条件下的战斗。它还说明，反腐败需要出实招、出真招，虚晃一枪不行，花拳绣腿也不行，用苏通大桥建设者们的话说，加强教育，是常吹廉洁警示风；建章立制，是"扎紧篱笆防野狗"；从严纪律，是法规面前无情面。它向人们昭示，腐败现象并不是像有些人形容得那样，什么积重难返呀，洪洞县里没好人呀。在共和国蔚蓝的天空下，在鲜红的党旗指引下，在多少苏通大桥工地这样的反腐败战场上，反腐倡廉战役在稳步推进，党的优良传统和人间正气在弘扬，它使人们有理由对反腐败斗争的胜利充满信心。

"廉洁苏通"，像一股清新的风，吹来慰藉和希望，愿她吹遍祖国每个角落，化作和谐社会的壮美旋律。

"廉洁苏通"，我们为你喝彩！

(《人民日报》2006年11月21日)

腐败现象是目前社会上存在的普遍问题，它使为数不少的官员纷纷落马，它严重地损害了党在群众中的印象，反腐倡廉迫在眉睫。这篇报道通过对"廉洁苏通"这一新闻事实展开评论，高度赞扬了"苏通大桥"建设者们为反腐倡廉树起的一面旗帜。全文从三个方面进行了深刻地论述："廉洁苏通"是一种庄严承诺；"廉洁苏通"是一种自我约束；"廉洁苏通"是一种深刻启迪。报道起到正确引导社会舆论的作用。

（四）法制深度报道

多数法制新闻都不只是一次报道就可以完成的，在某种程度上，它们都属于连续报道。犯罪新闻一般在立案侦查、追捕犯人时就发消息，然后把审判过程的新动向以及犯罪的性质（结果）是谋杀、盗窃、抢劫、渎职、贪污、投毒等作为新闻再次报道。此时就并非简单地发消息，而可以写成立体式报道、调查式报道、追踪式报道等等。

例如，对丁仰宁"买官卖官大案"的报道。福建省政和县，是著名的革命老区，为福建省的国家级贫困县，1999年10月却爆出"买官卖官大案"。原县委书记丁仰宁因"买官卖官"收贿及非法所得100万元，被立案审查，涉及当地大小干部246人。联系当时中央加强思想政治工作和反腐倡廉的报道，新华社福建分社记者在2002年3月进入政和县蹲点调查，发表新闻稿件《小学楼摇摇欲坠，风水塔耗资百万》、图片新闻《有钱修"宝塔"，无心办教育》以及"新华视点"专栏稿《贫困县里敲响警钟》，深入分析了这个贫困县产生买官卖官案的现实基础。作者选取了对比强烈反差巨大的两个镜头：一方面是政和县的教育状况已连续10年在南平市倒数第一；另一方面，一些干部大搞迷信，不惜巨资建"风水塔"，通过对比，腐败的根源，昭然若揭。

上述报道形式主要针对报刊而言。在广播电视新闻报道中，还可以运用音响、声像报道形式，通过现场和实况音响，声像并举地报道法制新闻。近年来，全国各地中、高级人民法院对部分案件的庭审予以电视转播，其中引人注目的有重庆虹桥案和张君案庭审直播。运用电视直播方式报道庭审情况和过程，在社会上激起强烈的反响，取得了良好的传播效果。有的庭审直播报道，还传达了党中央、国务院对案件本身的高度重视，表达了党和国家领导人关心群众、惩戒罪犯的坚定意志。这种方式还在继续探索中。

第九章

经济新闻写作

第一节 经济新闻概述

一、经济新闻的含义

现代经济学理论认为,"经济"应包括两方面的含义:一是指社会生产关系的总和,是上层建筑赖以存在和发展的基础;二是指物质生产、分配、交换和消费的活动。因此,经济不仅仅指生产,也不仅仅是物与物的关系,它包括经济活动的全过程,包括人与物、人与人的关系,是生产力、生产关系和经济活动的全过程的综合称谓。

那么,什么是经济新闻?经济新闻就是报道人类社会最新的经济关系、经济活动和最新的自然经济现象的新闻。经济新闻是一种专业新闻,他与社会新闻、文教新闻、科技新闻、体育新闻等专业新闻的区别在于报道内容的不同。

二、经济新闻的报道范围

经济新闻报道的内容广、范围大。它可以反映工业、农业、商业部门所开展的各类有价值的新闻活动;可以报道经济信息;可以用典型的案例来诠释党和政府新近颁布的各项经济政策;可以报道经济领域出现的新人、新事、新风尚、新气象;可以报道各地经济部门和单位搞活经济工作的新经验、新措施;可以报道各级党政部门围绕着经济建设所开展的思想政治工作;还可以报道老百姓的经济生活,等等。经济新闻的报道范围可以从三个方面来考察。

首先,从经济学的角度讲,经济新闻报道的经济领域,应包括经济工作和经济生活等人类一切经济活动和经济关系中具有新闻价值的客观事实。它既有生产力的问题,又有生产关系的问题;既有生产、流通、交换、消费等社会经济活动的问题,又有基本经济理论的研究与实践问题。人们在经济活动中所发生的经济关系的新的发展变化,也在经济新闻报道的范围之内。

其次,从经济行业的角度来看,不仅农业、林业、畜牧业、渔业、工业、建筑业、交通运输业、商业、财政金融业有经济新闻,其他各行各业也有经济新闻,各行各业的经济活动及动态的变化,都是经济新闻的报道对象。

再次,经济新闻不仅报道新的经济观念,如新的经济思想、经济理论等,还报道经济政策和重大决策的产生、实施、效果及反应;报道有关经济活动管理,如企业管理、行业管理、经济立法管理等;报道转化为生产力的科技活动;报道作为社会生产力最活跃的因素——人在经济活动中的新闻;报道与人关系密切的自然经济现象的新闻,如新能源的发现;报道与经济活动相关的其他领域的新闻等等。因此,无论是宏观经济、中观经济、微观经济,还是生产、流通和消费,再或是个人和家庭经济生活的变化,各行各业、各个层次、各个时段都能产生经济新闻的生长点。经济活动的纷繁庞杂决定了经济新闻展示的是一幅多姿多彩的经济工作和经济生活的绚丽图画。

三、经济新闻的类型

经济新闻按照不同的标准,可分为不同的种类。按报道领域划分,可分为工业新闻、农业新闻、财贸新闻、金融新闻;按报道内容划分,可分为政策性新闻、信息性新闻、服务性新闻、人物性新闻和自然现象性新闻。下面主要介绍按报道内容划分的几种经济新闻。

(一) 政策性经济新闻

政策性经济新闻即以反映党和国家经济工作和经济建设的路线、方针、政策的贯彻执行情况为内容的经济新闻。其特点是政策性和指导性强,对人们的工作、生产和生活都有着重要的指导作用。这类新闻包括以下几个方面:一是党中央、国务院和各级政府部门对经济建设、经济工作的新部署、新决策,党和国家领导人关于经济工作的重要论述;二是各地干部群众在执行党和政府制定的各项经济政策中出现的新经验、新情况和涌现的新典型;三是各地、各单位在执行党和政府的经济政策过程中所取得的成绩、成果;四是各地在开展经济工作中出现的带政策倾向性的问题和现象。

(二) 信息性经济新闻

信息性经济新闻是以传递经济信息、提供经济发展动向为报道内容的新闻。这类新闻是适应商品经济和科技发展的需要而发展起来的，其特点是信息量大，实用性强。这类新闻的重要性，主要表现在经济价值之中。信息按其传播和发展的运动状态，可分为预测、动态、反馈三种不同层次，因此，信息性经济新闻可细分为预测性信息新闻、动态性信息新闻和反馈性信息新闻三种。预测性信息新闻，主要报道经济发展的趋势、趋向、前景，其内容包括产值增减比例、发展速度、市场供求、成本利率、物价指数等等；动态性信息新闻，即报道经济活动、经济现象现阶段发展状况的新闻；反馈性信息新闻，即以报道经济政策的实施结果、经济活动的效果以及群众对经济活动的意见和要求为内容的新闻。

(三) 服务性经济新闻

这类新闻主要是为企事业单位和社会大众提供多方面的服务，为群众生活提供多方面的指导，以引导和促进生产、流通、销售和消费。随着新闻媒介与社会经济生活关系的日益密切，服务性经济新闻的数量日益增多。服务性经济新闻按其服务范围划分，又可以分为生产服务性、生活服务性、知识服务性经济新闻。生产服务性经济新闻，旨在传播生产、流通、分配等生产经营领域的最新信息、市场行情、经营管理方面的经验教训等；生活服务性经济新闻，旨在传播衣、食、住、行、用等生活方面的新鲜信息，解答经济生活中的疑难问题，提供生活咨询，为指导人民群众的生活服务；知识服务性经济新闻，旨在介绍、传授经济生产知识或科学技术知识，满足人们的知识需要。

(四) 人物性经济新闻

人物性经济新闻是以反映经济工作和经济活动中人物的事迹、活动为内容的新闻。这类新闻主要是通过对某些人物的报道，反映经济活动，推动经济工作的开展。人物性经济新闻细分起来，又可分为以下几种：一是人物活动性新闻，即报道新闻人物的有益的经济活动；二是人物事迹性新闻，即报道新闻人物在经济活动中的突出事迹；三是人物言论性新闻，即报道有关人物关于经济工作的新见解、新观点。

（五）自然现象性经济新闻

自然现象性经济新闻即报道与经济活动有关的自然界现象的新闻。人类在大自然中生存，人类的经济活动自然要受到大自然的影响与制约，因此，对于大自然的变化，人们极为关注。及时地把这些自然现象告诉新闻受众，是深得人心的。大自然中发生的奇异现象很多，不一定都与经济活动有关，自然现象性经济新闻报道的只要那些与经济活动相关联的、对经济活动有影响的自然现象。这类新闻包括：天气与海洋情况报告；暴风雨、暴风雪、地震、火灾等自然灾害的报道；有价值的经济珍闻。

第二节 经济新闻的特征

经济新闻作为新闻的一个分支，除具备新闻的时新性、公开性、真实性等共性特征外，还具备其鲜明的个性特点。经济新闻由于与经济工作、经济活动、经济生活密切相关，在写作中必然带有"行业"的某些特点，以便与社会新闻、文教新闻、科技新闻、体育新闻等专业新闻相区别。经济新闻的特点，概括说来有以下几点：

一、专业性

经济新闻报道是一种专业性很强的报道。在对经济领域发生的情况进行报道时，往往要涉及一些业务性问题，而经济述评等深度报道，不仅要求介绍较丰富的专业知识，还必须具有一定的理论色彩。因为在许多经济现象的背后，往往渗透着一系列的经济政策问题和经济理论问题。因此，要吃透国家、政府的经济政策，掌握相关的经济理论。比如经济评论《回答紧缩银根是否过度了》，就既涉及金融方面的专业知识，又涉及经济学方面以及国家金融政策方面的知识，如果记者缺乏这些知识，就无法构筑这样一篇谈金融操作、市场状况及其发展的文章。

经济新闻报道要求记者、编辑等新闻工作者懂得一些经济政策和相关的经济理论知识，因为记者经济专业知识的多少，直接影响到其经济新闻报道的真实、准确和科学性。同时，掌握分析经济现象的方法，并且处理好专业性与大众化、通俗化的矛盾，让专业性为展现新闻价值服务，写出内行爱看，外行也懂的好新闻。

二、服务性

经济新闻的主要任务是传播经济信息,分析评述经济活动,指导经济工作。传统的经济新闻报道,基本上属宣传型、教育型,常常以是否符合政治要求、内容是否典型等为标准。在市场经济条件下,受众获取经济新闻的目的,不仅是对某个经济事实的知晓,而是更注重于经济新闻所传递的信息对自身所产生的价值。随着市场经济的发展,受众对市场经济的服务性需求也将越来越强烈。正是这种客观存在的需要,决定了经济新闻在传媒中的重要地位。

经济新闻的服务性,主要体现在信息的服务上。要提高经济新闻的服务性,就要及时研究经济新闻受众的多元化需要。现代社会的经济活动,是联系和发展的,因而,经济活动对信息的需要是多方面的。主要包括几个方面:首先是经济活动的动态。一个经营者,要使自己的活动更能被承认,必然需要了解市场发生的变化。其次是经济形势的分析。市场经济的一个特点就是生产组织内部的有序和生产者之间关系的无序。经营者由于偏处一隅,对经济形势的观察,有其不可避免的局限性。他们急需了解权威人士、权威部门对形势的看法与分析。再次是经济法规的变化。市场经济是法规经济,及时了解这方面的变化,是每个经营者的需要。

三、指导性

准确反映经济规律的经济新闻应该能够引导社会公众正确的认识经济生活中的各种矛盾,回答和解释经济生活中的各种问题。由传统的经济模式向新的经济模式过渡,是一场深刻的变革,难免带来人们思想认识的迷茫,因而就需要通过权威、理性、准确的经济新闻加以引导。

经济新闻的指导性主要体现在对受众经济活动的引导上,通过对政策的阐述解释和对经济活动、经济现象的分析评述,让受众了解经济政策、把握经济规律;通过回答和解释经济生活中的各种问题,引导受众正确地认识经济生活中的各种矛盾。经济新闻的报道要善于从与群众生活密切相关的经济现象入手,以辩证科学的分析、通俗化的语言来透视现象,揭示本质,预测其发展趋向,帮助人们认清形势,明确方向,认清经济发展的障碍和突破障碍的举措，引导人们的经济行为与国民经济的健康发展相协调，从而满足人们在经济工作和生活中的更高需求。

经济新闻对受众经济活动的引导要想取得好的效果，可以从以下几个方面努力。首先，引导要正确，就是说，政治导向、观点要正确。赞成什么，反对什么，旗帜要鲜明；是与非、对与错，结论要明确。其次，引导要到位。要抓住问题的症结所在，抓住问题的本质，以理服人。再次，引导要有方。不同的问题，不同的对象，要采用不同的引导方式；要用老百姓看得到的事实、听得懂的道理，循循善诱。

第三节 经济新闻的写作原则及形式

一、经济新闻的写作原则

（一）确立宏观意识

社会主义市场经济逐步建立的过程中，已经把整个社会的经济运行机制和领域连成了一体。因此，经济新闻记者要确立宏观经济意识，准确把握当前世界经济发展的大趋势，把所报道的对象放到世界经济的大背景下去观察、分析和研究，"立足一行一业，放眼整体全局"。同时，在市场经济条件下，经济主体的多元化、经济决策的分散化、经济关系的市场化以及经济利益的多样化，使得企业和消费者个人在微观经济生活中各有不可替代的作用，经济新闻在加强宏观报道的同时，也要与关注微观有机地统一起来，才能充分全面地反映社会主义市场经济体制的建立和完善。

第一，大处着眼，小处入手，在宏观与微观的联系与观照中透视经济生活。随着社会主义市场经济体制的确立，政府职能部门将主要负责制定宏观经济政策，对国民经济的稳定、协调与发展进行调控，负责监管市场的有序运行。经济报道要为市场经济建设服务，就必须及时宣传国家制定的经济方针、政策和远景目标规划，传播国民经济结构调整、国家物价调整等信息，报道国民经济各行业整体发展状况。诸如国民生产总值的增长快慢，物价涨幅状况，进出口现状，社会再生产中消费、生产、流通等各环节的整体情况等。

对于宏观经济政策和运行状况的报道，应尽可能选择最佳切入点，以获得最佳报道效果。切入点要尽可能小而具体，要具体到一个侧面、一种现象甚至一个事件。然后，从大量微观、细化的事实中概括出宏观经济政策的重要性，为企业提供有针对性的经济形势分析，使企业能把握生产动态，及时调整经营策略。如第十六届"中国新闻奖"获奖作品《集约·创新·提升——评说浙江块状经济"凤凰涅槃"之路》，从嵊州领带、嘉善木业，到诸暨大唐袜业、店口五金，以及桐庐分水制笔、长兴建材等小型企业入手，描述了浙江块状经济遭遇到的多重生存压力，并对其追求生存发展进行最新探索。这种透过微观经济现象阐发宏观经济理论的表现手法，能使受众获得来自基层的大量信息，而且通过小落点与大视野的处理手段，使群众透过具体的人和事件，把握经济生活的脉搏。

第二，立足一行一业，放眼整体全局。在市场经济中，市场起着配置资源的基础性作用，而且不只局限在一个地区范围内。不仅国内的不同地区、行业、企业之间有着千丝万缕的联系，而且在国际上，经济活动的国际化、一体化趋势日趋突出，国内企业已经开始走向国际市场。在企业行为与国际市场的交汇中产生了许多新的变化和碰撞。面对新的形势，仅仅用过去一厂一店式的模式和观念从事经济报道，已远远不能适应形势需要。经济新闻工作者要用宏观的联系的眼光审视经济生活的每一个细微变化，将从中央到地方，从政策的制定到执行，从行业的发展到具体经济组织，从国内市场到国际市场，从企业到个人参与社会主义市场经济活动的种种情况。以新的视角、新的理念，全方位地展现出来，使经济报道有点有面，为市场经济提供全面细致的报道。

（二）把握新闻价值

经济新闻价值体现在两个方面，一类是信息价值，一类是宣传价值。所谓信息价值，是指经济新闻向受众提供了其所需的某类信息。这类新闻具有较强的动态性和实用性，主要包括：重大政治经济新闻、动态经济新闻和经济信息。信息量大是此类新闻的"主打"。

在社会主义市场经济的大背景下，信息价值是经济新闻的主要价值，是受众确切需要从媒体获得新闻资源的集中体现。市场经济的本质特征，是靠市场配置资源。一件商品从开发之初到进入市场，需要考虑诸多与市场有关的因素，如市场环境、交易规则、风险系数、购买能力、国际惯例等。这一切复杂因素在众多的商品流通与交换中形成了一个扑朔迷离的大市场。对于所有与市场经济有关的人而言，掌握信息就意味着掌握市场。所有在市场经济运行中的人或组织都渴望获知与自己经营有关的一切信息。信息对于市场经济的运行而言，至关重要。经济信息不仅是资源，更是财富，是生产力和竞争力的重要因素之一。经济信息救活一个厂、富裕一个村的故事，可以说屡见不鲜。因此，在社会主义市场经济确立的前提下，要做好经济报道就必须重视信息价值，了解信息价值，加大力度增加信息量。

经济新闻价值的另一大类是宣传价值。由于经济新闻政策性强，经济报道中有重要一部分内容是为了配合党和政府在一定时期内的经济政策做宣传和解释工作的。这一类有宣传价值的经济新闻主要包括：政策类的经济新闻、成就类的经济新闻、经验类的经济新闻等。有关政策、成就和经验的经济报道是经济新闻发挥其准确的舆论导向作用，为社会主义经济建设创造良好的经济环境所必需的，是宣传引导经济建设和人民群众的经济生活所不可缺少的。

（三）注重针对性

经济新闻要有现实针对性，针对具体的经济事件、经济现象、经济活动、经济理论进行报道，才能真正为经济建设起到传播信息、正确引导的作用，有效促进整个社会经济观念的转变和更新，从而最终促进社会主义市场经济的确立和完善。这就要求我们要善于抓热点、难点和焦点问题。热点、难点和焦点问题集中体现了生产关系与生产力、上层建筑与经济基础之间的某种矛盾，是经济现象和经济问题中某种具有代表性或倾向性问题的集中体现，也是受众最为关注、最渴望深入了解的热门新闻。这些热点、难点，不是某一行业或部门内的局部性问题，而是关系全局的重大问题。它也常常是政府工作的重点，是一个时期内经济工作的中心。经济新闻报道如果能抓住热点、难点和焦点问题，找到好的题材，提炼出深刻的主题，并采用多种报道方式，一定会为受众所喜爱，并对经济建设起到积极的推动作用。

许多热点、难点和焦点问题，本身就是一些敏感度高、政策性强、牵扯面广的重大问题，要准确把握并报道好这些问题，需要经济新闻记者下一番硬功夫。目前，我国市场上就出现了房价一路攀升、难以控制等问题。如何认识这些经济现象，是广大群众十分关心的。正确把握、报道、分析这些经济现象，不仅能够满足受众的"知情权"，而且还能够创造良好和宽松的经济环境。2005年7月19日的《经济日报》发表的《宏观调控效应已初显？稳定房价任务仍繁重》一文，就针对人们普遍关注的市场问题，用大量事实进行了由表及里的分析，详细阐述了如何看待经济形势、把握和操作市场房价等问题。由于是针对现实中的热点问题，报道刊出后读者反映强烈，并引起了经济界人士和工商企业决策者的重视。

（四）注重趣味性

专业性是经济新闻的重要特点，经济报道不可避免地要涉及一些生产工艺流程、技术术语、专用名词，涉及成本核算、经济效益、产值、利润等内容，如果处理不当，会使人觉得枯燥。想改变这种状况，就要追求专业性与趣味性的统一，在注重专业性的同时，强化趣味性。

趣味性怎样来反映？我们可以从以下几个方面努力。

第一，将经济报道的重大主题"生活化"。经济新闻要克服以往过多从"工作角度"出发的做法，多从"群众角度"着手，把经济新闻同百姓的日常生活挂起钩来，充分展示所报道的事实与百姓自身的利害关系，选取与受众最为接近的角度报道经济新闻。如第十六届"中国新闻奖"获奖作品《谁动了农民的钱袋子》这篇经济报道，就是从农民角度，把重大主题生活化。这篇报道反映了农民增收形势依然不容乐观的"三农"问题，记者通过写群众看得见、感受深的事实来拉近与群众之间的距离。使受众对报道产生了浓厚兴趣，获得了较好的传播效果。

第二，捕捉贴近受众的经济新闻事实。经济报道是要用新闻事实说话的，用什么样的事实说话决定了经济报道的可信度与可读性。记者在选取事实时，要注意事实与群众的接近性。新闻事实与群众的空间、心理距离接近，经济报道就容易被群众所接受。如第十四届"中国新闻奖"获奖作品《新疆改造传统农业促进农民增收纪实》，选取的就是与老百姓日常生活最为密切的农作物来做文章，分析了经济生活中普遍存在的问题。由于与老百姓生活休戚相关，报道得到了群众极大的关注，反响强烈。

第三，运用群众喜闻乐见的语言和表现形式。经济新闻的写作有一个突出问题，即如何处理技术性术语、数据和专业性问题。如果不能成功地解决这一难题，经济报道就会令人感到枯燥乏味。要使群众喜爱并接受经济新闻，记者需要在语言上追求通俗性和趣味性。美国一位新闻学者曾指出，20世纪末和21世纪初，国际新闻界的最大竞争即新闻通俗化的竞争。在经济新闻写作中，记者应力求语言生动、通俗，可以多采用生活气息浓郁的群众语言，使报道显得亲切、生动。2001年11月19日《21世纪经济报道》发表的《上海楼市"邪火"上身》一文，给人的感觉是既有"经济味"，又有人情味，语言通俗易懂，令人耳目一新。

（五）注重"以人为本"

经济活动是人类社会所进行的物质生产和消费的最基本活动。也是人类最经常、最重要的创造性活动之一。在生产力诸多要素中，人是最活跃、最有生气，起决定性作用的因素。在经济活动中，人是主体，是设计师、操作者。从本质上看，经济活动是人的活动，经济关系是人与人的关系。因此，作为反映经济生活、反映物质生产运动全过程的经济新闻应该"以人为本"，把人摆在经济新闻的主体地位，让人成为经济报道的主角。

从人的角度报道经济，可以增加经济新闻的人情味和可读性。"以人为本"来反映生活，能够"以人见情，缘情叙事，因事明理，使人情事理和谐共生"，从而开拓经济报道的空间，增加其人文内涵，在报道中运用人文个性化的语言，描摹人物在经济生活中的典型细节、动作，表现人物的内心世界，能够将报道写出现场感、立体感，生动形象，缩短经济新闻与受众的距离，使经济新闻活泼、生动、耐读。

经济新闻"以人为本"着重体现在两个方面。第一，做好典型经济人物的报道。报道典型经济人物能够体现时代精神，反映出一个时代的经济发展特点和价值取向。这里的典型人物不仅指劳动模范、业界精英，还包括像王海这样在某一经济领域内非常有代表性的人物。对他们的报道要避免过去"高、大、全"的老套路，要真实，以平视的视角展现他们的奋斗经历、人格追求、心路历程，以个案的形式记录中国市场经济建设过程中的方方面面，给群众以深刻的启迪。如中央电视台《经济半小时》栏目推出《二十年，二十人》的系列报道，选取了中国经济改革二十年的典型经济人物，如海尔集团总裁张瑞敏、打假先锋王海等。通过对他们在改革中个人奋斗经历的报道，透视了中国经济从计划经济走向市场经济的艰辛历程。

第二，关注普通百姓。在中国历史舞台上表演的不仅仅只是风云人物，更多的是普通百姓。真实记录下在历史转折时期普通百姓在经济生活中的体验和感受，可以使经济新闻报道更加贴近百姓、贴近生活，给历史留下一份份珍贵的记录。无论是从一口锅一把铲的小贩子到知名瓜子制造商的风雨人生，还是下岗女工再就业的艰辛历程，无不真实地反映了变革时期的中国经济所面临的机遇和挑战。这些对普通百姓的关注和报道，会增强经济新闻的亲和力和感染力，深深吸引和感动处于同一时代的同样普通的受众。

二、经济新闻的写作形式

（一）经济消息

根据所写内容的不同，经济消息又可以分为事件消息、人物消息和经验消息等。

事件消息的报道对象大多是正在发展变化着的经济事件、经济活动中变动着的事物。这种报道方式对事物的变化反应迅速，是最能体现消息快速及时、短小精悍、生动活泼等特点的一种报道方式。人物消息是对近期引起社会广泛关注或重大事件中涉及的经济界人士的活动进行的报道。这种报道方式可以通过人物本身富有特征的行动、思想，折射整个社会的经济状况、精神面貌等。经验消息是对具有普遍意义的典型性经验的报道，它将从典型的经济生产、流通、消费实践中总结出来的经验，放回到具体的条件下去展示，于是更有说服力。这种报道方式注重用事实说话，重视提供背景材料，偏重于交代情况、做法，反映经济活动中的变化及效果。

请看下面一则消息：

青海投8000万元建"农家店"

本报讯 记者马玉宏、通讯员孙骁报道：2006年12月20日，在大通回族土族自治县民贸大楼前，青海省商务厅举行了"万村千乡市场工程"农家店授牌仪式。至此，青海省2005年开始建设、改造的720家"农家店"均通过商务部验收，取得"万村千乡市场工程"农家店资格，加上2006年建设和改造的1300家"农家店"，全省100多万农牧民将受益于该工程。

据了解，2006年经商务部核准，青海省试点企业扩大到25个，试点县扩大到20个，规划建设、改造农家店1300个。目前，全省"万村千乡市场工程"项目总投资约8000万元，已得到国家扶持资金700万元，项目覆盖20个县、100个乡（镇）、1000多个行政村。

（《经济日报》2007年1月5日）

这篇消息通过报道青海投资8000万元建"农家店"的新闻事实，反映了当地政府为发展牧民经济办实事的精神。在报道中，运用了大量的数据，很有说服力。

(二) 经济通讯

经济通讯是经济新闻的重要形式。这种报道方式是经济新闻作品中最自由、生动，也是最容易发挥记者个性、张扬时代精神的体裁。在内容上，它能够比消息更完整、曲折复杂地反映经济事实，更详尽地表现经济事件发生、发展、变化的全过程，更深刻地揭示经济事件所蕴涵的思想意义；在形式上，它又比消息更具体、形象、自由、灵活，更富于文采。

经济通讯一般都采用叙述的方法向读者介绍经济事实。这种方式在交代事情的来龙去脉，反映人物的行动、思想以及反映事物和人物之间的相互关系方面，能够做到简要明确。也比较符合人们的思维规律，因此容易被人们理解和接受。好的通讯作品能以小见大，以点带面，从而达到良好的社会效果。经济通讯包括很多种类，我们这里只着重阐述常见的事件通讯、工作通讯和概貌通讯。

事件通讯是经济报道中最常见的通讯形式之一。这种通讯形式一般能够做到比较详细、客观、全面地刻画具体形象，使受众对经济事物的发生、发展过程有一个较为清晰完整的印象。事件通讯一般以经济生活中的典型事件为主要内容，多用于报道能够体现时代精神的重大事件、内涵丰富的重点事件，或是批评揭露经济生活中的弊端及丑恶现象等。

人物通讯可以通过对经济人物的语言、活动的精心刻画，来反映人物的性格和思想，折射时代精神。用具有亲和力的人物形象，在广大受众中引起共鸣。反映对象主要是社会经济生活中那些能够体现时代精神的先进人物，也包括一些有争议的人物。

概貌通讯又称风貌通讯。这种通讯形式主要通过描绘具体的一个地区、一条战线、一个部门等人、事、物所发生的变迁，折射整体的变化，全面反映经济生活中人们生活的改善、精神面貌的变化或者观念的更新。

工作通讯主要通过报道当前经济工作中的经验、问题、教训等，从中找出具有规律性的东西，来指导和推动经济工作向前发展。

请看下面一则通讯：

建筑垃圾：放错地方的资源

宋 凯

"世界上本没有垃圾，只有放错地方的资源"。这句玩笑般的话用于描述建筑垃圾再合适不过。作为世界上建设规模最大的国家，建筑垃圾已经成为我国城市单一品种排放数量最大、最集中的固体废弃物。据建设部公布的最新规划，到2020年我国还将新建住宅300亿平方米，新产生建筑垃圾至少50亿吨。

而这些看似无用的垃圾却有着不菲的利用价值。根据上海市建材工业设计研究院的估算，这些建筑垃圾（2020年新产生垃圾）如果能够转化为生态建材，可以创造价值1万亿元。

据报道，为缓解资源短缺、减轻环境污染压力，工信部正在摸底各地建筑废物的综合利用再生制品生产企业，并准备出台系列扶持政策。

建筑垃圾资源化迫在眉睫

建筑垃圾，顾名思义，即在建筑过程中产生的渣土、弃土、弃料、余泥及其他废弃物。据了解，每1万平方米建筑的施工，就会产生建筑垃圾500-600吨；而每拆除1万平方米旧建筑，将产生7000-13000吨建筑垃圾。目前，我国建筑垃圾的数量已占到城市垃圾总量的30%-40%。

金融危机之后，我国迅速推出了4万亿投资计划，包括保障性安居工程2800亿元，农村民生工程和农村基础设施建设3700亿元，铁路、公路、机场、城乡电网18000亿元，灾后恢复重建1万亿元等大量建设项目。这些投资项目在推动经济稳步回暖、改善基础设施的同时，无一例外会产生大量的建筑垃圾。

大量的垃圾的产生，给土地、环境等带来了极大的压力和影响。中国建筑工程总公司科技与设计管理部总经理、高级工程师毛志兵表示，建筑垃圾主要以混杂固体物为主，目前还很少有专门的厂家和行业对其进行处理。施工或拆除产生的建筑垃圾，通过部分回收外，大多由专业队伍直接将其拉送到消纳场所填埋或堆放。这样的处理方式，占用了大量的土地资源，造成土壤污染。同时，建筑垃圾在堆放过程中，一些有机物发生分解，产生有害气体，少量可燃物在焚烧中可产生有毒气体，这些气体包裹着细菌、粉尘随风飘散，造成对大气的污染。

此外，有专家指出，建筑垃圾中的胶、涂料、油漆不仅是难以生物降解的高分子聚合物材料，还含有有害的重金属元素。这些废弃物被埋在地下，会造成地下水的污染，直接危害到周边居民的生活。

不过，这些建筑垃圾并非一无是处，无法处理。经权威部门计算，与实心黏土砖相比，同样是生产1.5亿块标砖，使用建筑垃圾制砖，可减少取土24万立方米，节约耕地约180亩。同时可消纳建筑垃圾40多万吨，节约堆放垃圾占地160亩，两项合计节约土地340亩。此外，在制砖过程中，还可消纳粉煤灰4万吨，节约标准煤1.5万吨，减少烧砖排放的二氧化硫360吨。

同时，资源循环利用也是可以创造丰厚物质利润的产业。据统计，到21世纪初发达国家资源循环利用产业产值已经达到6000亿美元。美国资源循环利用产业提供了110万个就业岗位，年销售额高达2360亿美元，为员工支付的薪水总额达370亿美元，与美国的汽车业相当。欧盟国家每年的建筑垃圾资源化率超过90%，韩国、日本已经达到97%以上。

近年来，我国也不断有专家呼吁，提高资源循环利用率，以缓解资源短缺、减轻环境污染压力，但目前的实际情况并不乐观。北京建筑工程学院陈家珑教授在接受本报记者采访时表示，我国当前约有20多家企业在进行建筑垃圾的再利用，主要生产建筑垃圾再生砖，但产量不高，质量尚不稳定，应用工程有限，目前全国再生利用率仅为5%左右。比起韩国年产建筑垃圾6000多万吨就有373家建筑垃圾处理企业的数量相差太大。

建筑垃圾的循环利用在国内不被重视也反映在科研上，清华大学环境科学与工程系一位教授告诉记者，目前国内研究建筑垃圾的专家很少。

变废为宝难在哪里

陈家珑告诉记者，建筑垃圾完全可以回收再利用，根据我国目前建筑垃圾的特点，回收利用率可达95%以上。回收利用有多种途径：主要是将建筑垃圾加工成再生骨料，然后再生产建筑制品，如再生墙体材料，或直接用于道路基层和底基层等，还可以生产再生混凝土。

据了解，近些年来，我国一些地方政府、科研院所、高等院校的科研人员和一些有远见卓识的企业已经逐步认识到了科学处置和综合利用建筑垃圾对于节约资源、净化环境、美化城市的重要性，同时意识到潜在的市场前景和对于促进当地经济和社会发展的深远意义，相继开展了建筑垃圾再生利用技术的研究及应用实践。

在今年的云南省两会上，农工党云南省委就建议省政府在昆明市尽快建立建筑垃圾资源化处理示范工程，以点带面，带动全省乃至全国建筑垃圾再生行业发展。争取将该示范工程列入国家实施开发"城市矿山"行动计划样板工程。据了解，目前设立在昆明理工大学的国家固体废弃物资源化利用研究中心，已有一套成熟的建筑垃圾资源化利用成果，将建筑垃圾制成道路结构层材料、墙体材料、市政设施等新型环保节能产品用于城市建设中，并已在上海虹桥区和四川地震灾区开始生产应用。

陈家珑说，我国建筑垃圾资源化利用在基础回填、再生混凝土及制品方面进行了有效的研究和实践应用，尤其是建筑垃圾再生砖技术，已基本趋于成熟，产品在大量工程中的应用已有四年之久，效果良好。建筑垃圾处理装备的研发和生产也基本能够满足目前实际需要。当前有些处理利用技术，我国可以说还处于国际先进水平，已有的处理技术已可以启动建筑垃圾资源化。

既然有这么多的有利条件，我国的建筑垃圾回收再利用为什么没有出现如火如荼的场面呢？陈家珑表示，问题在于我们政策的引导与落实上。"从中央到地方，没有专管部门，缺少统一的规划，缺乏立法强制性，没有专项针对建筑废物利用的具体办法和措施。"

陈家珑说，建筑废物的处理和利用是一个系统工程，涉及产生、运输、处理、再利用各个层面，涉及建设、环保、工业与信息化、发改委等多个行政管理部门。只有所有的环节统一管理、协同配合、有效联动，才能形成一个闭合的建筑废物处理链，真正实现建筑废物的再生利用。目前，这些链节间实际是孤立的。建筑废物的处理单凭企业行为和市场运作难以实现。

表现最突出的现象是：一边是建筑废物乱堆乱倒，另一边却是建筑废物处理企业无原料来源，由于没有强制性回收建筑废物的规定，没有建筑废物供应保证，北京市和四川4个建筑垃圾处理厂目前都基本处于停产状态，严重影响了建筑垃圾的资源化进程。

建筑垃圾的出路何在

陈家珑认为，解决建筑垃圾的办法是政府必须管起来，而且要有强制性的法规或规定，要明确建筑垃圾必须资源化，明确责任主体，包括管理主体和处理建筑垃圾的责任主体，要保证让建筑垃圾能送到建筑垃圾处理企业，解决其原料来源，即入口问题。然后，制定建筑垃圾处理企业的资质、相关标准和优惠政策，鼓励社会力量参与建筑垃圾资源化并保证建筑垃圾处理再生的质量，解决过程问题。最后，鼓励和带头使用建筑垃圾再生产品，解决出口问题。

他说，自上世纪40年代以后，世界上许多国家，特别是资源紧缺和工业发达国家早已把城市建筑废物资源化处理作为环境保护和可持续发展战略目标之一，已经将建筑垃圾变为一种新资源，发展成一个新兴的大产业。他们的共同作法是，政府立法，强制建筑垃圾资源化，解决入口和出口问题，中间阶段则交由市场充分竞争，提高利用水平，降低利用成本。

同时，还要实现建筑废物的减量化：从工程设计、材料选用等源头上解决和减少施工现场建筑废物的产生和排放数量；加强区域规划设计的长期性和权威性，保证新建筑施工质量，尽可能提高建筑物的使用寿命，减少非正常拆毁建筑物；对施工现场产生的废料尽可能直接在施工现场利用，可以在道路工程上推行用可移动式建筑废物处理设备就地处理利用建筑废物，减少需转移的建筑废物和新用建筑材料量，降低施工运输成本。

农工党云南省委建议，政府应制定出台支持建筑垃圾资源化的相关政策。如：制定收取建筑垃圾处置费相关政策；规定建设业主单位或个人应及时把建筑垃圾运到城管部门指定地点，并承担全部运费，若任意倾倒，则按一定标准收取罚金；鼓励和引导社会各界在道路建设、房屋建设和市政基础设施中，使用建筑垃圾资源化产品等。

对于工信部将要出台扶持政策的决定，陈家珑表示"非常支持"，他认为这说明中央政府要真正解决建筑垃圾资源化并开始有具体的措施了。他建议要下工夫搞好调查摸底，并在此基础上出台能解决上述问题的规划及相关法规、标准、政策，推动我国建筑垃圾资源化、产业化进程。

（《中国财经报社》2010年3月4日）

这是一篇获得第二十一届中国新闻奖三等奖的作品，这篇作品主要就建筑垃圾没有合理利用的问题进行了报道。记者分析建筑垃圾没有资源化的现状，分析建筑垃圾不能变废为宝的原因，探索建筑垃圾的出路何在，详细、客观、全面。

(三) 经济评论

所谓经济评论，是对新近发生的经济事件、经济现象提出一定看法和意见，或者针对现实经济工作生活中的政策、方针等展开评述的文章。它以重要的经济事件、经济现象或带有普遍意义的经济问题为出发点，深入挖掘经济事实隐藏的本质现象，然后进行分析说理，由表及里地揭示经济现象所蕴涵的意义，帮助受众在纷扰的经济现象中看清本质，从而指导人们的工作、思想和行动。一些经济评论以精当的事实、简练的分析、独到的见解明确表达自己的观点，往往可以使受众茅塞顿开。

随着经济生活的发展，经济评论在经济报道中占据着越来越重要的位置。除了社论、评论员文章外，经济评论比较常见的形式有四种：经济述评、短评中的署名评论（或称专栏评述）、包含漫谈随笔在内的小言论以及各种编者按语等。

请看下面一则评论：

如此"节能减排"要不得

蒋学林

9月4日以来，一条关于河北安平县"节能减排大限电"的消息在各大媒体迅速蔓延，引起轩然大波。据称，安平县人民政府办公室9月1日发出通知说："为确保完成我县今年和'十一五'节能目标，有效控制全社会用电过快增长，决定进一步调整限电计划，强化限电措施，从2010年9月3日开始，安平县对全县98条线路分3批实施有序限电，每批限电时间为22小时，从当日21时到次日19时（即每供电50小时停电22小时）。"

不说此举严重影响人们的正常生活，冰箱不能用，甚至厕所都不敢用；也不说此举引发燃油小发电机热卖，并不能真正达到节能减排的目的；单说此举背后的荒唐逻辑。据中国之声《新闻晚高峰》报道，安平今年的节能指标是下降6.6%，上半年实际只完成了0.9%，目前还有5.25%没有完成，无奈之下便来了个全县大限电。

安平节能减排目标完成情况之所以不尽如人意，有如下三种可能：一是节能减排目标制定得不科学、不合理；二是当地节能减排工作很不力，发展了不该发展的高耗能产业；三是前二者兼而有之。不管是其中哪一种可能，主要责任都在政府有关部门。当做的应是对症下药，而不是"无奈"地将工作高度简化，更不应让百姓为政府方面的过失埋单。

按照安平的逻辑，如果全省、全国节能减排指标没完成，是不是"无可奈何"地来一个更大的大限电就成了？节能减排是一项复杂的系统工程，工作能如此简单化么？节能减排应是让人们的生活更美好，而不是更糟糕，通过大限电来达成的节能减排目标有什么积极意义？有多大积极意义？

值得注意的是，8月26日国务院组成6个督查组对包括河北省在内的18个重点地区进行节能减排专项督查，而河北安平自8月27日起实施限电措施，只因效果不明显，"距上级下达的用电量控制指标差距较大"，一周后又加大了剂量。目前，虽然河北省电力公司已发出了紧急整改通知，但此事所反映的节能减排工作简单化及其背后深层次问题不可能随着一纸通知就烟消云散。不仅仅是安平，其他地区也存在这种可能性。对此，应当警惕、揭露、批判、痛打，不要让荒唐的节能减排措施借了"无奈"的幌子再次出现。

（《中国电力报》2010年9月7日）

这是一篇获得第二十一届中国新闻奖三等奖的作品，这篇经济评论针对河北安平县"节能减排大限电"的事件发表自己的看法。文章分析了安平节能减排目标没有完成的原因，指出主要责任都在政府有关部门，不应让百姓为政府方面的过失埋单。应当警惕不要让荒唐的节能减排措施借了"无奈"的幌子再次出现。

（四）经济新闻深度报道

经济新闻深度报道是随着经济体制改革和发展出现的一种重要的经济报道形式。随着我国进入改革开放的新时期，经济生活不断向前发展，传统的报道形式已经不能适应新的条件下市场经济建设的重大变化及深刻内涵，于是经济新闻深度报道成了经济报道的重要选择。经济新闻深度报道注重报道的整体性和联系性，它从社会经济生活中的复杂现象、重大经济事件，以及社会上新近出现的热点、难点等入手，对这些新闻事实进行分析和解读，水到渠成地得出结论，因此更具说服力，对规律和原由的发掘也更深刻。近年来出现了一批优秀的经济新闻深度报道，如《关广梅现象》、《资本运营：找到了一把金钥匙》等一些报道，都对当时的社会经济生活产生了巨大的影响。

近日,《经济日报》开辟《行业领军企业成长故事》系列报道专版,介绍了晨鸣、波司登、修正药业等企业成长的故事。2007年1月5日的《经济日报》,集中对修正药业进行组合报道,有消息《修正药业整体通过双认证质量标准》、《修正药业:在持续创新中不断发展》、图片新闻《修正药业成长轨迹》、老总感言《造就优秀的人才队伍》以及专家评点《企业要不断增强创新能力》等文章,较全面地介绍了修正药业的成长过程和成功经验。

第十章

科技新闻写作

第一节 科技新闻概述

一、科技新闻的含义

科技新闻是新闻的一种，以新闻的形式传播科技领域的新发明、新发现、新创造、新思想、新政策、正在开展的科技活动、科技人物等，由于自然界是科技活动的主要对象，因此，自然界的异常现象也属于科技新闻的报答范围。只是由于报道内容的不同，科技新闻才自成一类，因此，它的定义应包括科技和新闻两个部分。我们认为科技新闻的定义是：科技新闻是科技领域新近发生的事实的报道。这一定义准确而简洁地概括了科技新闻的本质。

二、科技新闻的报道范围

有人把科技新闻局限于"纯科技新闻"的范围，只包含科技领域的新发现、新发明、新创造、新理论，也就是科技成果的报道以及由科技成果所产生的经济效益和社会效益的报道。我们认为，科技新闻所包含的范围要广泛得多，主要有以下几个方面：

（一）科技成果报道

这是科技新闻报道的一项主要内容。科技成果报道有日常的科技成果和重大的科技成果。科技报道不能忽视日常的科技成果，一般的科技成果单独看起来也许是微不足道的，但众多的连续的科技成果报道，必然起到潜移默化的作用。无数成果汇聚起来就会产生整体效应，反映出科学技术发展的水平。至于一些重大的科技成果，报道出去，本身就会起到震撼世界的作用，在一定意义上讲，会起到改变世界历史进程的作用。

（二）科技政策及经验

它包括党和政府在科技领域的方针政策的报道和评述；包括对我国和世界科技工作现状及其发展趋势、动向的综合分析、评述和报道；包括科技工作经验的报道、科技体制改革的经验的报道等等。这方面的报道数量虽然不是最多，但分量却是比较重的。它虽然不是报道"纯科技"的内容，但关系到科技发展方向，往往是科技报道中的重要内容，任何时候都不可轻视。

（三）科学文明、科学道德等

它包括科学技术在物质文明和精神文明建设中发挥作用的报道。对于这方面的报道，尤其是在精神文明建设中的作用的报道，往往被新闻工作者忽视。科学技术是人类文明的伟大的推动力，这方面的报道内容是非常丰富的。倡导科学道德建设的报道也是科技新闻报道不可缺少的内容，同时，还有同人们生产和生活关系密切的、受众有普遍兴趣的科学知识的报道，以及科技领域的珍闻、趣闻的报道也是科技报道的一个方面。

（四）科技报道的新亮点

科学技术突飞猛进，科技报道领域不断出现一些新的亮点，如科学探险报道、基因报道和航天技术报道等。科学探险是科学家出于科研的需要，为了揭示大自然的奥秘，在极端地区所采取的科研行动。如中国科学院、国家海洋局、中国科学探险协会等单位，先后组织了南极、北极、海洋航行、喀斯特地貌、热带雨林、雅鲁藏布大峡谷等科学探险项目。基因工程又称遗传工程或重组DNA技术，这一技术是科学家按照自己的设想，在分子水平上对生物的遗传物质，——基因进行"技术"性操作，以求获得新的遗传特征。如轰动全球的克隆技术，实际就是人工诱导的无性繁殖技术。航天技术也称空间技术，它虽是向空间延伸的技术，但它是直接为地面人群服务的。它惠及社会的各个方面，推动着社会的进步。如异地电视台画面的映现，天气预报，GPS定位，全球范围内通讯都离不开航天技术；再如农业估产，实施地球固体潮监测，寻找地下矿藏等，靠的也是航天技术。

第二节　科技新闻的特点

一、科学性

新闻报道的首要原则是真实,对科技新闻来说,真实性原则也是首要的。科技新闻讲究科学性,这一科学性首先必须建立在真实性的基础上,真实性是所有新闻报道的生命,共同遵守的准则,科技新闻也在其列。科技新闻的科学性要求对科技报道中所涉及的事实都应该准确无误,新闻中的诸要素——何人、何时、何地、何事、何故等,都应该准确,尤其是科技成果的报道,如果某一要素不准确,或夸大或缩小,或张冠李戴,或添枝加叶,都将使新闻失去科学性的基础。

另外,科技新闻的科学性还有更深的内涵,也是与其他新闻真实性有所不同的地方,即报道对象的真实并不能代表其中蕴涵的科学原理的正确,也就是说,事件的真实性不能等于事件的科学性。例如,曾经轰动一时的关于"邱氏鼠药"报道就是一个典型例子。当记者见到"发明家"将自己发明的药物放到老鼠洞口后,老鼠纷纷死亡,就认为这确实是一个神奇的发明,立刻大张旗鼓的报道,但事实却是该"发明家"的所谓"新鼠药"中含有类似于氰化钾的剧毒物质氟乙酰胺,只要少量,不要说老鼠,就是人也会马上毙命。这样的药物有什么科学性可言?中国科学院院士何祚庥忧心地说:"严重的问题在于氟乙酰胺被老鼠吃了以后,并不消失它的毒性,而是可以继续毒害人畜,造成环境污染,这就是各国之所以严格禁止使用氟乙酰胺这类剧毒物质用于灭鼠的原因。"尽管老鼠在食进"邱氏鼠药"后确实死亡,但其中包含的新成果却是子虚乌有,毫无科学性可言。

当一个新的科技事件出现后,报道者首先要核实事件的客观性,然后要抽象出事件中蕴涵的客观规律,只有两者同时成立,报道者才能真实记录。记录的看似事件本身,实质上却是对事件中蕴涵的客观规律的记录,这正是科技新闻的科学性的本质。

二、通俗化

通俗化原则,是由科技新闻报道的内容和读者对象决定的。科技新闻报道的内容是科技领域发生的事实。许多科技问题专业化程度高，深奥难懂，多数读者没有接触过，自然会感到陌生，难以理解。但是，科技新闻主要不是写给专家看的，它的读者对象主要是没有专业知识或专业知识不多的普通群众，因此这需要科技新闻工作者去架高桥梁，通过科技新闻把科技工作者创造的成果介绍给众多的读者。

例如，2007年4月21日《科技日报》刊登的《病房里来了"陪护"机器人?》一文，在介绍机器人时就用了这用的语句："可别小瞧这位新来的'陪护人员'，它不仅能按时为病人送水递药，还能聊天、跳舞，为病人解除寂寞。""这位由特殊玻璃钢制成的机器人，身高1.7米，体重100公斤，身'穿'金属漆外衣，上肢活动自如，下肢为轮式设计，可自主避障、自由行走。它的脸上有一双能够一眨一眨的大眼睛，说起话来嘴巴可以灵活开合，极具亲和力。"这种生动有趣的描写，很容易为读者所接受。

用通俗的语言表达深奥的专门化的科技问题，用群众容易接受的喜闻乐见的形式传播技领域的最新信息，是科技新闻的通俗化原则。

三、时宜性

科技新闻是新闻的一个分支，具备新闻时效性的特点。但又不能一概简单地追求时效，而是常常从新闻发布的时机上考虑。选择恰当的发布时机，可以收到最佳效益。这就是科技的时宜性原则。

一些科技成果要经过一定时间检验才能报道。在科技新闻中，一些重大的动态科技新闻，发生时就具有无可置疑的确定性，如第一颗原子弹爆炸等，这些事件本身就是重大的科技成就，它们是经过长时间的试验和一系列准备工作才取得的，不需要再经实践验证，就可以迅速报道出去。而一些科学技术项目则不同，经过几个阶段的工作取得一项科研成果，一般是不敢马上贸然向外界宣布的，必须在经过一定时间的实践检验，才能确认其价值。

多数科技成果要经过同行评议和权威鉴定才能报道。记者在科技面前往往是外行，对科技成果往往缺乏辨别其真伪、判断其价值的能力，抢先报道容易造成失误，或者听任某些人自吹自擂而酿成笑话。所以，对科技新闻的报道，应在同行评议和权威鉴定之后其价值得到社会承认，才能报道。

某些科技成果因保密需要选择适宜时机才能披露。一些科研成果在一定的时间里保密，有时是因为创造发明者尚未申请专利，应该保护他们的知识产权；有时则是为了维护国家的利益，如某些尖端科技成果、军事科技成果和一部分可能对人类社会某个领域发生重大影响的科技成果，一般是不公开报道的，只有在适宜的时机才能披露。

第三节 科技新闻的写作技巧及形式

一、科技新闻的写作技巧

科技新闻在报道中，有些方面是比较难以把握的，也是以往的报道中问题较为突出的。主要是术语堆砌，深奥难懂。对采访所得的材料中涉及的有关科学用语、科学术语等，记者常常是没有经过科学化的处理，甚至连自己都没有弄懂，就照本宣科，结果是术语一长串，行话一大片，新闻被弄得晦涩难懂，读者望而生畏。针对这种现象，我们可以从以下几个方面努力。

（一）注重解释，当好翻译

科技新闻报道的特殊问题在于科技界人士使用的语言，专业术语的大量运用，限制了读者群，影响了科技报道的发展。科技新闻的读者对象主要是没有专业知识或专业知识不多的普通群众，对于那些原理、定律、概念、专业术语、符号等难以接受，记者有必要当好"翻译"，做好解释。

对原理、定律、概念、专业术语等进行解释是科技新闻写作的重要技巧。所谓解释，是指在新闻中用说明语言对原理、定律、概念、术语等作出通俗介绍，使读者了解它们的含义。解释可以是在原理、定律、概念、专业术语出现之后，随之加以解释，叫插入解释句方法。其特点是，用一两句话说明其基本内涵，不会打断上下文的连贯性。另一种是有较多的解释内容，独立设一个段落对原理、定律、概念、专业术语作出详细的说明，介绍它所涉及的有关事物及其背景，这叫独设解释段方法。

解释还可以是对某一新的科研成果进行说明性的介绍，使其通俗易懂。例如，2007年4月21日《科技日报》刊登的《地面反恐机器人》，对地面反恐机器人是这样介绍的：

"由中国科学院沈阳自动化研究所自行研制的、具有自主知识产权的'灵蜥－B'型反恐防爆机器人属于遥控移动式作业机器人，是一种具有抓取、销毁爆炸物等功能的新型机器人产品。它由本体、控制台、电动收缆装置和附件箱四部分组成，体形'矫健'，自重仅180千克；由电池电力驱动，可维持数小时左右；最大直线运动速度为40米/分钟；三段履带的设计可以让机器人平稳上下楼梯，跨越0.45米高的障碍，实现全方位行走，具备较强的地面适应能力。"

(二) 注重描写，巧用修辞

有人将科技新闻同枯燥乏味画等号，其实不然。科技新闻若能设法运用形象化、拟人化的描述和妥帖的比喻，是能令广大受众接受并喜爱的。

在科技新闻的写作中，描写这种手法是常被采用的，特别是再现自然界奇异的变化，描写最能显示其个性。同时，描写还能烘托出一种气氛，让受众有身临其境之感。例如，《纽约时报》科学新闻撰稿人威廉·伦纳德·劳伦斯在普利策新闻获获奖作品《原子弹坠落长崎目击记》中就进行了这样的描述："强烈的闪光穿透了我们的眼镜，并把机舱照得雪亮。巨大的冲击波打到我们的飞机上，使它全身颤抖。接着又是4次急速爆炸……坐在我们飞机尾部的人看到一个巨大的火球好像从地壳里升起，火球喷射出无数的白色烟环。然后，一个巨大的紫色火柱冲天而起，高达1万英尺……大约45秒后，我们肃然起敬地望着这个不是来自空间却是拔地而起的流星，穿过白云向上直冲……接着，就在它看上去仿佛变成固定的物体时，顶部升起了一个巨大的蘑菇，使柱子的高度增至4.5万英尺……"当时，原子弹第一次在世界上亮相，人们大多一无所知，这种描述生动直观，让人一目了然。

要实现科技新闻的通俗化，比喻是一种非常有效的方法，在一篇关于蚊子的报道中，记者这样描写，"蚊子之喙看上去像是麦秆，而实际上它完全就是一张嘴，有四组切削器，一个喷吐唾液的注射器"，"如果你让它一直吃饱，它的肚子就会盛满相当于其自身血液四倍的量，那时它看上去就像一盏圣诞树上的红灯，笨拙地飞开去"这里，记者把技术性信息通过形象化的比喻表述得简单而懂。又如，"今晚，我们地球的姐妹—金木水火土五大行星将连成一条线，齐齐汇聚在金牛座美争辉。从地球上看，犹如一串璀璨的珍珠，撒落在夜幕降临的天穹里"。借助视觉感官，使受众产生现场感，把科学问题具体化、形象化了。科技新闻涉及许多科学原理及知识性内容，显得枯燥，各种修辞手法的运用可以使报道内容活起来，促使受众看后产生形象感。

二、科技新闻的写作形式

（一）科技消息

消息是科技新闻中最重要且常见的样式，形式以动态消息为主，当然也有综合消息、述评消息、经验消息等。根据科技新闻的基本特征，在消息写作时适当地穿插背景材料，并给予一定的解释，让读者易于理解。有些关于报道科技成果的消息，还要求写清楚技术成果的基本参数，以及该成果适合推广的等，并对成果的发展前景进行展望。至于与科技相关的其他的新闻事实，则不需要如此。

请看下面一则消息：

第五位自费太空游客抵达国际空间站

新华社莫斯科4月9日电（记者 刘洋） 世界上第五位自费太空游客查尔斯·希莫尼搭乘的俄罗斯"联盟TMA－10"载人飞船于莫斯科时间9日23时11分（北京时间10日3时11分）成功与国际空间站对接。

俄罗斯地面飞行控制中心一位发言人说，飞船以自动模式与国际空间站"曙光"号工作舱顺利对接。对接时，飞船距地球表面约350公里，并处于俄罗斯地面观测设施的无线电监控范围之内。

发言人说，希莫尼以及同行的两名俄罗斯宇航员的亲友来到飞行控制中心指挥大厅，等待对接成功的消息。对接成功时，希莫尼的家人热烈鼓掌，以表达他们内心的喜悦。

希莫尼是美国著名软件工程师，在上世纪80年代倡导可视化图形用户界面，推动了"所见即所得"的软件设计潮流。他曾就职于微软公司，并领导开发Word及Excel等知名办公软件。作为世界上第五位自费前往太空旅游的人，希莫尼向太空游组织者支付了2000多万美元。

"联盟TMA－10"载人飞船于莫斯科时间7日晚从哈萨克斯坦境内的拜科努尔航天发射场升空。除希莫尼外，搭乘飞船的还有国际空间站第15长期考察组两名俄罗斯宇航员费奥多尔·尤尔奇欣和奥列格·科托夫。他们将接替在那里工作了6个月的俄罗斯人米哈伊尔·秋林和美国人迈克尔·洛佩斯－阿莱格里亚，并将在空间站"轮岗"半年。而希莫尼将在12天太空之旅结束后随俄美两名宇航员返回地球。

(《科技日报》2007年4月11日)

这篇消息采用的是"倒金字塔结构"的形式，首先在导语中交代重要的新闻事实——世界上第五位自费太空游客查尔斯·希莫尼搭乘的俄罗斯"联盟TMA-10"载人飞船成功与国际空间站对接。接下来介绍与此相关的情况——诸如对接情况的具体介绍、希莫尼的个人情况以及国际空间站的情况，按受众关注的程度依次安排。信息量较大而语言精练。

(二) 科技通讯

科技新闻中的通讯要选取重大题材，即能引起读者兴趣或者具有重大影响的技术和人物、事件等。从实际情况来看，通讯一般能产生较大的社会影响。

请看下面一则通讯：

中星璀璨十年，芯情依然灿烂

本报记者　高博

走进位于北京海淀区的中星微电子公司，第一眼看不到巨大的标牌或醒目的宣传照。作为一家闻名遐迩的芯片制造公司，这里的装修陈设很朴素。一进大厅，就看到设计人员在工位上忙碌。

外人看来，坐在电脑前的工作或许比较枯燥——命令行界面下，一行行地输入和测试。但中星微的工程师们聚精会神，乐在其中。

事实上，现在家用电脑上安装的多媒体芯片，许多就是中星微的技术人员设计制造的。中星微也由于其业绩被视为"中国自主知识产权"的代表性企业。

制造芯片是一件系统工程。在中星微的主办公区，大家从事的是芯片构架的设计。工作人员介绍说：他们通过专门的硬件设计语言，画出逻辑电路的连线表和布局图，这就是发给芯片代工厂的生产依据。

一间长长的工作室里，测试工程师坐在左右相邻的工位上，正在用各种设备测试电路性能。桌子上，推车上，摆满了各式样的电路板。显示器上是外行看不明白的图像和界面。

据中星微的员工说，测试，也就是平时说的"找bug"，要花去他们非常多的时间。要保证设计出来的方案没有任何缺陷,就得用几个月时间,一个环节一个环节细细检查。制造电脑芯片就是这样需要耐心的辛苦工作。

在中星微的大堂里,看到的工作标语,大都在强调质量第一。

在走廊拐角的墙上,挂着一张大大的芯片电路放大图。一米见方的照片上,绿色的基底缀满密集的电路,看起来颇有趣味。

"因为我们是做芯片设计的,这个既能体现我们的工作性质又比较有特色。"中星微的员工赵若凡介绍说,他们的企业文化就是关注研发。

"中星微永远是一个技术立足的企业,这是邓博士强调的。"赵若凡口中的邓博士,就是公司老总邓中翰。赵若凡告诉记者,邓中翰总是将自己视为一个技术人员。在公司里,大家称呼他为邓博士或邓院士——他在两年前被选为工程院院士。

邓中翰毕业于美国加州大学伯克利分校,回国之前曾在硅谷成功创业。1999 年他回国创办中星微,在北京市的支持下投入多媒体芯片的研发和产业化。十年前,中国在高端半导体芯片领域还是空白。如今,中星微已经登陆美国纳斯达克市场,"星光"多媒体芯片和"星光移动"手机芯片全球销量均突破亿枚,取得了全球过半的市场占有率。

"在我们自主创新的过程中,北京市各级部门,包括市科委、海淀区科委都给予了大力支持。"中星微电子公司的公关总监沈蓓说。

近年来,在北京市科委的支持推荐下,中星微获科技部批准建立"数字多媒体芯片技术国家重点实验室",并先后承担"863"、"973"和国家科技支撑计划等项目,成为国家科技攻关的主力军。

"目前我们业务的一个主要内容,是基于 SVAC 国家标准的安防监控领域相关产品。"中星微工作人员介绍说。SVAC 国家标准的全称是"安全防范监控数字视音频编解码技术要求",是国际上第一个旨在解决安全防范监控行业独特要求的技术标准。

在中星微的演示厅里,记者看到了各种基于 SVAC 国家标准的产品,不仅有监控摄像头和监控屏幕,也有智能系统演示。计算机会记录下有哪些人经过,并且能够根据面部特征识别出不同的人分别来过几次。另一台屏幕则是对几千里外某市某地段的实时监控。中星微的技术人员告诉记者,SVAC 可以保证视频信息高质量的压缩以及安全信息的保密传输。在北京市科委等单位的推动下,SVAC 产业联盟也在北京宣布成立,目前已经有几十家单位加入联盟。

技术立企的中星微，力争产业链高端的战略一直没有改变。在北京这块技术沃土上，它成长的速度十分惊人。站在北京世宁大厦16层的中星微办公室，可以看到路对面是崭新的北京市创新基地大厦，更多的中国星，或许会从那里冉冉升起。

（《科技日报》2012年1月20日）

这是一篇报道中星微电子公司的工作通讯。这篇通讯就中星微电子公司的工作性质、特点、企业文化及近年来取得的成就等方面进行了较为全面的报道。

（三）科技新闻评论

新闻评论要选取生产和科学研究中的焦点问题，通过评论，要能给人启发和启迪。选题可以是新的发明创造等科研成果，也可以是科技领域突出的人和事。宜用通俗易懂、形象生动的语言来说明自己的论点，就会形成自己的特点，也容易为广大受众所接受。

请看下面一则新闻评论：

与大地贴得更近

李树杰

有两位科学家，堪称中国的骄傲。一位是袁隆平，一位是李振声。

袁隆平从1964年起就开始研究杂交水稻，1973年选育了第一个在生产上大面积应用的强优高产杂交水稻组合"南优2号"，被国际上誉为"杂交水稻之父"。李振声从1956年起走上小麦远缘杂交育种的研究之路，一走就是50年。他研究培育的"小偃6号"成为我国小麦育种的重要骨干亲本，其衍生品种已达50多个，累计推广3亿多亩，效益巨大。

是什么成就了他们的辉煌业绩？

是中国知识分子的那份责任感与使命感成就了辉煌业绩。他们都出身于农民家庭，尝过挨饿的滋味。袁隆平说："看到农民这么苦，我们学农的应该有这个义务、有这个任务帮助发展农业，帮助农民提高产量，改善生活。"李振声说："是挨饿让我立志进行小麦高产研究。"让中国的老百姓不挨饿，过上好生活！为了这个誓言和理想，他们矢志不渝，奋斗不已。

是深入实际、勤于实践的奋斗精神成就了辉煌业绩。早在1969年,李振声就到陕西宝鸡农村蹲点,与农民同吃同住同下地。而年近八旬的袁隆平现在依然穿上水田靴,经常到水稻田里看一看。他有一句著名的话就是"书本上种不出水稻"。这两位身上沾满了泥点子的科学家,就像普通的农民一样,经常忙碌在田间地头。实践出真知、出成果。只有在实践中才能锤炼出知识分子的真正本色,才能成就一番了不起的事业。

是脚踏实地、持之以恒的可贵品格成就了辉煌业绩。李振声做研究时,从收集资料、选题、试验设计,到做调查、整理分析数据、撰写论文,一步一个脚印。小麦育种,他平均需要8年时间才能育成一个新品种。而袁隆平"没有上班下班制,因为我的工作主要是在试验田,大风大雨都要去。"探索和揭示规律,需要反复试验。没有踏实的作风,耐不住寂寞,是绝对不行的。

"与大地贴得更近,看天空就更远。"什么是大地?对科学家来说,人民就是大地,祖国就是大地,实践就是大地。袁隆平、李振声两位科学家就是与大地贴得很近的人。他们的理想和奋斗目标与大地贴得很近,他们的奋斗历程与大地贴得很近。也因此,他们的眼光远大思路开阔,研究的目标和成果更符合实际。

现在,在一些搞研究的人身上,恐怕缺的就是这种"与大地贴得更近"的精神。研究目标总是"向钱看",定在一些名利双收和见效快的领域,而对一些长期性基础性项目,却不积极、不热心。一些研究重论文,重观点,轻实践。研究人员只埋头试验室中,怕艰苦,不肯到第一线亲身实践,寻找答案,推广运用。这样的研究,往往躺在书斋里印在杂志上难以转化为生产力。即使出了成果,往往与生活和实践不能结合。

在这个意义上,袁隆平、李振声给我们以深刻的启示。

(《人民日报》2007年3月21日)

这是刊登在《人民日报》的"人民论坛"栏目中的一篇新闻评论,正值两会召开期间,其针对性和导向性是不言而喻的。文章以两位著名的科学家袁隆平、李振声成就辉煌事业为题,探讨他们取得成就的原因,提出了科学工作者要"与大地贴得更近"的观点,应该是有一定的启发作用的。

(四)科技深度报道

相对其他专业新闻,科技新闻的深度报道所占比例较少。究其原因是多方面的,其一,取得重大的科技成果不是轻而易举的事;其二,科技领域大型的科技活动也不如其他领域开展的频繁;其三,记者不是科学家,对于科技领域进行独立文体深度报道的写作有较大的难度。但这不是说科技新闻不存在深度报道。科技新闻的深度报道包括独立文体和系列组合报道两种情况。对于系列组合报道,我们最熟悉的当数"神舟六号载人航天",围绕我国这一重大的科技成就,相关的系列报道和组合报道就很多。

在科技新闻中,也有些典型的深度报道。例如曾获1987年普利策全国报道奖的有关美国挑战者号航天飞机爆炸原因调查的报道。这一组报道共5篇,组成系列报道;同时,这5篇报道又单独成篇,每一篇都是颇有深度的调查性报道。第一篇报道抖出了国家航空航天局曾获警告即火箭助推器构成重大隐患而未引起重视的内幕;第二篇报道了火箭工程师麦克唐纳曾反对发射,但他的意见被上司否决;第三篇从联邦政府的调查审计结果的角度来报道,揭露了航天部门"削减或延宕使用用于安全检测、设计和改进等项目的经费",转包商"隐瞒了不合理的焊接部位",致使火箭质量存在重大缺陷的真相。这5篇报道从不同角度报道了美国"挑战者"号航天飞机在发射升空过程中之所以发生爆炸的原因——不仅仅是技术上的问题,更主要的还是管理上的原因。文章以无可辩驳的事实论据说理,逻辑严密。

第十一章

文艺新闻写作

第一节 文艺新闻概述

一、文艺新闻的含义

文艺，是文学与艺术的合称，有时也泛指文化和艺术。文艺新闻是指对文艺领域里新近发生的有意义的事实的报道。《中国新闻实用大辞典》对文艺新闻这样解释：报道文学和艺术事业的新闻。

随着社会主义现代化建设和改革开放的不断发展，随着人们文艺生活的日益丰富，我国报刊、广播、电视以及网络等新闻媒体的文艺报道也呈现出生机勃勃的景象。新闻界老前辈、《人民日报》原总编辑范敬宜说："随着精神文明宣传力度的加大，文艺报道的分量将会加重。因为文艺对于人们潜移默化的作用越来越重要。"[①] 在我国，文艺报道应充分而生动地体现"百花齐放，百家争鸣"的"双百"方针和"为人民服务，为社会主义服务"的"二为"方针，以多彩多姿的文艺作品，丰富和充实人民群众的精神生活，成为人们精神生活中不可缺少的组成部分。

媒体上对于这类新闻的称呼较多，有的名为"文化新闻"，有的名为"文娱新闻"，虽然名称各异，但其主要内容却有共同性，即及时报道最新的影视剧摄制动态、舞台剧场演出信息，以及相关的人物、事件等文化娱乐新闻。目前，我国已拥有一支有专业知识、数量可观的文艺记者队伍，其中娱乐新闻记者更是异军突起，异常活跃，影视场到处都有他们的身影；甚至"娱记"这一专门称呼也已经流行起来。

---

① 范敬宜：《总编辑手记》，人民日报出版社2000年版。

二、文艺新闻报道的范围

概括起来,它的报道范围大致包括以下几个方面:
1. 关于党和政府的文艺方针、文艺政策贯彻落实方面的信息;
2. 关于社会主义市场经济体制中文艺体制改革方面的信息;
3. 关于文艺作品的出版、演出、展览、评论和研究等方面的信息;
4. 关于网络文艺创作等崭新文艺门类领域里的信息;
5. 关于作家、艺术家、影视艺人的创作和生活等方面的信息;
6. 关于群众文艺创作活动的信息;
7. 关于中外文艺交流方面的信息。

三、文艺新闻的发展及现状

在新中国成立后相当长的一段时间里,由于"左"的错误思想的干扰,文艺新闻只是报纸版面编排上的配角。它的数量少,又被放在不起眼的地方。而且,文艺新闻的内容也为着政治口号转,不能真实反映文化艺术建设的情况。

进入20世纪80年代,文艺新闻尤其是娱乐新闻随着当代中国政治、经济、文化、社会心理的发展变革而日益凸现出来,开始出现文化娱乐专版。例如,《解放日报》在1984年初,每周六推出一期《影剧天地》专版,之后改为《娱乐》专版。深受港澳影响的《广州日报》,1987年新创办《娱乐》版,天天出刊。这些文艺新闻不仅报道内容丰富,而且刊登了演艺界明星的大幅照片。就连一向以品位高雅著称的《光明日报》也在文艺新闻中插入了娱乐新闻。这些主流媒体在文艺新闻报道上的实践带动并影响了全国媒体对文艺新闻资源的开发。

到90年代中期,随着周末版和都市报热潮的兴起,报纸一再扩版,文艺新闻也随之扩版,报纸、广播、电视、网络对文艺新闻资源深入挖掘、大做文章。在"厚报时代"和"读图时代",十几二十几甚至更多版的报纸上,文艺新闻开始占据相当多的版面,更以大幅彩照、夺目标题、版面编排越来越吸引着受众的目光。例如,《光明日报》每周增设4版《文化周刊》,《华西都市报》也有3版《文化娱乐》。《北京青年报》每天出版《文化新闻》,周末更有4个版的《娱乐》,等等。同时,大大小小的广播电台出现了文艺频道,甚至文艺台。例如,中央人民广播电台的调频广播实际上就是文艺广播;北京人民广播电台细分出北京文艺台,等等。电视上也出现了一批以报道文艺为主要内容的新闻节目,例如,央视3套的《综艺快报》、北京电视台的《每日文化播报》、《湖南卫视》的《娱乐无极限》等。有"第四媒体"之称的网络更以链接、滚动、交互、视听结合的优势做大做活了文艺新闻。

进入21世纪,随着新闻媒体的竞争越来越激烈,文艺新闻在媒体中所占的比例也越来越重。例如中央电视台,央视三套成为以播出音乐及歌舞节目为主的综艺频道,有《艺术人生》、《综艺快报》等一批优秀栏目,央视六套、八套、十一套、十六套与文艺的关系也非常密切。又如《人民日报》第十一版,为《文化新闻》专栏。

但是,就在文艺新闻丰富了人们的精神生活,帮助人们得到了感官上的愉悦、身心上的放松时,文艺新闻特别是娱乐新闻也出现了危机。"娱乐新闻"是文艺新闻报道的组成部分。所谓娱乐新闻,是新闻媒体为了满足现代人的娱乐生活需要而对有关娱乐界新近发生或发现的事实的报道。目前,媒体上关于文化娱乐界的虚假新闻、兜售隐私、黑幕、炒作绯闻、谣言等不健康的内容,已经有了广泛的批评。那么,娱乐新闻的问题到底是什么?归纳起来有以下几个方面:

一是报道的庸俗化倾向。从形式上说,娱乐新闻的庸俗化体现在:将那些最具刺激性的照片和文字放在最突出的位置,并通过各种色块的组合,给读者以巨大的冲击力;在制作标题时,将最具刺激性的内容提炼出来,用更加刺激性的词语做成标题,并且使用大字号,用特殊的字体将刺激性词语标识出来;在写作上强调细节、情节和故事性,强调煽情。从内容上说,娱乐新闻的庸俗化体现在:迎合猎奇心理,大肆炒作明星隐私绯闻,渲染色情和暴力,以至于"明星取代了模范,美女挤走了学者,绯闻顶替了事实,娱乐覆盖了文化,低俗代替了端庄"[1]。

二是消息来源不清,谣言漫天飞。对娱乐界明星的关注集中体现在对演艺界的捕风捉影,制造谣言上,经常是今天说这样,明天就会有人出来澄清说不是这样。围着明星们,谣言四起,所以有媒体专门开了"辟谣专栏"。这些"新闻"的消息来源被"据知情人透露"、"据可靠消息"等模糊用语煞有介事地隐藏起来。网上新闻的选用,更呈现无规则和无节制状态。网络与纸

---

[1] 刘琼:《"擦边球"越打越大胆 媒体又现媚俗"三招数"》,载《人民日报》,2004年12月10日。

质媒体互相抄袭,导致娱乐新闻常常陷入虚假的泥沼,让受众真假难辨。

三是热衷媒体炒作。"炒作"是近年来传媒界兴起的一种现象。一个时期内,众多媒体总会找到一个"卖点"一个"焦点",大家一窝蜂拥上去,各自施展炒的"绝活",将其炒"热"炒"糊",结果常常是不了了之,再转向了新的"炒料"。对有价值的新闻事件进行连续报道是必要的,但是炒作却往往是无中生有,或有一点而无限放大,不问社会公众的反映,盲目跟进;炒作的结果,浪费了大量的版面、物力、才力,损害了受众的知情权,还污染了社会的信息环境。

寻找娱乐新闻出现诸多问题的原因,我们不能一味责怪娱乐新闻记者。媒体为了在市场竞争中获利,迎合一部分受众的低级趣味,有些明星有时也会借媒体造势,有些记者的素质也不太高,这四个方面的因素综合作用,形成了恶性循环,才出现这些问题。怎样让娱乐报道既有品位,不流于低俗,又能满足受众的文化娱乐生活的需要,这是一个急待解决的问题。

第二节 文艺新闻报道的特性

一、思想性

文艺新闻报道向受众传播文艺领域的新闻事实,虽题材广泛,但文艺新闻报道的作者通过叙述新闻事实,总是要体现一定的思想观点和价值取向。我国报纸、广播、电视与网络中的文艺报道,通过对最新的文艺信息的捕捉和传递,弘扬时代主旋律,体现正确的舆论导向,倡导真善美,鞭挞假恶丑,从而以正确的舆论引导人,以优秀的作品鼓舞人。

二、专业性

文艺报道反映的是有关文艺方面的新闻事实,因而它的专业性的特点是显而易见的。

文艺作为通过塑造艺术形象具体地反映社会生活、表现作者思想感情的一种社会意识形态,由于其表现手段和方式不同,通常可以分为表演艺术、造型艺术、语言艺术、综合艺术等。表演艺术包括音乐、舞蹈等;造型艺术包括绘画、雕塑等;语言艺术包括文学等;综合艺术包括戏剧、电影、电视剧等。

以上这四大类每一大类包含了若干艺术形式，每一艺术形式又包含了众多的艺术种类，而每一艺术种类又分为许多艺术流派。比如，综合艺术中的戏剧，又可分为戏剧和戏曲两个艺术种类。就以戏曲来说，它是指我国传统的戏剧形式，是流行于全国的大剧种（如京剧）和各地方戏的统称。后者包括如评剧、川剧、越剧、沪剧、吕剧、黄梅戏、汉剧、粤剧、秦腔、吉剧、高甲戏、淮剧等 300 多种。仅京剧，又分为好几种行当，各个行当又有好几种流派。如旦角，就有著名的梅派、程派、荀派、尚派等。网络蓬勃兴起后，又产生许多的文艺样式，如网络音乐、网络动画、"音乐评书"、网络小说等。可见，文艺报道的专业内容既范围宽广，又内涵复杂。

三、知识性

这是文艺报道的又一特性。大量的文艺报道在提供文艺信息的同时，往往还传播有关的文艺知识。当然，这与报道对象的特点有密切关系。艺术属于一种知识产业，文艺工作者运用自己的知识和智慧创作出艺术品，供人们欣赏，这个过程也是一个知识传播的过程。所以，"生于斯、长于斯"的文艺报道也就充满了知识气息。

四、显著性

由于人们对文艺的需求以及欣赏领域逐渐广泛，文艺报道比一般报道更能引起人们的关注。如成功的文艺作品，因为受众的喜爱，常会在一个时期内，在社会上广为流传，被人们互相传诵。它们的创作者如作家、演员、歌唱家、画家等，也会因此而受到人们的推崇和关心。甚至一些拥有名家名作的文艺团体（如剧团、电影制片厂等），也常会名扬天下。而与上述这些方面有关的文艺报道，自然为人们所注目，其显著性是相当突出的。

五、情感性

文艺作品或文化产品往往不是直接诉诸理性，而是通过各具特色的感性手段作用于人们的感情，影响人们的情绪，让人们在喜怒哀乐中接近角色，与作品中的人物同呼吸、共命运的。反映这些方面的文艺报道，一般也具有情理相融的特点。

六、娱乐性

文学艺术既能影响人们的观念，丰富人们的审美趣味，也给人们带来了娱乐情趣。比如娱乐新闻，不仅向受众传播文化娱乐信息，同时也能培养、激发受众对文化娱乐的兴趣。比如有关影视剧的摄制过程、舞台演出动态、明星幕后的工作等报道内容，常能引人入胜，饶有兴味。人们有时是在获知、接受有关的娱乐新闻信息后，激发起娱乐兴趣，而走进电影院、剧场去观赏影片和演出的。

第三节 文艺新闻的写作原则及形式

一、文艺新闻写作的基本原则

（一）思想性原则

文艺新闻报道要体现"三个代表"重要思想，坚持"二为"、"双百"方针。选题立意要着眼于促进精神文明建设，振奋民族精神，激发爱国热情，丰富百姓生活，提供健康"食粮"。文艺记者应善于透过表象去捕捉这些闪光的东西。

许多文艺新闻事实本身就含有较强的思想性。如果记者一味从艺术角度考虑，就会淹没许多有价值的东西。如山歌本是民间艺术形式的一种，但《广西日报》的记者却从新山歌中发现了有很高思想性的东西，写了一篇消息。报道说，宣传干部以往喟叹，做群众思想宣传工作好像秀才遇到兵，近年来，广西河池、百色、柳州、桂林等地市的干部们却从群众中找到了一把宣传金钥匙：山歌，他们巧借各族群众喜闻乐见的山歌，宣传党的大政方针，繁荣了文化，唱响了共产党好、社会主义好、改革开放好的主旋律，效果奇佳。

（二）群众性原则

社会主义文艺事业是全国人民的事业，高超、精美的艺术作品是全民的财富，不是满足少数人"雅兴"的"专利品"。所以，文艺记者在报道文艺新闻时，应切实讲求群众性原则。

首先，心中要有受众，要力求满足不同层次受众群的需要。不同年龄、不同阶层、不同职业有着不同的艺术需求，这种多层次的艺术需求是合情合理的，此中无什么"高贵"、"低贱"之分。老年人爱看传统戏，青年人喜爱影视剧和摇滚乐队，儿童则迷恋"动画世界"，这都是极为正常的现象。在报道文艺新闻时，记者应加强针对性，根据不同的艺术需求，提供多种多样的文艺信息。应该承认，文艺新闻越来越年轻化，文艺记者应善于体察需求，在文风、取材等方面和受众贴得再近一些。

其次，文艺新闻要让受众明白易懂，不能故弄玄虚。文艺新闻不是只报道给专家看的，而是面对广大受众的，所以，在作品介绍、艺术评析以及叙述方式、语言运用等方面，一定要做到通俗易懂，不能脱离广大受众艺术欣赏方面的实际水平。文字记者笔下的新闻报道，要让绝大多数人念起来上口，听起来顺耳。

第三，要注意发掘文艺新闻中的趣味性因素，增强文艺新闻的感染力。讲求趣味性，是要把新闻事实中那些有利于提高受众审美趣味的东西发掘出来，而不是去迎合一部分人的低级趣味。更不宜采取猎取文艺界所谓"奇闻秘事"之类的东西来迎合极少数人口味的做法。事实上，许多文艺新闻都较好地实现了思想性趣味性的统一，因而具有广泛的群众性。

趣味性不仅来自新闻事实本身，有时也来自于某些现象内涵的艺术知识中。在报道某些文艺新闻时，记者要注意趣味性和知识性的统一，让受众在饶有兴味的阅读过程中，开阔视野，丰富知识。

(三) 实事求是的原则

文艺新闻在报道文艺领域里的人、事或作品时，一定要坚持实事求是的原则。艺术现象是复杂的，艺术的流派、风格、表现手法是多种多样的，记者的分析、评价或批评一定要讲究有理有据，客观公正，不能胡乱吹捧，不能乱下断语。就以文艺界不断涌现出的"新秀"、"新星"来说，这是社会主义文艺事业充满生机与活力的表现，对他们的艺术成就应给以热情的肯定。但在宣传这些新人方面，报道要掌握分寸，不能溢美之词泛滥，一味进行廉价的吹捧。浮夸乱捧的报道作风，不仅对新人的成长不利，而且严重损害了新闻事业的声誉，失去了受众的信任，在文艺界也产生了不良影响。所以，文艺记者要牢记实事求是的原则，全面、深入地认识和分析报道对象。

在报道艺术表现范围内有争议的问题时，记者要做到全面、客观、公正，以有利于通过艺术争鸣取得共识，接受真理，从而促进社会主义文艺事业沿着正确的方向前进。

综上所述，文艺新闻，包括娱乐新闻，在报道时要注意遵循这些基本原则，力求使报道取得良好的社会效果，在报道实践中所出现的那些捕风捉影、道听途说、无中生有、胡编乱造、趣味低下、话题庸俗的娱乐新闻，就背离了这些基本原则，丧失了一个新闻工作者应有的社会责任感和职业道德，并使媒体失去了信誉。对此，报道者应引起高度重视，加强自律，引以为戒。

二、文艺新闻的报道形式

艺术世界是一个色彩斑斓、争奇斗艳的世界。因此，文艺新闻报道，题材广泛，丰富多彩。而与此相适应，其报道的形式也应多样化。消息、通讯、评论等报道形式各有各的长处，报刊、广播、电视乃至网络，各有各的优势。文艺记者应该根据纸质新闻媒体、电子新闻媒体的不同特性，研究如何巧妙地运用各种报道形式和方法，发挥它们各自的独特作用。

（一）文艺消息

在文艺报道中，消息仍然是用得最多的一种报道形式，各种各样的文艺动态基本上靠消息迅速及时地反映出来。消息应该成为文艺记者的"常备武器"之一。文艺记者要想以迅捷、简明的方式把文艺工作者的事迹、成就、风采报道出去，就应了解他们的思想、工作和生活情况，细细体会他们的心理和情感，准确把握其特征，这样才能生动形象地展示艺术家独有的风采。

请看下面一则消息：

首都春节联欢文艺晚会举行

本报北京1月19日电　（记者张烁）玉兔辞旧岁，金龙贺新春。1月16日至19日，北京人民大会堂张灯结彩，处处洋溢着浓厚的节日气氛，为老同志、专家学者、公安干警和劳动模范、各界群众等举办的4场首都春节联欢文艺晚会在这里举行。

一楼大厅里，在以"福"字为背景的灯饰前，人们纷纷合影留念。一楼至四楼的回廊中，击球入洞、金球登顶、幸运连线……游艺活动丰富多彩，写在巨大灯笼上的谜题吸引了不少人驻足竞猜。二楼辽宁厅和回廊里，桥牌、围棋、中国象棋比赛及趣味乒乓球比赛激战正酣。宴会厅里，伴随着《相亲相爱》等欢快歌曲，人们翩翩起舞，曲艺杂技等传统表演也热闹登场。三楼大厅里，人们饶有兴味地欣赏木偶戏《神笔马良》。京剧、电影在小礼堂和四楼重庆厅轮番登场。

在为期4天的文艺晚会上，来自中国东方演艺集团有限公司、中央歌剧院、国家京剧院、中国歌剧舞剧院等14个艺术院团的演员们为观众献上一场场艺术盛宴。

(《人民日报》2012年1月20日)

(二) 文艺通讯

通讯也是文艺新闻中常用的报道形式之一，特别是人物通讯和人物专访。对文艺人物的报道，可采用全景式，也可采用特写方式，不管采用何种方式，文艺记者都必须对采访对象进行详尽、深入、独到的了解和把握。有经验的记者在采访人物主要事迹的同时，还注意捕捉那些富有风趣、幽默、人情味的细节，以使报道中的艺术家形象丰满活跃起来。

人物专访也是常用的报道形式。对于人物专访的写作，采访对象谈话内容固然是写作的重点，同时，访问时的环境、气氛，艺术家给你的第一印象以及言行举止的特征，他的表情及由此折射出的思想轨迹及心理活动，都应有选择地纳入专访里面。专访的另一种表现形式——访谈录，在文艺报道中也是常见的。中央电视台还开办了名为《艺术人生》的专访栏目。它是以记者与采访对象之间的问答对话实录为主要内容，看起来直接简便，真实感强。但需要注意的是，记者事先应做好充分的采访准备，提高提问的质量，力求访谈录谈得充实且扎实。

请看下面的访谈录：

赵本山访谈录（摘录）
王 峥

朱　军：演了这么多年小品，你觉得哪个你演得最好？
赵本山：哪个最好呢？应该是《今天明天昨天》。
朱　军：《昨天今天明天》。
赵本山：是，这个还可以。算是我这些年来一个很好的作品。

朱　军：是一个里程碑式的作品。为什么这么说？

赵本山：因为过去都是那种赵本山风格的表演，台词比较满，语言包袱比较多。《昨天今天明天》用一个栏目做载体，整个形式变了。

朱　军：《昨天今天明天》没有一点遗憾吗？

赵本山：遗憾就是短了些。如果长到一小时还有那么多笑声，就没有遗憾了。（笑声）

朱　军：对今年的小品《心病》怎么评价？

赵本山：这个小品就是时间很短，《心病》这个名字也不好，真变成今年春节晚会的心病了。

朱　军：但是你依然拿到了语言类节目的一等奖。

赵本山：可能是因为我的人气，再加上给我个面子，就给了一等奖。这个作品没有大问题，它讲的是人性，是我们每个人面临的东西，对这个作品我还是很欣赏。但是今年演得特别累，状态不好，我对我的表演很不满意。

朱　军：很多观众看完这个作品以后觉得不错，大家看到你不由得就笑。但是也有很多观众反映，好像没看明白你要说什么。

赵本山：那就是没看懂。它说的是中国五千年文化当中存在的一个东西，劝别人都行，轮到自己就糊涂。农村经常发生这样故事，这家离婚了，有人来劝了，劝了不到两天，他自己也离了。

朱　军：就是想揭示人性当中的一个弱点。演了这么多年小品累不累？

赵本山：非常累，今年累得简直是要崩溃了，后来都想不上晚会了。我想以后要是没好东西，我就跟家待着，好好过个年比什么都强，沉淀一下更好。如果拿不出像样的，上去只会占了一段很美好的时间，新演员也上不来。

朱　军：从你开始演小品，努力寻找适合自己的表演方式，然后到习惯、心态成熟，最后到有一些觉得很累，把这段历程综合起来，给你的小品表演打一个分。

赵本山：80分吧。（掌声）

赵本山是广大的电视观众喜爱的演员，他的小品几乎家喻户晓。2003年3月4日晚，赵本山第二次走进《艺术人生》的录制现场，上面的例文，是中央电视台《艺术人生》栏目主持人朱军对赵本山的访谈摘录。在这里，谈话所涉及的问题简单，但我们仍不难发现赵本山诚实、耿直的性格以及幽默的语言风格，质量较高。

（四）文艺新闻评论

文艺新闻评论的范围是相当广泛的，文化艺术领域里的现象、动向、作品、明星和名人都能纳入它的审视视野，舞蹈、绘画、雕塑、影视、戏剧、歌曲、摄影、文学、表演、歌剧、音乐等都能成为它选取的题材。不过，文艺新闻评论的选题有自己独特的标准，无论是新闻事件、新闻人物，还是新闻现象、新闻作品，都必须是能引起文艺界和社会的广泛关注，有一定的社会影响，这样才有评论的价值和意义。

请看下面一则评论：

娱乐，别忘了文化品位

胡光凡

当今，"快乐"已成为一种最畅销的消费文化产品，生产"快乐"的文化产业如日中天，娱"风"乐"雨"日益弥漫于我国的荧屏、银幕、歌厅、网吧、各种晚会以至节日庆典，成为人民生活中须臾不可离的一种流行文化。

有人说得好：我们在强调提升国家文化软实力的时候，不能把诸多为大众提供娱乐的流行文化产品从视野中划出去，而是应当把它们划进来。在今天人民大众的文化权益受到充分尊重的时代背景下，我们已不能再以远离大众的审美需求为前提，以放弃文化的消费市场为代价来完成"艺术圣殿"的营造。从满足人们休闲、消遣和审美的需要看，大众娱乐（俗）和高雅艺术（雅）之间的界限并不是那么泾渭分明而又一成不变的。人们知道，早在19世纪美国的艺苑，莎士比亚剧作既是高雅的戏剧艺术，也是充满世俗性的歌舞杂耍。在中外艺术史上，又有多少往日"曲低和众"的"下里巴人"，随着时空条件的转换和推移，后来都成了雅俗共赏的"阳春白雪"？！

谁也离不开娱乐，谁也不能反对娱乐。但我又始终认为，娱乐仍然有文野、高低之分，即具有不同的品位。从美学和心理学的角度分析，娱乐的内在结构包含三个层次，它们构成娱乐完整的文化内涵。

首先，娱乐意味着游戏，它源自人们与生俱来的游戏心态，是一种自我宣泄的方式。那种由于感官刺激和情绪宣泄而产生的快感，属于较低层次的娱乐。其次，娱乐具有益智的意义，它可以激活人们的想象力，满足人们的好奇心和求知欲，增长人们的知识、技能和智慧。那种足以开启人的心智、健全人的体魄的娱乐，已属于高层次的娱乐。最后，娱乐具有审美享受和美育的意义，这是它的更高层次的内涵。这样的娱乐追求高尚的情调和思想，可以让人的娱乐本性在审美中获得升华。换句话说，高品位的娱乐不只是让人快活，也不是让人在这种快活中沉醉，而是以游戏和审美为桥梁，通过潜移默化，使人的本性中那些美好的东西释放出来，从而点燃人的希望和理想的火炬，让人们在人生旅途的漫长而艰难的跋涉中，获得勇气和力量，找到心灵慰藉、补偿、休憩的"家园"。

由此可见，感性的直观形象（形式、技术、包装等）只是娱乐的外在形态和表现手段，文化内涵（特别是其核心的价值观）才是娱乐的灵魂。具有不同的思想文化内涵和外在表现形态的娱乐活动（节目），也就有着不同的品位。正是在这个意义上，如果说真、善、美的统一是艺术的最高标准的话，那么，它也应当是娱乐的最高境界。

放眼今日的电视荧屏和歌厅、剧院等娱乐场所，那种文化内涵浅薄、品位不高和缺乏创意的现象，在许多娱乐节目中都或多或少地存在，可谓司空见惯；而真正达到思想性艺术性观赏性有机统一的高品位的娱乐文化精品，却较为少见。尤有甚者，一些庸俗、低俗、媚俗的文化垃圾，总是打着娱乐的幌子，变换各种花招，不时出现在人们的眼际，污染文化环境，败坏社会风气。这种现象告诉我们，大众文化在坚持娱乐性的同时，如何以社会主义核心价值观和先进文化理念为指导，努力提升各种娱乐活动（节目）的文化品位，并力求创造出更多一些为广大群众喜闻乐见的娱乐文化的精品力作，是当前一个亟待重视和解决的问题。同时提醒我们，要时刻警惕市场化操作对娱乐活动文化品位的侵蚀，在任何情况下，都要坚持把社会效益放在首位，远离"三俗"之风。

人民大众呼唤高品位的娱乐！这是他们不断提高的精神文化需求所决定的，也是社会主义文化艺术的性质和任务所决定的。马克思说得好："艺术对象创造出懂得艺术和能够欣赏美的大众——任何其他产品也都是这样。"包括大众娱乐产品在内的精神文化生产，从根本上决定、支配着精神文化消费的走向。

媒体和艺术家的神圣使命是，不断增强自己的责任感和精品意识，用优秀的产品（作品）去引导、提高、改造、拓展和丰富广大受众的审美视野、艺术素养、欣赏趣味和人格情操，从而培养、造就出能够理解、接受和欣赏更高品位的精神文化产品（包括娱乐产品）的大众，而不是反其道而行之，充当少数人不健康的消费趣味的应声虫和代言人。

（《湖南日报》2010年11月23日）

如今，娱乐之风盛行。可娱乐也有文野、高低之分。它在带给我们快乐的同时，其负面影响也日益显现。作者从娱乐结构的三个层次入手，结合实际，得出结论：要远离三俗，将娱乐的文化品位放在首位。文章针对性强，既说出了人们普遍的忧思，又提出了解决的方法，令人警醒，给人启发。本文被评为2010年度湖南新闻奖评论类一等奖，同时获得第二十一届中国新闻奖三等奖。

（四）文艺深度报道

文艺新闻的深度报道写作，要求记者运用马克思主义的文艺理论和观察分析问题的方法，结合此时此地的文艺实践，对一些较为重要的文艺现象进行分析，把握规律，发现问题，预测趋势，提出建议。报道上的具体要求是：分析内行，抓住关键，有理有据，深入浅出。

例如，2002年8月20日起《南阳晚报》连续发表的"我们怎样利用诸葛亮"的系列报道，该报记者包廷怀、张文俊通过深入调查研究，不拘泥于到底哪里是诸葛亮的躬耕地的纷争，而是围绕怎样利用诸葛亮这一历史人物，分别以《诸葛亮离我们越来越远》、《南阳诸葛亮研究的尴尬》、《反差强烈的两地景点》、《如何打好这张牌》、《谁动了我的奶酪》、《南阳不能没有诸葛亮》六篇报道，以全新的新闻视点和冷峻的思辨笔触，分析南阳与湖北襄樊在打同一张牌时的观念差异以及在发展上存在的滞后现象，向读者发出了诸葛亮离我们越来越远的警示。

该组报道发表后，一石激起千层浪，顷刻间，社会反响强烈。特别是南阳人张文斌看了这组报道后，单骑摩托车，万里走七省，历时五十天宣传南阳躬耕地，成就了全国诸葛亮文化研究史上的一次壮举。沿途70多家国内媒体报道了这一行动。同时，南阳市民的文化意识也得到了空前的提高，一位市民主动提供线索，找到了一块具有重大价值的"三顾桥碑"，为躬耕地提供了有力的佐证。南阳重修躬耕田，清理卧龙岗的周边环境，并重修和恢复了三顾桥这一景点，并决定召开首次全国"诸葛亮与南阳"学术研讨会。同时，南阳围绕如何利用历史人物,在打造历史文化名城品牌和开发相关的旅游产品等方面进行规划。

三、文艺新闻写作的表现方法

（一）准确概述

以报道文艺领域内的新闻事件、人物或文艺作品为己任的文艺新闻,有时需要将所要表达的内容用简练的语言、精彩的画面准确地概括出来。这一点看似容易,做起来却难。如果没有对报道对象深入的理解,没有较为扎实的语言基本功,不善于形象思维,要想达到准确与简练的统一是不可能的。难就难在,这种概括既要简明洗练,不"拖泥带水",又要实在而不空泛,"有骨有肉"。长篇大论固然不可,一两句话、一两个画面一带而过,什么也表达不清,也不能算是简练精彩。

（二）出色描绘

文艺报道的对象丰富多彩,繁花似锦。对文艺记者来说,还需要能熟练地运用生动优美的语言和画面,具体形象地描绘在文艺百花园里的所见所闻。艺术本身美不胜收,如果记者的报道却是干巴巴没有一点兴味的话,也就难以向受众传达艺术的精妙之处。

（三）情注笔端

与其他类别报道稍有不同的是,文艺报道中"情"的成分更浓一点,以情动人是文艺作品打动人们的主要手段之一,对文艺作品的报道需要情注笔端,也就是题中应有之义了。表达情感常常被误认为是很容易的事,似乎多用点感叹词就大功告成了,其实不然。

第一,表达情感要真实和真诚,虚情假意和矫揉造作都很让读者反感。

第二,表达情感也要客观。这话听起来似乎矛盾,其实正是辩证的统一。应该善于将情感融会于对人物、景物或场面的描述之中。

第三,表达情感要有分寸,知道节制,不能动不动就情感如滔滔江水。

第四,表达情感需要较深的文字功力,贫乏的文字无法表达真诚的情感,尤其现在已经进入所谓"读图时代",文艺记者应该熟悉掌握以文字表达视觉的能力。有了丰富的视觉语言,各种感情才有可能得到淋漓酣畅的表达。

（四）勇于创新

时代在变，传媒在变，新闻写作方式当然也在变，文艺新闻从来没有一成不变的模式，文艺记者应勇于创新。

网络时代的文艺报道可以从以下几方面尝试在报道方法上有所突破，有所创新。

第一，如上所述，"读图时代"的文字报道应在"视觉表达"上多做努力，善于将复杂的、缤纷的艺术世界，用有表现力、感染力的"可视性"文字表达出来。

第二，善于在较短的篇幅内整合大量的、杂乱无章的信息。现在信息高度过剩，读者接受起来不仅吃力，而且往往不知所措，记者应该在选择信息、整合信息上下工夫，这是当今时代媒体为受众服务的重要一环。从某种意义上说，整合就是创新，有新意的整合就是有生命力的创新。

第三，媒体竞争，日益激烈，受众不仅接受信息的渠道多了，接受信息的方式也在起变化。因此，在报道时，要努力寻找新的角度，积极探索新的表达方式。

第十二章

体育新闻写作

第一节 体育新闻概述

一、体育新闻的概念、类型

体育新闻，就是新近发生或正在发生的体育事实的报道。

体育新闻报道对象，就是各类体育活动和体育新闻人物以及与体育相关的各项活动。具体可以从以下几个方面来考察。

按照体育运动的性质划分，体育报道的对象包括竞技体育、群众体育和学校体育。群众体育主要是指社会体育（除军队和学校以外的体育活动）。有时军事体育（又称国防体育运动）则专列一项，当然它也是体育报道的对象。

按照体育活动的形态划分，体育报道的对象包括动态体育活动与静态体育活动。

动态体育活动主要指各类体育竞技与竞赛，如全国或地方的运动会、亚洲运动会、世界杯赛、世界锦标赛和奥林匹克运动会等。此外，还包括运动员的训练活动、体育新闻人物的公务活动、群众体育运动、学校体育运动及军事体育运动中的比赛与训练活动，或与体育运动有关的企业与俱乐部的经济活动，如公关、广告、赞助、运动员转会等活动，以及他们的喜、怒、哀、乐、生活情趣与追求。

静态体育活动是指除体育活动本身之外的有关活动，它是为动态体育服务的，而不是体育运动本身。这主要包括：体育运动大政方针的研究与制定，体育比赛规则的增删与修订，体育机构的人事变动，有关体育机构的会议活动，个人、团体、企业对体育运动的公关赞助活动，体育场馆和服务设施的建设，以及围绕大型体育竞赛的"软件"服务（如服务质量、社会环境），等等。

除此之外，体育报道的对象还包括体育界的社会新闻。

二、体育新闻的内容

体育报道的范围与内容是非常广泛的，它不仅包括各类运动会的正式比赛项目，还包括钓鱼、健美、桥牌、江河漂流、登山探险，等等，凡能促进人类身心健康发展的体育运动及与其有关的活动，都是体育报道的内容。如奥运会（夏季）的比赛项目包括田径、射箭、拳击、划艇、赛艇、帆船、自行车、马术、击剑、柔道、摔跤、举重、射击、游泳（含跳水、花样游泳和水球）、篮球、足球、排球、手球、乒乓球、曲棍球、网球、田径、现代五项全能等，其中仅田径比赛就包括了40多个项目；表演项目包括羽毛球、滚木球、女子柔道、空手道、残疾人轮椅赛等。

冬季奥运会比赛项目则有阿尔卑斯山滑雪赛、雪橇车赛、花样滑冰、冰球、短橇赛（平底雪橇运动）、越野与跳台混合滑雪、速度滑雪与飞跃混合项目、滑雪跳跃、滑雪射击、速滑等。1988年后还增加了溜石、残疾人滑雪、自由滑、短道速滑等表演项目。

1990年北京第十一届亚洲运动会，将武术与卡巴迪列入正式比赛项目。

至于世界各地的体育运动与竞赛，更是五花八门、丰富多彩，如水下曲棍球、汽车拉力赛、飞机拉力赛、骑牛、赛马、攀岩、高楼跳伞，等等，这些又为体育报道提供了广阔的天地。

此外，与体育运动有关的企业赞助、广告、公关等经济活动，新闻竞争、俱乐部动态、运动员转会、体育知识竞赛等，也是体育报道的内容。

科学技术不断发展与革新，对体育运动的影响与日俱增。科技正改变着体育训练、比赛、裁判的格局与方式，同时也改变着人们休闲娱乐与运动的生活方式。因此，体育科技也成为体育报道中不可缺少的部分。

三、体育报道的指导思想

第一，宣传我国的体育方针政策。

第二，促进"发展体育运动，增强人民体质"方针的落实。

第三，促进我国体育产业的形成与发展。

第四，促进全民健身战略和以奥运会为最高层次的竞技体育战略协调发展。

第五，真实、客观、公正地报道体育运动及竞赛情况，丰富人民文化生活,振奋民族精神,促进我国精神文明与物质文明的建设。

第六,弘扬"更高、更快、更强"的奥林匹克精神,增进各国、各地区及各民族之间的交流与理解,促进祖国统一,推动世界和平与进步事业。

第二节 体育新闻的特点

一、竞争性

体育,最鲜明的特点就是竞赛,离开竞赛就没有体育。激烈的竞争使比赛过程和结果充满着悬念和不确定性,也赋予体育新闻以有声有色、激动人心的丰富内容。体育记者可以绘声绘色地将两军对垒的激烈竞赛的情景呈现在读者面前。没有任何一类的报道能像体育比赛报道那样争夺激烈、变化万千。一场足球比赛90分钟决定胜负,一场篮球比赛40分钟决定输赢,如此等等,可以说其他任何报道都是难以比拟的。

激烈的竞争性还体现在各报纸、电台、电视台、通讯社对体育报道的竞争。

由于体育报道拥有越来越多的受众,为了争取受众,各媒体纷纷争先恐后地报道体育,特别是报道体育竞赛。2002韩日世界杯期间,除央视外,各省、市报纸也纷纷派驻记者现场报道。仅《体坛周报》就派出了23名记者,与中国国家队的人数相当。由于体育报道的"热门"往往是非常集中的、公开的、事先预知的,不像其他新闻,虽然也互相竞争,但往往可以通过选取不同角度,摸到其他线索,采写出独家新闻,而体育报道的竞争就显得更为突出、更为集中。

二、时效性

有人说,新闻记者是"快速部队",而体育记者是"快速部队中的闪电突击队"。这话不无道理。时效性之所以在体育报道中占如此重要地位,与其竞争性是密不可分的。多家媒体对一同事件进行报道,谁的速度快,谁就有竞争力,也就会争取到更多的受众。从这个意义上讲,体育新闻的时效性就是体育新闻的生命所在。

如今,广播、电视、甚至网络都实现了对重大赛事的同步现场直播,报刊媒体面对时效的劣势，不得不在新闻深度上下工夫，预测性报道、分析性报道、综合性报道、新闻评论成为报刊的重要体裁。

三、规定性

体育新闻的规定性是从多个方面表现出来的。

（一）比赛时间的规定性

在大多数情况下，体育新闻是通过比赛过程产生的。体育比赛的时间完全是提前规定的，这同其他新闻事实发生在时间上的偶然性和突发性不同。时间的规定性还表现在比赛过程中，双方必须在规定的时间内进行比赛，而且双方的休息时间、要求暂停的时间都是统一规定的。这种时间的规定，是为了创造一个公平的条件。体育比赛是产生各种体育新闻的机会。体育比赛的这种时间的规定性，决定了体育新闻的产生也同样具有时间上的规定性。不遵循这种规定性，就会导致一些错误的发生。2004年8月29日凌晨，在雅典奥运会中俄女排决战中，当中国女排0:2落后于俄罗斯女排，在第三局即将结束的时候，新浪体育频道匆匆地打出了一条《女排姑娘奋战不敌俄罗斯，20年奥运冠军梦惜未能圆》的消息。这条消息立刻在体育迷中引起了轩然大波，被大家称为对女排姑娘们的"诅咒"。之后，新浪网发表了《新浪体育致关心中国女排的广大网友的致歉声明》，表示事故的发生是"由于紧张出现误操作，误将有关女排的模板预备代码一同发布。"但却引发了网友关于网络媒体的责任及职业道德问题的讨论。这里暂且不论是误操作还是网络责任、职业道德，事故的发生有力地证明了体育新闻的时间规定性。

（二）比赛环境的规定性

在社会生活中，各类新闻的产生也需要一定的条件，但这些条件是事物发展过程中形成的条件，而不是人为附加的条件。但是，体育事实的产生则有其特殊性，它的环境条件不是客观形成的条件，而是人为控制的条件，具有严格的规定性和统一性。不同比赛项目有不同的比赛场地以及各种不同的设施和器械，比赛双方只有在规定的场地、使用规定的器械进行比赛，所发生的体育事实才具有真实性。田径比赛不仅对场地、设施有严格的规定，对自然条件如风速也有要求，风速超出规定，只计名次，不计成绩。体育事实在发生过程中具有环境的规定性。如果脱离了这种环境的规定性，就会造成体育事实的不真实,同样,体育新闻也必然失去它的真实性。体育比赛的这种环境的规定性,是区别于其他新闻发生条件的一个明显的标志。

(三) 体育规则的规定性

竞赛规则也是比赛环境中的一个重要因素。各种体育比赛都是在竞赛规则的指导下进行的,竞赛规则是保证公平比赛的法律性依据。它不仅对比赛中的各种动作行为作出明确的规定,并且对各种违例、犯规现象作出处罚,其目的就是为了创造一个公平的比赛环境。而在不同级别和地区的比赛中,规则也会略有不同。对于这些体育规则及其在不同赛事中的差别,体育新闻记者必须熟悉并且遵循。

(四) 体育技术的规定性

体育比赛是一种智慧和力量的较量,而智慧、力量的表现形式是各种技术、战术的合理有效的运用。因此,各种技术、战术是构成体育的本质的内容。体育比赛之所以魅力无穷,其根本原因也在于运动员具有高超的技术。体育的精神、体育的美,也只有通过技术、战术的手段才能够充分地展示出来。体育比赛中技术的规定性,不仅规范了体育比赛过程,同时也是对体育新闻的一种规范。体育新闻传播的内容不只是比赛的结果,它还要对比赛的过程进行描述和评价,这就要求体育新闻中使用的语言要准确,要符合体育的技术规定性。

四、预测性

体育新闻的重要特征是跟着赛事走,而赛事的时间就是预先计划好的。譬如现代奥林匹克运动会、世界杯足球赛、亚洲运动会和我国全运会都是每四年举行一次。而且每次都会提前一两年公布竞赛规程,对参赛项目、时间、规则等进行规定。赛事的这种相对规定性使得各媒体在赛事开始之前就陆续进行报道,赛前除了组委会的活动之外,更多的是对赛事的预测。所谓预测性体育报道,是根据参赛各方基本情况和比赛的各种条件等资料,通过科学分析,对比赛的结果以及可能出现的各种情况进行判断而写的报道,有的还作出有倾向性的结论。譬如金牌的归属、各项目的座次、各国的实力等。

虽然竞技比赛结果具有不确定性的特点,但体育、竞技体育还是有它自身的规律可循。根据各个项目在各个国家的发展情况、选手的历史记录、选手的训练情况、选手近期的竞技状态,在每次比赛中的具体比分虽不能准确判定,但对成绩作大概预测还是可以做到的。

预测性报道能够满足广大体育爱好者对即将进行的比赛结果的探究欲望,使他们获得比较完整和系统的认识,做到赛前"心中有数",因此受到受众的认可。其次,预测性报道也可使参赛各方彼此"知己知彼",正确认识自己在对抗中的处境。再者,准确、精辟的赛前展望、赛前分析能体现记者的综合能力,甚至提高记者所在新闻媒介在新闻竞争中的地位和威望。因此,预测性报道成为体育新闻中的"重头戏",成为体育新闻的"生存特色"之一。

预测性报道难度大、风险大,经常有预测不准的时候。譬如在雅典奥运会期间,很多被寄予厚望的中国选手没能顶住压力,败走麦城。很多赛前并不被看好的运动员却气势如虹,蟾宫折桂。这恰恰说明了竞技比赛结果的不确定性,也正是体育竞技的魅力所在。不但不会影响预测性报道的发展,反而增强了体育比赛的悬念感,也对体育新闻记者提出了更大挑战。

第三节 体育新闻的写作原则及形式

一、体育新闻写作中应遵循的原则

(一)短小精悍、以快取胜

体育新闻竞争性、时效性强的特点,决定体育新闻,尤其是竞技体育报道必须要快,要快,报道就必须短小精悍。例如,新华社记者高殿民对许海峰获得奥运会第一块金牌的报道就只有一百字,向全世界播发时间比美联社快20分钟,比路透社快15分钟。

(二)宏观把握、准确预测

曾对1986年世界杯足球赛半决赛做出神奇预测的新华社记者许基仁、曲北林在谈及预测经验时说,一场体育比赛,特别是发生在实力相当的两队之间的比赛,要想猜得准,一要靠"神",二要靠"技"。"神"就是指运气,"技"就是要有科学性,也就是对他们实力的了解。

(三) 注重观察、钟情细节

体育新闻的特点之一，是焦点、热点集中，人们很容易了解到各赛事的过程、结果。但报道要有特色，还需善于观察、捕捉细节，注重亲眼所见和亲身所感，使报道"视觉化"、"亲历化"。

(四) 掌握分寸、切忌偏激

体育报道的格调和措词要有一定的分寸，特别是报道成绩和胜利时，要头脑清醒，要留有余地，不能把话说绝，否则，往往要造成被动。体育报道要做到客观全面，胜利时要看到问题，失败时要总结教训，报赢也报输，报喜也报忧。输了固然使人不快，但对有志者来说，失败也会激起不甘落后、来日再搏的斗志。

二、社会新闻的写作形式

(一) 体育消息报道

体育消息报道指以简要的语言文字迅速报道体育比赛的概貌，它是最广泛、最经常采用的体育新闻体裁。

一般说来，它有两种报道形式，一种有紧迫的截搞时间限制，如日报；一种没有紧迫的截搞时间限制，如晚报或周报。这两种类型的报道有两种不同的写作方法。前者的导语写作直接切题，中肯扼要，强调比赛结果，写作方法相对传统。这样能够将比赛情况迅速传递给读者，而不需要多余的话来浪费版面。当读者既没有到现场观看比赛，也没有通过收音机或电视了解比赛的情况下，他们会更容易接受这种形式的导语。没有截搞时间限制的则可以从独特的视角为读者提供比赛信息，并将报道重点放在赛事分析上。这种报道的导语往往侧重于解释比赛结果发生的原因，即"为什么"。这是有截搞时间限制的报道所无法做到的。如果有电台或电视台直播某项比赛，印刷媒体的记者经常会采用这种形式来吸引读者的注意力。

在确定了合适的导语之后，记者通常有三种方法组织安排报道的主体部分。倒金字塔法，这种方法常用于赛后第二天见报的体育报道。对于读者而言，这是最具有实用价值的一种方式。这种方法按有关信息的重要程度加以安排，并结合比赛中的一些详细情况来进行报道；金字塔法，即按时间先后顺序组织材料,这种组织材料的形式是按比赛的进程来进行的,这种方法可以增强现场感;特写法,这种方法一般是以比赛中某个有趣的场面来引导出整个报道。这种组织材料的方法可以从一个独特的视角来介绍比赛,同时也可以结合其他一些与比赛相关的细节内容来进行报道。

在新闻的各构成要素中,比赛结果和比赛过程是报道的重点。各种体育比赛尤其是大型体育比赛,早在赛前的一段时间里,各媒体就纷纷展开了报道,从各个方面诸如比赛时间、地点、参赛队的情况以及运动员的背景材料等方面进行报道。因此,在比赛过程的新闻报道中,人们对新闻的时间、地点等要素就不会特别关注,而最关心的就是对手之间的比赛结果。

例如,在前不久闭幕的多哈亚运会比赛中,就有这样的消息:在今天进行的男子足球比赛中,中国队以3:0战胜××队。虽然消息中并没有强调比赛地点(亚运会消息本身就是说明地点),但人们并不会感到奇怪,因为在赛前的一系列报道中,人们已经知道了亚运会在某国某地进行,至于今天进行的足球比赛是在某市的哪一个体育场进行,这对人们来说无关紧要,而人们迫切需要知道的就是双方比赛的结果。

对体育比赛结果的报道是重要的,但从体育新闻传播整体看,仅仅报道结果是远远不够的,体育比赛的主要内容都存在于比赛的过程中,比赛的结果也是由过程产生的,因此,对比赛过程的报道也十分重要。另外,广播电视对体育比赛的现场直播也是一种过程的报道。现场直播体育比赛之所以能吸引成千上万的听众和观众,一个重要的原因就是它为人们展示了一个同步的比赛过程。由此可以看出,在体育新闻报道中,比赛结果和比赛过程是两方面重要因素。

当然,我们强调比赛结果和比赛过程的重要性,这不等于否定其他新闻要素,而是说其他新闻要素可以处于次要的地位。

2004年8月28日凌晨,刘翔在雅典奥运会上以12秒91的成绩获得了冠军,不仅打破了欧美甚至包括非洲选手对短跑项目的垄断,而且成为了110米栏世界青年纪录和成年纪录的同时拥有者,这种殊荣在世界田径史上也不多见。由此,国内各家新闻媒体争相报道。请看下面这则消息:

刘翔:12秒91

王游宇

完美的起跑——刘翔听到发令枪响后的反应速度是0.139秒,完美的前三栏,完美的冲刺,"完美"叠加造就了12秒91的新奥运纪录。

中国参加奥运会已经20年了,还没有一位男选手在田径赛场上拿金牌,而刘翔第一次参加奥运会就为中国乃至亚洲实现了历史性的突破。刘翔之前,中国男子田径选手在奥运会上的最好成绩属于他的上海同乡朱建华。1984年洛杉矶奥运会,朱建华夺得跳高铜牌。

赛后,兴奋异常的刘翔在记者招待会上说:"请大家不要以为亚洲或中国运动员跨栏项目不如,我会用实际行动证明,亚洲有我,中国有我。"

"在来雅典之前我没有想那么多,只想发挥出自己的水平,把竞技状态调整到最好。比赛前更是什么都没有想,没想到能拿金牌,也没想到能跑进13秒,我认为黄种人能跑进13秒是不小的成绩,是一个奇迹,我想在今后的运动生涯中,有更多的奇迹等着我去创造,相信我吧。"

决赛中,刘翔最强劲的对手杜库尔就在刘翔的左边,事实上,起跑并不好的杜库尔一直离刘翔最近,但在最后一栏前他被栏架绊倒。法新社形容杜库尔"看着自己的希望在一场由刘统治的令人难以置信的赛路中破灭"。(完)

(2004年8月28日《体坛周报》)

这则报道导语简明扼要,用四"完美"、两个数字和一个"新奥运纪录"将刘翔夺冠这样一个最重要、最核心的信息传达给受众。紧接着点出这一体育事件"为中国乃至亚洲实现了历史性的突破",使受众能够深入了解新闻及其意义。刘翔赛后的语言不仅洋溢着喜悦,也让人感到振奋。最后谈到比赛及其对手的表现。这是一则比较典型的"倒金字塔式"结构的报道形式。

(二)体育特写报道

体育新闻特写是指截取体育新闻事实的横断面,即抓住富有典型意义的某个空间和时间,通过一个片断、一个场面、一个镜头,对事件或人物,景物作出细致的、有现场感的、生动活泼的报道体育新闻的体裁。

一篇好的特写,所侧重的不应该是人们司空见惯的东西,而应该是独特的内容或视角。因此,在体育特写中,我们经常看到一些不同寻常的东西,比如令人捧腹或悲伤的事情。当然,平常的内容也可以成为特写的报道内容,但应该采用新颖有趣的写作方法。美国的丹尼尔·威廉姆森列出了构成好特写的四大要素:写作风格、素材选择以及内容编排方面应该有创意;报道应该有个性,作者要有自己的观点并在报道中体现出来;特写报道不能忽略新闻性,应该提供新闻信息;文章必须更具有娱情性。

请看下例:

奥运会现场特写:他们举起的是"希望"的重量

国际在线雅典消息(记者 彭延媛):等了两天、盼了两天、着急了两天、担忧了两天——中国举重队的金牌终于出现了。对于陈艳青和石智勇的成就,现场的每个中国人都异常激动,因为他们举起的不止是237.5公斤和325公斤,他们举起的是"希望"的重量。

赛前,有许多连续两天在举重馆扑空的记者"自我解嘲"——我一来,就没金牌。还有些记者赶紧"自我减压",不停地说反话:"没有金牌才有新闻嘛!"可是,比赛越到关键时刻,这样的反话就越少,对于第一枚举重金牌的期待就越来越多、越来越"重"。当陈艳青第一次挺举130公斤失败时,现场的一片叹息声中就有不少是"说反话"的人发出的。

而当这枚金牌终于平安落袋后,那份轻松让所有人的雀跃都轻快了好几分。

赛后,连颁奖仪式都等不及结束的媒体就挤满了长长的混合区。人们议论着,等待着,笑着、叹着,压抑已久的激动难以克制,想早早看见冠军的希望溢于言表——那是所有关心中国举重的人们期待已久的场面。连一个美国《时代》杂志的记者都伸长了脖子拼命往前面张望,她还不停地向记者打听陈艳青的情况,看那模样,就是"一篇期待已久的人物特写终于搞定"的心满意足。当冠军终于出现时,文字记者等不及有优先采访权的电视记者,电视记者也等不及排在前面的电视记者,大家都出尽招数想让冠军注意到自己,先回答自己的提问。有人率先大喊陈艳青的名字,有江苏来的记者赶紧表明"家乡人"的身份,更有男记者祭出"狠招",用极其"多情"的声音叫着"青青"……好不容易,大家"逮"住了国家队副领队王艳,她也被"希望兑现"的巨大喜悦激动得有些语无伦次,只会反复说:"我们很高兴。"

进入新闻发布厅,场面一度有些失控,人人都不肯入座,都想和冠军多聊两句。不过,现场尽管"混乱",人情却很温馨,因为每个提问的记者都会先祝贺陈艳青的成就,对她的不易感同身受。连现场的中文翻译也被感动了,在工作中几次停顿,声音哽咽。当记者想让失去过"机会"的陈艳青谈谈"机会的意义"时,翻译对记者说:"你这个问题提得非常好。"

当大大"超时"的新闻发布会最终结束后,记者碰到了国家体育总局重竞技中心举重部主任董生辉。一向出言谨慎的董部长尽管还是不谈对金牌的期待和"希望",但是,和两天前的"面无表情"相比,如今的他已经有心情开玩笑,直说瘦小的记者应该到举重队"补一补"。而到了石智勇夺冠后,情况又是一变。人们都好整以暇,不慌不忙了。原因很简单:心里有底了。很明显,那份沉重的压在中国举重队和中国人心头的"希望",已经被16日的两枚金牌"举"了起来……

这篇特写,捕捉了赛前和赛后的几个场面,并运用对比的技巧,淋漓尽致地表现了夺冠后激动人心、兴奋的情景,给人留下深刻的印象。

(三) 体育评论报道

要保持体育版或专业体育刊的品位、权威性和影响力,要抓住、打动读者和使读者信服,就要在体育评论上下工夫。

体育新闻评论的写作要注重思考的独立性。评论文章贵在见解独到,人云亦云、官样文章,是评论的大忌。因此,思考的独立性,是体育评论员的首要品质。思考的独立性来源于对事实和事件全面、深入的了解,以及与众不同的探索精神和开拓精神,选人所未选之论题,发人所未发之见解,如此则另辟蹊径,风景独好。

体育新闻评论的写作要注重观点的深刻性。比如,一场赛事呈现在我们面前的会有种种层面——心理的、技术的、战略的……体育现象的背后隐藏着很多内在的、本质的关系——体育与政治、体育与文化、体育与经济……体育评论的重要任务,就是要在充分占有事实和材料的基础上,透过种种表象深入认识事物的本质,对事物和未来发展趋势作出理性的判断。如果就事论事,浅尝辄止,则容易浮光掠影,失之肤浅。

体育新闻评论的写作要注重反应的敏捷性。新闻的一大特点就是对时效性的追逐,而时效性、时机性对体育评论也同样重要。当某个重要体育事实或体育现象发生时,媒体应该及时作出判断,发出声音,指导受众;而不能反应迟钝,贻误战机。

体育新闻评论的写作要注重内容的丰富性。板起面孔的说教,从头到尾的议论，不会受到欢迎。博古通今、纵横捭阖、夹叙夹议、有理有据的体育评论才是上品。

请看下面这则例文：

岁末的一场审判，是足球反赌打黑的阶段性成果，也是步入发展新阶段的起点——

中国足球向前看（人民观察）
本报记者　汪大昭

这是一个绿茵早已枯黄的季节。12月19日，东北大地一片寒冬景象，足球反赌打黑中的犯罪嫌疑人在铁岭市中级人民法院接受庭审。大批记者在法院门外蹲守，为的是把这一备受公众关注的具有历史意义的过程记录下来。

两年前，司法机关介入打击中国足球假赌黑的丑恶现象。经过长时间调查取证，终于进入庭审。随着案情的逐步披露，人们的各种思考、建议比任何时候都热烈，对足球由乱到治的期盼也更加强烈。

沉痛的教训

回首多年来中国足球停滞不前、乱象丛生，一次次冲击兵败，令人忧心；看到众多对此负有主要责任的足球管理部门核心层人员接受司法审判，一系列龌龊行为被公之于众，令人痛心；想到未来，中国足球总要向前，足球环境治理和足球水平提高还有太多的基本建设工程待举，令人焦心。

对于中国足球种种异常现象，人们并非全无觉察。10年以前，面对假赌黑，球迷和媒体呼唤"司法介入"。如果那些足球蛀虫当年作孽之后，很快就有司法强力而认真的介入，也许事情不至发展到如此严重，犯罪嫌疑人胆子不至如此之大，中国足球也不至如此让人心碎。比司法介入更姗姗来迟的是有效有力的监督机制，这个最重要的环节一直没能有名有实地建立起来，并发挥作用，这是最为深刻的教训。

1999年，联赛最后一轮发生丑陋的"渝沈之战"，媒体和球迷对咄咄怪事十分不解。足协不但已将比赛监督和裁判监督"精简"为一人身兼二职，不久还将聘请新闻监督制度也予以废止。于是，不受监督的"监督"成了职业联赛有无疑点的唯一评判者,其"监督报告"也就成了管理部门和纪律委员会做出裁决的唯一参考。

今天,当人们呼唤中国足球重新建立一系列保障机制的时候,监督的问题再次被提出来,不是重建,而是补建,因为这是一块亟待充填的真空。无论能否自律,他律都须全面、细致,不留死角,不藏污纳垢。

迟到的反思

国家体育总局足球运动管理中心和中国足球协会,两块牌子,一套人马,这个体制已经沿袭了几十年,区别仅在于原国家体委球类司足球处演变为后来的总局足管中心。一个是官方的政府机关下设事业单位,一个是民间的社会团体,兼有两种身份的犯罪嫌疑人在同案中犯有受贿罪与非国家工作人员受贿罪,平添了审理和判决的难度。

足球职业联赛为什么会有如此之多的俱乐部和官员、球员、裁判员涉案,胆大妄为,利欲熏心,竟置国家法纪于不顾?其实,就像足球在全世界号称第一运动一样,中国足球一旦步入职业化,各种利益集团都会以自己最擅长的方式,去分享足球大餐,其中有人像苍蝇一样寻找蛋壳上的缝隙。

上世纪90年代中期,中国足球迈出改革第一步,引发社会关注度迅速提升,职业联赛成为街谈巷议的话题,为满足人们的文化需求提供了喜人的回报。一些赛区城市,周末比赛日球迷汇聚,像过节似的。当时,中国足协负责人还是清醒的,"球市火爆,不是我们有多大本事,把足球搞得多么好了,而是足球自有的魅力吸引着球迷"。只是那个时候,没有人想到职业足球有这么大的利益诱惑,贫瘠已久的中国足球为有了一笔"外资"注入而兴奋,殊不知,在职业化发达程度很高的欧美国家,因足球而涉案早已不是新鲜事儿。主管部门对于职业足球的复杂性和风险性显然是低估了,不排除其中有缺乏经验的成分,也不排除有过于单纯的愿望,直至严重失察。

犯罪嫌疑人张建强供认,其犯罪行为既有公然在办公室内分赃,也有通过中间人神不知鬼不觉完成交易。重新翻阅30年来足协各类会议的记录,即便是谢亚龙,很多人认为他是不懂足球的外行,在走上国家体育总局足球运动管理中心主任岗位时,也曾信誓旦旦地说过"腐蚀一代人的赌球必须打击,足协不能回避责任,俱乐部不能回避自律"的狠话,也曾有过"励精图治,埋头苦干,卧薪尝胆,打好基础"的表态。但是,他在任期内反而陷入泥潭。

勇于面对现实

就在反赌打黑过程中,国家体育总局调整了足球运动管理中心大部分中层以上干部,组建了新的班子。一年多来,相继制定和采取了一系列措施。中国足球的体制改革只是起步,先行一步的职业联赛和俱乐部建设走得摇摇晃晃,远未完成大业,改革之初设想的足球协会实体化目标也在很长时间内不再有人提及。但是,机制的转换和健全一定要随着体制改革的进程逐步展开,不可滞后。

国际足联200多个会员协会当中,中国队的排名居于中游,虽然比上不足、比下有余,但对于一个在经济、文化等领域都具有很高国际影响力的大国来说,这样的位置颇为尴尬,在国际足球竞争中很没面子。20多年前,足球界、新闻界热议的话题是"如何实现中国足球腾飞"。2011—2014周期,中国男女足在奥运会和世界杯预选赛中均被淘汰,彻底成为局外看客。全面惨败令人欲哭无泪,欲罢不甘。

积重难返的道理无需赘言,从寒冬到回暖的日子里,足球运动复苏的迹象远未达到人们期望的状态。2011年,国字号队伍教练更迭并未给队伍带来起色,职业联赛依然困顿于组织管理、裁判执法等羁绊,选送孩子去足球强国深造和校园足球的推进依然不能改变青少年足球的窘境,足球管理部门自身的体制机制依然是足球发展的障碍,以地产业大亨为代表的足球投资依然没有摆脱"烧钱"的社会评价。

集中打击假赌黑,为中国足球未来发展扫除一大障碍。告别失望之痛,不是用美好的图景,只有用行动来实现。

重建始于足下

北京市球迷协会一位球迷说,球迷不看球,是不认同足球联赛的产品质量,不真实不健康的比赛产生了负面的社会影响。联赛的组织者不愿承认劣质产品对消费者的欺骗和伤害。中国足球没能紧随日、韩迅速崛起,却成了问题最多、最复杂,发展最不稳定,甚至最让人看不透、搞不懂的典型。

多年来,不乏为中国足球的颓势忧心忡忡者,不乏为中国足球的复兴出谋划策者。在一次研讨会上,30年前曾任国家队主教练的苏永舜说过:"中国足球迷路了。"苏永舜之后的国家队主教练曾雪麟说过:"中国足球要打假防急。"

在庭审中,半数中超俱乐部涉嫌行贿,这是俱乐部及其高管个人行为,还是职业联赛乃至中国足球环境不良、制度缺失、素质低下?新赛季中国足协要不要对涉案俱乐部给予处罚?怎样处罚?

不可否认,处罚也是一种教育手段,而且是其他方式难以替代的特殊手段。有舆论认为,倘不采取重罚,必是足协顾虑于法不责众,唯恐受罚面积过大,影响来年的联赛。其实,处罚并非唯一的教育手段,也不见得在任何情况下总是最好最有效的选择。惩前不是为了解气解恨,而是为了毖后。悔过必须认真,但要自新,还需拿出有建设性的实际行动。

2009年,体育部门和教育部门联手推出开展全国青少年校园足球的计划。2011年,3000多所中小学超过百万人加入校园足球比赛、培训和夏令营。

2011年,国务院多部门参与制定的《中国足球协会职业联赛俱乐部准入条件和审查办法》推出,涵盖俱乐部设施、注册资金、财务管理、职业规划、青少年梯队等诸多方面。

12月21日,国际足联公布了2011年最后一期的会员协会代表队排名,中国位列第七十一,在亚足联所属会员协会中排名第五。尽管与亚洲排名第四的球队之间仍相差26个位次,而与身后多支追兵的距离并不远,但仍是一个不算很差的位置,也是中国足球在经历反赌打黑之后重树形象、重建机制的起跑线。

2011年岁末对一批犯罪嫌疑人的审判,不仅标志足球反赌打黑取得阶段性成果,更要成为步入发展新阶段的起点。从足协到俱乐部,从官员到教练员、运动员、裁判员,从球迷到媒体,中国足球面对从来没有过的发展机遇。一纸判决书,一张处罚单,不可能自动转换为抵御腐蚀、健康成长的免疫力。足球在中国重新成为青少年喜爱、老百姓厚望的运动,需要各方各界共同努力。当曙光初现的时候,中国足球和一直关注它的人们准备好了吗?

(《人民日报》2011年12月26日)

这篇评论以岁末的一场审判为切入点,总结了我国足球反赌打黑的阶段性成果,也探讨了我国足球的发展之路。文章总结了中国足球停滞不前、乱象丛生，一次次冲击兵败的沉痛教训，对其原因进行了深刻的分析，呼吁中国足球在经历反赌打黑之后应重树形象、重建机制。有理有据，叙议结合。

（四）体育深度报道

由于受众水平的提高，他们要求新闻媒体与体育记者在赛前告诉他们谁能赢，赛后讲明为什么赢？今天的受众关心的更多的是"How"和"why"。他们已从外行看热闹发展到内行看门道了。

通常，在某届运动会或某场重要的比赛之前，受众希望记者作出预测性报道。这要求记者能在总体上把握赛事的情况、各队的实力，根据历史与最新的资料，对比赛的结果进行分析、估计。这类报道，难度大，风险大，不易预测准确。但正因为如此，它对受众才有很大的吸引力；对记者，才有很强的诱惑力。敏锐的记者在赛前是乐于接受这一挑战的，而科学的预测性报道在被比赛结果证实之后，更加令人拍案叫绝。

预测性报道可分为两类，一类为重大赛事的总体预测，如对亚运会、奥运会金牌数的预测；世界杯赛冠军、亚军和季军的预测；这种预测属于鸟瞰式的，涉及的项目或代表队多，范围广，情况复杂，难度相当大。还有一类是具体赛事之前的预测，涉及参赛双方，相对来说较为具体。除了相差过于悬殊的两队比赛外，具体比赛的结果往往令人捉摸不定，难以预测。无论哪类预测性报道，都要求记者运用系统思维的方式，对充分占有的背景材料进行科学分析，然后得出结论。预测性报道最忌模棱两可，人云亦云。相反，需要日常的积累、冷静的头脑、丰富的专业知识与科学的思维方法、深刻的洞察力。

赛场情况瞬息万变，各种情况都可能出现，一切都有偶然性。正因如此，记者的预测应立足于最新材料与信息，要考虑各种因素，如果仅凭经验，凭想当然，往往造成被动局面。

除了预测性报道之外，解释性报道在体育报道中也占有越来越重要的位置，特别是在重大比赛结束之后，广大受众已经不满足于报道比分、结果等表面信息，而要问一个"为什么"，希望了解新闻（比赛）背后的东西，希望文字记者对新闻事实和新闻现象给以解释、说明、分析。

进行新闻分析与述评，也是体育新闻中常用的形式。"新闻述评"是对新闻事实的解释、说明、分析与评论，在报道中，记者应该坚持运用系统思维的方法，将分析、评论的对象放在与其相关的社会背景与事实环境之中，把他们看成一个互相联系、互相影响而又彼此制约的完整系统，一个整体。在分析和评述新闻事实时，要考虑其所有侧面和一切可变因素，并把问题的精神方面和物质方面联系起来看，也就是在事物的普遍联系中去把握它。还应注意两点：一是坚持实事求是的客观、公正原则，防止片面性和感情用事，要慎用感情色彩强烈的形容词，避免过分渲染或作绝对化的评论；二是力求具有记者的独立见解与个人风格。

第十三章

社会新闻写作

第一节 社会新闻概述

一、社会新闻的涵义

社会新闻，顾名思义是反映社会生活的新闻。从广义上来讲，所有的新闻都是社会新闻。人是社会的人，与人的活动相关的新闻都具有社会性。即使某些事件不与人的活动直接相关，但其之所以能被人们纳入新闻的视野，就是因为与人的活动有关，所以同样具有社会性，可见，说所有的新闻都是社会新闻是有道理的。但是，在社会分工日渐细化的现代社会，如果仅从广义的角度来研究社会新闻，不仅无助于我们对这一新闻现象研究的深入，也不符合社会文明进步对社会分工提出的要求。正因为如此，我们还必须把狭义的社会新闻从广义的社会新闻中分离出来，把狭义的社会新闻与经济新闻、体育新闻、教育新闻等划分为专门的新闻门类，来进行深入探讨。

什么是社会新闻？《新闻学简明词典》上的解释是：社会新闻是反映当前社会生活、社会问题、社会风气的报道。就是说，社会新闻是用以反映社会生活、社会问题、社会风气的一种新闻体裁。

二、社会新闻的报道范围

根据社会新闻的涵义，社会新闻是用以反映社会生活、社会问题、社会风气的一种新闻体裁，因此，社会新闻所包含的题材是十分宽泛的，只要涉及社会生活的不同方面，又没有过于明显的行业特点的新闻，都可以成为社会新闻反映的内容。具体说来，可以从以下几个方面来考察：

(一) 社会生活风尚

这是社会新闻十分广阔的报道领域。它主要通过颂扬社会美好的一面，抨击社会丑恶面来表现。

颂扬社会美好是新闻媒体的一项基本职能，也是新闻媒体借以实现自己的道德规范作用的主要手段。在我们身边，每天都发生令人感动的、美好的事物，新闻记者通过自己敏锐的观察，选取有代表性的事例进行报道。例如，对洪战辉事迹的报道，在社会上引起强烈的反响。他勇于战胜磨难的自强不息的精神，他奋发向上、爱心执着的品格，映射出当代新型大学生的人生追求，他的事迹感动社会、感动中国。这样的典型事例正是我们社会所需要的、要大力提倡的。社会风气中落后糟粕的东西同样是很多的，鸡鸣狗盗，假货泛滥，迷信成风，低级趣味，恶习滋生，新闻媒体可以通过一些具体的社会新闻，抨击社会的这种丑恶现象，倡导社会的基本的道德规范、廉耻之心。

另外，时尚作为一种社会现象，也始终受到人们的关注。流行歌曲、流行语、流行服饰、流行发型，等等，所有这些，构成了社会时尚的总和，是社会新闻的报道内容之一，折射出生活的多姿多彩。

(二) 社会意识和社会道德

传播社会的主流道德标准，为营造社会的健康文明形态服务，这是新闻媒体的一项基本任务。特别是在今天，我们在坚持"以法治国"的同时，还强调"以德治国"，这就更具有十分重要的现实意义。新闻媒体，就是通过自己特有的社会影响力，帮助人们建立符合社会主流道德标准的体系。在这方面，社会新闻的作用是巨大的。我们的新闻媒体，几乎每天都有诸如《尊老敬老传佳音 九成老人好幸福》、《小童突发病 路人齐救助》、《四位民警排忧解难 外地旅客及时返乡》等反映社会道德问题的社会新闻，起到了良好的作用。最近《中华新闻报》通讯《记录灾难 记录感动》、《郑州晚报》的系列报道《带着妹妹上大学》等社会新闻还荣获了第十六届中国新闻奖。

当然，社会新闻的道德规范作用是柔性的，是春风化雨、润物无声的方式。一条反映社会道德风尚的社会新闻，也许并不能直接对人们产生直接影响，但是，受众在天长日久与这些社会新闻的接触中，会逐渐地接受美好言行的熏陶，建立起合乎社会规范的道德标准体系。

(三) 灾害与事故

灾害与事故新闻在社会新闻中具有独特的地位。虽然，我们不希望有意外发生，但是，意外和灾祸的发生对新闻工作者却是不能放弃的素材，因为它们是受众的关注点。近些年来，不论是日报还是晚报、都市报，都十分重视灾害、事故性的社会新闻，甚至一些极为严重的事故，如煤窑坍塌、森林火灾、轮船沉没、火车相撞、飞机坠毁等，都及时详尽地进行了追踪报道，将事故真相公布于众，接受全体社会成员的监督。这对政府和领导干部开展工作、改进作风，产生了积极的作用。

(四) 风土人情

随着社会的发展和人民生活水平的提高，旅游业已成为近年来十分发达的产业，旅游业的高速发展，主要源于人们对异国他乡风土人情的关注这样一个心理需求。社会新闻对各地自然风光、风土人情、名人遗址等旅游景点的介绍，能满足受众的这种心理需求和期盼。因而，这一类的社会新闻所占的比例也较大，尤其是在"五一""十一"黄金周等节假日。

这类报道，可以开拓人们的视野，丰富人们的精神生活。自然的山光水色让人陶醉，而许多的历史名胜古迹，承载着深厚的历史文化底蕴，名人逸事、神话传说能极大地激发人们的兴趣。

(五) 奇异现象和趣闻

好奇之心，人皆有之，人们对奇异现象和趣闻有着天生的兴趣。这类报道，过去称为"珍闻"，它的数量不会很多，也不宜占用报纸较大篇幅。它可以写得既有趣味，又给受众增添知识。例如，辽宁省一农妇生下了毛孩，喜马拉雅山发现雪人，湖北省大神农架山区发现野人踪迹，广州市夜空出现"飞碟"（UFO），还有寒冬腊月响雷，敦煌的鸣沙，等等，都为群众普遍关注。对待这类报道，一定要本着科学的态度，切不可猎奇而走向庸俗，切不可宣扬封建迷信与神秘色彩。

第二节 社会新闻的特点

一、广泛性

社会新闻就像社会生活一样,其主要的特点是内容十分广泛。首先表现在题材上,它不受行业的局限,内容丰富多彩,涉及社会生活的各个角落,方方面面。诸如道德风尚、恋爱婚姻、家庭问题、业余生活、邻里关系、世态炎凉、人世沧桑、风俗习惯、乡土民情、天灾人祸、民事纠纷、捕贼捉盗、案件审讯、新人趣事、名人轶闻、奇异的社会现象或自然现象,等等。社会新闻题材广泛,需要记者和通讯员深入生活,广泛了解社会生活实际,善于选取社会生活的一鳞一爪、一枝一叶,从一滴水中映照出大千世界,反映社会生活的丰富性和多彩性。社会新闻通过不同题材,或揭示出富有教育意义的哲理、思想,或传授某方面的科学知识。有人称之为"题小意义大"或"以小见大",确实是中肯之言。

社会新闻广泛性的特点还通过受众的广泛性体现出来。在社会主义市场经济全面推行的今天,所有的新闻媒体都必须关注受众的阅读兴趣,不关心受众兴趣而又办好新闻媒体的事情在今天是不可想象的。在所有的不同种类的新闻中,社会新闻是最能激发受众广泛的阅读兴趣的。体育新闻、教育新闻、军事新闻等行业性的、专业性的新闻因为行业的特点,必然会有一大批固定的忠实的受众,但是,受专业的影响,其所受关注的程度必然是有限的。一个对体育不感兴趣的人,要他去关注体育新闻确确实实是勉为其难的事。而社会新闻恰恰相反。一个人要在社会立足,他必须接受多种社会信息的教化,要融入到社会之中。而要有效地融入社会,则必须首先了解所生存的社会(过去、现在、未来)。了解的途径当然是多方面的,在传媒十分发达的时代,通过新闻媒体进行了解无疑是十分快捷有效的。另外,社会成员要融入社会,为社会所接受,还必须与其他社会成员有共同语言,社会新闻就像我们见面时经常讨论"今天天气怎么样"一样,是常用常有效的话题。可以说,不分男女老少,不分长幼尊卑,社会新闻拥有着最为广泛的受众。

二、趣味性

以前，社会新闻所拥有的空间是十分有限的，往往只是在版面上起点缀作用；偶有重大新闻，才有可能放入重要版面。而今天，报纸已经可以整版刊登社会新闻了。电视也不例外，目前，国内已有不少电视台专门开设有社会新闻的栏目。所有这些，都是新闻媒体对受众兴趣的尊重，正是在受众兴趣方面，社会新闻具有自己得天独厚的优势。

以前，我们在谈到教育的方式时，经常讲"寓教于乐"，但实际上往往是"教而无乐"，结果只能令受教育者产生逆反心理。今天，我们强调新闻尤其是社会新闻的休闲、娱乐作用，并不是否定新闻的教化作用，而是强调对新闻规律的尊重。如果一味强调严肃沉重的教育内容，那么，在生活和工作双重挤压下已显得疲惫不堪的现代人，显然是无暇和不愿接受这种凝重的教育的，新闻的功能，最终可能反而无法实现。

当然，社会新闻在强调趣味性的同时，要努力追求健康的品位。目前，一些报纸、广播及电视节目，品格低下，审美格调低落，忽略了必要的道德价值取向。究其原因，在于我国新闻体制改革中出现的许多新创新、新突破而导致的新问题，新闻界出现了回避或弱化新闻的导向功能、喉舌性质的倾向，商品性、娱乐性等价值观念开始影响、支配某些新闻媒体的运作方式和一些新闻工作者的实践，把新闻带入了一个彻底通俗的误区，甚至走向了彻底的庸俗化。这种现状，给社会新闻蒙上了一层阴影。

追求健康的品位，我们要注意几种不良的倾向：一是媚俗的不良倾向。社会新闻的媚俗，就是把高雅的与粗俗的、高尚的与卑鄙的、真诚的与虚伪的并置，把美好的与丑陋的、正义的与邪恶的、圣洁的与污浊的同视，使有价值的东西被无价值的东西所嘲弄，所消解，这是社会新闻难以忍受的。二是猎奇的不良倾向。选择新奇、积极健康、富有情趣的珍闻、趣闻、奇闻，帮助人们拓宽思维，开阔眼界，增长知识以及陶冶情操，让人获得自我完善的美感，是社会新闻的职责。猎奇不等于新奇，新奇之"奇"，是"必然"中的"偶然"，是人们司空见惯中的"疏忽"，猎奇之"奇"，则是"怪异"，是"畸态"，诸如对畸形消费的宣传，有时炒得沸沸扬扬，又如拿女性作为猎奇新闻的来源和窥私展示的对象等等，进行廉价的"生意招徕"。三是浅薄的不良倾向。在追求所谓"市场效应"、"社会轰动"下，传播媒介忘记了其时代使命感、社会责任感，以及中国文化传统中"文以载道"的救世品格和人道追求，对真正具有重大社会典型意义的新闻或敬而远之、或蜻蜓点水，对真正具有社会批判意义的新闻事件、新闻人物视而不见，或热衷影星婚恋、歌星隐私秘闻、名人风流韵事，或热衷暴力、抢劫、凶杀，制造恐怖气氛，给人感官刺激，片面追求"有闻必录和耸人听闻"。

三、知识性

从社会新闻的作用看，它和其他新闻一样，理所当然地承担着传播新闻信息，普及科学知识的社会责任。随着社会的发展和科技知识的日新月异，社会的竞争日渐加剧，人的生存压力越来越大。每一个要想在现代社会中游刃有余地生活的人，无一例外的要接受终身教育。终身教育是一个大概念，它既包含教育内容的广泛性，也包含教育形式的丰富性。在所有的教育形式中，新闻媒体的教育是效益最高的教育。当然，这种教育不是功利色彩明显的教育，人们在阅读社会新闻的过程中，自然而然地接受了相关的科学知识。

由于社会新闻涉及的面十分广泛，从经济、军事、教育到家庭、卫生、气象；从新闻轶事到生活百态，可以说是包罗万象、罗纳无限世界。因此，其传播的科学知识也可以是十分广泛的。与此同时，"社会新闻还具有消除误解、揭穿谣言、报告真相、以正视听的作用。因为社会新闻是报道全社会关注的事情，有时有些大家关注的事被人们误传了，失去了本来面目，并造成误解，影响很远。社会新闻报道了事实真相，十分自然而有力地起了辟谣的作用。这对于社会安定团结，树立正确的社会舆论风气都很有好处。"因此，我们必须充分发挥好社会新闻在普及科学知识中的作用。

四、人情味浓

社会新闻没有鲜明的行业特点，却涉及社会领域的方方面面，内容丰富多彩，深为广大读者所喜闻乐见，原因之一，就在于社会新闻在发挥其春风化雨、润物无声的独特审美和教育功能中熔铸了浓浓的真情。著名的文学批评家刘勰曾说："情者，文之经也"，唐代诗人白居易也说："感人心者，莫先乎情"，情感是写作的推动力量，任何优秀的作品总是理性和情感的统一。实践证明，新闻作品最能打动人的是"情"，充满人情味的社会新闻最能引起读者的共鸣，震撼读者的心灵。饱蘸浓浓人间真情的新闻作品，不仅可以让受众充分地感受到人性美，还可以陶冶人们的情操，升华人们的品德。

诚然，新闻报道应该反映客观事实，不作煽情描写，但这并不表示新闻不能反映真情，新闻与情感绝缘。尤其是那些反映人间真情的社会新闻，如果不能倾注满腔真情，是很难打动受众的。充满真情的社会新闻，或者能令读者泪流满面，为主人翁的高尚情操所感动；或者能令观众拍案而起，为主人公的卑劣行径所激怒。可以说，社会新闻之所以能受到受众的普遍关注与好评，一个重要的原因就是因为其中蕴含的浓浓的人情味。当人们为生活所累而四处奔波，丰富的感情是不容易外露的。只有在阅读那些情深意长的社会新闻时，他们的内心才会被深深地打动。

我们的社会，需要多一点温情，多一点感动，惟其如此，这个社会才是温馨的，令人留恋的。如果这个社会只有刚性的规范，没有温情的弹性，这个社会就会变成工厂的流水线。当然，我们的社会也应该有一点憎恶。如果一个社会连基本的廉耻憎恶都没有时，恶人就会横行，善人就会受苦，这同样也是社会所不允许的。社会新闻，就是通过反映社会的喜怒哀乐，实现调节社会情绪的作用。因此，新闻记者要敏锐地感受到人间的美好和邪恶，努力展现人们的善良之心、同情之心和友爱之心，热情讴歌美好的亲情、爱情和友情，用互相帮助、互相关心、互相爱护的人情之美鞭挞人情的冷漠。

第三节　社会新闻的写作原则及形式

一、社会新闻的写作原则

（一）注重是非标准

社会新闻不仅反映事实，还要通过事实帮助人们分清是非，对人们的思想行动，对社会舆论产生积极的影响。因此，什么对，什么错，扶植提倡什么，打击批评什么，在定位社会新闻的时候，必须是非界限清楚，观点态度明确。对正确的大胆支持，对错误的坚决否定，对丑恶的严厉谴责。这样的社会新闻，才能提醒读者注意，帮助人们明辨是非。社会新闻带有作者的明确的态度倾向。这种倾向性的表露，一是通过事实本身去鲜明地说明问题，作者只要把事情的来龙去脉讲清楚就行了；二是采取夹叙夹议的方法，依事为据，画龙点睛，这可以采用解释性、分析性报道的形式；三是另外配言论，以编者按、编后语，或者评点的形式出现，明确表示作者或编辑部，或政府有关部门对此所持的态度及采取的措施。

例如，2004年2月13日的《中国妇女报》刊登了一则新闻《电线杆上绑"美女"》，报道近些年美女广告成风的社会现象，有的甚至达到低俗程度，有个洗车行，以"少女"做广告招揽生意的做法，简直令人作呕。这其实涉及了一个更重要的社会问题：性别歧视现象。在社会进步与文明的今日，传媒与广告中还存在着严重的性别歧视现象，可见腐朽的观念在社会生活中特别是在商业广告中是多么严重。怎样处理传媒与广告中的女性形象问题？怎样在全社会大力宣传和弘扬马克思主义妇女观，树立尊重女性人格、关注女性合法权益的良好风气？这篇报道披露了一个不可忽略的社会问题，也因此获得了第十五届"中国新闻奖"。

(二) 注重报道角度

1. 在题材选择上，以反映光明为主。社会生活的各个领域，既有光明的一面，也有阴暗的角落，报道前者能鼓舞士气，反映后者能给人以警醒和教育。因此，社会新闻要宣扬先进的东西，也要揭露和批评落后的东西，从正反两方面写出与群众相关的重要社会新闻。使先进的、正确的、兴旺的东西，引起社会舆论的重视和支持，发扬光大；使不健康的、阴暗的东西，引起社会舆论的谴责，受到打击；使错误缺点和不足之处，引起社会舆论的监督，使问题得到较快解决。这样，才可以促使消极的东西向积极的方面转化，不断克服和缩小阴暗面。正反两面的报道都有必要，但是，正面报道要始终占主导地位。例如，社会上曾一度出现过有人在与己无关的侵害面前无动于衷，针对这种现象，有的记者不仅给予揭露，而且还及时发现并报道一些见义勇为的事件，从而让人们从失望中看到希望。

2. 在写作角度上，着眼于积极方面。即使是反映非主流的东西亦应从正面入手，比如曝光某些不良道德行为、犯罪、灾难一类的新闻事件，要从净化心灵、打击犯罪、抗灾救灾的角度，作有利于社会的安定、团结，有利于国家的稳定，有利于精神文明建设的报道。惟其以正面报道为主，才能扶正祛邪，匡正时弊，对社会舆论起积极的引导作用。

(三) 注意社会效果

在受众关心的几大类社会新闻题材中，不同的选择必将产生截然不同的效果。热衷于负面，就可能产生厌恶、嫉妒、矛盾、冷漠、争吵、怀恨、报复、破碎、离异等等；热衷于正面，却是自尊、爱人、关怀、和睦、温暖、友情、完满、幸福、责任等等，社会呼唤的当然是后者。社会新闻记者通过发布各种社会新闻，直接影响受众的思想行为和政治方向，具体说来，要注意以下几个方面：

第一，大力宣扬社会主义新道德，新风尚。人以及人们之间的关系，是社会生活的主体，这方面的新闻要占社会新闻的绝大部分，抓好这方面的导向，影响极大，在报道诸如爱情、婚姻、家庭以及同事、朋友、邻里之间的人际关系的社会新闻时，要宣传人际关系中的暖色与亮色，提倡文明、真诚与友谊，信任、谅解和理解，讲究道德和责任。

第二，弘扬真善美，鞭挞假恶丑；倡导科学，反对迷信。天文地理，花鸟鱼虫，奇闻轶事，是活跃节目和栏目，使新闻媒体办得生动活泼不可缺少的品种，在报道这类社会新闻时，就必须宣扬科学，宣扬人类的智慧，反对封建迷信，展示事物本质的真善美，给人们以审美享受。

第三，弘扬法制，伸张正义，扶正祛邪。在社会新闻中，有相当一部分涉及案与法的内容。有的记者，为了以奇异和刺激取悦受众，详尽描写罪犯的作案经过，着力渲染赤裸裸的犯罪和血淋淋的惨状，这都是不可取的，而应借反映案件的侦破，宣传党和政府的政策，法规和条例，加强法治，预防和制止犯罪，宣扬人类征服自然的革命乐观主义精神。例如，有一类社会新闻，即天灾人祸，如地震火山、洪涝干旱、冰雹雷电、泥石流以及空难、海难、车祸、火险等等，不应纯客观地报道渲染灾情，而应宣扬人民群众可贵的进取精神，歌颂人类勇于与自然搏斗，敢于战胜各种艰难险阻和自然灾害的英勇气概；宣传党和政府对灾害事故严肃认真的态度和救灾抢险的得力措施；宣传一方有难，八方支援的社会主义大家庭的温暖。

（四）注重知识趣味

社会新闻吸引受众，主要是在于它的知识性和趣味性。帮助受众开阔视野，扩大知识面，增强文化素养，培养高尚的审美情趣，是社会新闻的使命。社会新闻在报道时要有选择，不能宣传伪科学和愚昧的东西，不能传播诲盗的知识，要选择有益于生活，有益于工作，有益于破除迷信，有益于身心健康，有益于增长科学知识的素材。

"趣"是社会新闻的一大特色，没有了"趣"，任何社会新闻就会失去一大批读者。因此，在采写社会新闻的过程中，要求记者别具慧眼，发现生活中的趣味盎然。新闻是写给读者看的，因此，社会新闻的作者在写作社会新闻时，决不能搞孤芳自赏，而应力争写出趣味，激发受众的兴趣，吸引他们欲罢不能一步步了解新闻事实的全部内容。奇闻趣事总是社会新闻关注的对象。社会上一些趣事，本就是非常的吸引人的，所以说，在社会新闻的写作中，表现"趣"的特色应该是完全可能的，但是，对"趣"的追求绝不是无中生有故弄玄虚。

二、社会新闻的写作形式

（一）用消息反映社会新闻

用消息反映社会新闻，首先要做到标题简洁明了和精彩传神。社会新闻的特点决定了它是全体受众关注的，感兴趣的新闻，所以，在为社会新闻起标题时，一定要把文章内容中的这个"卖点"发掘出来，通过简洁明了的标题，让受众有"一见钟情"的好感。

其次，导语的制作要出语不凡、引人入胜。新闻导语的写法多种多样，但社会新闻在导语的写作上一定要力争做到出语不凡，以引起受众的广泛关注和探求兴趣。一般情况下，每一条社会新闻总是包含了可读性较强的内容，在写作导语时，一定要将这种可读性展示出来。

根据社会新闻的特点，其主体和结尾写作也应体现出自己的特点。许多社会新闻是突发性新闻，所以，对现场气氛的渲染非常重要。通过对现场气氛的渲染，可以更好地演示社会新闻发生的全过程，从而让受众对社会新闻的宏观和微观都有一个比较正确的把握。

例如：

为逃惩罚　小偷吞针

本报讯（记者秋砚）一名男子在公交车站偷窃被抓，为了逃避惩罚，不惜吞下一根绣花针。近日，栖霞法院以盗窃罪判处这名男子有期徒刑6个月，罚金1000元。

姚某，今年41岁，吉林人。2006年11月11日上午10点多钟，姚某来到马群钟山学院附近的公交车站，趁等车乘客杨某不注意，扒窃了杨某左上衣口袋内的一部松下数码相机，被群众当场抓获并扭送当地派出所。到了派出所，姚某突然捂着肚子大声喊疼，称他出来时和妻子吵架，吞下一根绣花针。姚某随即被送往医院并排出绣花针。姚某承认，他趁人不备的时候吞下事先放在身上的绣花针,为的就是能够逃避惩罚。

(《扬子晚报》2007年1月5日)

这是一篇较有情趣的社会新闻,报道一小偷为逃避惩罚不惜吞下一根绣花针的事件。标题简洁明了而又能吸引人的眼球,导语充分展示了新闻内容的可读性,主体则较详细地叙述了事件的经过,尤其是小偷露丑的细节,可鄙又可笑。

(二) 用通讯报道社会新闻

与消息相比较,用通讯形式报道社会新闻的情况相对要少见一些,但这并不能否定通讯在报道社会新闻中的独特作用。通讯是比较全面生动地报道新闻人物或新闻事件的一种体裁。当某一新闻发生后,由于材料丰富、题材重大,篇幅短小精悍的消息无法吸纳全部的内容时,可以考虑采用通讯这样一种报道形式。通讯的具体形式比较多,有人物通讯、事物通讯、风貌通讯、经验通讯、工作通讯等多种形式。在报道社会新闻时,比较多的采用的通讯形式是人物通讯和事件通讯。

与一般的人物通讯相比较,报道社会新闻的人物通讯在写作上主要应着眼于这些方面:一是主题相对集中。主题集中是任何一种新闻类型人物通讯写作的基本要求,大而言之,也是通讯这一种文体写作的基本要求。如果主题飘忽不定,是无法写出能给人留下深刻印象的人物通讯的,甚至是无法写出一篇像样的人物通讯的。要做到主题相对集中,就要注意在写作时抓住人物的特点,集中笔墨进行渲染。即使对需要枝蔓开来的地方,也要考虑到这种"枝蔓"和主题的关系:考虑"枝蔓"之于人物形象和人物特点的价值。如果这种"枝蔓"对于刻画人物形象没有什么意义,就要毫不犹豫地舍弃。

二是内容新鲜奇特:用人物通讯的形式来反映社会新闻,在选材的要求上是比较高的。这是因为,以先进人物的先进事迹为主要表现内容的人物通讯,在反映人物的精神风貌方面固然有其优势,但在一般的社会中,新闻人物却很少会有惊天动地的事迹供新闻作者浓墨重彩去描绘,所以在写作时会有"无话可说"的可能。同时,即使"有话可说",如果这些"可说之话"只是生活的常态,也很难激发受众关注的兴趣。要避免这一缺憾,就必须在内容的奇特上下工夫,把平常人的常态,通过特有的视角,把这种常态写得意趣盎然。应该说,要写好社会新闻,选好材,这是一个十分重要的方面。例如《清朝贵族:我过上了真正幸福的生活》一文,其取得成功的原因,固然有作者写作手法成熟老到的因素，但题材的新闻奇特显然也是重要的因素之一。

三是细节生动传神：在人物通讯的写作中，是否有精彩的细节描写，是否注意运用细节来反映人物的精神风貌，这是一篇人物通讯成功的关键因素之一。细节是指人物的肖像、语言、行动、服饰、表情变化、心理活动和事物的细枝末节等。"动人春色不须多"，人物的音容笑貌，并不一定要花多少篇幅才能写好，有的时候，一个典型的细节，就可以把人物的心理变化，情感特征刻画得入木三分。

怎样用事件通讯报道社会新闻？事件通讯是以重点报道受众普遍关心的，具有典型意义的新闻事件为写作内容的新闻通讯。一般情况下，事件通讯报道的事件都是突发性的新闻事件。在报道一些突发性的重大的社会新闻时，运用事件通讯这样的新闻形式来反映，无疑会收到良好的效果。当然，对于一些有典型意义的、有趣味的社会新闻，即使在题材上并不重大，同样也可以采用事件通讯的形式。反映社会新闻的事件通讯在写作时要注意这样几点：

一是主线清楚，叙事生动。事件通讯一般反映的事件比较重大，情节比较复杂，内容十分丰富，因此，在写作时一定做到脉络清晰，层次分明，通过一条明确的主线，把主要的事实串联起来，切忌眉毛胡子一把抓，内容繁杂，令人不知所云。同时，抓住社会新闻本身具有的浓郁的故事性和强烈的人情味，使叙事生动曲折，吸引受众。

二是内容充实，现场感强。事件通讯反映重大事件，其内容一定要丰富充实。尤其是反映社会新闻的事件通讯，一般以交代事实为主，不必多发议论，要将作者对事件的评论，不动声色地隐藏在对事件描述之中。同时，反映社会新闻的事件通讯，一定要把现场气氛描写出来。

例如：

文联主席抓小偷

阳春三月，滁州市城乡传颂着一个"文联主席抓小偷"的故事。

3月24日清晨，细雨霏霏。中国现代文学研究家、滁州市文联主席吴腾凰先生在丰乐菜场买菜。突然，他觉得身体被人挤了一下，上衣口袋有所触动，扭头一看，是一个20岁左右他不认识的年轻人。他警觉地说："你想干什么？"年轻人一瞪眼，调头就走。买菜人告诉吴主席，这人是扒手，从新疆来的，经常在这里偷老年人和妇女的钱包，一般人都惹不起他。老吴说:"我不怕,请你把我东西看着,我去抓他。"随即大步流星赶过去,喝道:"小偷站住,看你往哪里跑!"小偷一看形势不妙,撒腿就跑。老吴仔细一想,小偷今早没得手,不会善罢甘休的,我且在此抽支烟静等"鱼儿"上钩吧。

果然,约半小时后,只见那扒手晃晃悠悠,装腔作势地又过来了。于是,老吴悄悄地紧跟其后,当小偷把手伸向一妇女提包时,他一下冲向前去,当场抓住小偷的手腕:"跟我到派出所去!""大爷,我也没偷您的,何必多事呢?求求您老放我一马。"小偷哀求道。"少废话,跟我走!"小偷一看软的不行,凶相毕露,恶狠狠地说:"你是干什么的?我俩井水不犯河水,不要敬酒不吃吃罚酒,再不松手,别怪我不客气了!"吴老严厉地说:"我是党员,国家干部,住在市委,名叫吴腾凰,今天就叫你栽倒我手里!"此时,周围买菜的群众都围了上来,被年近花甲的老人一身正气所感动,在群众的帮助下,吴老押着小偷走进了派出所。

事后,有人问吴主席:你当时怎么不害怕?他说:"做贼心虚,邪不压正!我们写书教育别人,岂能对这种事坐视无睹?"

(《文汇报》1996年4月2日)

这则事件通讯的题材并不重大,篇幅也不长,但在有限的篇幅里,作者抓住新闻事件本身的故事性,生动再现了"抓小偷"的现场气氛,读来饶有情趣。

(三) 用新闻评论反映社会新闻

社会新闻涉及社会生活、社会问题、社会风气的方方面面,在众多的社会新闻中,亦不乏典型的、有导向作用的新闻事实。这些社会新闻具有一定的道德规范作用,具有一定的社会教育作用,具有一定的传递科学知识的作用,对于这样的新闻事实,可以用新闻评论的形式来报道。用新闻评论反映社会新闻,可以增强报道的深度,扩大报道的影响,提高媒体的社会新闻报道水平。

例如,青岛"的哥"莫立斌将谢先生落在出租车上的价值600万元的玉石和两万多元现金还给失主,义举感动了失主,也感动了青岛市民,于是,青岛出现了满城飞扬"红飘带"这一奇特的景观。一时间,多家媒体纷纷进行了报道,如《青岛早报》《齐鲁晚报》以及央视《东方时空》栏目。对于这一在社会上引起强烈反响的新闻事实,《人民日报》记者对此展开了评论。

请看下文:

看,满城飞扬的红飘带

王朝明

一块价值昂贵的翡翠,在电影《疯狂的石头》里引发了一场贪婪的角逐。而在冬日青岛的街头,一块冰冷的玉石,却演绎了温暖人心的"完璧归赵",继而变成"满城飞扬红飘带"的和谐风景。

上月,来自深圳的谢先生,将价值600万元的玉石和两万多元现金落在了青岛的出租车上。没要发票也没记住车牌号,不抱多大希望的他,通过当地电台发布了寻物启事。听到广播后"的哥"莫立斌赶来将财物交还,并拒绝了酬谢。莫立斌的义举感动了失主,也感动了青岛市民。为表达对一贯在见义勇为、拾金不昧、扶危济困等方面频频"出手"的好"的哥"们的敬意,成千上万的岛城车辆系上红飘带,许多商场、快餐店门前也挂上红飘带,有的店还贴出"天冷了,欢迎大家到店内等孩子放学"的"温暖告示","红飘带"将融融友善与温馨关爱传给了岛城每一个人。

满城飞扬红飘带,凸显了公众的道德认同。向善唯真是人的本性,它深深扎根在每个人的心底。美德和善行是朴素低调的,它不需要粉饰和张扬,却天然有着神奇的感染力和感召力。待人以诚、与人为善、拾金不昧、急人所难,向来是中华民族的传统美德,也一贯为国人所推崇躬行。一条条红飘带,是符号和载体,道出了人们对笃行美德者的深深敬意。是桥梁和纽带,联结起人与人之间的真诚情谊。也是寄托和象征,凸显着时代的道德呼唤与人民群众的热烈回应。

从一个人的举手投足,可见其素质修养。而从一个城市的风气风尚,也可以观察到这个城市的文明程度。一条条"红飘带",一桩桩传递爱心、接力美德的义举,在带给人们恒久感动的同时,也在潜移默化地改变着社会风气,树起了城市文明的亮丽风景。在青岛,好"的哥"不止一个莫立斌,文明符号也不止一条"红飘带"。"人让人、车让车、车让人"的故事,共同构成了文明城市的和谐风景。秀丽的自然风光,吸引的多是艳美的目光。独特的文明风景,赢得的则是人们由衷的尊敬。

一根琴弦弹不出气势恢弘磅礴的乐曲,一条"红飘带"也是柔弱的,只有千万条"红飘带"交相辉映、彼此呼应,才能融合汇聚成推动文明、构建和谐的巨大力量。建设文明城市，促进社会和谐，每个人都是文明与和谐的受益者，也都是文明与和谐的建设者，我们没有权利作文明与和谐的"看客"。文明与和谐需要美德的建树与表达，更需要爱的奉献、传递和响应。

（《人民日报》2006 年 12 月 24 日）

这篇评论从公民社会道德的角度立论，满城飞扬的"红飘带"，树起了城市文明的亮丽风景，它是人们对笃行美德者的深深敬意，更是推动文明、构建和谐的巨大力量。较之其他新闻报道形式，新闻评论对新闻事实从思想的高度进行了挖掘，从理论的高度进行了深化，其道德规范作用和社会教育作用是显而易见的

（四）用深度报道反映社会新闻

社会新闻报道的大多是受社会普遍关注的新闻，也就是说，社会新闻具有最为广泛的受众。既然如此，在媒体走向市场，强调"受众中心"的今天，社会新闻的深度报道就有了施展手脚的机会和空间。用深度报道的形式来报道社会新闻，首先强调的是对受众要求的尊重。一些重大的社会新闻，受众十分关注，仅靠某一单一的报道形式，就不能满足受众的需求。这样的情况下，采用连续报道和组合报道的形式是比较理想的。采用连续报道的形式，就是让事件在动态进展中，牢牢吸引受众；采用组合报道的形式，就是综合运用消息、通讯、评论、图片及相关资料等多种形式和手段，集中报道某一社会新闻事件。

例如，1998 年 7 月 20 日的《北京晨报》创刊号上，一则名为《把阳光还给我们》的报道引起了市民的普遍关注。居住在海淀区红五楼的居民反映，附近紫金庄园的楼房影响了他们房间的采光，为此，居民们提出要状告紫金庄园建房违反了楼间距的规定要求。该报对此事进行了连续 6 天的追踪报道，采访了各方面的当事人，并且在报上摘登《北京市居住暂行规定》的有关条例。最终使有关方面开始对紫金庄园进行测算和核查。此事后来引起了《北京晚报》、《北京青年报》、北京电视台的共同关注，反响强烈。

要提高社会新闻报道的水平，全方位地、深入地反映社会生活，还需要在新闻策划上做文章。社会新闻的策划报道要把握好社会新闻的交叉性和边缘性。所谓交叉性，是指对同一社会新闻事件，可以有多个报道角度和报道方式的选择，既可以是平面的直观式反映，也可以是直面问题本质，反思与

前瞻；既可以一次性、终结性报道，也可以采用连续追踪报道。在交叉点上，重点是突出受众对于事件关注的焦点和事件发展的趋势。所谓边缘性是指社会新闻外延的扩展和延伸。某些超出社会正常秩序的事件，具有与其他专业新闻报道的边缘交叉。这类新闻事件，就需要进行"社会新闻纵深化"处理。所谓"社会新闻纵深化"，就是转变社会新闻即"案件"的狭隘思维，把社会新闻事件从关注"案件"的领域向关系人们日常生活的方方面面扩展。如某城市出现一名老人孤独地死在了自己的房间里，一周以后邻居们忍受不了难闻的气味而报警，才被人知。该城市的一家报纸就此事件作了鳏寡老人是否应当由敬老院收养的讨论，把此事件从一般死亡现象引申到社会公共政策层面。又如，《北京青年报》前不久推出的京城养狗现象的讨论，收到了良好的效果。

第四编 04
深度报道写作

第十四章

深度报道写作

第一节 深度报道概述

一、深度报道的含义

深度报道是意在揭示新闻事实的内部联系、因果关系，反映事实产生的原因、环境及其发展过程，挖掘其意义、预测其发展趋势的一种报道形式或方式。

深度报道属"高级报道业务"。美国《底特律新闻》的社论作者杰克·海敦在为美国高等学校新闻专业撰写的新闻学教材《怎样当好新闻记者》一书中，认为新闻专业的学生应掌握两门基本课程——"基础报道业务"和"高级报道业务"。

"深度报道"作为一种报道文体，出现于20世纪30年代。日本学者武市英雄在《日美新闻史话》中曾指出："在美国，虽然重视客观报道，但进入20世纪，特别是20世纪30年代起，也开始感到了客观报道的局限性和矛盾。尽管如此，人们并非采用主观报道方式，而是在感到客观报道的局限与矛盾的同时，着手摸索新的报道方式。"于是，在美国新闻界，开始出现"解释性新闻"。解释性新闻是相对于客观报道的"纯新闻"而言的，它除了报道新闻事实，还揭示和说明新闻事实产生的原因及结果，揭示"新闻背后的新闻"，向读者解释事件的来龙去脉、事件的含义及社会影响，也包括对事件发展作出展望，其题材多为重大社会问题、政治问题和国际问题。写法上，它往往运用大量的新闻背景材料、对话、轶事，写得纵横捭阖，引人入胜，比起一般的消息报道，更具"深度"。因此，人们又称之为"深度报道"。自"深度报道"出现之后，西方报道文体遂构成"二分天下"之势：一是动态报道，即西方所说的"纯客观报道"；一是"深度报道"。

"深度报道"在本世纪80年代被介绍到我国后，有了迅速发展。1987年夏，第八届全国好新闻评选，开始正式增设了"深度报道"的项目。"深度报道"的内涵可以从狭义和广义两个角度来理解。狭义的"深度报道"，指的是文体，与高普鲁等人所说的"深度报道"相似。广义的"深度报道"，则是一种"工程"，像"连续报道"、"系列报道"、"组合报道"等，都属"深度报道"。广义的"深度报道"，实际涵括了消息、通讯、新闻评论、新闻调查等诸多形式。

二、深度报道的特点

作为一种以深刻和全面为传播旨趣的新闻报道，深度报道有着自己独特的运作品性。我们把深度报道的特性归纳为四个方面，即：深刻性、广泛性、整合性与递延性。

（一）深刻性

深度报道以深刻见长，深刻性是它的主要特质。一篇报道能否深刻，要看记者对于新闻事件的内在联系是否有深刻的认识。深刻性在实践中主要表现为科学性、拓展性和启思性三个方面。

1. 在方法上，体现出科学性

科学是人类迄今为止征服未知世界最有效的手段。没有科学方法作指引，人们对于自然、社会和自身的认识就只能停留在表象上，无法深入。深度报道的实践也不例外。新闻事件中深层信息的潜在性与记者的开掘能力是一对基本矛盾。没有科学的指引，记者的认识能力将受到极大的局限。要做到科学性，记者应该具备以下两方面的素质：

（1）科学的态度。新闻记者要具有客观严谨实事求是的态度，充分体现出实证的科学精神。这种科学的态度和精神是在长期的学习和实践过程中逐步培养的，并最后内化为记者的内心准则。一个记者面对复杂的新闻事实不能束手无策，而要冷静地运用科学的手段进行分析和求证，以期把握新闻事实的本质，并将其深刻地表现出来。做到了这一点，记者才堪称具有良好的科学态度。

（2）科学的采写方法。记者要能够运用社会科学的研究方法。目前，新闻学还没有自己的独立的方法体系，但新闻学的相邻学科，比如传播学、社会学、心理学、人类学等有不少方法可以被深度报道实践所用。面向未来的记者应多学一些社会科学方法，在实践中多进行一些科学研究。台湾学者王洪钧指出，记者从事深度报道，"必须使自己成为专家，视这个工作为科学实验，利用调查、测试、研究等方法对每件足以构成新闻的观念及事件，作横的比较和纵的探讨，用数字和证据，说明这个观念及事件的产生背景及其影响。"① 在这一点上，西方新闻界的实践值得我们借鉴，"西方新闻界在最近15年内的一个重要发展，就是在某些新闻报道的材料准备中应用社会科学的研究方法。"②

2. 在文本上，体现出拓展性

在文本中大量使用深奥、甚至是晦涩的语言，这是对深度报道深刻性的一种误解。深度报道是传播给读者的关于新闻事件的深层信息，而不是语言艺术的表现，它的至高境界应该是"深入浅出"。优秀的深度报道在文本上的深刻往往体现为表现事实的层层深入：从表层拓展向深层；从事件拓展向认知；从事件本身拓展向事件之间的联系、事件与人的联系。这种拓展能够帮助读者在类比、演绎和归纳中获知新闻价值。深度报道给受众的接受感觉是信息量大，信息质量高，能满足不同层次受众的多种需要。

（1）要将新闻事实由表层拓展向深层，要求记者具备较强的分析能力。记者应该善于把复杂的新闻事件分解为许多相对独立的层次，然后对这些不同的层次进行专门的研究，不断地剔除假象，也不停留于表象，从而找到新闻事件的深层信息。

（2）要将新闻事实从事件本身拓展向认知，则要求记者具备较强的综合能力。"格式塔"心理学认为，"整体大于部分之和"；新闻事件与新闻背景之间有着千丝万缕的联系，必须将其整合为一个整体，才能使深度报道变得全面而深入。比如，对美国侦察机入侵中国领空、并导致撞机事件这一新闻事实在作深度报道时，绝不能就事论事，必须将它放到美中关系和国际竞争的背景下去加以综合认识，这样才能把握住这一事件的深层意义。

（3）要从事件本身拓展向事件之间的联系、事件与人的联系。深度归根到底还是体现在新闻事件与人和社会的关系上，因此，事件本身的深刻意义最终还是要由人来赋予。如果不能体现出新闻事件与人和社会的深层关系，那么报道是无法做到深刻的。还以美国侦察机入侵我领空为例。如果不能揭示这一事件对中国社会和美国社会的影响，不能揭示这一事件对中国人和美国人的影响，这个事件就谈不上有什么深刻。

---

① 王洪钧：《新闻采访学》，台湾中正书局1997年版。
② 胡舒立：《美国海报见闻录》，中国广播电视出版社1991年版。

3. 在效果上，体现出启思性

中央电视台副台长李东生提出，在深度上下工夫，实际上就是在受众的认知程度上下工夫。这一见解是恰当的。深度报道要做到深刻，就必须让受众参与和再创造。深度报道的文本应该留出足够的空白，让受众自己去思考。只有受众主动感受到的深刻性，才是可靠的深刻性。深度报道可以利用新闻事实之间的空白，营造适当的提示，尽量避免把一些耐人寻味的东西直接说出来，强行灌输给受众。这一点，是深度报道的启思性的关键所在，也是新闻深刻性的活的灵魂。

（二）广泛性

仅具有深刻性的报道还并不能成为深度报道。这是因为，在深度报道这个概念上，广度和深度是高度辩证统一的。没有广度，深度报道就无法基于充分的事实、通过层层深入而达到深度；没有深度，广度也就成了泛泛而谈的、信息的无用堆砌。深度报道的广泛性与深刻性是互为前提的。

1. 题材面广泛

客观报道的价值观倾向于报道那些发生过的或正在发生的重大事件、或是名人的所作所为，即传统意义上的重要性和显著性。随着深度报道的出现，这种新闻价值观正在发生变化。深度报道的视角倾向于同等关注非事件性新闻和普通人新闻，在这方面，亲近性新闻学（Intimate Joinnalism）亦早已成为一种观念的倡导。如果一条新闻能够对读者有深刻影响，那么，它的题材可以不受任何局限。深度报道的题材从动态到静态，从地区到全球，从过去到现在和未来，无所不包。因此，深度报道大大扩展了新闻价值的含义：在那些看上去缺乏显著性的各种新闻事件中，都有值得分析、值得解释、值得研究和调查的东西。而这一点，正是传统新闻学所忽略的。

2. 受众面广泛

不同层次的受众都可能适应阅读深度报道，因为任何受众都能从深度报道中找到自己需要的信息。有的受众习惯于重点关注深度报道的预测和分析；有的受众则可能更关注深度报道描述的事件的全过程；还有的受众则特别欣赏深度报道作者所流露出来的主观感受。深度报道的市场优势在于：它把大量的不同题材的信息，科学地展现给受众，让受众发挥主动性，自己去思考，去选择，去读解。这就好比是开办了一个信息超市，让受众在自助式的消费中各取所需，从而感受信息认知的乐趣。只要受众使用了媒介的信息，各取所需，获得了某种满足，传播就是有效果的。优秀的深度报道能够让受众在使用媒介的过程中，获得求知和思考的极大满足，而且不同层次的受众可以在信息量很大的深度报道中得到不同层次的满足。深度报道用特殊的传导模式，与广泛受众建立了良好的联系。

3. 影响力广泛

深度报道的影响力可以分为显在的影响与潜在的影响。其一，显在的影响。显在的影响主要体现在人们对于新闻事件的看法。一般性的报道通常只能解决让受众知其然的问题，而不能解决知其所以然的问题。深度报道有效地弥补了这方面的不足，比较容易说服受众、并进而影响他们的行为。尽管常常流露出作者的倾向性，但深度报道在报道新闻事件时，仍通常会以"两面说"罗列正反两面的意见和事实，而且信息量比较对称。

其二，潜在的影响。潜在的影响主要体现在人们潜移默化地改变了自己的各种观念、思维习惯和行为方式。深度报道在某一具体事实上显在改变受众的意见，长此以往，人们就会接受深度报道所蕴涵的文化和观念，用记者思考问题的方式去思考，按深度报道提供的方法去行为。

人有详细了解未知世界的强烈愿望，但对绝大多数人来说，身外的现实世界太大了；对于超出自己亲身感知能力的事物，人们只能通过各种各样的"新闻供给机构"去了解。传播学研究指出，媒介给人类提供的是一个符号化的世界，一个虚拟化的世界。它是现实世界的替代品。普通的报道往往只能提供关于事实的一鳞半爪的影像，相比之下，深度报道的信息详尽而完整，能够为受众提供更为翔实的社会画面，能指导受众去行动和思考，因此受众更愿意从深度报道中获取信息。而且，当受众习惯用深度化的思维方式进行思考和行动时，他们又会加深对于深度报道的依赖。良性化的互动和受到激励的信息依赖，使得深度报道的传播具有独特的"交叉感染"能力，这无疑进一步扩大了深度报道的影响力。

（三）整合性

我们生活在一个整合的时代。在新闻传播领域，随着新媒介、尤其是互联网的出现，整合报道的现象显得特别突出。网络对报纸、广播和电视等媒介技术特点的兼容，即是一种典型的整合。而如果说网络是大众传播媒介的整合者，那么深度报道就是新闻表现形式的整合者。深度报道的整合性，就宏观而言，反映在以下几个方面：

1. 对新闻观念的整合

深度报道出现以前，在相当长的一段时间里，西方新闻事业的绝对主流理念是所谓的客观主义。客观主义要求新闻报道尽可能地做到客观真实,而记者在客观主义教条的束缚下缺乏主观能动性,只报道事件的表象,而不注重报道事件的前因后果,结果导致受众在纷繁复杂的新闻事实面前茫然而不知所措,因此,受众对客观主义的新闻理念产生了怀疑。于是,强调主观感受的"新新闻主义"理念试图从另一个极端修正客观主义。所谓新新闻主义是指用小说的笔法来写新闻故事,但在实践过程中,由于新新闻主义的报道过于强调主观的作用,过多地抛弃了客观主义的合理因素,一度导致假新闻泛滥。实践证明,新新闻主义和客观主义的新闻理念必须得到重新整合,才能更好地面对纷繁复杂的新闻实践。深度报道在继承客观主义新闻理念合理因素的同时,并不排斥新新闻主义理念中的合理成分。它强调记者在进行新闻报道时既要客观冷静,但又强调绝对的客观是不存在的,记者要有主体意识和主观能动性,要积极地追求报道的深刻。

2. 对新闻文体的整合

深度报道尤其是组合文体的深度报道出现以后,各种新闻文体被统率到了新闻深度这面旗帜之下,它们开始发生了质的变化:不再考虑清规戒律,也不再考虑结构形式是否完美,只考虑用什么方式能使信息被传递得更清晰、更完整和更深刻。所以,它们比一般报道更能体现事物之间、人与世界之间的内在联系,给读者留下更多的思考和回味的空间。通过深度报道的整合,消息、特写、评论等传统文体展现出了自己的潜力,显示了这些文体真正的活力。从当前的新闻实践来看,深度报道"正在把一切报道综合成一个整体,各种文体因此释放出无穷无尽的潜力"①。

3. 对媒介的整合

作为一种强调协作化发展的新闻报道样式,跨媒介组合的深度报道利用广播、电视的时效性和广泛影响性,利用报纸、杂志的可保留性和深刻性,利用不同媒介丰富的表现方式,最后加以整合,对某一社会热点进行全媒介的系统报道,对社会舆论施加影响。这被称之为"媒介联动"。需要特别指出的是,网络出现以后,深度报道的媒介联动在跨平台协作方面更增加了其可操作性和影响力。

4. 对新闻角色定位的整合

从亚当·斯密开始,人们就对政治、经济、文化等各个领域内各种分工的巨大作用给予了全面的肯定。现代新闻业诞生后,为了提高效率,许多新

---

① 胡翼青:《论深度报道的整合》,载《广播电视大学学报》,2001年第2期。

闻机构也进行了分工，产生了不同的角色定位。传统的新闻学给不同的新闻角色、尤其是编辑和记者划定了严格的界限。但从深度报道的作业形态与要求来看，对新闻分工的整合却是必然的。

深度报道的采写往往要耗费大量的时间、金钱和精力，比如《华盛顿邮报》采访"水门事件"、《费城问询报》采访警察贪污腐化、中央电视台"焦点访谈"采访全国各地乱收费现象时，都派出了精兵强将，整合新闻的策划、采访、写作、编辑力量，全力以赴。这要求记者具有编辑的意识，而编辑也必须具备记者的意识。（1）记者必须具备编辑意识是指，记者除了要对新闻事物具有强烈的新闻敏感以外，还要从报道的全局出发，考虑哪些深度报道的题材更符合媒体的风格和价值取向，考虑什么样的形式能取得最好的版面或视听效果。（2）编辑必须具备记者意识是指，编辑应该具有记者一样的新闻敏感，及时发现热点问题或重要的深度报道线索，从而能站在预前性的角度参与重大新闻战役的操作流程。

（四）递延性

为了做到深刻、全面，深度报道的操作常常体现为一个完整的过程。新近发生的某个新闻事实，必然是历史上发生的某一事件的后续，又必然会导致未来某事的发生。有的新闻事件也可能会持续发生很长一段时间，也许数天、数周，甚至一年、数年之久。在这一过程中，可能每一刻都会发生有联系的新的新闻。因此，从深度报道的视角来看，事件在时空上的递延性本身就是一种重要的信息。

在现实社会生活中，受众常常会关注前一篇报道所报道的新闻事实的结果如何。不把这些交代清楚，新闻就不可能做到使读者正确把握新闻事实的发展规律。所以，从空间上讲，深度报道的操作是一个互动的过程。受众在整个过程中不仅仅是被动的接受者，而且往往是积极的参与者。深度报道正在把报道的一部分权利让给受众，使深度报道的传播形成主体的互动。

与其他新闻报道相比，深度报道的递延性是深度报道的一个重要特点，深度报道总是很注意挖掘以往的新闻事实，注重对上一篇深度报道跟踪和再报道，深度报道对题材的发现工作常常是由传播者与受众共同完成的。

深度报道的递延性概括起来包括三个方面的内容。那就是上承、下继和互动。

1. 上承和下继

上承是对以往报道的新闻事实与观点的跟踪；下继则是对现在正在报道

的新闻事实、正在公布的新闻观点保持未来的跟踪。深度报道上承和下继的结果就是导致了连续报道、系列报道等报道样式的广泛应用。美国密苏里新闻学院的《新闻写作教程》指出："一篇连续报道可能同最初发表的报道同样重要而有趣。人们想知道发生了什么事,随后,他们通常还会问,以后又发生了什么?由于报纸不能等到一件事整个发展过程完结之后才去复印,因此通常要进行连续报道。"① 上承和下继实际上保证了新闻报道在时间坐标上的连续性,同时也反映了深度报道的记者对于新闻事实的非同寻常的责任感。

2. 互动

互动是指广大受众通过反馈参与到深度报道的写作中来。如果说上承和下继是时间上的一种递延,那么互动则是一种空间上的、传播者与受众之间以及受众之间的递延。正是这两个方面的递延使深度报道成为一张视角的罗网,渗透到社会的方方面面,把深度和广度的特性发挥到极致。

互动机制的基础是反馈。"反馈"这一概念,是控制论的创始人维纳在《控制论》一书中首先提出的。应该说,因为有良好"反馈"机制,所以深度报道能够在一个比较合理的素材环境及话语环境中展开。从旨趣的角度看,甚至可以说,当新闻报道针对反馈作了后续报道以后,这一组新闻报道即成为深度报道。受众的来信、来电、在线交互有时会直接成为深度报道的组成部分,受众常常会成为深度报道的参与者和作者,他们可能会提供非常有价值的新闻线索,也可能提出极富价值的观点和建议。正是因为有受众的反馈意见,深度报道可以在持续的交互中修正自己的报道方式、报道内容,从而进一步深入揭示事件的本质。

三、深度报道的类别

深度报道即是一种报道形式,也是一种报道工程。

作为报道形式的深度报道,主要包括 预测性新闻、解释性新闻、调查性新闻等,它们都以单篇构成一次报道,在报道的深度上,超过平常所说的"纯新闻"。

作为一种报道工程,深度报道有"连续报道"、"系列报道"、"组合报道"等,它们都由多个篇什、多种报道体裁集合而成,是一种整体工程,而不是文体。

---

① 布赖恩·布鲁克斯:《新闻写作教程》,新华出版社1986年版。

第二节 预测性新闻写作

一、预测性新闻的含义

预测性新闻是以事实为依据,按照事物发展的客观规律,对其未来发展趋势进行分析,从而作出科学预见、预报和预测,给读者更多、更新信息的新闻。预测性新闻报道的不是"新近发生的事实",而是"不久将发生的事实"。它在已发生的事实基础上,按照事物发展的客观规律对其发展趋势作出预测,以满足读者的求知欲望。

从发生学的角度来看,预测性报道源于人们对未来事物的求知欲望。美国学者沙利文在《预测原理》中指出,预测是指对不能确定或不知道的未来事件作出的叙述。人类自诞生以来,一直对未来将要发生的事表现出浓厚的兴趣;对未来进行预测,受一种庄严而神秘的事。在人类发展的初级阶段,祭司与巫师是未来的代言人;其后是学者;近现代以来,自然科学家和社会科学家在预测未来这一领域的贡献有目共睹,甚至由此推动了未来学的勃兴。而自 20 世纪 20 年代以来,记者也加入到了预测未来的先知行业中,预测性报道的大量出现便是其实绩所在。

二、预测性新闻的特点

(一) 预见性

预测性新闻的价值之一,就在于它能根据事物发展的规律,通过对客观事物现状的分析,预先推断出某一事物的未来发展趋势,给读者以最新信息。预测性新闻总是通过对事实的分析,在将要发生的事实作出超前的科学的预报、预测。例如,1986 年 6 月 22 日、23 日,第十三届世界杯足球赛八强分组淘汰,前景扑朔迷离。新华社记者于 6 月 19 日撰文《哪四个队将进入世界杯足球赛决赛圈?》,认为法国和巴西"两队极可能打成平局,随后靠罚点球碰运气来决出胜负;硬要作出预测,胜券将握在法国队手中。"结果完全被言中。新加坡《联合晚报》称"新华社记者料事如神,预测胜负丝毫不爽","预则得比气象天气预告还要准"。

(二) 逻辑性

预测性新闻对事物发展趋势作预测时,不是凭主观臆断,而是依据客观规律,对影响事物发展的主客观因素进行科学分析,从而作出合乎逻辑的推断。从思维方式看,它表现为逻辑严密的立体思维,要多角度、多侧面地观照事物。从表现形式看,它既有论断,也有论据。如《报刊文摘》1994年3月14日报道《世界卫生组织官员称中国存在艾滋病大流行危险因素》:

> 这一大流行的危险主要来自于流动人口的增加,农村劳动力向城市的转移。默森说,一旦这种经济发展的趋势出现,伴随而来的就是这种疾病的蔓延。因为人们走出自己稳定的家庭结构就会出现性伙伴的多元化,这是很难避免的。
>
> 另外公众缺乏预防艾滋病知识,自我保护意识较差;性病患者逐年增多,吸毒人数有增无减;国际上特别是周边国家艾滋病迅速传播的影响也都在预示着,中国由艾滋病低感染国变成高感染国的危险前景有可能成为现实。

报道从多方面提供事实依据,其逻辑性是很强的。

(三) 引导性

预测性新闻在告诉读者将发生什么的同时,实际上也在引导着人们的行为指向。它的指导性有直接与间接之分。所谓直接引导性,就是记者在新闻报道中根据预测,直接提出决策和建议。如新华社北京1987年10月27日电《杜润生说我国可以利用自己的土地资源解决十几亿人口的吃饭问题》,记者在报道这一鼓舞人心的科学预见时,不定期报道了杜润生提出的三大决策性意见:"一是要增加投入,改造低产田、中产田,提高单位面积产量;第二要进行农产品价格改革,把价格关系理顺,进一步调动农民的积极性;第三要引导消费。"所谓间接引导性,就是寓指导于预测报道中,并不直接提出决策性意见。如《西方预测90年代初油价将大幅度上升》这则新闻,向读者,特别是石油界传递了一条重要信息,但报道中并没有涉及我国应采取什么决策,但它对我国能源界仍有引导性。

三、预测性新闻的写作原则

（一）掌握预测方法

预测性新闻不是占卜，不是主观臆断，它建立在充分的调查研究的基础上。写预测性新闻通常采用几种预测方式：

其一，请有关专家、学者或权威人士发表预测性意见。如《杜润生说我国可以利用自己的土地资源解决十几亿人口的吃饭问题》，就是实录了中共中央书记处农村政策研究室主任、国务院农村发展研究中心主任杜润生的发言。

其二，依据权威部门或官方的预测。抓住权威部门发表的预测性意见，能大大增强新闻的权威性。例如《中华工商时报》2012年1月18日刊登了一篇题为《中科院预测房价将降5.3%》消息。在全国房价问题十分敏感的时期，社会各界对房价的动向十分关注，文章引用中国科学院预测科学研究中心的看法，是很有分量的。

中科院预测房价将降 5.3%

【据新华社北京17日电】中国科学院预测科学研究中心17日发布2012年中国经济预测报告显示，综合调控政策、市场供需等各项因素，2012年商品房价格将难以维持增长趋势，转而进入下行通道，预计商品房平均销售价格将同比下降5.3%左右。

中国科学院预测科学研究中心教授董纪昌认为，尽管居民收入增加、城镇化规模加大、住宅的刚性需求强劲、土地价格推动等长期性因素会支撑房价保持上涨。但市场供需状况和政策因素会促使房价涨幅继续回落。

他认为市场的存量供给持续增加，开发商资金链继续从紧，部分城市房价成交低迷导致市场的观望情绪较重等因素将对房价形成下行压力。"最主要的一点是已有的房地产行政政策不会放松，将进一步遏制房价过快上涨。另外，房产税征收也将对平抑房价起到积极作用。"

中国科学院预测科学研究中心预测，2012年，房地产特别是商业房价格难以维持增长趋势，转而进入下行通道。其中，房地产投资方面，预计2012年同比增长21.1%，涨幅下降8.4%。房地产需求方面，预计2012年全国的商品房销售面积同比会增长3.2%左右。房地产价格方面，预计2012年商品房平均销售价格将同比下降5.3%左右，其中一季度增幅回落最高。

(《中华工商时报》2012年1月18日，作者：张辛欣)

其三，摘引有关报告与资料。如新华社1988年3月23日电《科学家对2000年我国生物技术产业发展做出预测》，摘引了国家科委科技促进发展中心的一个研究小组向国家科委提交的报告。

其四，综合舆论。如《西方预测90年代初油价将大幅度上升》，记者综合了美、日两国学者的能源研究报告，还引用了莫里斯、马布罗等专家的言论，从而作出预测。

其五，记者深入实际，作好调查研究。

(二) 注意行文技巧

要慎重地表达预测内容。预测性报道必须用不确定的语气来表达预测的内容。预测这个词本身就代表着某种不确定性，一般来说，没有百分之百准确的预测，因此，在预测未来事物时，不能绝对化，不能把话说过了头，否则就会有失客观。

要注意事物发展的不同走向。新闻事件的发展过程是很复杂的，其中包含了许多复杂的动向。一些带有偶然性的因素发生变化时，就会影响到整个新闻事件的发展。即使是未来学家，对于一些偶然性因素也会有许多不同的意见，使他们对事件未来的发展产生不同的设想。为了做到尽可能客观，记者不能只关注事件发展的一个走向，必须对事件的走向有一个全面的认识，任何武断的推测都是不合适的。有时，记者甚至要把这些不同走向作一个对比，并把它们同时写在报道中，让读者去自己判断和分析，从而获得更多的信息。

四、例文分析

劳动报：经济转型和区域同城化令上海面临巨大人口压力

李蓓

在第21个世界人口日来临之际，昨天，以"世博效应与人口发展"为主题的上海人口论坛开幕，北大、复旦一批著名人口学、经济学家出席论坛。今后，上海的城市规划、建设和社会管理服务不仅要考虑户籍人口和常住人口，也要重视白天人口、晚上人口、通勤人口、商务人口和旅游人口。

到2015年全市常住人口将达到2140万，2020年将至2250万人。在第21个世界人口日来临之际，昨天，以"世博效应与人口发展"为主题的上海人口论坛开幕，北大、复旦一批著名人口学、经济学家出席论坛。

人口构成更趋多元化

会上专家指出，我国城市化水平从1980年的19%跃升至2010年的47%，"十二五"期间，全国城镇人口将首次超过农村人口，预计2025年全国城市率将达到59%。

专家预计，2040年中国城市人口将超过10亿人。在全国城市化加快发展和世博效应的双重影响下，上海对国内外人口的吸引力和融合度进一步增强，人口构成将更趋多元化。市人口计生委预测，到2015年全市常住人口将达到2140万，2020年将至2250万人。而上海的压力也将随之增大。专家指出，上海的城市承载能力、环境容量、日常运转、社会管理和公共服务将越来越面临严峻挑战。

金融人才仅占1%

与会专家分析，尽管人口总数在上升，但上海人口整体素质与世界级大都市相比，仍然存在很大差距。仅建设金融中心而言，目前全市拥有金融从业人员不足20万，占总人口1%。而纽约拥有77万，占总人口3.5%。香港有35万，占总人口5%。

预计"十二五"期间，随着加快产业结构升级和转变经济发展方式，人才集聚和人口国际化发展态势将更明显，人力资本将加快流入，人力资源将高度集聚，上海由"人口大市"向"人力资本强市"转变态势将进一步凸现。

人口大量向郊区扩散

据悉，"十一五"期间，本市内环以内区域常住人口密度下降16%，外环以外区域人口导入强劲，5年内增幅31%。专家指出，随着轨交体系日益完善、大型住宅小区建设的推进以及产业布局的调整，人口居住沿轨交扩散和向郊区新城集聚，将呈现出人口城市化与郊区化并进的发展态势。此外，长三角城市群一体化发展步伐加快，高铁时代到来，长三角区域人口分布将现"一盘棋"格局。

应保持适度规模

如何放大世博效应，转变发展理念，统筹解决上海人口问题？与会专家建议，上海应通过调节流动迁移人口，保持适度人口规模，避免人口过度膨胀和城市病产生，使人口规模与环境资源承载能力相适应。有专家建议，可通过调整产业结构来调控人口规模。今后，上海的城市规划、建设和社会管理服务不仅要考虑户籍人口和常住人口，也要重视白天人口、晚上人口、通勤人口、商务人口和旅游人口。

（上海《劳动报》2010年7月7日）

在上海人口论坛开幕，北大、复旦一批著名人口学、经济学家对上海人口进行预测。结论是到2015年全市常住人口将达到2140万，2020年将至2250万人。这则预测性新闻所持的观点是"经济转型和区域同城化令上海面临巨大人口压力"，引用的是有关专家和权威人士发表的预测性意见，而这些预测性意见是以事实为依据的。

第三节　解释性新闻写作

一、解释性新闻的含义

解释性新闻是以解释新闻事实为主的报道形式。又称释义性新闻。它运用背景材料和相关的事实来解释说明新闻事实的成因，揭示新闻事实发生发展的来龙去脉，侧重告知读者为什么会发生这一新闻事实。这种新闻产生于第一次世界大战中的美国。当时大多数美国人对大战的爆发感到十分突然，希望记者对这一重大事件作出解释，于是解释性新闻便应运而生。到了20世纪60年代，解释性新闻已成为西方国家普遍采用的新闻报道形式。像美国很有影响的《基督教科学箴言报》，其90%左右的报道都属于解释性新闻。美国学者约翰·赫亨伯指出，提供新闻、学识、消遣，都是报纸的正当功能。此外，还要安上一个解释的因素。这个因素对于今天的报纸具有空前未有的重要性。在我国，这种以解释为目的的新闻形式，也愈来愈受读者的欢迎，成了新闻报道中常见的品种。

二、解释性新闻的特点

(一) 以解释新闻事实为目的

以解释为目的，这是解释性新闻与一般新闻报道最根本的区别，也是它产生和存在的价值之所在。一般的新闻报道，只要把事实报道出来就行了。解释性新闻不但报道新闻事实，而且还要回答为什么会产生这一新闻事实。它的重点是解释部分。在解释性报道中，一般可以采用如下的一些方法来解释事实：其一，数据化解释。数据常常被认为是最精确的事实。尽管有时描述更加引人入胜，而数字相对比较枯燥，但人们常常更相信数字而不相信作者的描述。所以，有时为了精确地说明或解释某些复杂的问题，解释性报道会大量使用数字。应该强调的是，解释性报道使用数字与调查性报道是大不相同的，前者使用数据是为了更好地解释新闻的前景，后者使用数据往往是为了证明调查的结论。

其二，对比解释。让事实解释事实，有一个前提条件，那就是用来解释事实的背景事实必须具有确定的价值取向或已有定论。如果用一个不确定的事实解释新闻事实，那么这种解释是不成立的。当用来解释新闻的事实的意义得到确认后，就可以通过对比的方式，确定新闻事实的意义。对比的方式可以表现事实之间的差异，而差异化恰巧能够凸显单一事实的新闻意义或价值；反过来，缺少差异化的事实表现，其新闻意义是暧昧不明的。

其三，引语解释。解释性报道引用话语与一般的新闻报道不大一样。在很多情况下，客观报道之所以引用话语，是因为在多数情况下，它所引用的话语本身就是新闻事实的一部分。但解释性报道引用话语更多的是为了用引语来解释报道中的新闻事实。因此，解释性报道往往大篇幅地引用各种人的话。

(二) 大量使用有关背景材料

解释性新闻对新闻事实的解释，是靠提供新闻背景、内幕材料实现的。因此，很多新闻学者直截了当地在"解释"与"新闻背景"之间画上了等号。他们认为，解释，就是提供新闻背景。解释性新闻就是一种加有背景，给新闻揭示更深一层意义的报道。

和一般的新闻报道比较起来，解释性新闻在背景材料的运用上有两点不同：一是侧重点不同。一般新闻的背景材料，往往是何人、何事、何时、何地等要素的补充说明。解释性新闻的背景材料，往往是"何因"、"如何"二要素的展开。二是容量不同。一般新闻报道的重点是报告新闻事实，为了防止喧宾夺主，往往限制性地使用背景材料。而解释性新闻的重点部分、主要部分，就是背景材料。它以运用背景材料见长，背景材料在整个报道中具有举足轻重的作用。

三、解释性新闻的写作要点

西方新闻界对解释性报道的写作方法作过一个归纳："华尔街日报体"。华尔街日报体又称"DEE"写作法，它由三个英语单词的开头字母组成："D"（Description）代表描写，中间一个"E"代表解释（Explanation），后面一个"E"代表评价（Evaluation）。"DEE"写法的基本特征是："从描写某个具体的个人或事实入手，通过对事件进行一些解释和恰如其分的背景交代，进而点出报道主题，最后再引述当事人或权威人士的话，对所报道的新闻事实作出评价，指出其意义所在，并尽可能预测其发展方向。"[①] 这是从形式上对解释性报道的写作所作出的总体说明。具体就写作的要求而言，应该从以下几个方面考虑。

（一）根据题材量体裁衣

解释性新闻是深受读者欢迎的一种新闻体裁。美国老资格报人马克·埃思里奇曾指出："在当今异常复杂的世界中，解释性新闻是一种有用的工具。孤立的，与其他事物不相关联的事实，仅仅因为是事实而能给人以印象，其实最容易使人误入歧途。背景材料、周围环境、先前发生的事件、动机的形成，都是真正的、基本的新闻组成部分。这种解释实际上是最好的报道形式。"[②] 1985年，日本《朝日新闻》曾在报社开展一个"通俗化运动"，由局、部级负责人以及编辑委员、著名记者组成的专门班子研究新闻写作的通俗化问题时，他们认为，通俗化的途径很多，而运用背景材料对事实加以解释是一个重要方法，它能使新闻事实的内在原因深层意义显示出来，使人易

[①] 陈作平：《新闻报道新思路——新闻报道认识论原理及应用》，中国广播电视出版社2000年版。

[②] ［美］格莱克：《混沌——开创新学科》，上海译文出版社1990年版。

于理解。它是一种高层次的通俗。解释性新闻虽然受到读者的欢迎，但也不是任何题材都要写成解释性新闻。对于事实比较单一，意义不言自明的题材，只需写成一般消息就行了。对于那些复杂的事实，那些带普遍性、倾向性，与党和国家、人民利益紧密相关的事实，那些人们普遍关心的事实，如果读者存有疑问需要进一步了解，如果读者对其意义认识还不清楚，就可以考虑写成解释性新闻。

（二）深入调查，占有大量背景材料

解释性新闻的主要部分是背景，比起一般新闻的采访，背景的调查必须详细、充分、具体一些。作者在采访中，应该具有立体思维，善于从广泛的背景下去探究事实产生的原因，不能停留在表面的、简单化的、线性因果上。同时，在探究事物产生的原因时，还要善于抓住主要矛盾，不要被纷繁复杂的事物表象所迷惑。

（三）坚持"以事实说话"

新闻要以"事实"说话，解释性新闻同样要以事实说话，作者不宜空发议论。因此，在解释性新闻的写作中，掌握好"解释"技巧是很重要的。

美国《纽约时报》前星期日版主编莱斯特·马克尔曾指出，是解释还是议论，是不难区别的。他举了一个例子：史密斯辞去市政府职务——这是事实；他为什么辞职——这是解释；他是否该辞职——这是议论。在解释性新闻中，作者应有意识地限制主观性的议论。西方新闻学的著作还举出了这么一个例子——"目光短浅的市政厅拒绝在瓦茵街和培佑街安装路灯，致使五人丧失生命"——这句话含主观判断，不是"解释"。正确的写法应该是：先写出事实，五个人因没有路灯而死于车祸；然后引用某个交通警察的话说应该在十字路口安装路灯；再引用某位公路官员的话指出他们曾要求安装路灯但遭到了市政厅的拒绝。为了公正，还应该查明市政厅为什么拒绝安装路灯。他们这些意见，值得我们写作时好好体会。

（四）注意结构安排

解释性新闻比一般的动态新闻要长，安排结构时，应根据事实材料，运用对比、烘托的办法，揭示事物的本质。如果甲乙丙丁ABCD地罗列背景材料，读者就会感到沉闷、冗长。

四、例文分析

中美撞机事件撞击布什
吴少榕

在布什政府第一次同中国这个"战略竞争者"交手并遭遇到强烈反弹时，全世界都不能不关注布什的政治智慧。

世界关注的中美冲突在一方再三要求道歉、一方死也不肯低头的情况下似乎已经陷入了僵局。作为一个执政不满百日的新总统，布什心里很清楚，如果争端没有尽快解决，这场南中国海上的碰撞不仅很有可能演变成一场国际危机，而且对中美关系和新政府都可能是一个转折点。其直接影响到的不仅仅是中美商业关系、美对台军售等，还有布什作为总统的声望和威信。

美国总统上任之初碰到外交难题，布什不是第一个。1945年杜鲁门上任仅4个月后即下令在日本的广岛和长崎投下两颗原子弹，二战因而很快结束了。虽然半个世纪来人们对这个做法的看法莫衷一是，但杜鲁门却赢得了有决策性、果断的美誉。相反，肯尼迪在1961年4月进攻古巴的猪湾事件中的失败，给对手苏联留下了软弱总统的印象，这个结论直接导致了第二年美苏在古巴的导弹危机。

布什在竞选中推翻了克林顿早先提出的与中国的战略性合作伙伴关系，把中国定位在战略性竞争者之位上，上台后更是把这理论公开化。而且布什上任90天有余，给世界大大小小好多国家的领导人去过电话，唯独没给中国打过，显示他不想刻意去加强或开拓中美关系。

对比最为鲜明的是布什对待亚洲两大强国中国和日本的态度。日本首相森喜朗虽已是落日一颗，却在华盛顿和布什对着世界镜头握手言笑，而中国和布什直接会面过的最高领导人也就是副总理了。特别在美国军队对日本的两次鲁莽行动中，布什都恭恭敬敬向日本政府道歉，显示了布什重美日联盟轻中美关系。

正是这样，在布什政府第一次同中国这个"战略竞争者"交手并遭遇到强烈反弹时，全世界都不能不关注布什的政治智慧。

低估中国的反应

事发当天，布什正在马里兰的戴维营夜奏笙歌和旧时的耶鲁好友欢度周末，美国国家安全顾问赖斯女士也在场。当布什和赖斯接到报告后，两人并不在意。当晚布什在通常的就寝时间上床睡觉。据助手透露，布什认为这样一桩"意外事件"，24小时内就能搞定。

但是24小时后，事态的发展超出了布什的估计。布什开始着急了，在接连两天态度强硬地要求中国放人放机未果后，布什清醒了。

历史车轮滚滚向前，此时的国际环境已不比十年前的冷战时期，此时的中南海也不是彼时的克里姆林宫。那种美苏互相进行间谍活动、抓住了就互相驱逐，生活便又回到正常轨道的时代已经结束了。如何圆满解决问题困扰着尚无多少外交经验的布什，一向重视准点睡觉的布什开始开夜车了。

虽然表面上白宫风平浪静，实际上布什却是心急火燎。4月2日和3日布什两次在白宫玫瑰园认真紧张而又口气强硬地发表公开讲话，敦促中国放人放机。公开讲话的原意在于表现布什对处理此事得心应手，没料到结果恰恰相反。人们看到的是一个略带紧张、拿着讲稿照本宣科、念完看都不看记者们一眼扭头就走的嫩总统。这事要摊到克林顿身上，又该是阿肯色小子洋洋洒洒卖弄其老练成熟的最佳时候了。

依赖父亲老布什

据布什身边人员透露，总统在过去一周中把所有时间和精力都投入了处理撞机事件中，特别当他从他的外交班子中得不到新启发后，布什不得不转向父亲和父亲的老部下。布什交代工作人员，他和老布什的任何会谈都必须是单独的、有优先权的。

除了父亲外，原父亲手下的国家安全顾问斯科克罗夫特、国务卿贝克以及帮助尼克松打开中国大门的前国务卿基辛格都是布什求助的对象。按以往经验，布什一般会让助手们去征求意见后再来汇报。但此次事态发展让布什有失控的感觉，他也顾不得那么多规矩了，所有的电话都亲力亲为。

布什终于开始松动了，他在4月5日首次对中方飞行员失踪表示遗憾。相信这样的态度转变是基于对老前辈们的咨询以及美国国内越来越大的压力，特别是事发一周后24名机组人员还无法回国。就算布什政府把设备精良的先进飞机当废铜烂铁留在海南省，他也得先把人弄回国。

事情越拖下去对布什的负面影响越大。首先国会可能在对中关系上采取强力措施，已经有议员提出重新考虑中国的正常贸易伙伴关系，并威胁阻挠北京申办奥运。其次布什的国内施政计划会受影响，一些他在竞选中信誓旦旦一上台就优先解决的问题比如减税、教育问题可能受耽搁。

从个人角度看，布什在处理这件事情上的态度和方法将不仅可能为今后他和中国打交道定下基调，而且还可能让世界其他国家大致摸清布什的底细。肯尼迪由于在1961年进攻古巴失败被赫鲁晓夫嘲笑从而导致次年古巴导弹危机的典故被历届总统引以为戒，布什肯定也不想重蹈覆辙。

事件解决也关系到布什未来在美国军方的地位。军队中多数是共和党支持者，布什在竞选中更是得到美军方不遗余力的支持，特别最后在和戈尔相争佛罗里达几百张选票时，佛州的海外军人票有一定的打破僵局的意义。布什能否赢得军方支持信任有可能全在此一举。

外界猜测布什会采用经济封锁或调回驻京外交人员等手段来与中国对抗。笔者认为布什不至于这样开历史的倒车，不仅仅因为美国在中国有巨大的商业利益和商业投资，还因为布什4月5日在全美报业编辑协会发表演说时指出："中国必须是我们的贸易伙伴。打开中国市场不仅是我们的经济利益，而且是我们的价值所在。"

看来目前最佳的解决方案是布什派一个高级别的特使到北京走一趟，化解中国高层和普通老百姓的怒气，让中南海和自己都不至于在本国民众前面丢脸。双方若都能找到台阶体面下来，布什将可能在自己的外交成就中添上辉煌的一笔，而且中美关系也才能顺应时代潮流向前发展。

（《联合早报》2001年4月10日）

这是一篇有分量、有深度的解释性报道，针对中美撞机事件为什么"撞击"布什的原因进行了解释。其一，低估中国的反应；其二，依赖父亲老布什。在写作上，作者采用大量对比性事实进行对比解释。比如，对比布什和克林顿对中美关系的不同理解，对比布什对中国和别国元首（尤其是日本元首）的态度，对比布什前后不同的工作态度，通过对比解释新闻事实。

第四节　调查性新闻写作

我们不妨先看看2009、2011年美国普利策新闻奖调查性新闻获奖作品的获奖原因。

2009年，调查性报道获奖的是《纽约时报》的戴维·巴斯图。获奖原因：来自纽约时报的David Bartew荣获此奖，褒奖他在报告中坚定地报道了一些退休后担任广播和电视分析员的将领，如何被五角大楼延聘，从而为伊拉克战争辩护的过程；报告中还揭示出有多少位将领曾为政策得利的公司辩护，只因他们之间存在不可告人的联结。

2011年，调查性报道获奖的是《萨拉索塔先驱论坛报》的佩奇-约翰。获奖原因：佩奇-约翰详细披露了对佛罗里达州业主有重要影响的财产保险体系的黑幕，提供了便利的保险公司可靠度数据，并促使监管部门采取行动。

一、调查性新闻的含义

调查性新闻在西方新闻报道中是一种专门揭露性的报道，有时又称揭丑性报道。我们从2009、2011年美国普利策新闻奖调查性新闻获奖作品的获奖原因中可见一斑。调查性新闻是西方新闻界一种比较特殊的报道方式。

在西方新闻界，影响最大的调查性新闻是《华盛顿邮报》两名年轻记者写的《总统那伙人》。他们从1972年6月18日开始，历时22个月，终于向全世界披露了美国政府的一大丑闻——水门事件。一时间，全世界为之轰动，美国总统尼克松被迫于1974年8月9日宣布辞职。从此，调查性报道在西方新闻界名声大振。

西方新闻界对调查性新闻的界定，众说纷纭。美国密苏里新闻学院写作组所著的《新闻写作教程》一书指出：调查性新闻指的是一种更为详尽、更带分析性、更要花费时间的报道；因而它有别于大多数日常性报道。日本的一位学者也指出，调查性新闻不是依赖当局发表的材料写报道，而是记者亲自进行调查，逼近真相；不像独家新闻那样只依靠到手的单个秘密材料，而是通过彻底的调查采访，揭示事件的整体情况。从这些说法大致可以看出，西方所说的"调查性新闻"，着眼的是"被隐瞒了的新闻事实"，特别是被隐瞒了的黑幕丑闻。它比一般性的新闻写得详细，篇幅较长，采写时间也比较长，主要用于揭露。

在新华社出版的《调查性报道与写作》一书中，参考《新闻学大辞典》和《美国新闻史》对调查性报道作了下面的定义：调查性新闻是一种较为系统、深入地揭露政府、公共机构以及社会存在的其他问题，并寻求解决方法为主旨的新闻报道形式。它利用长时间内积累的足够的消息来源和文件，向公众提供对某一事件，尤其是关系到影响公共利益的不正当行径的强有力的解释。

我国的调查性报道虽然引进于西方新闻界，但并非全盘照搬。中西调查性报道有明显的区别：西方的调查性新闻以揭露黑幕丑闻为主，往往涉及政府官员、腐败政客、垄断集团、政治组织的营私舞弊以及财政贸易上的弄虚作假等；我国的调查性新闻内容比较广泛，既有揭露不正之风的调查性新闻，也有反映群众呼声、研究工作问题等方面的调查性新闻。西方记者写调查性新闻，常常采用秘密侦查的手段和方法，调查中带有"侦破"的色彩；我国记者采用的更多的是实地调查、依靠群众和组织的方法。西方记者写调查性新闻，自己常常出现在报道中，调查经历写得很详尽，我们的调查性新闻除了借鉴这一形式外，还创造了其他一些方式。如不讲述调查过程，记者不出现在报道中等。

二、调查性新闻的特点

（一）调查性

一般说来，新闻报道都要进行调查，但调查性报道的"调查"与一般报道的"调查"有很大的区别。一般报道只报道孤立的、公开的突发事件的表面结果，而调查性报道则注重挖掘新闻事件的内在的、隐蔽的关系并向公众分析这些内在联系的重大意义。这些调查的材料，潜藏在公众日常谈论的新闻事件之下，如果不是有敏锐嗅觉和强烈社会责任感的记者冒着风险、付出比日常报道多出数倍的努力、将其揭示给受众的话，绝不会被公布于世。

（二）揭露性

调查性报告的目的之是揭露丑闻。调查性报道是从美国19世纪末的揭丑报道，即专门揭露政府和公共机构中的腐化行为的新闻报道发展演化而来的。在西方，无论记者还是公众都认为，在资本主义的官僚社会中，不进行深入的调查，就无法让公众看到政府可能产生的腐化或其他不法行为，因此，在西方新闻界，一直就有揭露的传统。今天，大多数调查性报道仍是一种典型的"揭丑报道"，它们往往涉及社会生活中鲜为人知、但对公众有巨大影响的丑行，重在揭露政府、公共机构以及社会团体中某些成员的不法行为，其根本目的在于保卫公众的利益。我国的调查性新闻内容比较广泛，既有揭露不正之风的调查性新闻，也有反映群众呼声、研究工作问题等方面的调查性新闻。

三、调查性新闻的写作要点

（一）展现调查的过程和方式

展现调查的过程通常有两种方式，一种是直接把调查者本人的调查经历写入调查性报道的正文；第二种是把记者的言行基本上从文中隐去，把采访对象的话与新文背景相组合，同样也能较好地体现出记者调查的过程和新闻事实的真相。

（二）进行细致的分析

调查性报道不能缺少细致的分析，但又不能像新闻评论那样进行主观的论证。调查性新闻的分析总是在用事实说话。因此，记者在调查性报道中的分析能力，直接体现在对于事实的安排上。

记者分析的方式有：（1）在事实面前比较不同观点，并从中得出结论。存在不同观点是导致调查性新闻写作的根本原因。调查性报道要在事实的比较中让读者得出自己的结论。1987年普利策调查性报道奖《任人唯亲》中就是用了这种方法。（2）透过表面现象，分析其本质。记者必须在调查性报道的分析中，将事件的实质揭示出来。（3）简洁的勾勒新闻事件。用简洁的语言勾勒新闻事件的一些场景和细节，对调查性报道能否写得生动有重大意义。

四、例文分析

文电多，症结到底在哪里？记者对此进行追踪采访——
文电追踪记
本报特约记者　周　林　戴　强

现象扫描

文电照转照发层层加码

3月3日下午，记者刚走进南京军区某装甲团一连，就听到一阵电话铃声。放下电话，张指导员对记者说："今天不算电话通知，光收到的正式通知就有4份，有要求准备示范课题的、菜地换季的……"

记者翻开张指导员记在本子上的上级通知看到，从早上7点50分开

305

始,连队陆续接到了机关下发的6个通知。

随后,记者来到营部,粗略统计了年初以来他们接到的文电情况:正式文电35份,团以上下发的有,团本级下发的也不在少数;不仅如此,机关各业务口下发的电话通知还有百余个,甚至有的业务部门为了一项工作就下发好几个通知和补充通知。

问题解析

下发文电怎能代替抓落实

记者了解到,近年来,不少单位在治理文电多问题上下了许多工夫,但收效却不大,甚至形成了年年治、年年多的怪现象。

某团杨团长分析说,领导"统"得不得力,是导致文电多的一个关键原因。为了提高机关工作效率,除非重大活动、重要事项和出动人员装备等通知需要团领导审批外,一般事务性工作都由各部门自己处理。于是,有的机关业务口只考虑自己"亮点"频出,而不管由此带来的基层忙乱,造成了文电过多过滥。

记者实录了两名不愿公开姓名的机关干部的想法。一个说:"对上级文电,有时不得不转,转了就没责任,只好当'传声筒'。"另一个称:"不下几个文,不发几个电,感到工作没抓手。"有的机关干部甚至认为,会议、文件、检查评比等容易引起注意,给人辛苦忙碌、工作认真的感觉。

对症下药

当"过滤器"而不当"漏斗"

记者来到某师政委秦树桐的办公室。他告诉记者,为从根本上纠治文电过多的现象,师里已研究并形成了初步方案。

翻开这份纠治方案,一段文字吸引了记者的注意:下发文电时,除了上级的特急报要立即转外,其他的要充分"过滤",做到"三个不发":机关首先要仔细阅读领会,不吃透上级精神不发;结合基层实际科学制订落实方法措施,不形成贯彻意见不发;做好文电的"瘦身"工作,不经过滤不发。

此外,该师明确规定,所有下发基层的通知报值班领导审批后,必须通过司令部值班室下发,各部门值班室和个人不得随意向基层下发通知。遇有紧急情况,承办人员须请示值班领导,才能从本部门下发通知;无特殊情况,熄灯后不得下发通知。

一周过后,记者再次来到该师传真室,发现作训、宣传、军需3个科室联合下发一个通知，200余字就把需要基层落实的4件事讲得清清楚楚。传真室的传真员告诉记者，最近接收、下发的传真数量明显减少。

(《解放军报》2011年3月29日)

这篇调查性新闻报道的是对文件照转照发的现象进行调查，记者以现象——解析——解决为线索，深入调查，了解了事情的真相，寻求解决的方法。

第五节 连续报道写作

一、连续报道的含义

对某个新闻事实的发生、发展及各个阶段的情况作阶段性的持续的报道，以反映整个事件的发展及其影响，即连续报道。连续报道是依据事件发展的时间顺序进行的，基本上是一种线性展开，故又称为追踪报道。

二、连续报道的特点

连续报道一般用于追踪正在发展中的重大事件，对随时出现的新情况和阶段性结果予以及时的报道。它追踪事物发展的轨迹，时效性强。同时，它通过环环相扣的过程报道，使受众对正在发生着的事物有整体的、及时地了解，并能形成广泛的社会舆论和强烈的社会影响。具体说来，它的特点有以下几个：

（一）报道事件是连续的、完整的

报道对象事态本身的连续性决定了各次报道之间存在有机的联系，内容承上启下连续、衔接，呈线性的分布，各次报道之间的顺序不能任意变动。因此，连续报道应"化整为零"，连续报道事件发展的各个阶段，记者不必等事件结束，可沿着事物发展进程随采随报。连续报道从事件发生追踪到结束，应是有头有尾完整的。

连续报道的新闻事件因为是随采随报，事情的结局尚不分晓，故具有强烈的吸引力。它能激起人们探究事实底蕴的心理，吸引读者关注和思考事件的发展。

（二）报道过程是一个开放的体系

连续报道在时间上具有连续性，它通过时间的延续来完成整个报道。这种时间上的延续短则三五天，长则数月。例如，1987年新华社对大兴安岭火灾的报道，在时间上就延续了近30天。如果加上国务院对这一问题的处理，延续的时间就更长。

在报道过程，记者同受众一样，并不知道事情发展的结局，这就使报道具有多角度的变异性和随意性。这种无法预料的不稳定状态，往往使报道具有开放性的信息量，同时，记者的报道还会引起全社会关注和参与正在发生的新闻事实，形成一种动态性的双向交流。

三、连续报道的写作要点

连续报道虽然由若干单篇构成，但作为一个完整的系统，有它特定的要求，其写作的要点是：

（一）增强预见能力，选好重大题材

连续报道是记者对某一事物持续关注的不断报道，它的题材应该是重大的，为社会所广泛关注的。有些事件一开始就不同凡响，有无重要价值一望可知，但也有些事件的价值是在事件演变发展过程中逐渐明朗的，这就要求记者具有较强的预见力。

（二）把握报道节奏，疏密有致地表现事件发展过程

事件发展的过程是由发生、发展、高潮、结局几个阶段构成的，每个阶段所含的信息量往往不同。当事件处于发展阶段时，信息密度往往不大。当事件发展处于高潮时，信息密度往往很大。这些都应在报道中得到充分的体现。

（三）每篇报道在结论上要留有一定的余地

连续报道的新闻事实处于一种连续不断的发展中，因此连续报道在行文时不能把话说满，更不能在事实有定论之前就匆忙地下结论。因此每写一篇报道都要考虑新闻事件未来的走向，从而为下一篇报道留下一定的探寻空间。有些报道，尽管倾向性十分明显，但不能对新闻事件下肯定的结论，要谨慎地判断新闻事件的走向，为未来的总体结论留有余地。

（四）每篇报道都要相对独立

连续报道的协作，虽然中是一种整体上的联系，但每一篇报道相对来说，还是具有一定的独立性的。连续报道的每一篇，起码应该说清楚一个方面的问题，或说清楚一个时段内发生的新闻事实，也就是说，必须完成本篇所承担的那一部分报道责任。

请看《人民日报》2010年7月对紫金矿业污水泄漏污染汀江事件的报道。

2010年7月12日，人民日报社福建分社得知福建紫金矿业集团发生废液泄露事件，并造成汀江严重污染，致使当地养殖户鱼类大量死亡的信息后，立即联系龙岩市宣传部门。得到证实后，当即派出记者赴事发地福建省龙岩市上杭县进行调查报道，并于13日刊发消息《9100立方米废水外漏污染汀江》。这是第一篇报道。

紫金矿业
9100立方米废水外漏污染汀江
部分江段出现死鱼

本报福州7月12日电（记者赵鹏）记者今天在福建上杭县政府召开的新闻发布会上了解到，7月3日下午，福建紫金矿业集团股份有限公司紫金山铜矿湿法厂污水池发生渗漏，污染了汀江，部分江段出现死鱼。福建省委、省政府对此高度重视，并成立省市联合调查组。省环保厅带领有关环境监测、监察专家组成的调查组赶赴上杭县，配合当地政府展开应急处置和调查监测工作。

经初步调查，7月3日15时50分左右，铜矿湿法厂岗位人员发现储存待处理污水的污水池水位异常下降。污水池中酸性废水（主要含铜、硫酸根离子）外渗，通过排洪涵洞排入汀江。目前，事故原因已初步查明：含铜酸性污水池防渗膜多处开裂，引起池内污水泄漏。

事故发生后，上杭县紧急启动应急预案，在现场砌筑三道围堰围堵渗漏废水，并安装抽水泵回抽渗水。至7月4日下午，渗水量与回抽水量达到平衡，渗漏废水未再流入汀江。初步统计，本次废水外渗量约9100立方米。

……

事故为何9天后才公布？对汀江究竟污染几何？事故的原因是什么？谁来承担责任？这是社会公众关注的焦点，也是记者追问的要点。13日，记者赵鹏参加了由紫金矿业公司举行的媒体说明会，并对紫金矿业公司副总裁刘荣春及上杭县副县长蓝富雁进行了长时间的独家采访。通讯《追问紫金污染事件》14日见报，稿件以"为何迟报9天？污染程度究竟如何？紫金历史何以令人质疑？"三个尖锐而又备受关注的问题为线索，进一步剖析污染事件。

追问紫金矿业污染事件

赵鹏　余荣华

核心提示

7月12日，紫金矿业废水渗漏污染汀江事件被披露，引发了社会广泛关注。这起事故为什么在发生9天之后才公之于众？又对当地环境造成了怎样的影响？本报记者赶赴当地进行了采访。

废水泄漏9天后才公布信息，企业称"我们判断出现了失误"

7月3日下午，福建省紫金矿业集团有限公司铜矿湿法厂发生铜酸水渗漏事故。9100立方米的污水顺着排洪涵洞流入汀江，导致汀江部分河段污染及大量网箱养鱼死亡。

3日发生的废水外漏事故，作为上市公司的紫金矿业集团有限公司为什么直到12日才对外公布？

紫金矿业集团总裁罗映南说，3日15时50分左右，铜矿湿法厂岗位人员发现污水池内的污水水位异常下降，疑似发生渗漏。得到汇报后，公司派人检查，但当时既无法判断渗漏的具体数量，也无法判断渗漏的原因。

他说，最初只是以为发生了局部渗漏，"我们判断出现了失误"。

上杭县副县长蓝富雁在接受采访时说，3日晚，县环保局接到当地汀江沿岸养鱼户报告，说养殖的鱼出现异常死亡。当晚9时，县环保局顺流追查至紫金矿业公司，发现了渗漏事故，并判断事故严重，于是向上杭县政府及相关部门进行了汇报。

按照当地政府要求，紫金公司一方面成立了事故应急处理小组，采取了加石灰片碱中和处理、渗漏口拦截、外溢污水回抽、工厂停产等一系列措施，另一方面还按要求请相关专家到当地参与处理和分析原因。

……

水质已有好转,但能否养鱼还需要专家论证

事故发生后,当地各种传言四起,有群众的手机收到了短信,告知"上杭群众不要饮用自来水"、"不能再吃汀江里的鱼"等。

负责此次事故处理的蓝富雁告诉记者,上杭县有4个水厂,有2个涉及从汀江取水,而紫金公司恰恰位于这两个水厂取水口上游。但这两个水厂都是县里的备用水厂,只有东门水厂有供水任务。

3日晚,东门水厂取样检测发现:水质PH值明显偏酸,铜离子含量也明显偏高。县里决定东门水厂暂停取水,但全县并未因此影响水供应。

根据当地环保部门监测结果,到7月8日,汀江各取水点水样PH值大部分已回升到6—7.22之间,铜离子含量全部符合国家Ⅲ类地表水环境质量标准。到12日下午,监测结果为铜含量已下降至0.02毫克/升。

……

造成污染已非首次,龙头企业遭群众质疑

紫金矿业年报显示,公司2009年利润达50亿元,第一大股东为代表福建上杭县国资委的闽西兴杭国有资产投资经营有限公司,持有28.96%的股份。

紫金矿业给当地带来巨大财富。直至上世纪90年代,上杭县的财政收入一直位列整个龙岩地区最后一位。自2002年以来,随着紫金矿业的迅速发展,上杭已经成为本地区仅次于龙岩市区的经济最发达地区。据统计,2006年,紫金矿业对上杭全部税收的贡献,达到近70%。

然而,当地群众对紫金矿业的环保纪录却一直疑问重重。

1999年,山洪冲垮了紫金矿业拦截废矿渣的大坝,带有氰化钠残留液的矿渣呼啸而下,冲毁了当地农民的庄稼,引起了农民与紫金矿业驻村赔付人员的激烈冲突。

2000年10月,安徽曙光化工有限公司一辆载有10.7吨氰化钠的汽车,在给紫金矿业运送原料的途中发生泄漏,造成附近102名村民中毒住院治疗,家畜家禽大量死亡,饮用水源严重污染。此事件被当地政府和国家环保总局确认为特大环境污染与破坏事故。

……

14日和15日,记者一方面继续与肇事企业及当地政府正面接触,前往事故现场走访、搜集各类信息,相互印证,完善证据链。通讯《紫金污染阴云何时能散?》16日见报,重点分析了紫金矿业作为一家上市公司和中国最大

黄金生产企业发生污染背后的深层原因。

紫金污染阴云何时能散?

福建省紫金矿业集团有限公司"7·3"污水渗漏事件,至今已过去10多天。在过去几天的采访中,记者看到,受污染和影响最重的上杭县下都乡南蛇渡网箱养殖区,往常繁忙的养殖景象已不复存在,174个养殖户尚留在江边的网箱内都已一片空空。尽管目前县环保部门每天公布的监测水质数据,都已基本恢复正常,但"何时才能再养鱼"的疑问,仍然停留在当地养鱼群众心中,久久不能散去。而此次渗漏事件,也再次加重了当地群众对紫金企业多年来一直难以消除的疑虑。

从13日以来,记者两度走访紫金矿业、三下汀江上下游养殖区,先后独家采访了紫金集团董事长陈景河和上杭县委书记赖继秋,在一步步的事实调查与还原中,各种疑问的阴云,正在慢慢拨开。

"环保第一"为何屡陷"污染质疑"?

陈景河告诉记者:事实上,紫金之所以能在短短17年间快速发展成国内最大的资源企业之一,就是因为他们的"环保品牌"。"安全至上、环保第一"一直是紫金的企业理念。仅去年一年,紫金公司就在安全生产和环保方面累计投入3.77亿元。2009年,福建紫金山金矿废水及其中COD、总氰化物、总铜及废气中SO_2的排放量同比下降35%、31%、87%、7.3%和15.35%;而万元产值废水排放量、COD排放量、SO_2排放量均优于全国及福建省总体水平。其中新疆和贵州的两个项目,还实现了工业废水"零排放"。2007至2009年三年中,紫金矿业亿元生产总值生产安全事故死亡率,也都远远低于全国及福建省水平。

据上杭县环保局监测来看,汀江上杭段水质,多年来在大部分时期多是达到Ⅱ类—Ⅲ类标准,甚至没有查出超标过氰化物。这一数据,似乎也印证了上面的说法。

然而有关紫金公司"有意"、"偷偷"、"放纵"排污的信息和质疑,这几年在上杭县却屡闻不绝,包括"从不敢喝上杭自来水"等说法,在当地也尤其盛行。

……

"一业独大"是否带来"监管难"?

在上杭的经济发展中,紫金毫无疑问是"一业独大"。幸甚?不幸甚？不同人眼中，有不同的答案。

在上杭民间，说起紫金和政府之间的关系，好听的说法是，政府财政都要靠紫金，紫金又是政府的企业，政府监管起来当然难。难听的说法是，那肯定会互相包庇。

据赖继秋书记回答：对紫金这个国有控股企业，上杭县政府在承担的服务企业、依法监管、履行出资人职责三项职能中，每项都必须尽职尽责。"我们从来不给紫金下达多快、多大的发展计划指标。我们希望的是更稳健、更和谐的发展，特别是在环保方面。今年初我们还否决了一项他们准备到菲律宾投资100多亿的开发项目。"

这些年来，关于紫金的环保重责，始终是福建省、龙岩市关注的重点。这也如一座大山始终压在上杭县委、县政府心头，不敢掉以轻心。早在多年前，县政府就在紫金内部设置了独立的环保监测机构，批了两个行政编制，由政府财政供养；并在汀江下游安置了一套水质自动监测设备，但恰在今年5月时遭雷击坏掉，至今未能修复。

……

《人民日报》对紫金矿业污水泄漏污染汀江这一重大环境事故进行了连续报道，并刊发了多篇新闻。《9100立方米废水外漏污染汀江》、《追问紫金污染事件》、《紫金污染阴云何时能散？》这三篇稿件是整个报道中最为核心的三篇。记者在第一时间完整刊发事故发生及处置情况，并排除肇事企业相关负责人的干扰，准确报道了紫金污染事件的全过程发生情况，追问了事故背后的企业环保漏洞和政府监管缺位。这三篇新闻作品获得了第二十一届中国新闻奖三等奖。《人民日报》对紫金矿业污染事件的连续报道，以及其他媒体的共同参与，使该事件作为2010年最重大环保事故，得以全面剖析，引发社会各界对矿业环保工作和企业社会责任的一轮持续关注和讨论。

应该说，从单篇报道看，几乎每一篇报道都不能称之为深度报道，甚至从某种意义上讲也不能把这些报道看作是细致的报道；如果把这几篇报道单独发表在三家不同的报纸上，也可能给人的印象不会太深。然而这三篇报道构成一个整体时，我们确实看到了新闻事件的一个相对完整的发展过程，也确实能更加清晰地理解事实的真相。这是因为，每篇报道之间有内在的一致性。前一篇报道给后一篇报道留下了一定的空间，同时对下一篇报道的任务进行某种暗示；后一篇报道照应前一篇报道的大体内容，并给予有力的补充。这样，多篇连续报道就形成了一个整体。

第六节　系列报道写作

一、系列报道的含义

系列报道是围绕某一新闻主题，对有较大影响的新闻事件、有典型意义的新闻人物、新闻单位所作的多角度、多侧面的多次性报道。系列报道由若干个独立而又有内在联系的报道组成。它通过多角度、多侧面的多次报道，使读者对报道对象有一个比较全面、系统、深入的了解。

二、系列报道与连续报道的同异

从版式上看，系列报道与连续报道的相似之处。构成系列报道的报道篇数，通常不少于三篇；对于自身的构成部分是深度报道还是一般报道，也没有严格的要求；此外，通过编辑处理，能产生悬念的效果，等等。为此，有人反对把系列报道与连续报道区分开来。在中国新闻奖和各省市自治区好新闻奖的评奖中，只有系列报道奖而没有连续报道奖，有很多获得系列报道奖的作品，其实是连续报道。

从报道的实质上来分析，系列报道与连续报道存在很大的差别。从报道的对象来看，系列报道报道的通常是非事件性的新闻，连续报道报道的是影响较大的事件性新闻。从报道篇什的联系来看，系列报道各篇之间主要是内在联系，它是某一主题不同角度不同侧面的展开，连续报道各篇什之间必须按事件发展的时间顺序进行，不能凭主观需要随意颠倒。从时效性看，系列报道的内容时空跨度大，事件也不一定具有连续的关系，连续报道的发稿要及时地反映事件的阶段性情况，时效性很强。从报道的计划情况看，系列报道以报道对象作了整体研究后分若干层次加以报道，连续报道由于难以估计事件的发展走向，报道的计划性要弱一点。

三、系列报道的特点

其一，集中性。围绕同一主题来进行，主题集中不分散。

其二，广博性。多角度、多侧面围绕同一主题反映各方面的情况，内容广博，信息量大。

其三，深刻性。系列报道题材多为题材重要重大的非事件性新闻，通过系列组合报道，深入揭示主题，具有深刻性。

四、系列报道的写作要点

（一）用涵盖性的主题组织全部报道

系列报道各篇什之间靠主题连接，它是围绕某一主题所作的多角度多侧面的报道。如果没有一个涵盖性的主题来统率各篇，就会成为乌合之众，失去战斗力。写系列报道，事先应明确整个报道的报道思想。

（二）多角度多侧面地展示主题

写系列报道，确定报道主题之后，就应多角度我侧面地展示主题。系列报道各篇什之间的关系应该是并列平行的，它们应分别垂直于统一的主题之下，不应重复、复迭。

（三）注意系列的组合效用

系列报道是一个集合体。就整个报道来说，它是一个大的系统。就单篇报道来说，它们是一个个的子系统。无论整体还是单篇，它们都应该有机、完整。如果搭配不当，就会显得庞杂，破坏报道的系统性。

2007年6月5日，全球生态保护论坛在北京举行，6月7日，《人民日报》刊登了《全球生态保护论坛在京召开》一文，对这次会议进行报道。之后，《人民日报》进行了以"节能减排 保护环境"为主题的系列报道。截至6月17日为止，共刊登文章15篇。这一组系列报道，在内容上，有正反两个方面的报道；在形式上，包括了消息、通讯、新闻评论等新闻体裁。请看下面几则具体的新闻：

例一：

临汾力摘污染"黑帽子"
安洋　原碧霞

近日，在一份世界最脏十大城市的"黑名单"上，曾被誉为"花果城"的山西省临汾市赫然在榜。

严峻的环境形势使临汾人如坐针毡。为了让临汾再现碧水蓝天，步入科学发展的轨道，这个"中国污染第一城"正艰难走在破茧重生的路上。

因煤而兴 "花果城"不再

上世纪 80 年代，临汾因果树满城，成为闻名全国的"花果城"。如今美丽的"花果城"风光不再。

临汾是一个典型的资源型城市：矿产资源 38 种，仅煤田面积就有 1.54 万平方公里，占全市国土面积的 75%，煤炭总储量达 960 亿吨。

丰富的煤炭资源带给临汾很大发展优势：从上世纪 80 年代开始，大大小小的焦化厂、炼铁厂等一哄而上，城区周边烟囱林立。到现在，临汾煤焦铁产值占全市工业总产值的 70% 以上。

当人们陶醉于经济迅速发展带来的繁荣景象时，临汾已戴上了污染的"黑帽子"。统计数据显示，2000 年，临汾市城区二级天数仅为 14 天，也就是说，当地人一年中只有 14 天能见到蓝天。

治理污染 壮士断腕难

2003 年，中国重点污染城市名单排出，临汾成了中国的"黑老大"。当时，临汾市就痛下决心，要摘掉污染这顶黑帽子。

虽几经治理，临汾的环境形势仍不容乐观。临汾市委书记王国正说：无论从落实科学发展观、构建和谐社会，还是从执政理念、执政水平、执政责任讲，环保已成为临汾亟待解决的核心问题。

2006 年 11 月 3 日，临汾市襄汾县梁天宝苦心经营 14 年的铁厂被关闭了。临汾市大规模的治污行动从此展开。仅 2006 年，临汾市就取缔改良焦、土焦等大小污染企业 306 家，关停冶炼企业 53 家，关闭末位淘汰的厂子 92 家。

经环保部门监测，经过治理，临汾市大气质量逐渐好转，2006 年二级天数达 202 天，终于摘掉全国环境污染第一的"黑帽子"。

尽管如此，临汾环境形势依然严峻。今年年初，国家环保总局对临汾市发出警告：如再不加紧治理，要被列入第二批区域限批名单。

面对警告，临汾市市长李天太表示，全市上下必须痛下决心，背水一战。再不重视起来，动真格的，将上对不起领导，下对不住百姓，是严重的失职。我们再不能心存侥幸，必须迅速采取强硬措施。

破茧重生 蓝天会有时

对繁重而艰巨的治理环境污染工作，临汾上上下下认识一致。只要领导重视就不难，只要全民参与就不难，只要部门联动就不难，只要依法办事就不难，只要企业家积极治理就不难。

今年年初，临汾市将环境治理作为"市长一号任务"，提出要举全市之力做好环保工作。同时，临汾市还坚持治理与保护并重，努力构筑新型的环境保护防范体系，今年预计退耕还林85万余亩。

目前，临汾市正按构建环境友好型和资源节约型社会的要求，落实节能减排措施，使全市经济发展和污染治理协调推进。截至5月25日，临汾市区空气质量二级（良）以上天数达到103天，比上年同期增加36天。

临汾正以壮士断腕的决心，重拳治污，期待着破茧重生，还百姓蓝天碧水。

（《人民日报》2007年6月10日 第2版）

例二：

"建设节约型社会"主题招贴设计大赛结束
《储蓄罐》等53幅作品获奖

据新华社北京6月12日电（记者江国成）首届全国"建设节约型社会"主题招贴设计大赛12日在北京结束。《储蓄罐》、《苗苗的成长》等53幅作品获奖。

这次比赛由国家发改委、中国工业设计协会和中国经济导报社主办。大赛评委会由中央美术学院设计学院、清华大学美术学院等单位的国内著名专家组成。他们根据作品创意的准确性、图像的原创性、表现手法的艺术性等综合效果，对参赛作品进行了评选，并经过公示，产生了专业组金奖1幅、银奖3幅、优秀奖17幅、最佳创意奖1幅、最佳制作奖1幅。此外，大赛评委会还评出了社会组金奖1幅、银奖3幅和优秀奖18幅，以及中小学生组优秀奖8幅。据国家发改委介绍，举办大赛的目的是通过组织社会各界广泛参与招贴设计，促进广大人民群众增强节约意识，逐步形成人人为建设节约型社会尽责、人人为建设节约型社会出力的良好风尚。大赛从2006年10月开始征集作品以来，共收到参赛作品逾6000件，参赛人数超过4000人。

据介绍，在全国节能宣传周期间，获奖作品将在北京农展馆举办的2007中国北京国际节能环保展览会上展出，部分作品将印成海报，在各地张贴。全国节能宣传周后，获奖作品将随"建设节约型社会"科普巡回展览到一些地方巡展。

(《人民日报》2007年6月13日 第2版)

例三：

城市景观灯——

看上去很美　用起来很费

　　本报鞍山6月14日电（记者何勇）胜利广场是鞍山市的代表性广场，路灯本来已很现代化。去年起，鞍山在本已敞亮的广场周围添加景观灯。每柱灯由108盏灯组成，12层，每层9盏，如盛开的槐花，被称为槐花灯，共有48柱。

　　不过群众并不完全认可。一位住在广场周围的市民说，每个灯泡20瓦，每柱灯就是2160瓦，48柱灯每亮一个小时需耗电103千瓦时，每天就算亮10个小时，全年得耗电几十万千瓦时。而且，由于这种多光源灯光线太强，行人和车辆经过都有眩光感觉，造成较强的光污染。

　　不止是胜利广场，在鞍山几条主要道路、广场公园，也新安装了不同样式的多光源景观灯。对胜利路等主要道路的机关、事业单位，政府出资进行"亮化"。

　　鞍山市建设局局长廉长清介绍，2006年上半年，为迎接一系列大型活动，鞍山市进行了环境综合整治的"百日会战"，建造了这些景观灯，改变了过去"白天高楼大厦，晚上漆黑一片"的旧模样。2006年7月，建设部发布《"十一五"城市绿色照明工程规划纲要》后，鞍山市意识到原有景观灯存在的诸多缺点，专门发文要求"景观灯只能在节假日亮灯，烘托节日气氛；并采取一切措施，尽可能达到国家照明标准"。

(《人民日报》2007年6月15日 第2版)

例四：

"不夜城"，有必要吗？（短评）

何勇

　　从上世纪90年代起，我国很多地方都搞起"光彩工程"、"亮丽工程"，打造"夜景"，有的地区甚至提出建设"不夜城"。

城市照明除了保障群众出行方便安全外，具备一定的景观特点本无可厚非。但一些地方拆除功能性照明灯具，大量采用"华灯"，用于道路照明，这样做，不但耗资大、耗能多，还会因灯具光源的直接暴露与环境形成强烈的亮度反差，对行人和车辆造成眩光，形成光污染。

其实，较之于主干道、广场的璀璨夜景，百姓里弄、背街小巷更需要"亮化"。在不少城市，里弄小巷基本上是黑灯瞎火，城市照明应在这些地带多下工夫。

(《人民日报》2007年6月15日 第2版)

例一是一篇工作通讯，报道临汾作为中国重点污染城市的"黑老大"，正以壮士断腕的决心，重拳治污，力摘污染"黑帽子"，还百姓蓝天碧水。例二是一篇消息，报道了首届全国"建设节约型社会"主题招贴设计大赛的新闻事实，举办大赛的目的旨在促进广大人民群众增强节约意识，逐步形成人人为建设节约型社会尽责、人人为建设节约型社会出力的良好风尚。例三也是一篇消息，报道了新闻事实是：鞍山市的主要道路、广场公园，安装了不同样式的多光源景观灯，主要道路的机关、事业单位，政府出资进行"亮化"，看上去虽然很美，而耗电量却惊人。例四是配合新闻报道（例三）而发的短评，文章指出，大量采用"华灯"，用于道路照明，不但耗资大、耗能多，还会对行人和车辆造成眩光，形成光污染；同时，要考虑百姓里弄、背街小巷的"亮化"。这些报道，都是从不同的角度服务于"节能减排 保护环境"这一主题的。

第七节 组合报道写作

一、组合报道的含义

组合报道是围绕某一主题，将不同内容、不同形式、不同来源的新闻稿件组装在一个版面上，通过各篇之间的相互说明、补充、延伸，组成一个具有内在联系的有机整体，使读者对报道的对象有立体、深入的了解，或是让读者从稿件的联系对比中去理解新闻事实的意义、把握编者意图的深度报道方式。

二、组合报道的特点

（一）给受众提供全方位的新闻信息

新闻媒体面对的新闻事件往往头绪繁多、关系复杂、甚至充满矛盾，往往不是一篇报道所能容纳的。要在一篇报道中把这些内容都表达出来，必须要做出取舍，而这种取舍往往可能导致客观性的丧失。然而组合报道却不同，组合报道的各个部分可以做到"八仙过海，各显神通"，每一篇报道不仅视觉上有所不同，引用的资料有所不同甚至在所持观点上也可以有所不同。这些有着不同视角和不同观点的报道，客观、方便和全面地表现出新闻事件全貌及意义，让读者掌握全方位的新闻信息。

（二）形式多样而灵活

一篇组合报道可以使两篇获两篇以上独立问题的深度报道；也可以是一篇独立文体的深度报道加上若干篇消息、评论或特写；甚至可以是一篇数片加上一些背景材料和图表。更难能可贵的事，组合报道能够用于读者交互的方式让记者和读者对某一新闻事件展开讨论，这充分展现出深度报道的递延性。

（三）增强视觉效果

组合报道能形成版面或时段的强势，吸引受众的主意，也方便了受众阅读或观看。以报纸为例，现代社会读者阅读报纸，往往不可能将报纸上每一篇独立主题的文章都加以细细的拒绝，一般都会在阅读趣味上有所选择。他们往往更倾向于阅读大块的"强势报道"，更愿意接受集中在一起的内容详尽的报道。一篇报道是否能为读者所选择，首先就是要看他是否能引起受众的注意，在版面编辑上，能够引起人们注意的文章往往具备如下的一些特点：位置突出、面积达、标题醒目等等。组合报道将两篇以上的报道组合在一起，常常会出现整版、甚至版与版打通的文章组合，用醒目的标题加以标示，在版面上往往占有较大的较显著的空间，级具视觉冲击力，容易吸引读者的目光。组合报道把几篇报道组合起来，从而形成了报道上的规模效应，引导读者去注意报道，也为读者提供了方便。

三、组合报道的写作要点

组合报道的形式多样,各组成部分可能风格迥异,但作为一个整体,还是有一定的规律可循:

其一,组合报道的每一篇报道所涉及的内容应该属于同一类话题,有一定的相近性。

其二,组合报道的内容要考虑平衡的问题,其组成部分应该涵盖不同的视角不同的方面进行分析。

其三,组合报道的内容要尽可能的丰富,以便提供更多的信息量。

从编辑的角度来看,组合报道可以分成几种情况:一种是将一些独立成篇的文章组成一个版面;一种是将一些独立成篇的文章组成一个栏目;一种是将一些片断整合成一篇文章。

组合报道,在现在的报章上甚为常见,其受青睐的原因之一,是它对于个各子报道形式的一致性要求不高,可以迅速调动和整合各部门的力量,每个部门或个人完成一个子报道,这样就可以在最短的时间里完成对于重大主题的深入开掘。另外,这些不同形式、不同内容、不同角度、不同风格的子报道,也可以依靠版面策划和编辑的技术来形成风格多样、主体统一的阅读感受,从而改变某些报道内容枯燥和气氛沉闷的现象。随着网络新闻的兴起,组合形式的报道也成为网络新闻的新宠。从 2001 年开始,以"专题"形式出现的热点新闻报道就以其更新迅速、信息量丰富、形式多样等优点成为受众最主要的新闻来源之一。

例如,在 2012 年 1 月 18 日的《人民日报》13 版上,刊登的《业内专家与人民网网友共议 我们的餐桌怎样更安全》一文,就是将一些片断整合成一篇文章。

业内专家与人民网网友共议
我们的餐桌怎样更安全

【编者的话】
从三聚氰胺到瘦肉精,从地沟油到染色馒头,问题食品此起彼伏。

我们不禁要问,屡屡强调严厉打击,为何却是按下葫芦浮起瓢?食品安全问题,到底如何整治?

继"追问保障房"之后，人民网强国论坛和人民日报社会版联合主办的"追问·民生"系列再次策划了"追问食品安全"，相关专家应邀到强国论坛在线访谈，探讨当前食品安全问题及出路，网友通过论坛、微博等多种互动平台积极参与。

现将各方观点汇总整理，以飨读者。

【标准】

标准制定谁来拍板
——访中国工程院院士、中国疾控中心营养所研究员陈君石

标准制定要经过三次拍板：起草之后要提交给标准审评委员会拍板，然后是主任会议拍板，最后还要送到卫生部去做行政审查最后拍板。

问：每一种食品安全标准的出台，是在如何反复论证下，最后拍板的呢？

陈君石：首先，任何人、任何部门都可以建议制定标准，然后由卫生部统一归口，形成制定标准的计划。计划形成后，会有一个组负责起草标准。企业可以参与标准的起草，参与起草并不意味着有拍板的权利。

标准起草之后提交给标准审评委员会，这才是第一次拍板。

标准审评委员会分委员会的主任，绝大部分都是专家。

第二次拍板是在国家食品安全标准审评委员会的主任会议。标准经主任会议审查以后，要送到卫生部去做行政审查。行政审查不可能在科学结论上完全推翻标委会，但是又考虑到方方面面。这是最后拍板。

问：公众对食品安全质疑声不小，其中还有些误解。有什么办法能消除误会吗？

陈君石：食品安全方面有一个术语叫做风险交流，就是与食品安全相关的所有利益方的交流。专家和消费者双向交流，政府在决策的前、中、后环节都和公众进行交流。

很遗憾，我国现在风险交流基础非常薄弱，食品安全法只是规定了政府向公众发布信息，而风险交流应该是双向的。

同时，我国信息不对称的问题非常突出。究其原因，一是政府做风险交流的力度差，宣传教育解释力度也很差。二是我们国家没有一个民间的、具有公信力的、提供食品安全科学知识的平台。

问：降低食品风险，公众呼声很高。我国成立了国家食品安全风险评估中心，它在其中能发挥什么作用？

陈君石：有关食品安全的问题，消费者的误解之一就是要求零风险。这是不现实的。我们不能把细菌全部消灭，即便是致病菌。所以政府食品安全监管的任务，是要把对健康的风险控制在可接受的范围之内。

谁来判定这个风险是可以接受的？不像坐飞机，人们可以自己根据知识和经验去判断，你觉得危险不去坐就行。食品不能不吃，所以需要专家用科学的手段做风险评估，判断什么样的风险是可以接受的，政府通过风险评估做标准。我国成立了食品安全风险评估机构。欧洲食品安全局，加拿大、德国、日本的食品安全委员会都是承担这个职能的。

【监管】

问题频出如何监管

——访广东海洋大学食品科技学院食品质量与安全系主任雷晓凌

如果国内食品监督也和出入境监督执行一样的力度，可能效果会好。出入境监管要求很高，指标没有达到，肯定是不被接受的。

问：牛奶黄曲霉素超标曝光之后，消费者都很不安。作为食品安全专家，您如何看待这次事件呢？

雷晓凌：公布结果是事态改善的开始。这次及时公布结果，我觉得是好事。

牛奶中黄曲霉素限值的标准是0.5ppb。粮食类黄曲霉素限值是10个ppb，是牛奶的20倍。这个标准的制定可能是参考国外喝牛奶量比较多的情况来计算，并设定它的安全值的。我们中国人没有喝那么多牛奶，所以这个标准还是比较严格的。

如果我们能公开说明我国一般平均消费量多少，喝多少有多大危害，0.5ppb的量和其他国家比是怎么样的，大家可能就没那么恐慌。

问：就这一次检测，您觉得威慑力大吗？请问以后要如何避免再出现类似的情况？

雷晓凌：黄曲霉素这种毒素是杀菌破坏不了的，所以企业应该每一批都检。我个人判断，被曝出问题的企业可能漏检了，因为机器检测出现差错的几率比较低。

出口产品肯定每一批都测，而且每一批的结果都记录在案。如果每一批都检测，我想这个漏洞也就能堵住了。

此外，黄曲霉素的检测，蒙牛说是检了25个批次，检出1个批次有问题。但是其他企业的产品怎么样？大家都很关心。有专家建议，要对所有的乳企进行普查，公布普查结果，我也认为有这个必要。

问：出口国外的食品与国内销售的食品，质量是不是真有很大差别？

雷晓凌：可以说是有很大差别。如果我们国内食品的监督部门也和出入境监督执行一样的力度，国内监管可能效果也很好。出入境的监管要求很高。如果它的指标没有达到，一出去，肯定是不被接受的。出口食品实行双重检测，我们这边检，对方也会检。

另外，出入境的监管部门，它基本上是责任到人的，有问题的话，就唯你这个人是问。所以，他们不敢掉以轻心。企业有问题的话，他们也从技术、管理方面给予建议，帮助企业做这方面的工作。

【认识】

公众误解怎样扭转

——访中国农业大学食品科学与营养工程学院院长罗云波

目前大家对食品添加剂的恐惧心理是由于非法添加所造成的。如果严格按照标准用，食品添加剂非但没有害，还能保证我们的安全。

问：政府部门公布的我国食品安全检测合格率非常高，可为什么老百姓的感受却不是这样？

罗云波：我们做过调查，问题是这样的：在过去5年，你的亲戚、朋友、同事等你所认识的人，有没有因为食品安全问题进医院甚至死亡的？绝大部分人说没有。

大家都是从报纸上、电台上、新闻上、微博上了解到食品安全事件的。媒体曝出的食品安全事件，从科学统计数据上来讲是属于小概率事件。当然，我们不会因此而放松警惕，对食品安全还得常抓不懈。

问：媒体曝光的种种食品安全问题，让不少公众对食品添加剂谈虎色变。我们应该如何认识和看待添加剂呢？

罗云波：现在很多人把添加剂当成毒药来看，觉得食品安全问题都是添加剂造成的，这是最大的误读。

添加剂属于食品工业当中不可或缺的一类物质。以防腐剂为例，如果没有防腐剂对食品当中致病菌的控制，我们很可能就会受到其他食品微生物的侵害。比如去年德国大肠杆菌事件中死了很多人，这些都是致病菌所造成的。如果用了防腐剂，就能够抑制这些致病菌，保证我们的安全。

食品添加剂如果严格按照标准用，非但没有害，还能够保证我们的安全。目前大家对食品添加剂的恐惧心理是由于非法添加所造成的。比如三聚氰胺、苏丹红、孔雀石绿，它们其实都不是食品添加剂，却把添加剂的名声给败坏了。所以不要把添加剂看得那么恐怖。

问：现在转基因食品已经进入日常消费，有人很担心转基因食品的安全。你怎么看？

罗云波：就已经在市场上销售的产品来讲，不管是从营养上还是外观上，我觉得转基因黄豆的质量上肯定是优于非转基因的。转基因是经过安全评估的，安全没有什么问题。

相比于转基因食品，老百姓更能够接受杂交育种。实际上杂交育种的本质也是基因发生交换，而这种交换是一组一组的基因在进行交换，其实更不可控。所以，严格意义上来讲，实际上杂交育种还不如转基因的安全。

【热点】

提高奶价成本谁担

——访中国农科院北京畜牧所副所长王加启、中国疾控中心
营养所副主任王君

大家都在抱怨没有好牛奶，可是如果企业不提高好牛奶的收购价格，农民就不会愿意增加投入，就很难生产出好牛奶。只有建立合理的利益分配机制，才能解决根本问题。

问：现在有一种声音，认为中国的生乳标准是比较低的。您可否介绍一下目前世界生乳标准的基本状况？

王加启：世界上不同的国家奶业发展程度不同，关于生乳的标准也有很大的区别。我归纳了一下，基本上分为两大类：一类是发达国家的奶业标准，一类是发展中国家的奶业标准。发达国家的奶业标准是以安全为主体的标准体系，而发展中国家除了安全指标，一般还兼顾质量指标。与发达国家相比，发展中国家的生乳标准一般要低一些。

中国目前的标准属于发展中国家的标准，与发达国家的标准相比不高，在发展中国家里，标准算是不低的。

问：如果对牛奶质量和安全提高要求，成本是不是必然提高？这成本应该由谁承担合适？

王加启：提高牛奶的质量和安全，确实是需要增加投入的。谁来承担增加的成本，是整个奶业利益链的核心问题。我们国家奶业发展过程

中存在这样或那样的问题，其核心就是利益分配问题。

大家都在抱怨没有好牛奶，可是如果企业不提高好牛奶的收购价格，农民就不会愿意增加投入，就很难生产出好牛奶。根据我个人了解的资料，发达国家牛奶质量和安全相对要好，企业承担的责任和发挥的推动作用是第一位的。只有建立了合理的利益分配机制，才能够解决奶业发展中的很多根本性问题。

问：您认为乳品企业和监管部门有哪些办法来提升对乳制品的安全保障能力？？

王君：我觉得提高乳制品的安全，从企业角度来讲要做好企业的自律。在这方面又有几个角度。首先食品安全法提倡企业可以根据自己的情况制定严于国家标准的企业标准；其次，企业要从食品原料、生产过程、人员操作等各方面做好相关的工作，包括食品出厂前的自检。

作为监管部门，食品安全整个链条上涉及的各个部门要依法认真履职。另外，行业协会也要发挥领军和导向的作用，引导企业向好的方向发展。

【网友提问】

一天一地一广仔：为什么从三聚氰胺到黄曲霉素，毒奶、毒奶粉的问题一直折腾中国、折腾老百姓？难道乳企就不能规规矩矩生产？中国的奶业何时让人放心？

大辽：根据有关部门公布的数据，我国2010年蔬菜、畜产品、水产品检测的合格率均在96%以上。实际情况与大家的感觉为何会有这样的落差呢？

呼风唤雨的小周：我们某些标准的制定是否会基于保护企业的利益而降低要求呢？标准最后是如何拍板的？标准的制定过程能否更加透明化？

【网友热议】

@漫游世界：解决食品安全问题，一是政府不能失职。现在有好多问题都是在社会公众和媒体推动下才得以"高度"重视；二是违法者必须付出沉痛代价。食品安全违法成本太低，助长了铤而走险者以较低成本牟取暴利。

@无名99：虽然大家嘴上都嚷嚷着"便宜没好货，好货不便宜"，但仍然有相当一部分人一味追求低价格。并不是说所有低价产品都不好，只是一味追求低价最可能导致的结果是：上当受骗！

@徐云松平人才济济：食品安全说到底是个良心活、技术活。从长远讲，应抓道德建设，建好软环境，建立诚信档案。当然广大群众的监督也必不可少。

@文川666：民心在哪里？真正的民心在百姓呼吸的新鲜空气里，在百姓喝的干净的水里，在百姓吃的放心食品里，在百姓的一日三餐里！

@grantpatton：乳品行业安全问题频发，陷入"知错就改，改了再犯"的怪圈，这是典型的监管不力造成的。

（"网友提问""网友热议"摘编自人民网强国论坛及人民微博）

第五编 05
网络新闻写作

第十五章

网络新闻写作概述

　　Internet 是人类历史发展中的一个伟大的里程碑，它是未来信息高速公路的雏形，人类正由此进入一个前所未有的信息化社会。人们有各种名称来称呼 Internet，如国际互联网络、因特网、交互网络、网际网等等，它正在向全世界各大洲延伸和扩展，已经成为世界上覆盖面最广、规模最大、信息资源最丰富的计算机信息网络。

　　随着互联网的发展，网络成为人们获取信息的重要渠道，网络新闻应运而生。

　　中文世界的第一份全球性的中文电子杂志，是 1991 年 3 月在美国创刊的《华夏文摘》。1995 年 7 月由美国报业传播机构总社创办出版的，以美国新闻、国际新闻、中国内地新闻和台湾地区新闻为主要内容的《环球电子日报》被认为是 Internet 上的第一份中文电子报纸。在中国国内，第一份上网的中文电子刊物是 1995 年 1 月 2 日发刊的《神州学人》，它由国家教委投资创办。从 1995 年《神州学人》杂志和《中国贸易报》上网开始，中国的网络新闻事业一直保持着高歌猛进的势头。到 1999 年底，全国已建立独立域名的新闻宣传单位达 700 多家。数量上增加的同时，一批新闻网站逐步在网络新闻的权威性和可信度方面建立起了自己的声望和品牌效应，如人民网、新华网、中新网、中国日报网站等，在受众心中已成为权威、规范的网络新闻媒体的代表。

　　随着网络新闻业的迅猛发展，许多传统媒体从最初的电子版和网络版逐渐向独立的专业新闻网站、地方门户网站以及其他综合性网站方向发展。例如《广州日报》网站的名称是"大洋网"，《深圳商报》网站的名称是"深圳新闻网"，《四川日报》网站的名称是"四川在线"，名称的调整进一步增强网络新闻传播的召唤力。同时，诸如千龙网、东方网等大型舰队的出现，更表明中国的网络新闻媒体已意识到要用规模效应和集团优势来参与国际新闻事业竞争。

网络新闻是指传受基于Internet的新闻信息——具体来说，它是任何传送者通过Internet发布或在发布，而任何接受者通过Internet视听、下载、交互或传播的新闻信息。① 具体而言，网络新闻又有广义和狭义之分。广义的网络新闻指的是互联网上的综合性门户网站和各类专业性网站所发布出来的各种有传播价值的新信息，而狭义的网络新闻则专指互联网上新闻类的信息。本文所要讨论的网络新闻仅限于狭义的网络新闻。

第一节 网络新闻的主要来源

网络新闻是随互联网的普及和网络媒体的影响力而发展起来的。它来自于传统媒体、网站原创、网民创造等多种途径。

一、来自传统媒体

传统媒体指报纸、广播、电视等媒体。来自传统媒体的新闻叫复制新闻，又叫粘贴新闻。以拷贝和粘贴传统报纸、广播、电视的文本图片或音视频内容为主，基本保留原新闻的原汁原味，属于对传统新闻的二次传播。刚开始的传统媒体网站大致都是这种方式。

复制新闻谈不上写作，因为它奉行的是"拿来主义"，它更多涉及的是网络编辑技巧。网络媒体的主要工作是转载、转发，对稿件内容以编辑为主，制作符合网络阅读习惯的新闻标题，添加网络电头、来源、责编、相关新闻、关键词等模板式内容，文章主体部分基本保留原文章内容。它的制作过程如下：第一步，编辑从上网报纸的内容中寻找新闻；第二步，把具有新闻价值的稿件挑选出来；第三步，把新闻内容长段打开，划分为几段，一般来说，新闻不作改动；第四步，改写标题，标题多为实题，包含新闻基本要素。

二、来自网站原创

网站原创新闻主要是指网络媒体自身采制的新闻。包括母媒体记者专门为网站采写的新闻稿、网站记者采写的稿件、网站约稿、翻译稿件、新闻整

---

① 杜骏飞：《网络新闻学》，中国广播电视出版社2001年版。

合稿、网络调查、文字视频直播实录、嘉宾访谈等。

网站原创新闻是网络媒体新闻采写的基本方向。西方网络传播研究者告诫说："提供原创内容。你可以通过链接使用一些别人的资料和图片，但你必须同时有自己的东西，否则你就不是一个新闻组织，而只是一个线路公司。获得成功的要素，还是要有自己的报道和写作。"他们认为"原创的，才是激动人心的和有趣的"。

在目前的网络媒体技术条件、政策条件等制约下，网络媒体完全靠这种原创新闻是不现实的。

三、来自网民创造

网民发布的新闻包括博客文章、博客音视频、新闻跟帖、论坛发帖、微博贴文、网友来稿等，网站通过重组新闻资源、重新编辑改写而形成的新闻报道。

对于网民发布的新闻，网络媒体的主要工作是先审核内容、思想，在进行文字编辑。网民发布的新闻，数量庞大，内容芜杂，良莠不齐，这些都需要网站编辑认真、仔细地过滤与审核，而网络写作的分量较轻。

第二节 网络新闻超文本报道模式

网络新闻超文本报道模式是与传统媒体相比较而言的。传统媒体的信息作品在呈现方式上是单一层次的，报纸以空间为载体、以文字图片为表达符号展示所有新闻信息，广播电视以时间为载体、以音视频为表达符号展示所有新闻信息。网络作品则是多层次的，可以在文字图片、音视频之间建立起一种非线性的链接，这样就出现了超文本模式。

一、超文本报道

（一）表现形式

所谓超文本，一方面是指信息以多媒体形式存在，另一方面是指通过超链接可以使信息之间产生联系。具体情况：

一是运用多媒体技术进行网络新闻写作。多媒体和超文本技术，集文字与声音、图画、照片、影像以及三维动画等为一身，实现了有声有色、声情并茂、图文并茂的全方位地报道新闻事件。

二是通过超链接使与新闻相关的信息之间产生联系，使得网络新闻的文体不再是传统媒体的线形结构，而是网状结构与多维结构。

我们以网络新闻文本为例。在一篇网络新闻文本中，一般包括三大部分，即新闻部分、互动部分与广告部分，各部分之下又包含有若干层次和内容。

新闻部分包含以下六个层次：层次一：新闻标题；层次二：新闻发布时间和来源；层次三：核心提示；层次四：新闻主体，一篇或多篇组合，单文本或多媒体；层次五：新闻背景与延伸阅读；层次六：关键词、相关新闻与相关专题。

互动部分包括直接表达意见和观点的留言、转发、分享、挖掘等互动，还有链接到论坛、博客和微博的简介互动。

广告部分包括24小时新闻排行榜、留言板等新闻推广，网站自身或网站频道的形象广告，或文字图片音频的商业广告、电子商务广告以及搜索联盟的广告。

（二）超文本写作的要求

1. 把新闻素材划分层次

正如传统写作时对新闻素材的分类，有主要新闻事实、典型事实、背景事实、新闻细节等。在进行网络新闻写作素材划分时，应把最关键的新闻事实划为核心层次。而相关的新闻事实，例如背景、细节以及新闻事实的详细展开，作为枝叶层次等。

2. 要着力写好核心层次

核心层次是新闻事实的价值所在，是最重要的信息，也是影响受众满意度的重要因素。

3. 在核心新闻中凡涉及枝叶层次，分别用超链接给出

读者可以根据自己的需要决定进入那一方面的内容阅读。通过超链接可以使新闻既向外延、平面地展开，又向内延、纵深地展开。同时枝叶部分可以是多媒体的不同文本。

二、超链接性

网络新闻超文本报道模式是由网络的超链接性决定的。网络链接是指从一个网页指向一个目标的连接关系，这个目标可以是另一个网页，也可以是相同网页上的不同位置，还可以是一个图片，一个电子邮件地址，一个文件，甚至是一个应用程序。而在一个网页中用来链接的对象，可以是一段文本或者是一个图片。当浏览者单击已经链接的文字或图片后，链接目标将显示在浏览器上，并且根据目标的类型来打开或运行。它是一种允许我们同其他网页或站点之间进行连接的元素，在本质上属于一个网页的一部分。各个网页链接在一起后，才能真正构成一个网站。

根据不同的标准，可以将链接分为不同的形式：

1. 根据链接所涉及的范围不同，链接可以分为：

①页内链接，即链接同一文件的不同部分，使用户在阅读一篇很长的文章时可以方便地跳转到文章的其他部分；

②系统内链接，即链接同一服务器上的不同文件，比如从网站的一个栏目链接到另一个栏目；

③系统间链接，即链接不同服务器上的不同文件。

2. 根据链接的方式不同，链接可分为外链和内链。

①外链，是指点击网页上的超文本链接符号，使浏览器的内容从一个网页直接转换到另一个网页或另一个网页的部分内容。

②内链，是指通过链接将另一网页的部分或全部内容显示在本网页中。内链主要有两种形式：一是图像链接（IMG, Imagelink 或 In－flinelink），网页制作者通过在网页中使用 IMG 指令将他人网页上的图像（当然也可以是文章、音乐片断、视频信息等内容）链接到自己的网页上，使被链接的内容能作为自己网页整体的一部分显示在用户计算机屏幕上；二是视框链接（Framelink），加框技术允许将页面分为几个独立的区间（每个区间称为一个"框"），每个"框"可同时呈现不同来源和不同内容的信息，且可以单独卷动，通过这种技术，制作者可将他人网站中自己需要的部分呈现在自己的网页中，而不需要的部分如网站名称、广告等则可以被自己网页的内容遮挡住，当用户访问该网页时不知道"框"中的内容根本不属于该网站。

3. 根据链接的深度不同，链接可分为：

①主页链接，即直接链接到被链者网站的主页（homepage），完整地显示

该主页的全部内容包括网址、网站名称及广告等；

②深层链接（Deeplink），又称纵深链，即绕过被链者的主页直接链接到网站的某一分页（subpage）。①

例如，在1998年"克林顿绯闻案"的新闻事件中，斯塔尔报告厚达445页，牵涉内容广泛而复杂，绝非是一两个新闻栏目所能容纳的，即使是印刷媒体也很难承受如此巨大而繁杂的内容。正因为如此，在Internet上首先全文刊载有关克林顿丑闻的斯塔尔报告，引发了新旧媒体竞争的热潮，这是网络新闻发展史中一次里程碑式的事件，它全面展示了网络新闻媒介在竞争优势上的优越性，同时也推动了网络媒介新一轮的跃进。

第三节 网络新闻互动式写作

网络新闻互动式写作是通过建立聊天室、谈话区，开设专家即时应答热线、热点在线调查以及网络媒体中谈话主持人，与受众进行平等的双向传播。网络新闻互动式写作是改变传统媒体写作对受众灌输式的信息单向传播为与受众之间的平等的双向传播。

一、网络新闻传播的互动性

传统媒体的逻辑结构是星型结构，即中心制作，四面传输。其特点是：
①中心节点：报社、电台、电视台是传播中的唯一信息来源；
②单向流动：信息由信息源向终端点"受者"流动；
③终端点彼此孤立，没有联系。

因此，传统媒体的新闻传播缺乏互动与反馈机制。从新闻信息源发出的信息，经过传播渠道而抵达新闻信息的归宿地是一次单向的传播过程，传授双方只是单方面的"给予"和"接受"关系。

网络传播的逻辑结构是网状分布式的，其特点为：
①拓扑结构中无中心节点，每个节点都可向其他节点发送信息成为信息源；
②双向流动，任何节点都可以向发送信息的节点传回反馈信息；

---

① 张影恬：《浅谈网络超链接与相关著作权的关系》，载《厦门科技》，2008年第2期。

③网络各节点之间不是孤立的，任意两点可以通过网络进行双向信息交流；

④任意两点间的交流路径不只一条。

网络媒体的新闻传播具有与生俱来的互动性，是网络媒体区别于传统媒体的最本质特征。网络的交互性一方面体现在人与机器的互动，电脑以日益人性化的界面、对话框、提示语式的交流方式，实现与使用者的互动；另一方面体现为人通过机器与他人的交流互动，传授双方在同一个平台上或就共同感兴趣的话题展开讨论，或提供更多的信息双向传播。因此，网络新闻写作是一种进行时态的、开放式的互动写作，新闻作品中有记者、编辑自己采访收集的第一手材料，也包含有网民的意见、网络调查的结果，甚至还有博客、播客、微博内容和观点的直接超链接。

二、互动式写作要求

网络新闻传播的互动性决定了网络新闻的互动式写作。互动式写作的要求主要有：

1. 引导、服务受众，建立平等对话机制

互动式写作要求写作者改变传统媒体写作的灌溉式思维与居高临下的写作心态，从指导、指示受众到引导、服务受众，从模式新闻写作到根据用户需要撰写"制定"式新闻，建立与用户平等交流与对话的互动机制。

例如，2011年全国"两会"期间，多家网站都推出了"我有问题问总理"的征集活动。在人民网的"我有问题问总理"大型征集活动中，收到的提问多达18万多条；在中国经济网联合网易推出的"我有问题问总理"活动中，收到的提问达6万多条；在CCTV-4联手新浪网推出的"我有问题问总理"征集活动中，收集2万多条；在凤凰网联合国际在线开通的"我有问题问总理"征集活动中，收集的提问有近万条。这些问题涉及"经济政策"、"反腐倡廉"、"收入分配"、"教育改革"、"房价物价"、"医保社保"、"三农问题"、"就业问题"、"民主法制"等多方面。这种征集活动的开展，正如人民网强国论坛所言："为网民和国家领导人之间搭建对话的平台，是网络民主的重要表现形式"。

2. 掌握网络互动工具并娴熟运用

随着Web2.0技术的不断研究与发展，早期的电子邮件、BBS论坛、新闻组等少数几个网络互动工具发展到现在的即时通讯、博客、微博、SNS社区、掘客、维客、贴吧、排行榜等十多种,互动的渠道越来越多。记者可以利用电子邮件、即时通讯进行在线采访可以从论坛、SNS 社区挖掘新闻线索,可以从博客、微博中吸取用户的观点和评论,可以从掘客、贴吧、排行榜中发现用户讨论的热点话题和议论的焦点,运用网络互动工具进行新闻写作也是网络时代新闻写作的唯一途径。

3. 追求动态的、连续性写作

网络互动的广泛性与便利性使得新闻事件在网络传播后会不断有追踪与反馈。原来由记者主导的静态的、一次性报道变成了由记者和网民共同参与的动态的、连续性的、互动式的集体写作。在这个过程中,记者需要在文章中不断吸纳用户提供的信息、观点和言论,或者将网友来稿、留言跟帖引入自己的新闻作品,在互动中加强对新闻事件的报道,推动、影响新闻事件的进程。

第四节 网络新闻标题制作

根据网络新闻的传播特点,标题与新闻正文不在同一页面,网民无论登录网站(网页)浏览新闻或通过搜索引擎搜寻新闻,最先接触到的只是标题并且只能通过点击标题才能进入到正文网页看到新闻内容。因此,网络新闻标题作为独立主体的重要性地位也日益凸显,它是网络新闻传播与接受过程中的第一环节,是网民选择和获取深层新闻信息的第一选择关口。

一、网络新闻标题的特点

(一) 突出导读价值

网民对网络新闻的接受有自己的特点:要求迅速找到"期待阅读"标题和新闻;浏览而非仔细阅读;随意点击网站或网页等,这种阅读具有极大的跳跃性、检索性和忽略性。因此,网络新闻标题承担着网民是否进一步阅读网络新闻正文的"门面"角色,导读价值弥足珍贵。网络新闻标题的导读价值包括两个方面:一是新闻价值,二是审美价值,即浓缩的享受。所谓浓缩,即言简意赅,新闻标题尽量用最少的字准确表达出新闻的精华,从而诱发网民的新闻信息欲望;所谓享受,就是新闻标题要通过各种传播技巧或形式制作得赏心悦目，给网民一种审美愉悦。

（二）突出导向作用

网络标题的导向作用主要体现在：标题可以或显或隐地表明对新闻事实的态度和看法，进而影响社会舆论，引导受众的是非观和价值观。标题的导向作用，最为明显的表现是可以借题发挥。例如，西藏和平解放50周年之际，央视国际将专题命名为：《阳光下的西藏》。这个标题透过现象审视本质，"阳光"鲜明地显示了西藏和平解放50年的社会现状，起了积极的舆论导向作用。

（三）强调全时、全息化

这是网络新闻标题传播手段上的特点。网络新闻标题一改报纸、广播、电视等大众传媒的一题一文线性模式，采用立体化传播模式。

从题材上看，有同类新闻标题列表和综合新闻标题集。同类新闻标题列表是指将同一题材或相关内容的新闻标题按时效性和重要性依次发布到一个固定频道或栏目中，以方便网民阅读和查找的新闻标题群。

同类新闻标题列表的特点是：在网页上有一个相对固定的具体频道或栏目名称，如时政、科技、文化、娱乐等；它是一个庞大的不断更新的新闻标题数据库；其新闻标题属于同一题材或内容上相互关联并按时效性或重要性进行排列。其传播优势：一是可以将"海量"、庞杂的新闻信息进行分门别类，便于网民阅读和查找；二是适应了"分众传播"的发展趋势，可以充分发挥因特网"大百科全书"的优势，从而提升自身在传媒市场中的竞争力；三是把网页设计成若干个同类新闻标题列表，有利于网站业务管理和编辑的维护更新。

综合新闻标题集是指将不同题材或内容的新闻标题按时效性和重要性依次发布到一个固定频道、栏目或空间中，以满足不同网民新闻需求的新闻标题群。如各网站首页上屏的要闻频道或专栏：新华网的"新闻热评"和"新华导读"；千龙网的"新闻中心"、"千龙视野"；东方网的"今日要闻"；人民、新浪、搜狐、网易等网站的"新闻中心"。

综合新闻标题集的特点表现在：它在网页上有一个总名称，但不是实指的而是泛指的；新闻标题不仅涉及各领域、题材、范围和内容，而且更新速度快，新闻价值高，是网络媒体的"新闻眼"和新闻主打产品；新闻标题有一部分是各同类新闻标题列表中的头条新闻，并根据其新闻价值高低再次加以编排。其传播优势：一是能迅速将不同题材或内容的具有较高新闻价值的新闻标题凸显出来，更广泛更快地吸引网民眼球；二是由于它的新闻标题大都是社会热点、重点、难点，因此可以利用因特网的互动功能，让网民合法、有效地进行在线讨论，为构建和谐社会献计献策。

从体裁上看，大致有以下几种：消息类新闻标题，评论类新闻标题，音、视频类新闻标题，图片类新闻标题，动画类新闻标题，超文本类新闻标题，也称超文本新闻标题集群。

从时空上看，因特网还将时空进行整合，呈现全时化和全球化，因此，既有短暂更新间隔的静态新闻标题，也有全天候24小时不间断滚动播出的动态新闻标题；既有国内各地各行的新闻标题，也有海外各国各区域的新闻标题；既有反映本民族文化的新闻标题，也有展示其他民族文化的新闻标题。

二、网络新闻标题的写作要求

（一）一行实题

网络新闻标题要清晰准确地说明一个新闻事实，标题必须改成一行实题，且字数不宜过多。

单行题多。纸质新闻标题往往由主题、引题、副题组成，且标题中有时会用不同的字体、字号甚至不同的颜色来吸引读者的注意力，但网络新闻标题一般都是一行题，字体、字号、颜色基本保持一致，有时为了网页的整洁、清楚，各标题的字数大致相同。当然，同为网络新闻标题，国外与国内却有很大的不同，国外的网络标题大多采用标题加摘要的方式，在新闻标题下有内容概要作为新闻的核心提示。

实题为主。由于网络新闻标题与正文分开，且只能用一行题的形式表现内容，所以，为了清楚明确的表达出新闻内容，吸引网民点击阅读正文，在制作网络新闻标题时只能用实题，并且将尽可能多的新闻要素包含在实题中，这样才能起到导读、导向的作用。如果是空洞的议论和空泛的虚题，网民则很难判断新闻内容，也就不会点击阅读正文了。

（二）突出最为重要的新闻因素

用新闻中最为重要的新闻因素做标题包括选择最重要、最具体的事实做标题，选择新闻中最新鲜、最实用的内容入题，选择新闻中最有悬念、最具有冲突性的内容进入标题，也可以选择新闻中最有趣或最反常的事实做标题。

如 2012 年 2 月 1 日新浪网上的新闻标题《2012 年中央一号文件扶持农业科技创新》就属于突出最重要的事实。扶持农业科技创新是历年各级政府工作的重点之一，而 2012 年也不例外，新闻标题用"中央一号文件"更是突出事实的重要性。

如 2012 年 2 月 1 日新浪网上的新闻标题《我国遭埃及部族成员扣押 25 人已获释》就属于突出最具体的事实。标题中用具体的名称"埃及部族成员"及精确的数字"25 人已获释"把扣押者及获释人数的具体情况发布出来，网民看到标题就基本了解了事实的主要情况。

如 2012 年 2 月 1 日新浪网上（湖南新闻）的新闻标题《"最孝研究生"帮环卫工父母扫大街》就属于突出最新鲜的内容。为了使自己的父母不那么辛苦，苏州大学研二学生杨超寒假回家后，就帮着父母清扫马路。研究生扫大街是新鲜事。

（三）简洁、准确、通俗

简洁的标题要尽量包含以下要素：说明一个事实，突出其中最为重要的新闻因素，揭示新闻中最新、最为本质的变动意义。标题要做到简洁而不简单，一般说来，标题不超过 25 个字。

标题是对新闻内容的高度概括，是反映新闻内容的第一"向导"。标题是新闻的眼睛，是新闻的灵魂和生命。标题准确与否，影响网民对新闻内容的判断，影响网民对新闻内容的阅读，进而影响到网民对网站的评价。

通俗的标题要尽量包含以下要素：运用朴素、直白的标题将新闻的主要内容点出来。

第十六章

几种常用的网络新闻写作

目前，我国有采访资质的网站不多，就是有采访资质的网站在采写方面也没有纸质媒体成熟，只能追求自己的特色。如红网的原创新闻，主要集中在消息和新闻评论这两种体裁上，突出网络新闻"快餐消费"的特点及评论较为宽松的环境。相对而言，新华网的采写队伍要庞大一些，新闻形式就丰富一些，运用的新闻体裁也多样一些，原创新闻质量就高一些。到目前为止，网络新闻的相当一部分内容还是来自传统媒体提供的稿源。

传统新闻体裁包括消息、通讯、新闻评论、深度报道、现场直播等各种形式，这些新闻体裁在网络新闻中依然存在，而且占有相当的比例。当然，网络新闻体裁要服务、服从于网络新闻报道，因此，消息、通讯、新闻评论、深度报道、现场直播等传统新闻体裁在网络传播中具有了新的特色，被赋予了新的使命。有继承，主要是内容上的，比如坚持新闻的真实性原则、新闻价值的判断等；也有创新，主要是形式上的，比如超文本、互动式等。

网络作为新的媒体，新闻体裁除了对传统媒体借鉴外，也产生了属于自己的、独特的新闻形式，滚动新闻、博客、微博、论坛等，它们在网络新闻的报道中独树一帜、功不可没。

第一节 网络消息、通讯写作

网络文本层新闻部分的六个层次适合传统新闻体裁消息、通讯的网络写作。在第十九章我们讲过，一篇网络新闻文本中，一般包括三大部分，即新闻部分、互动部分与广告部分。新闻部分又包含六个层次：新闻标题；新闻发布时间和来源；核心提示；新闻主体，一篇或多篇组合，单文本或多媒体；新闻背景与延伸阅读；关键词、相关新闻与相关专题。

在新闻部分的六个层次中，有些属于网络编辑工作，层次一的新闻标题、层次二的新闻发布时间和来源、层次六的关键词以及相关新闻与相关专题。所以，一般情况下，属于网络消息、通讯写作范畴的主要是核心提示、新闻主体、新闻背景这三个层次。

网络消息和网络通讯在写作上是有区别的，它们的区别主要在新闻主体这一部分的写作上。网络消息的新闻主体包括导语和正文两部分，一般采用倒金字塔式结构，以新闻价值的大小来安排新闻事实，最重要的材料放在导语，最不重要的材料放在篇尾，从导语至结尾，呈现出新闻材料重要性递减的逻辑顺序，这一点和纸质媒体相同。

网络通讯的新闻主体就是正文部分，其结构可以是纵式结构，也可以是横式结构，还可以是纵横式结构。纵式结构包括时间顺序式结构、逻辑递进式结构、悬念式结构等，横式结构包括空间顺序式结构、并列式结构等，纵横式包括纵横交叉结构、浓缩时间式结构、蒙太奇式结构等，这一点和纸质媒体相同。

从目前的情况看，网络通讯绝大部分来自于纸质媒体，网站原创很少。

一、核心提示

核心提示即第一层核心层，也就是内容提要、新闻摘要。位置在新闻标题与新闻主体之间，用特殊的字体或加框的方式区别于正文。这种情况，网络消息中以手机新闻比较普遍，网络通讯中也较常见。

核心提示的写作，一方面是满足用户的差异化需求，另一方面也是对长篇文章进行导读。因为现在的网络阅读一般是扫描式阅读、快餐式阅读，长篇文章如果没有核心提示，会减低用户的浏览兴趣，增加用户的阅读时间。

核心提示的写作有三种方式。

第一，采用"5W式"写作，类似导语的模式，将何人、何时、何事、何处、为何等要素在提要中写清楚。如 2010 年 9 月 23 日中国新闻网（手机看新闻）的消息《国家工商总局：网络交易实名制与收费无关》，核心提示：7月，工商总局开始实施网络交易实名制，由于该规定主要针对淘宝等 C2C 的个体网店而引起广泛关注，有舆论把实名制与 C2C 个人缴税问题挂钩。近日，工商总局市场司网络规范处处长表示实行网络交易实名制与收费无关，并且不会带来个人信息泄露。核心提示说明了事件的来龙去脉，交代了事件当前的状况。

第二，采用"悬念式"写作，用最吸引人的亮点来刺激用户的阅读兴趣，只言片语说其一点但没有更多的解释。如 2010 年 9 月 23 日网易体育（手机看赛事）的消息《揭国安 72 小时换帅内幕 洪元硕下课祸起心太软》，核心提示：9 月 10 日国安客场不敌金德后，俱乐部高层仅用了 72 小时时间便做出了换帅决定，而洪元硕下课的导火线，便是他过于软弱的性格。核心提示用了两个悬念"72 小时换帅"与"心太软"，勾起人们对这两个悬念的探究心理。人们不禁要问，为什么这么快就做出换帅决定？洪元硕又是怎样心太软了？

又如，2012 年 1 月 30 日大河网刊等的通讯《河南村民跳河救出三人后被冻死 将申报烈士》，核心提示如下：

昨日，雨雪交加。遂平县褚堂乡沟南刘村的张景凤大嫂一手拉着儿子，一手扯着闺女，冒着雨雪赶到李国喜家时，天已大亮。

"来给国喜大哥的遗像磕几个响头，因为闺女又要去深圳打工了。"景凤大嫂说："俺和儿子、闺女的 3 条性命，都是国喜大哥救的；国喜大哥'走'了，闺女出远门，跟他说一声，他在天国不孤单……"

核心提示描写张景凤母子三人磕头告别李国喜家的情形，引起受众的好奇心：李国喜是在哪里救起了张景凤母子三人？为什么自己被冻死？采用的是"悬念式"写作。

第三，采用"要点式"写作，摘录文章中最有价值或者最中心的一段话直接作为核心提示。如 2011 年 1 月 24 日新华网的通讯《锦州开局就加速跑》的核心提示：

"今年是'十二五'开局之年，也是实现稳定进入全省'第一方阵'目标的起步之年。一定要紧紧盯住实现首季开门红、双过半、两个不低于的目标，抓紧每一天，干好每一月，狠抓落实开好局！"锦州市委书记王文权去年底在全市领导干部大会上提出的"开好局"这一要求，目前已经成为全市上下一开局就加速跑的工作实绩：一开年就再取消 10 项经营服务性收费，减轻企业和群众负担 2000 余万元；锦州航空物流城 1 号段回填工程顺利竣工；龙栖湾新区管道燃气项目签订框架协议；投资 10 亿美元的航星旭和 750 兆瓦太阳能电池板项目开工；大连港集团高层领导来锦进一步推动与锦州港的深度合作；秦沈天然气管道工程在锦州设置分输站；浙江商会年会暨投资环境说明会吸引 300 多人参加；锦州硅材料及光伏产业化基地被认定为国家高新技术产业化基地……"十一五"

时期的重大阶段性成就让锦州站在了新的历史起点，地区生产总值居全省第五，锦州各项事业蒸蒸日上。展望"十二五"，突破的豪情和跨越的冲动激励着锦州，一开局就狠抓7项重点工作，加速起跑，确保实现稳定进入全省"第一方阵"的奋斗目标。

核心提示摘录文章中最有价值的新闻事实——一开局就狠抓7项重点工作，加速起跑。

核心提示除了以上三种写法，还有一种用标题组合来揭示内容的特殊写作方式。当新闻事件较为复杂、涉及多条新闻时，核心提示选用多个标题进行组合从而串联起多条新闻内容，网民通过点击组合中各个标题的超链接转到新闻主体，了解新闻的全部事实。

二、新闻主体

（一）网络消息的主体

网络消息的主体包括导语和正文两部分。据美国传播学者尼尔森研究发现，人们在网上阅读新闻的时候通常采用快速阅读的方式，即力图在15秒钟时间内得到想要掌握的信息的要点。统计表明那些只阅读新闻简要内容的人是坚持阅读完全文的人的3倍，即便是阅读"全文"的读者，实际上也只阅读了全文内容的75%而已。换句话说，在网上，人们很少逐字逐句地阅读，而是快速地一览而过，只有让读者在浏览时能迅速抓住一篇新闻的主要内容并产生兴趣后，才有可能进一步深入阅读。因此，网络新闻的写作也需要采取与传统媒体一样的倒金字塔写作模式，按新闻价值的大小安排写作顺序。

1. 导语写作

在搜索引擎上，一则新闻最前端的数十个字往往作为这一新闻的全部内容的简明提示，使用者往往就是通过在搜索引擎上呈现的这数十个字的描述去判断这则新闻信息与自己需求之间的关系。因此，要充分重视新闻导语的作用，把最重要、最新鲜、最能吸引人的新闻事实放在最前面。如新浪网上一则关于德约科维奇在澳网决赛上战胜纳达尔的新闻导语是这样写的："新浪体育讯 北京时间1月29日消息，德约科维奇以一场接近六小时的马拉松大战来向世人证明，他去年的成功绝非昙花一现，他的世界第一绝对不会轻易动摇。在这场澳网（微博）决赛上，他和纳达尔上演了一场从体能到意志的全方位对抗。最终在决胜盘关键分的胜利，帮助德约科维奇首次卫冕大满贯冠军。三进澳网决赛全部问鼎，小德在墨尔本的稳定性已经超越费德勒这位老球王。"（http：//sports. sina. com. cn/t/2012 - 01 - 30）该导语开门见山，五个W俱全，浓缩了新闻中最有价值的部分，同时也引起了读者往下阅读的兴趣。

　　在测量了不同写作方式对信息传播的有效性的影响后，尼森尔提出了"可使用性"（usability）的概念。可使用性可理解为读者对信息接收和感知的程度。如何增强新闻的可使用性呢？尼森尔提出了具体的方法，如使用简短准确的语言；保持客观、中立的立场而杜绝使用夸大的、带有促销意味的言辞等等。这些方法很值得我们在导语写作的实践中加以借鉴。

　　根据尼森尔提出的"可使用性"（usability）原则，一个好的网络新闻导语应该具备简洁、准确、鲜明、生动、用事实说话等特点。为此，应从几个方面注意：

　　第一，让关键词语突出，非常明确地强调它们。美国一个研究机构甚至认为，强调显要之处的文字用量要比你为印刷媒体写作时增多三倍。

　　第二，用最重要的事实或者是观察的结论作为新闻的开始。

　　第三，要高度简洁地表述最为重要的事实，需要在网页的第一视觉区域内完成对重要新闻的引导。

　　目前，网络消息的导语也不尽相同。一种与传统媒体一致，在导语前有消息头。如2012年2月1日红网的消息《六旬老人进湖南才市求职 不为薪酬但求实现自身价值》的导语：红网长沙2月1日讯（记者 刘容）今天是正月初十，也是湖南人才市场新春系列大型人才交流会开展的第三日，继续前两日的热情，上午9时许，湖南人才市场招聘现场早已人头攒动。本次人才交流会组织了中联重科、远大、蓝天集团、三弘重工等百余家省内外知名企业参展，共提供各类专业岗位近万余个。2012年2月1日新华网的消息，《上海：高校基地成干部培训"第二党校"》的导语：新华网上海2月1日电（记者杨金志、俞菀）复旦大学、上海交大、上海市科协等高校和社会机构相继被确立为"上海市干部教育培训高校基地"以来，高等院校成为上海干部培训的"第二党校"，专家型、领导型师资有效提升了干部队伍的理论修养与实际工作水平。

　　还有这样一种情况，部分网站的消息导语没有消息头。如2012年2月1日新华网（来源：长城网）的消息《王宝强邢台开政协会 获市委书记市长接见》的导语：1月30日上午，市领导王爱民、刘大群、张平、石玉春、常丽

虹亲切接见了出席市政协十一届五次会议的市政协委员王宝强。同为

2. 正文写作

网络消息的正文是指在导语之后的主要部分，它是对导语中已披露的新闻要素作进一步的解释、补充与叙述，是发挥与表现新闻主题的关键部分。写好网络新闻的正文部分，要注意层次清楚、点面结合、精选材料，并且与导语呼应，力求生动活泼。

正文部分的写作可采用以下一些技巧：

（1）使用有意义的小标题，并加上黑体字以示突出。

（2）一段一个内容，并要注意如果这一段的开始几个词不能吸引住读者的注意力，其余内容就可能被忽略掉。

（3）象排行榜一样，将新闻内容的大意清楚地逐条列出。

例如，《我省启动交通紧急预案》这则新闻，就由如下几部分内容构成：

的士：等了20多分钟不见有空车

公交：路面湿滑等车时间拉长

客车：部分客运车辆不能准时回站

事故：天降大雪高速事故多发

排障：遇交通灯故障可拨122反映

各方应对

电力：最高负荷将破400万千瓦

工地：雨雪天气停止室外作业

桥隧：四桥三隧撒盐50余吨

路面：两万城管随时上路除冰

http://hunan.sina.com.cn/news/today/2012-01-16

这则新闻从交通状况和各方应对两个大的方面进行报道，共有9个小标题象排行榜一样，将新闻内容的大意清楚地逐条列出，使受众一目了然，大大方便了浏览。

（二）网络通讯的主体

网络通讯的主体就是正文部分，和纸质媒体通讯的主体在写作上是一致的。请看下面一侧例文：

持续零下40摄氏度低温　北方多地遭遇极寒考验

核心提示

零下40摄氏度低温，突破低温历史极值，低温持续10多天……内蒙古、黑龙江等地遭遇极寒天气。极寒天气对当地人们工作和生活造成多大影响？当地采取了哪些应对措施？请看记者报道。

今年春节以来，全国大部地区气温总体偏低，内蒙古、黑龙江局地遭遇持续低温天气。黑龙江漠河、内蒙古图里河、根河、海拉尔、牙克石、陈巴尔虎旗等地的最低气温普遍处在 -40℃ 以下。

呼伦贝尔经历最冷春节

根据内蒙古气象局消息，今年1月，内蒙古中东部大部分地区持续低温，最低气温不断被刷新。其中，呼伦贝尔林区、牧区多次出现"极寒"、"冰雾"天气，使得呼伦贝尔市成为全国最冷地区，经历了有气象记录以来最冷的一个春节。

家住呼伦贝尔牙克石市的林区职工张俊涛说，这个春节实在太冷了，大家都不愿出门，走亲访友的事也得先放一放了。

根据最新气象资料显示，1月30—31日，内蒙古多地日最低气温达到极端低温阈值。

其中，呼伦贝尔市海拉尔站（-42.9℃）、满洲里站（-42.2℃）、陈巴尔虎旗站（-45.5℃）、新巴尔虎右旗站（-38.6℃），锡林郭勒盟苏尼特左旗站（-35.8℃）日最低气温达到或超过极端低温阈值，出现极端低温天气事件。

从最低气温分析来看，林区最低气温普遍在 -42℃ 至 -46℃，牧区普遍在 -38℃ 至 -44℃，农区普遍在 -25℃ 至 -33℃ 之间。与去年春节相比，林区和牧区偏低 8—10℃，农区偏低 5—7℃。

一些地区低温天气持续十多天

国家气象局监测数据显示，自1月23日以来，受频频袭来的冷空气影响，黑龙江漠河、内蒙古呼伦贝尔等地出现 -40℃ 低温天气，其中一些地区低温天气已持续十多天。

不过，截至目前，今年上述大部地区的最低气温与历史极值相比，还有一些距离。

黑龙江漠河本月最低气温为25日的 -44.4℃，其历史极值出现在1969年2月13日，达 -52.3℃，二者相差约8℃；内蒙古图里河本月最低气温达到-46.9℃，但仍不及出现在1966年2月22日的历史极值-50.2℃。

内蒙古自治区气象台专家分析认为，由于极地冷空气顺着乌拉尔山脉东部不断南下、东移，在贝加尔湖一带堆集，并东移形成东亚大槽，所以持续影响内蒙古东部地区。由于冷空气势力强、暖空气弱，受强冷空气的持续控制，造成该地区出现持续极寒天气。

内蒙古自治区气象台预计，2月2日以后，内蒙古大部气温将逐渐回升4—6℃，低温天气有所缓解。

极寒天气给人们工作生活带来不便

"可以说已经武装到了牙齿，棉衣棉帽全都穿好了，但出门还是一下子就冻透了。"满洲里市一位上班族告诉记者，当地连续遭遇的极寒低温天气，给人们的工作、生活特别是出行带来了不便。一般情况下，老人和孩子都很少出门了。

由于气温低，满洲里市时常出现冰雾天气，能见度不足百米，交警冒着严寒上路执勤，疏导交通。

据满洲里市气象局的专家介绍，冰雾是气温达到了-36℃以下，空气中的水分产生凝华而形成的。一般在中午时分气温渐渐升高后，冰雾才可完全散去。

每天早上5点，清洁工王大姐便开始了一天的工作。这些天，早上的温度一般都在-40℃左右，王大姐出门前需要花费一些时间把自己武装起来——里面穿着厚厚的棉袄棉裤，外面套着橘色的工作服，戴着棉帽、口罩和厚厚手套……

"这冰天雪地的，我得把这道儿弄得干净些，要不多不安全。"王大姐说。

各地相关部门启动防寒防冻应急预案

针对持续的低温天气，各地相关部门采取积极措施全力应对。

呼伦贝尔市气象局在除夕前就已发布"重要天气报告"，提前预报春节期间低温天气，建议市民做好预防准备，提示交通部门防止低温、冰雾对春运的不利影响。同时，在春节期间加强对低温天气的跟踪监测，并及时通过各种媒介向社会发布。

据了解，低温天气对交通造成的影响比较大。满洲里市针对这样的极寒天气，出动大量的巡逻警车、清洁车等，并在车辆人流密集处设立交通岗。

  由于连日来的罕见低温天气，呼伦贝尔机场也出现了冰雾现象，机场场务工作人员每日凌晨 5 点开始对跑道、机坪进行清扫，确保道面无积雪。

  哈尔滨铁路局针对春节后客流高峰遭遇极寒天气，及时启动应急预案，并确保重点物资运输和旅客列车安全正点，全力确保运输秩序正常。

  针对近日的极寒天气，满洲里市热力公司启动防寒防冻应急预案，积极采取各项有效防范措施应对恶劣天气。虽然气温极低，但是居民的室内温度却有保障。市民刘大爷告诉记者，外面冰天雪地冷得够呛，室内却很温暖。

  这篇网络通讯是新华网上的时政要闻，来自 2012 年 2 月 2 日的《人民日报》，记者贺勇、袁泉、吴彦鑫。与《人民日报》上刊登的内容相比，没有差别。

三、新闻背景

  网络新闻背景是指与新闻事实有联系的历史条件、社会环境、政治因素、地理特征和科学知识等材料。一般说来，新闻事实都要有背景材料来烘托，这是由生活的辩证关系和新闻的取材特点所规定的。新闻事实与外界事物有千丝万缕的联系，它的发生都会有来龙去脉、前因后果，这就决定了大部分新闻既有新闻事实，又有背景事实。所以，背景也是一种事实，是能对新闻事实起说明、补充、衬托作用的事实，又被称作"新闻背后的新闻"。网络新闻中，新闻信息的连接不再仅仅是线性的，而是网状的，这为在报道中提供更多的与新报道相关的新闻背景材料创造了条件。

  网络新闻中交代背景的方式有两种。第一种方式是将新闻背景与新闻事实融汇在一起，而不成为独立的结构，穿插在导语、主体或结尾中。如，在报道西藏免费教育将扩至 15 年这一新闻事件时，在文中用较大篇幅介绍了几个方面的内容：其一，西藏义务教育阶段已经实行城镇学生免学杂费、免费提供教科书和定量作业本的"两免"政策，农牧民子女包吃、包住、包学费的"三包"政策以及城镇困难家庭子女助学金政策，义务教育阶段学生全部纳入了公共财政的保障范围。其二，2011 年秋季学期开始，西藏实行了高中阶段免费教育政策，即免除学费、住宿费、教科书费及杂费等一切费用。这些背景材料让受众对西藏免费教育的整体情况有所了解，又起到了烘托主题的作用。

网络新闻中交代背景的第二种方式是将新闻背景与主要新闻事实区别开来，放在不同的网页上通过链接的方式供读者随时查阅。如2012年1月23日中国新闻网的消息《湖南铁路预计正月初六迎来返程高峰》（http：//hunan. sina. com. cn/news/today/2012 - 01 - 23）就有大量的背景材料链接。如《湖南铁路春运送客突破200万人次 探亲成主客流》《武广高铁再发电气故障 乘客称车头起火》《初六至初十长沙南站坐高铁须提前换票》《长沙一桥面现裂缝 桥下武广高铁呼啸而过（图）》《广深段高铁26日开通 长沙至深圳仅需3个多小时》等等，网络新闻报道的下方通常都有"相关报道"的链接，这对于帮助读者更好地了解新闻事件也起到背景材料的作用。在网络新闻的写作中，我们不妨充分利用这些手段，为我所用，增加新闻的深度和厚度。

第二节 网络新闻评论、新闻调查写作

一、网络评论写作

众所周知，互联网海量无限的空间为我们打开了一扇通向全球知识库的大门，我们不再困惑于信息获取的渠道，也不再困扰于信息量的多少，但我们却陷入了一种"窘境"：信息过剩与信息解读的贫乏。在网络时代，人们需要新闻，但更需要精选的新闻，需要对新闻的解读。网络评论担当的正是这样一个角色。

网络新闻评论是指登载在互联网上，就新近发生的或正在发生的事实迅速及时进行评论，阐明道理，直接发表意见。对网络评论有广义与狭义两种认识。广义上的网络评论包括网站转载传统媒体的评论，网络原创的新闻评论，观点类的新闻跟帖、论坛帖文和博客文章等。狭义的网络评论则特指网络新闻评论，是网络媒体原创的、首发的、具有网络特点的评论作品，包括特约评论、编辑整合的评论集萃、专家独立评论和网站编发的网民评论。

（一）网络评论的特点

网络新闻评论作为新闻评论的一种形式，应具有新闻评论共同的特点。其一，具有显著的新闻性；其二，具有鲜明的政治性；其三，具有广泛的群众性；其四，具有极强的逻辑性。

网络新闻评论作为网络新闻的一种形式，应具有网络新闻共同的特点。其一，空前的时效性；其二，载体的海量性；其三，结构的超文本（多媒体）性；其四，交互性与易检性；其五，全球性与个性化。

除了上述网络评论的总体特点外，还需要特别认识网民评论的特点。

第一，自发性。网民的评论不需要媒体机构动员、组织，完全是网民主动的、自发性的行为。这一点可从《人民日报》原海外版总编辑詹国枢谈自己博客写作窥见一斑。他说，博客写作有三个作用：一是练笔。写博非常随便，也锻轻松，文字也就流畅自然。经常写博，手就不生。二是练脑。人的脑子，越用越活，写博必须动脑子，提炼你的观点，使你的想法往深里走，往精里走。所以，多写博客，你的脑子也就更加灵活，思想也更深刻，见解也更犀利。三是沟通。人是群居动物，不沟通就会孤独寂寞，就会单调无聊。博客上了网，沟通无障碍。

第二，匿名性。发表评论的普通网民通常是匿名的，匿名性使网民可以抛却各种因素的影响，更大胆地发表自己的观点。当然这种匿名性也会带来一些问题。导致网络上观点混杂，思想混乱，而网民不必文责自负。

第三，随意性。网民根据自己对某些事物的兴趣主动去发表评论，主题上并不受局限。此外，写作方式上、要求上也都是根据自己的想法可长可短、可深可浅，不必拘泥于传统评论规范严谨的三段论式写作。

第四，语言相对口语化。一方面是因为面对着普通网民，因而写作者尽量使用通俗的口语化语言，另一方面参与评论的网民限于专业知识和缺少评论训练，语言不够严谨，呈现出口语化特点。

（二）网络评论的写作要求

网络新闻评论与传统新闻评论的写作要求基本一致，但由于网络评论的生存土壤是在网络环境中，网民的关注点、需求点和风格非常个性化．因而网络评论的写作也有其特殊之处。

1. 选好评论由头

网络新闻评论与传统新闻评论的写作要求基本一致，但由于网络评论的生存土壤是在网络环境中，网民的关注点、需求点和风格非常个性化，因而网络评论的写作也有其特殊之处。

新闻评论是由新闻事实引发的，新闻事实是否值得评论，直接决定着评论写作的成败。不同的作者有不同的写作习惯。有的是先有观点再找由头，戏称为"把观点养着"；也有的是看到新闻事件、评论由头后，有感而发形成观点。

例如，2012年2月2日红网新闻评论《太湖治污，亟待观念和机制变革》，就是根据2012年2月1日《广州日报》《太湖治污20年投百亿无效果 湖水变清至少需30年》报道的新闻事实而发表的评论。

2. 观点鲜明，评点有力

网络新闻评论具有引导网上舆论的重要作用，因此评论的观点一定要鲜明，要有针对性，要有的放矢。尤其是在选择网友文章作为网站主要评论文章时，首先要考虑的是文章的观点。对新闻事件的评说要注意评论的立意，一个成功的立意，即主题，要有新颖性、针对性和准确性。新颖性，即有独到见解，能触及新的矛盾，或提出新的主张和见解。针对性，即针对迫切需要解决的实际矛盾进行立论。准确性，包括下列几个方面：论点准确，包括概念提法和分寸的准确；逻辑准确，完整、准确地阐明党和政府的方针政策及法规。准确性，就要求一切从实际出发，实事求是，力戒浮夸和武断。

3. 讲究方法，把握分寸，注意效果

网络评论的最终价值表现为引导舆论，但能否有效引导舆论很大程度上取决于评论写作所采用的方式方法和分寸感的把握。网上评论的舆论导向需要有一定的隐蔽性，以适应读者的观念认同为前提，评论认同了读者的观点，读者也自然就能认同评论的观点。

4. 短小精悍、文风亲切，语言亲和

新闻评论通常都短小精悍。网络的扫描式阅读决定了网络评论更要注意篇幅，不宜长篇大论；同时要注意文风和语言，文章要吸引人，要生动、通俗、有文采。要写活网络评论，就必须做到标题要活，语言要活。一个好的标题能够提示评论内容、评价新闻事件，能够一下子抓住网民，让网民的眼睛一亮。要使用形象的语言，切忌套话、空话连篇，切忌机械、呆板、生硬，更切忌为了取悦网民而低俗、媚俗、庸俗。

曾担任过《人民日报》评论部主任的李德民在成为人民网《人民时评》最勤奋的作者后比较了传统媒体评论与网络评论的异同。他把《人民时评》喻为清茶——"如果说，过去我给《人民日报》写评论是挥舞旗帜、吹响号角，像交响乐，像进行曲，像嘹亮军歌，强调'必须'、'应该'、'一定'，多有官话、大话，那么，如今给《人民时评》写言论则是给网友双手捧上一杯清茶，敬请品尝。在时评中，说的多是自己想说的话，是聊天，是交流，力求贴近实际、贴近生活、贴近群众的'三贴近'。这杯清茶，读者高兴喝就喝，不高兴喝就不喝，喝着不对口味还可以提意见，包括唱'对台戏'，进行尖锐的批评，而且网上还给发出来。这同过去给传统媒体写评论不一样。它逼着我放下'架子'，弯下腰来，恭恭敬敬地给读者上茶。从挥舞旗帜、吹响号角到端茶续水、笑脸相迎，我写评论的态度和文风必须要有一个幅度很大的、艰难的转变。"由此可见网络评论对文风、语言的要求。

（三）网络评论案例分析

人民网《人民时评》专栏被誉为"网上第一评"，是人民网创办的网络原创时事评论栏目。它围绕舆论关注的焦点、百姓关心的热点发表评论，评述权威、有力，语言明快、犀利，具有极强的冲击力和感染力。在2005年12月27日举行的"2005年中国互联网站品牌栏目（频道）推荐"发布会上，《人民时评》被推荐为品牌栏目（频道）。2006年7月，人民网原创评论作品《人民时评：我们怎样表达爱国热情》荣获第十六届中国新闻奖一等奖。2006年，网络新闻作品首次参评中国新闻奖，人民时评的获奖也是网络评论首次获得此项殊荣。

围观时代雾里看花，我们该如何"hold 住"？

青颜

"你站在桥上看风景，看风景人在楼上看你。明月装饰了你的窗子，你装饰了别人的梦。"卞之琳这首《断章》是20世纪中国诗歌史上传送最广的佳作之一，也是一首意蕴艰深的哲理诗，自然，社会，人生，组成了一轴轴滚动的风景。有道是，人生风景，层出不穷。如今，拜互联网技术迅猛发展所赐，我们已然徜徉于全民围观时代。笔者借用卞先生的小诗描绘围观时代的新风景：你趴在网上围观，更多的人在网上围观你。围观满足了你的好奇，你成就了别人的欲望。

感慨何来？源于2011年一个轰动性的网络事件。一段时间里，一个贴有"小姐、性工作者、底层、80后"等标签，名为"@若小安1"的微博，以"杭州失足女"的身份在网上大晒自己的"接客"日记，引来广泛关注，被网民称为"最有文化失足女"。9月27日，杭州警方揭穿其真面目，原来拥有20多万粉丝的"若小安1"，竟是一名林姓已婚男子，"失足女接客日记"是林某为引起网民关注编造的。残酷的真相引发网民的深度反思：我们为何像一群没有任何抵抗能力的"猎物"，会乖乖"上套"呢？那些若小安的粉丝里，不乏行业精英，加V人士，为何大家还集体被愚弄呢？

全民围观时代，各种各样的公共事件在网络舆论无影灯的"观照"下发酵、升腾。传播学者喻国明认为，在互联网上，Web 2.0 的即时反应、网民间的互相纠偏、复合印证以及网络所呈现的结构性的信息提纯能力（所谓"无影灯效应"），让我们对于微内容、微价值的聚合力量刮目相看。的确，在这个大流量、高效能、多角度和全方位公共舆论"观照"平台上，周久耕局长的天价表无所遁逃，网络反腐风生水起；孙志刚及其家属获得同情与支持，由虚拟世界延伸至现实世界，最终促成了该事件的解决；众多网友利用微博打击拐卖儿童行乞事件，显示出民众积极参与社会管理的热情。从最初的懵懂好奇走向理性成熟，从只知休闲娱乐、无事闲聊走到针砭时弊、舆论监督，再到为捍卫国家荣誉凝聚人心、为战胜巨大灾害集结力量，积蓄日久的民意通过围观的形式推动公共事件的进程，促进了公共治理监督机制的完善。

不过，正如研究学者指出的，围观也是需要较高理性含量的技术活。围观中存在各种"心理群体"潜流，如果任由情绪在这种群体中感染、流言在这种群体中传播，很容易导致虚拟的"心理群体"演化为现实的社会集合行为，从而对社会和谐与安定产生破坏和影响。近有"网络名妓"若小安糊弄了亿万网友，远有莫须有的"史上最恶毒后妈"煽起层层网络暴力；有"黑公关"网络水军神出鬼没、恶俗炒作，更有不少司法案件的公平公正审判被偏执、激进的社会情绪干扰。围观的结果，会让人赏心悦目，激情澎湃，也会让人大跌眼镜，目瞪口呆。面对雾里看花的一道道"围观风景"，笔者不禁要问：我们该如何"hold 住"？

随着社交网络风生水起，民众会更加广泛的参与社会管理。这对我们政府管理也提出了新的挑战和要求。兴利除弊，要合理运用互联网新技术，把新技术更多用于促进社会发展进步的目标，就要做好"虚拟社会"管理创新。这需要各级党政领导干部正确对待网络舆论和网民意见，消除对虚拟社会的"傲慢与偏见"，强化对虚拟社会的服务意识；加快相关互联网立法进程，为互联网虚拟空间织就健全的法网，依法解决网络失范等问题；加强互联网行业自律，恪守道德底线、把握职业操守、承担社会责任。网民自身要学会以理性的姿态"hold 住"虚拟社会的是是非非，不违背公序良俗，不跟风、不盲从。如此，我们才能拥有一个文明健康、积极向上的网络家园。

这是一篇 2012 年 1 月 26 日人民网的人民时评，针对的是 2011 年一个轰动性的网络事件：名为"@若小安1"的微博以"杭州失足女"的身份在网上大晒自己的"接客"经历，粉丝达 20 多万。这是一种极不健康的网络心态。由此，在新春伊始，《人民网评》栏目推出"聚焦网络心态"系列评论，从网络心态与现实心态、扑灭网络谣言、网络围观"hold 住"、向善的网络力量、涵养良性网络心态等五个方面，探讨"5 亿网民"如何在嘈杂的网络声音之下平和、理性地思考，如何以更加成熟的心态打造一个健康向上的虚拟社区，如何通过改善网络舆论生态为现实社会提供奋发进取的养分。主题鲜明、针对性强，起到了网络评论引导舆论的作用。

二、网络调查新闻写作

网络调查新闻是基于网络互动技术，由网络媒体发起，针对一个时期或某个阶段的新闻事件、热点焦点、用户情况设计网上问卷调查所撰写的新闻。网络调查分为两种：用户情况调查与用户意见调查。用户情况调查包括本网站的网民构成情况、网上行为特点、网民对本网站新闻、服务及其他内容的意见等；用户意见调查主要是指网民对网站设置的调查题选项进行投票，以表达出自己的观点与意见倾向。如，腾讯教育新闻开辟"网络调查站"，有对"2010 届应届大学生毕业流向月度跟踪调查"，有"大学生创业能否'解套'就业困境"的调查。

（一）网络调查新闻的特点

网络调查新闻作为网络传播的一种手段，具有网络传播的即时、虚拟、开放等共有特征，同时也有着自己鲜明的特点。

网络调查新闻以网络为平台，每个网络用户均可自主做出观点选择，网络调查新闻平台通过实时统计受调查者观点分布情况，同时把调查结果传达到不特定多数的任何浏览者。每个网民既是传播者又是受传者。网络调查新闻一方面具有大众传播"面向公众"的特点，另一方面也具备了人际传播的"自主性"和"私人"性质。

网络调查新闻有别于论坛、新闻跟帖等传播手段，它围绕设定好的主题、问题、答案展开。首先，网民是在设定好的话语环境中做出选择，网民对网络调查新闻所提问题和选项的认知在一定程度上决定了其观点倾向。其次，网络调查新闻中网民自主选择观点倾向是常态，在有限、自主选择的情况下，观点的交流不是共鸣交流，而是网民彼此之间、网民个体观点同集体观点之间的差异交流，表现出的是一种"竞争的观点交流"。第三，调查的话题设定由网站主导，一方面提升了新闻选择的"把关人"作用，另一方面网站在发现新闻价值、提炼主要观点、内容加工等方面的能力直接决定了受众的参与热情，从而决定了传播效果。

网络调查新闻以简单、快捷的方式汇集、展示部分网络用户对新闻事件的态度，而仍然成为吸引网站和网民互动的常见方式。

(二) 网络新闻调查的流程

网络新闻调查的流程一般有四个环节：选择调查话题、设计调查问卷、分析调查数据、撰写调查报告或新闻。每一个环节都为最后的网络调查新闻写作作铺垫。

1. 选择调查话题

选择什么话题作为调查对象有一定的原则标准。第一是时效性，须是网民关注的新闻事件、热点问题，或是网民关注的社会生活的新现象、新趋势；第二是重要性，所选话题切实对社会生活和公众利益产生一定的影响；第三是深刻性，网络新闻调查要帮助网民抓住新闻事件的焦点重点，深度开发，引人思考。好的网络新闻调查题材，可从五个要素加以判断：真实性、时效性、重要性、接近性和趣闻性。

2. 设计调查问卷

设计调查问卷是网络新闻调查写作的重要一环。问卷一般由前言、主体和结语三部分组成。前言是对调查的目的及有关事项进行说明，主要作用是引起被调查者的重视和兴趣，争取被调查者的合作与支持；主体也就是调查的问题与回答的方式的设计；结语可以是对被调查对象的感谢，也可以是征询被调查对象对问卷设计及调查本身的意见，有些调查问卷也可以没有结语。

网络调查设问应反映大多数人共同的兴趣与普遍心愿，以平民的视角去释解民众情怀，激发大众的参与热情。但也应注意到，设问实际上包含了网站开设调查的意图和导向。所以，在设问中还要把握导向，正确设问。

网络新闻调查中供选择的答案通常是对调查主题的各种不同看法、意见、观点，形成了一个较为充分开放的网民"舆论场"，因此，网络媒体在进行网络新闻调查时，一方面要以客观的原则，为不同看法、观点和意见提供展现的机会，另一方面，要注意一些敏感的社会情绪和意见的处理技巧，不能扩大它的负面效应和影响。

3. 分析调查数据

分析调查数据要借助计算机技术、网络技术，利用相关的计算机软件对数据进行处理，如 Excel、SPSS 软件就是目前运用较多的数据处理软件。目前，网站的调查问卷都是用专门的软件系统来设计和排版，问卷的数据也直接用软件系统进行处理。但是，对于软件生成的调查结果，还需要进行进一步的分析。

4. 撰写调查报告

网络新闻调查得到的结果涉及多个方面，可以从中选取一个最具有新闻价值的方面来进行分析研究，撰写出网络调查新闻。调查新闻的结构有两种：一种是将调查源起、问卷选项与新闻分析糅合在一个网页上，方便网民在浏览新闻时能随时调阅调查背景与问卷设计，此方式适用于单一网络调查；一种是将调查源起与问卷选项发布在不同的网页上，然后在调查新闻的页面以超链接的方式将前两者结合到新闻报道中，此方式适用于同一主题设计多个问卷的调查新闻。

（三）网络调查新闻的写作原则

网络新闻调查的基础是通过互联网所获得的网民的投票数据，无论数据结果如何，写作者都必须忠实于这些数据，不能因某种利益价值、个人认知偏颇而影响对数据的选择和使用。

（四）网络调查新闻案例分析

大学生媒介素养是全社会都关心的问题。下面是对大学生媒介素养状况进行网络调查设计的调查问卷及撰写的网络调查报告

其一，制定大学生媒介素养调查问卷表

大学生媒介素养调查问卷

亲爱的同学：您好！为了了解大学生媒介素养，探索大学生媒介素养的教育方法和途径，我们开展了此次问卷调查，您如实地回答对于我们的调查有非常重要的价值。所有信息只用于学术研究，我们将严格保密，因此，我们诚恳的希望得到您的支持与合作。谢谢！

您所读的学校_____ 专业_____ 年级____ 性别____

1. 在你心里，对媒介有没有一个清晰的概念［单选］

   A. 有　　　　B. 没有　　　C. 很模糊

2. 您平时使用的媒介是［可多选］

   A. 网络　　　B. 报纸　　　C. 广播　　　D. 电视

   E. 杂志　　　F. 手机　　　G. 书籍　　　H. 电影

3. 您最喜欢的一种媒介是［单选］

   A. 网络　　　B. 报纸　　　C. 广播　　　D. 电视

   E. 杂志　　　F. 手机　　　G. 书籍　　　H. 电影

4. 您每天接触媒介的时间长为［单选］

   A. 0～2 小时　B. 2～4 小时　C. 4～6 小时　D. 6 小时以上

5. 您接触媒介的动机是［可多选］

   A. 轻松娱乐　B. 增长知识　C. 了解新闻　D. 获取信息

   E. 与人沟通交流　　　　　F. 无明确目的　G. 其他

6. 您最喜欢的媒介内容是［可多选］

   A. 娱乐休闲　B. 时政、财经信息　C. 社会动态　D. 体育

   E. 网络游戏　F. 教育科技　　　　G. 无明确爱好　H. 其他

7. 您选择媒介的主要依据是［可多选］

   A. 时效性强　B. 信息量大　C. 娱乐性强　D. 可信度高

   E. 使用方便　F. 成本较低　G. 其他

8. 您从什么时候接触网络？［单选］

   A. 小学　　　B. 初中　　　C. 高中　　　D. 大学

9. 您平时去那些网络社区？［可多选］

   A. 猫扑网　　B. 天涯论坛　C. 人人网　　D. 开心网

   E. 豆瓣网　　F. 微博　　　G. 凤凰网　　H. 新华网

   I. 新浪网　　J. 人民网　　K. 其他

10. 您一般通过网络做些什么？［可多选］

    A. 交友聊天　B. 获取信息，发布信息　C. 购物充值

    D. 投资理财　E. 娱乐　F. 了解新闻　I. 其他

11. 您是否使用博客？［单选］

    A. 经常使用　B. 偶尔使用　C. 不怎么使用　D. 从不使用

12. 您是否浏览政府网站？［单选］

    A. 经常浏览　B. 偶尔浏览　C. 选择性浏览　D. 从不浏览

13. 您对"人肉搜索"的看法？[单选]
   A. 完全赞成   B. 基本赞成   C. 不太赞成   D. 完全不赞成
14. 您对网络实名制的看法？[单选]
   A. 完全赞成   B. 基本赞成   C. 不太赞成   D. 完全不赞成
15. 您最常使用的网络资源是哪种？[可多选]
   A. 新闻资讯   B. 社交网络   C. 影视资源   D. 电子书
   E. 网络游戏   F. 文档资料   J. 其他
16. 您认为国家相关部门对网络进行引导或监督？[单选]
   A. 无所谓
   B. 若不涉黄涉暴，支持草根娱乐
   C. 没必要，网络是个自由的环境
   D. 很有必要进行监管，防止网络文化低俗化
17. 对网络中出现的美容、声讯、软性暴力、色情报道等新闻，您怎么看？[单选]
   A. 喜欢看   B. 无所谓   C. 不怎么喜欢
   D. 非常抵触   E. 说不清楚
18. 您一般使用手机？[可多选]
   A. 联系朋友   B. 上网浏览信息   C. 电子书阅读
   D. 玩游戏   E. 其他
19. 您喜欢什么类型的电影？[可多选]
   A. 由著名文学作品改编的电影   B. 知名导演执导的电影
   C. 著名影星主演的电影   D. 社会关注度高，比较热的电影
20. 您对于看过的电影会做评论么？[单选]
   A. 经常评论   B. 偶尔评论
   C. 会转载关注别人的评论   D. 不做评论
21. 您会定期买一些杂志报纸么？[单选]
   A. 定期买固定的杂志报纸   B. 偶尔想起会买
   C. 有用的时候才会买   D. 从来不买
22. 您对各种媒介信息产生的流程了解吗？[单选]
   A. 非常熟悉   B. 比较了解   C. 不了解   D. 不确定
23. 你对媒介中广告的态度是 [单选]
   A. 很反感，坚决不看   B. 不喜欢，尽量不看
   C. 无所谓，随便看看   D. 可以接受，觉得不错

24. 您对于盗版音像制品的态度是 [单选]

　　A. 坚决不买　　B. 不支持但会买　　C. 无所谓

25. 您对于从网上抄袭论文的做法的态度，还有您曾经抄袭过吗？[单选]

　　A. 反对抄袭且从没有做过　　B. 反对抄袭但有时候会抄

　　C. 支持且一直这样做　　D. 无所谓但会去做

　　E. 无所谓但不会这样做

26. 媒介发布的消息，您认为可信的有 [可多选]

　　A. 网络　　　B. 报纸　　　C. 广播　　　D. 电视

　　E. 杂志　　　F. 手机　　　G. 书籍　　　H. 电影

27. 媒体发布的新闻你能迅速的辨别真伪、形成自己的观点吗？[单选]

　　A. 完全可以　　B. 基本可以　　C. 看情况　　D. 基本不可以

　　E. 完全不能

28. 您对现在媒体发布的信息的认识是 [可多选]

　　A. 基本客观符实　　　　　　B. 宣传意味过于浓厚

　　C. 为制造轰动效应，夸大事实　D. 其他

29. 您认为媒介中生活（如电视剧）与现实生活的关系 [单选]

　　A. 和现实极其相似　B. 和现实基本相似　C. 和现实有些区别

　　D. 和现实差别很大　E. 和现实完全不同

30. 您认为媒介对我们现实生活的重要性 [单选]

　　A. 非常重要　　B. 很重要　　C. 一般　　D. 不重要

31. 您认为传媒对您有哪些方面的影响 [可多选]

　　A. 影响了我对某些社会问题的看法

　　B. 对我世界观、人生观和价值观有或多或少的影响

　　C. 拓宽了知识面

　　D. 没什么影响

32. 您听过媒介素养教育这个词么？[单选]

　　A. 没听过　　　　　　　　B. 听过，但是没有了解

　　C. 稍微了解一点　　　　　D. 很了解

33. 您认为当代大学生的媒介素养水平程度是 [单选]

　　A. 非常高　　B. 比较高　　C. 一般　　D. 比较低

　　E. 非常低

34. 您认为媒介素养教育是否必要？[单选]

    A. 很有必要   B. 没必要   C. 可有可无

35. 您认为当代大学生媒介素养的培养应包括[可多选]

    A. 媒介分析能力   B. 媒介批评能力

    C. 媒介参与传播能力   D. 其他

36. 欧美国家和台湾早已开设媒介素养教育课程，你觉得国内是否有必要应该开设？[单选]

    A. 完全有必要 B. 比较有必要 C. 无所谓   D. 比较没必要

    E. 完全没必要

37. 你觉得应该在何时开设这门课程？[单选]

    A. 小学（包括小学之前）   B. 初中

    C. 高中   D. 大学   E. 工作以后

38. 你是否主动学习有关媒介素养方面的知识？[单选]

    A. 会   B. 偶尔注意   C. 基本不注意

39.42. 您是否参加过媒介培训？[单选]

    A. 有，学院组织过   B. 有，自己参加过培训   C. 没有

40. 您希望通过哪种方式提高媒介素养？[可多选]

    A. 媒介素养教育课程

    B. 媒介素养社团，如广播台

    C. 媒介素养的相关讲座

    D. 媒介素养提高的社会实践活动，如参观电视台，报社实习

    E. 媒介素养校园活动，如 DV 大赛

    F. 在图书馆的媒介阅览室自主学习媒介素养 J. 其他

其二，撰写大学生媒介素养调查报告

<h3 style="text-align:center">当代大学生媒介素养的现状与对策分析</h3>

郑丽

引言

    素养（literacy）一词的原义是指有文化，有读写能力，而在媒介素养教育领域中，媒介素养（media literacy）则指人们正确地判断和估价媒介信息的意义和作用，有效地创造和传播信息的素养，被引申为人们对

各种媒介信息的解读和批判能力以及使用媒介信息为个人生活、社会发展所用的能力。随着科技的迅速发展,报纸、期刊、广播、电视、网络、短信等媒体,对受众的影响力日益深入,媒介素养已成为信息社会个人发展的必然选择。具备了媒介素养的人,一方面可以增加对媒介的了解,正确地享用大众传媒传播的资源,以健康的媒介批判意识接触媒介的信息;另一方面,可以掌握与媒介交往的方式,懂得合理地利用媒介资源,运用媒介完善自我,服务自我和参与社会的发展。

当代大学生身处大众传媒的包围之中,大众传播在发挥强大正功能的同时,其负面作用也日益显现。作为未来社会的建设者,面对如此复杂的社会环境和媒介环境,如何积极应对媒介、有效利用媒介、分辨鉴别媒介信息,是当代大学生应该具备的基本素质。因此,分析当代大学生的媒介素养现状,培育和提升大学生的媒介素养势在必行。

1 当代大学生媒介素养的现状

1.1 接触媒介、获取信息的能力 身处象牙塔中的当代大学生是媒介受众的主要构成者,其接触媒介的渠道更加多元化,对报纸、广播、电视、网络均有良好的驾驭能力,网络已成为大学生媒介接触的新宠。大学生接触媒介也都有明确的目的,清楚自己希望从媒介中获得什么,但大学生获取利用信息还不够积极主动,参与媒介互动和媒介内容制作的人数比例很低。此外,大学生对媒介现象的认识还停留在表面,对媒介知识的学习尚处于自我判断、自我接受阶段,缺乏系统的理论指导和实践。在媒介运用与操作方面,大学生普遍水平较低,比如大学生对新闻、娱乐媒介工具较熟悉,对学术资源工具的利用却相对陌生,制作媒介产品的能力也有待提高。

1.2 解读媒介、批判地接受媒介信息的能力 媒介批判能力是衡量媒介素养的一项重要指标,既包括受众对传播内容的鉴别能力,也包括受众关于传媒对人、对社会的影响这些深层次问题有足够的认识。美国著名学者道格拉斯·凯尔纳在其专著《媒体文化》中指出"获得一种对媒体的批判性的读解能力是个人和公民在学习如何应对这一具有诱惑力的文化环境时的一种重要资源。学会怎样阅读、批评和抵制媒体的操纵会有助于个人获得一种与占主导地位的媒体和文化打交道的力量。它可以提升个人面对媒体文化时的自主权,能给个人以更多的驾驭自身文化环境的力量以及创造新的文化形式所必需的教养。"

在媒介的评估判断上,大学生对媒介信息的接受越来越趋于理性,能够根据自己的判断选择性地接受信息。总体来说，大学生对媒介类型、介质特点有了一定感性认识，对媒介真实和客观真实具有一定的自发性辨别意识，对大众传媒暴力内容的影响也具有一定的抵制能力，但对媒介的表征和建构能力缺乏足够的判断和警惕，对受众在传播中的能动地位认识不足。

1.3 媒介道德规范的认知与自律能力 媒介道德规范是媒介使用者在接触和使用媒介信息的过程中，通过自我实践、自我学习、自我塑造，将社会主义道德的基本原则和规范转化为自身思想道德品质的主体精神的自律和高境界的行为实践，是衡量媒介素养的重要指标之一。据调查，在对媒介道德和媒介法规内容的认识上，有相当多的学生仅认为"计算机犯罪"属违法行为，也仅有少数大学生意识到"对知识产权的侵犯"、"对个人隐私权的侵犯"和"网络上的人为恶习"等也属违法或不道德行为。再如，有的学生不清楚或不遵守信息行业的网络社交安全规则，以致网络欺诈、网络成瘾以及进入网恋误区等网络社交不安全的情况屡屡出现。这些现象说明大学生对媒介道德规范的认知还比较模糊，对国家有关新闻出版、知识产权、网络管理方面的政策法规不甚了解，对利用媒介进行信息传播、侵权盗版行为虽有认知，但自律意识较薄弱。总之，上述问题从一个侧面反映了当代大学生的媒介道德水平还处在一个较低的层次，当前迫切需要对他们进行媒介道德素养的培育。

1.4 利用媒介、借助媒介工作和生活的能力 媒介全球化进程使我国的媒介环境变得日益丰富，大学生的思想更多受到国际形势及社会生活变化的影响。对于媒介尤其是新媒介，他们无疑是最活跃的一类，高智商、求新求异、有闲暇时间，但凡有经济实力就会装备齐全手机、mp3、电脑等。但媒介技术的娴熟并不意味着他们能利用这种优势去拓展自己的知识体系。

目前，许多大学生虽然对媒介信息有一定的认识，但其获取和利用信息资源的能力还处于较低水平，具体讲：一是获取信息的能力参差不齐。有的学生对如何获取文献资源尤其是电子信息资源较为陌生，以致于变得越来越"不会使用现代图书馆了"，具体表现是不能"广、准、新、精、全、快"地查找自己所需要的真正信息。二是许多学生虽然能快速便捷地获取信息，但却无法对媒介传播信息的方式及信息本身做出更为准确的评价，也因此不能充分有效地利用传媒资源完善和发展自己。

通过分析我们不难看出，当代大学生已初步具有应对传媒时代的基本素养，能够分析、理解和欣赏媒介的基本内容，但对于媒介素养技能来说（包括认识不同媒体的内部语言，了解媒介的再现特征，知晓大众媒体的传播效果等），达到标准的学生数量还不算多。而且，大学生的媒介认知还停留在感性的、自发的层面，媒介道德素养水平较低。[①] 因此，如何帮助大学生科学地辨析、批判地吸收传媒信息，使其弱化、消解污染信息的影响；如何有效地利用媒体发展自我，通过媒介发出自己的声音并维护自己的利益，是大学生媒介素养教育的意义所在。

2 大学生媒介素养教育及其内容

（以下省略了具体内容）

2.1 了解基本的媒体知识，具备使用媒体的能力

2.2 具备甄别和鉴赏力，能够判断媒体信息的意义和价值

2.3 能够规范地利用媒介信息达到个人发展的目的

2.4 了解媒介道德规范，塑造信息时代的合格公民

3 培育和提升大学生媒介素养的途径

3.1 将媒介素养教育作为大学的一门通识课程

3.2 以校园媒体为平台，积极引导大学生开展媒介素养实践

3.3 开展多种形式的社会媒介素养教育

（《价值工程》2011年22期）

第三节 网络图片新闻、视频新闻写作

在全球信息化浪潮快速推进、网络传播技术手段日益更新的今天，文化正脱离以语言为中心的理性主义形态，日益转向以形象为中心，特别是以影像为中心。网络图片新闻、网络视频新闻成为普遍使用的网络新闻传播形式。

一、网络图片新闻写作

网络图片新闻是指以互联网为载体，利用网络技术和网络功能对最新发生或正在发生的事实通过单幅或多幅的动、静态图片进行的新闻报道。

---

① 鲍海波、杨洁、王喜严：《象牙塔里看媒介——西安大学生媒介素养现状调查》，载《新闻记者》，2004年第5期。

图片新闻中，对新闻事件的表达主要依赖于图片，文字、音视频起辅助作用。图片便于直接向网民展现新闻现场，人物、事件、场景，给网民观察、揣摩提供了可能。好的新闻图片能让读者得到瞬间震撼，又能长久地观看、对之加深印象。网络技术与数字化技术带来了图片无限的表现张力。

（一）网络图片新闻的特点

图片新闻是新闻形象的现场摄影纪实，是一种视觉新闻。在传统媒体中，图片新闻具有真实性、新闻性、形象性等特征，在网络环境下，又体现出其特有的属性。

1. 发布及时，即时追踪

发达的网络技术，让图片新闻的传播更为快速。记者在前方采访的图片能通过网络以最快的速度传回编辑部，通过编辑整理后马上发布到网站传播给网友，极大地提高了效率和真实性。一般说来，新闻事件发生后，媒体采用带传输功能的专业相机进行新闻照片"现场签发"模式，摄影记者在赛场拍摄完照片，通过专线系统直接传给看台上的图片编辑，图片编辑直接选片，直接签发上网，这一模式能确保新闻事件在第一时间发布。

2. 不受发布数量限制

网络容量的无限给了新闻图片充分发挥的空间。网站在新闻事件发生后，可以整合全国各大媒体前方记者第一时间发出的图片，以及网民上到博客空间的图片。在图片发布上，不仅整体不受数量限制，而且单母题也可以用多幅图片、系列图片来充分表现。

3. 不受发布质量限制

相比传统媒体对照片质量高像素的要求，网络媒体图片可以是高像素的高清图片，也可以是家用数码相机、低分辨率手机拍摄的低像素图片。在用多组图片构成单个文本时，还需要控制、压缩图片大小，损耗图片质量来提高文本层的访问速度。

4. 表现形式多样

在网络平台上，图片的表现形式可谓五花八门。从数量上看有单幅图、多幅图、组图和图集；从活动状态上看，有静态单图、多图切换、360度全景图片；从表现力上看，有纯图片、图片+文字合成图、Flash多媒体动漫图。

（二）网络图片新闻的写作要求

网络技术的进步使得图片新闻的报道方式日益丰富，早期只有单幅图片、组图、图片集等几种静态的表现形式，现在则出现了图片幻灯、图文组合、360度全景图片、三维立体图、动漫图等多种动静结合的报道方式，有时还可以将几种方式整合处理，图文合成图的幻灯播放，三维立体图的360度全景转动等。

网络图片新闻包括标题、图片、图片说明、配文、作者、来源、发布时间和相关图片。其中，标题、图片及作者是必不可少的基本要素。

标题。标题是网络图片新闻最基本的要素，标题不仅要起到传递图片新闻信息、提示图片形式的作用，还要发挥出通过准确、形象的语言引导用户深入点击的作用。比如，标题"镉污成谜：溯源广西镉污染事故（图）"（新浪网2012年2月3日），"镉污成谜"形象、生动，"图"标示出图片新闻的形式；又如，标题"组图：群龙闹春"（咸宁新闻网2012年2月3日），"群龙闹春"形象、生动，"组图"标示出图片新闻的形式。

图片。可以是单幅图，也可以是多幅图、组图。图片主题要突出，信息要真实，构图要完整，视觉上要有冲击力，透过照片能感受到情节性、故事性、现场感、信息量和感染力。如果是组图，应选择不同信息或不同角度的图片。

图片说明和配文。图片说明和配文都是以文字形式描述图片新闻的内容，但两者还是有很大的区别。配文的作用在于提纲擎领地介绍新闻事件发生的时间、地点和情况，类似新闻的导语，图片说明在于揭示每张照片的主要内容，解释照片所传达的深刻内涵。

作者。为作者署名不仅是尊重作者，保护作者的版权，维护网络新闻的著作权，而且明确了照片的来源，因为网络图片的来源越来越多元化。当前构成网络媒体的新闻图片至少有五个渠道：传统媒体的图片、专业图片社或图片网的图片、个人博客的图片、光盘和动态视频中截取的图片、记者编辑拍摄采集的图片。用署名的方式很自然就能区开来。

其他的图片新闻要素如来源、发布时间、相关图片等，虽然不是每条图片新闻必备的要素，但在条件许可的情况下，网络媒体应追求每条图片新闻要素的完整性，以传达出更多的信息。

二、网络视频新闻写作

所谓网络视频，是指由网络视频服务商提供的、以流媒体为播放格式的、可以在线直播或点播的声像文件。

网络视频新闻是指运用电子技术手段，由传统媒体、网络媒体以及普通公众拍摄并发布在互联网平台上，运用活动画面与声音符号体系对新近或正在发生的事实进行报道、展示和追踪的视频报道。

（一）网络视频新闻的特点

传统媒体电视新闻具有时空同步、立体信息、现场纪实、直观交流、符号多样等特点，在网络媒体中，视频新闻就更具优势。

1. 内容的可驻留性

传统电视新闻的声音、图像转瞬即逝，观众一不留神就可能错过一段精彩的画面、一些重要的讲话，因此，要想不错过重要新闻、图像，观众就得时刻关注屏幕。是有些节目会有重播，但重播的时间也是固定的，观众还是要守着电视机才能看到。总之电视新闻对于个人用户是无法存留的。网络上的视频新闻，无论是直播还是非实时节目，都能够做到长期存在，其传播效果要远高于传统视频新闻。

2. 播放过程的可控性

传统电视新闻是线性播放和线性收听、收看，用户对于播放时阔、播放顺序和播放内容没有任何控制能力。电视台需要提前安排好节目时间和内容以便告知观众，遇到临时更改节目就比较麻烦了；网络视频新闻则有很大的自由度，整个播放过程可以自己全程控制，可以选择收看直播或者点播，特别是错过了直播的时候可以随时以点播的方式收看。网络视频播放有专门的播放软件或客户端，用户可以在收看中自己控制时间、顺序，可以回放、快进、录制、下载等，对于视频新闻的接受过程完全个性化。

3. 编排的可整合性

传统电视新闻在编排时一般一个新闻事件播报一条新闻，与新闻事实相关的其他内容只能在新闻中简明扼要地介绍，角度不同的同类新闻很少重复播报，进行后续追踪报道时前期的相关报道也很难再次回放。传统电视新闻的线性编辑方式只能达到平面的报道结果。网络视频新闻则可以通过超链接手段，对相关新闻进行高效率的组织编排，受众可以方便地在不同的新闻之间进行切换，获取更多的视频新闻和相关信息。

4. 互动的可参与性

互动一直是传统媒体的"弱项"，电视新闻的互动更是难以体现。尽管现在的电视节目通过短信、字幕和主持人口播等方式建立与用户的交流、沟通，但终究是浅层次的。网络视频新闻在播放内容的同时可以在媒体与用户、用户与用户之间建立实质性的对话、参与、交流。

(二) 网络视频新闻的内容构成

由于网络视频新闻的拍摄、编辑、制作和加工相比文字、图片要复杂得多，因而网络视频新闻的内容构成主要以传统媒体机构为主，网络媒体自制、社会文化传播机构和网民播客内容提供为辅。

第一，来自传统媒体机构的视频新闻。这里的传统媒体机构不单指电视台，还包包括报社、电台和通讯社。电视台拥有得天独厚的视频资源和专业队伍，不仅能提供电视节目的在线直播，而且还可以对所有节目进行整合，提供点播服务；同时，还可以发挥专业队伍优势加工和制作专供网络的视频新闻内容。报社、电台、通讯社目前正在向全媒体转型，发展视频新闻自然成为转型的核心。新华社2009年3月1日正式运行中文电视线路；7月1日试开通英语电视新闻线路；9月1日，中文电视新闻线路拆分为通稿、节目两条线路运行；同一天，新华社手机电视台在中国移动、中国电信和中国联通全面上线，新华社CFC手机财经电视频道开播。新华社在国内拥有31个分社，海外拥有110多个分社，这些遍布海内外的记者为新华社办电视、制作视频新闻提供了基本的采集力量。报社、电台和通讯社正在成为网络视频新闻的第二大内容源。

第二，网络媒体自制的视频新闻。尽管自制原创的视频新闻难度大、风险高，但从媒介经营的角度考虑，视频网站的媒体属性越强，越能获得广告客户的认同。2010年世界杯期间，各视频网站纷纷推出互动娱乐与新闻结合的自制节目，如土豆网的《韩瞧世界杯》、激动网的《激动一夏》、酷6网的《南非"凌"角度》、优酷的《大话世界杯》、乐视网的《翔视界》、新浪网的《黄加李泡世界杯》，这些自制节目采用了嘉宾访谈、连线采访、现场采访、专门录制等方式，虽然质量、专业性和传统电视台相比还有一定距离，但网络媒体自制、自办节目已成为潮流，也是视频网站显示自身价值的手段。

目前，在视频内容的制作与提供方面，形成了以土豆网、优酷网、PPTV为代表的专业类网络视频网站，以新浪、搜狐、网易、腾讯等四大门户网站为代表的门户视频网，以中央电视台、湖南卫视、浙江卫视、深圳卫视等为代表的传统媒体视频网三大阵营。

从现有网络视频新闻看，主要采取的办法有三种：嘉宾视频访谈、事件或活动视频直播、自创自制视频。嘉宾视频访谈是原来以图文为表现形式的嘉宾访谈的升级与扩展，不同之处在于访谈地点从论坛搬到了演播室，嘉宾对话的客体从面向所有网友到网友+主持人的组合,主持人在访谈过程中充当与传统访谈、对话一样的组织话题、调动气氛、引导嘉宾等任务,但网络视频访谈的主持人还多了一个代网友提问的"使命"。事件或活动的视频直播与嘉宾视频访谈一样,也有双重作用。直播本身就是一次原创采访,直播后的内容又成了重要的视频新闻素材,网络视频原创的空间非常大。自创自制视频新闻是网络媒体在没有新闻采访权的尴尬境况下的"擦边球"。自创自制视频新闻的方式很灵活,类别也比较多,基本方式是将文字、声音和图片、影像分别进行处理,然后再搭配组合形成一档原创的视频新闻。由网站自写稿件、自己配音或主持人口播。

第三,社会文化传播机构提供的网络视频新闻。这种视频内容以影视剧、纪录片和综艺节目为主,因政策限制和新闻时效性的要求,视频新闻侧重于娱乐、体育类等少量非时政性新闻。但一些特殊部门的特殊节目如司法、公安、消防部门拍摄、编辑、制作的警法节目、犯罪节目成为网络视频新闻不可或缺的组成部分。

第四,网民提供的网络视频新闻。网民提供的网络视频是多元化的,既有播客录自广播电台、电视台的,也有播客个人创意、采集、制作的,还有播客拍摄自新闻事发现场的。视频制作需要一定的制作技术和创意策划,也需要耗费相当的时间和精力,在突发新闻现场拍摄的视频新闻正在成为网络视频原创、首发的重要来源。如,2010年8月甘南藏族自治州舟曲县特大山洪泥石流灾害爆发后,一名武警战士用手机拍摄了视频,这段手机拍摄的视频成为灾区传出的第一段画面,成为众多网友了解救援现场的"第一画面"。

(三)网络视频新闻的编辑

网络视频新闻编辑的基本步骤可分为三个方面,首先是切割,然后是分离,最后是整合。

切割。切割是指对超长的视频新闻进行编辑处理,尽量分条播放,每条控制在3—5分钟,单独制作视频标题。为什么要对超长的视频新闻进行切割处理?从网站自身的角度来看,视频新闻的播出采用的是流媒体技术,文件越小,越有利于传输、下载,播放的效果也越好。

网络视频新闻的编辑加工原理与文本新闻基本一致,众所周知,一个版面有多篇文章,网站编辑需要将这些文章一篇篇分开进行复制、粘贴,然后再归类、整合,一档电视新闻也是由多条新闻组成的,网站编辑需要利用技术软件对新闻进行切割、分离,然后再根据内容的需要进行整合处理。同样的道理，一个长时段的视频比如视频嘉宾访谈，包含很多有价值的信息，如果不按照新闻内容切割而只是从头到尾按顺序播放，那就和电视访谈节目无异了，需要网民耐心地坚持看完，这显然不符合网络浏览习惯。从受众的需求角度来看，如果根据访谈话题将视频切割成若干小话题，把收看的主动权交给网民，才能更加吸引网民的眼球，握高网站的传播效果。

分离。分离的工作接近于电视新闻的非线性编辑，是借助计算机软件对视频新闻进行数字化处理，包括将文字与画面剥离，剪切精彩镜头、画面，有用信息与无用信息的分解。切割与分离都是对新闻的编辑处理。与切割相比，切割是基于整条新闻、单个话题的完整编辑，分离则是编辑根据后期组接、整合的需要对素材进行的按需加工。

整合。网络新闻的整合是指发掘新闻的内在联系，用更有序的方式呈现新闻的活动。整合在网络视频新闻中的应用有两种方式：单独播放式与融合一体式。单独播放式指的是一个视频文件就是一条视频新闻，编辑为这条视频新闻配标题、加来源、添文字稿、提炼关键词等等，最终做出一条以视频新闻为主的网络新闻报道；融合一体式就是将视频新闻与文本新闻融合、与其他报道手段组合，呈现出真正的多媒体新闻。无论是哪一种播放方式，都需要将相关内容整合到视频新闻中。

第四节 滚动新闻、博客新闻写作

一、滚动新闻写作

滚动新闻是网站快速、及时报道最新新闻的一种方式。

网络新同中，滚动新闻是最能体现新闻时效、反映网络报道特色的手段。因此，大多数网站都重视滚动新闻，一般将它置于网站首页显著的位置，并用横向或纵向的动态字幕滚动播出，随时更新。

"6.15"九江大桥发生坍塌事故，《广州日报》"广州日报大洋网"率先发布，并不断地滚动发布最新消息，并通过"广州日报无线平台"用手机短信方式向数十万手机订户发出消息，也不断地滚动播发最新消息，同时还通过"广州日报.3G门户"发布。随后，新浪网、搜狐网、QQ网、新加坡联合早报网等国内外各大网站纷纷转载"广州日报大洋网"的报道。"广州日报大洋网"对这一事件的报道，确立了滚动新闻在网络新闻报道中的地位。现在，发生重大的突发性的事件之后，网络媒体就会出现滚动新闻报道。

（一）滚动新闻的特点

1. 全时性发布，全时性知晓

因为网络新闻是全时性新闻，所以滚动新闻是全时性发布，全时性知晓，但这种全时性主要体现在发布环节，即只能是编辑将新闻发布到互联网服务器、数据库中。由于网站首页、频道主页等主要浏览区域的页面空间有限，用户并不能实现全时知晓。滚动新闻的发布不受时间和空间限制，与网页上的其他新闻相比，后者一般都会在网页上保留一定的时间，具有相对稳定的位置，而前者则会根据新闻的价值和网站的需要，可随时发布也可随时被替换。因此，运用滚动新闻的方式，不仅可以做到全时发布，还能实现全时知晓。

2. 新闻量大、单位页面承载新闻条数多

滚动新闻是动态字幕滚动播出，随时更新，所以它播出的新闻量大，单位页面承载新闻条数多。一方面，相同的网页空间，发布滚动新闻能比发布固定新闻多出 2—3 倍，网站可以在滚动新闻区发布大量的新闻；另一方面，滚动新闻的更新频率相比其他新闻要高，这也就意味着单位页面能承载更多的新闻，传递出更多的信息。

3. 吸引网民的眼球

这是因为其播出时的跳动性引起的。滚动新闻一般采用自下而上滚动或者自左至右滚动两种方式，无论哪种方式都不需要在网页中占据大块的面积。因此，滚动新闻吸引用户不是依靠面积、位置，而主要是依靠滚动的跳跃性来吸引眼球。

（二）滚动新闻的报道类型

滚动新闻分为两类：

1. 常态报道以滚动的方式发布

虽然网络具有海量的广容性，但网页的容量，特别是网站首页首屏的容量非常有限。因此，网站在设计、编排网页时，会将大部分的位置和空间留给重要新闻，且保证重要新闻的停留时间。对于一般价值的新闻则采用滚动的方式予以发布，这样既能保证新闻的时效性，又不占用太多的网页空间。

例如，2012 年 2 月 3 日的 19 点 20 分红网的滚动新闻有 30 条。包括《红星市场招聘续：服务业基层岗位招工难［图］03 日 17：33》、《红星人才市场举行年后首场招聘会 近3万人参加03日12：30》、《宝宝胳膊捆48小时导致坏死 今日专家会诊［图］03日11：38》、《长沙化龙池酒吧多名年轻人起争执1名男子身亡03日10：38》、《沅江运沙船翻沉后续：大风刮走17人6人生还02日23：55》、《小区业委会请新物管进场 老物管拒绝"退场"［图］02日22：43》、《沅江法院强制执行为127名农民工讨回12万欠薪02日22：18》等，这些新闻都有一定的新闻价值，故采用滚动的方式予以发布。

第一类滚动新闻要求网站编辑在所有已发布稿件中及时选择有价值的新闻，然后在发布系统中快速处理，量后勾选或置入到滚动新闻列表。

2. 重大突发事件的滚动报道

在网络时代，重大突发事件发生后网络媒体必须不间断地滚动报道，即要做到随时有消息随时更新随时发布，及时传递出新闻事件的最新动态和发展。当然，报道的内容是散乱的、碎片化的，来源是无序的、多头的，但整合之后就能从整体上反映出新闻事态的进展与演变过程。

这一类滚动新闻要求编辑与写作齐头并进。当重大突发新闻事件发生时，网站一方面要面向所有媒体的所有报道，将与新闻事件相关的文字、图片、音视频报道选入滚动新闻，另一方面还要组织自己的采访、报道队伍进入新闻现场，以短讯、快讯、现场连线、手机图片等方式滚动发布事件的最新进展。

（三）滚动新闻的写作要求

第一，滚动新闻的写作是一种"短"、"平"、"快"式的写作。文章要短，几句话甚至一句话描述一个新一事件或者事件的一个片段，不要求完整的新闻5W，不追求整体事实的全面性。但是，单条滚动新闻要表述完整、交代清楚，对于一时不能完整表述的，要在文中给出解释并及时追踪、随时更新，不能停留在碎片化的信息传递上。

第二，快速报道。可以在新闻现场与后方连线介绍情况，可以用手机发送微博直接上传到网站，还可以用带有传动功能的相机拍摄照片迅速传回后方。

第三，写作平实。用简洁的、白描式语言介绍新闻现场的所见所闻。重大突发事件中的滚动新闻处于事态发展之中，不仅有前一段的铺陈，还有后续的报道，因此不是孤立、单独的报道，而且滚动新闻写作是在一种快节奏状态下的新闻写作，追求的是对新闻现场、新闻事件、新闻人物的直接描述。因此，写作每一条滚动新闻要把握好新闻价值，抓住新闻的核心事实。

第四，滚动新闻的写作要标注清楚时间、地点和背景，适当情况下可以增加辅助阅读的新闻超链接。时间能反映出新闻的更新速度和频率，地点则方便网民从不同的角度了解事态的进展与变化，在滚动报道过程中适当穿插新闻背景，将背景资料作为滚动新闻的有益补充，可以帮助阅读者完整地了解事实的全貌。

二、博客新闻写作

（一）博客的定义及特点

博客（Blog），又译为网络日志、部落格或部落阁等，是一种通常由个人管理、不定期张贴新的文章的网络空间，也被认为是"一种表达个人信息、情感、言论和思想，内容按时间顺序排列，并且不断更新的个人出版方式"。

博客具有个性自主、开放共享、平等互动等特点，具有记载与发布、展示与推广、知识思想的过滤与传播、交流与互动等功能。

博客新闻就是利用互联网的博客空间原创或转发的各类新闻，并提供新闻评论或留言的功能。

（二）博客新闻的内容及写作要求

博客新闻的内容大致分为五类：突发事件、新闻披露、新闻追踪、新闻评论和新闻采编手记。

1. 突发事件

对突发事件的报道需要新闻媒体的快速反应能力、准确判断能力、创新策划能力、整体协调能力等综合实力。作为新媒体的博客，个体并不具有上述报道突发事件的综合实力。那么，它凭什么对突发事件进行报道，来与新闻媒体抗衡？能但有一个条件是传统媒体不具备的，那就是大量的博客和他们能在第一时间到达新闻现场的时效，这一点是传统媒体不具备的。博客的触角多，社会中每时每刻发生的事件都可能在博客作者的视野中，庞大的作者群获取的信息当然是人数有限的专业媒体记者无可比拟的。

对于突发事件的博客新闻写作，最基本的要求是新闻事实准确、快速、及时发布，在有条件的情况下还应该滚动发布，不断补充后续消息，报道事件的进展。因为普通人并不具备专业记者的采写能力，写作突发事件的博客新闻会有一定的难度，因此在写作中应注意：①准确、详尽地描述自己的所见、所闻、所感，多观察细节，对现场的人员进行询问、采访并将结果写进新闻；②在文字语言上多采用白描的手法，渲染夸张会让新闻失真。③为了保证新闻的真实性，有条件的情况下应拍摄现场图片或视频，与文字稿同时发布。

2. 新闻披露

新闻披露主要是明星、艺人、企业或政府机构利用博客发布独家新闻，披露内部信息或澄清相关传闻。在媒体竞争日益激烈的市场环境中，各种传闻、小道消息、假新闻很难杜绝，尤其是娱乐新闻，低俗化、庸俗化现象严重，"八卦新闻"充斥网上眼球。有些媒体为了新闻报道的需要对采访者的谈话断章取义，有意曲解，致使被采访者百口莫辩，读者也产生误解。因此，一些明星、艺人或学者更愿意选择在自己的博客里披露事实，发表真相，直接向大众公开信息，从而减少了信息传播的损耗。

写作披露类的博客新闻，真实、准确、完整是基本原则。因为是当事人自己的披露，因此必须要让公众全面了解事件的来龙去脉、前因后果，要对一些传言给出准确的答案，对公众的曲解给出解释，只有这样才有价值，也才能达到披露的目的。

被人称为"2012网络第一战"的方韩文战引人关注。从新年开始，韩寒与方舟子就"代笔门"事件一直吵到现在。方韩之争虽有媒体的报道，而新闻素材主要来自于二人的博客。就在在2012年2月3日，方舟子发表了"韩寒的就诊记录否认了韩寒《求医》"的博文，对韩寒的作品继续进行质疑，韩寒发表了"二月零三日"的博文，声明要停止无意义口水战。韩寒说："相信很多人也都烦了，我也不想再说了。现在回想，作为公众人物，最初我的回应不够心平气和。一个写作者的文章必须是自己亲笔写的，这是我在写作中最在乎的部分，但是我有写作团队这个完全不可能的事情被人毫无证据的质疑和传播，当时我的确情绪很差。我也将不再回应此事，还有太多的事情需要关心，这样的口水战毫无意义。我就此事，现在收笔。"方韩之争还引来了不少博主的加入，他们通过自己的博文为真长争论推波助澜，如麦田、作家六六等。

3. 新闻追踪

新闻追踪是传统媒体将新闻引向深入、进行深度报道的一种方式，但往往因记者的身份、事件的复杂、宣传纪律的限制等，使新闻追踪难以为继。博客新闻在新闻追踪方面有着得天独厚的优势，人数众多，分布领域广泛，较少新闻写作的约束与顾忌，可以独自或在博客网站的组织下对新闻报道进行深入的追踪。

4. 新闻评论

新闻评论是博客新闻写作最常见的内容，也是博客新闻影响社会舆论的主要方式。大量博客文章多角度、多侧面地分析新闻事件，对新闻事件进行最大化的扩展和解剖，特别是借助名人评论，影响力更大，更容易吸引博友的视线，有的网站甚至把博客评论放在专栏头条，作为代表网站声音的独家文章。

与传统新闻评论相比，博客新闻评论的写作更具有自由度。博客新闻评论长度上可长可短，多则千字，少则只言片语；内容上不追求评论的面面俱到，可全面论述，也可究其一点加以评述，语言上简洁、自由、随意，超越传统的写作语言和风格，用"网言网语"显示出亲和力。

例如，易中天2012年1月30日的博文：

刀下留人，就是为法治和自己积德

我不懂金融，也不懂法律，对吴英案更知之甚少。但我知道两点：一，经济犯罪不判死刑，已经成为基本的刑事司法原则；二，本案事实部分不清，法律适用部分存在巨大争议。在此前提下，还要立即对吴英执行死刑吗？

心智健全，并稍有恻隐之心的人都会说：不！

道理很简单：人死不能复生。一旦错杀，神仙都救不回来。且不说吴英是否有罪，尚有争议；也不说即便有罪，至少罪不当死；就算她十恶不赦，也犯不着如此迫切地就去执行。她是卡扎菲吗？她是萨达姆吗？她是本·拉登吗？不立马杀了她，我们就"国将不国"吗？恐怕恰恰相反！

所以，请最高院的法官大人刀下留人，最好能够重审！至少，不要马上签署死刑命令。救人一命，胜造七级浮屠。今天我们救下吴英，明天就会有更多的人来救我们，包括诸位法官。大人勾决的朱笔只要现在停住，就是为法治积德，也是为自己积德！

阿弥陀佛！

吴英被称为女富豪、亿万富姐，是原浙江本色控股集团有限公司法人代表，因涉嫌非法吸收公众存款罪，2007年3月16日被逮捕，2009年12月18

日，金华市中级人民法院依法作出一审判决，以集资诈骗罪判处被告人吴英死刑，剥夺政治权利终身，并处没收其个人全部财产。2010年1月，吴英不服一审判决，提起上诉。2011年4月7日浙江省高级人民法院开始二审吴英案，吴英所借资金究竟系用于正常经营活动，还是个人挥霍挪作他用，将成为判决的关键。2012年1月18日下午，浙江省高级人民法院对被告人吴英集资诈骗一案进行二审判决，裁定驳回吴英的上诉，维持对被告人吴英的死刑判决。

易中天的这篇博文是就吴英案而作的。主要从情感的角度来说的，把"法治"、"积德"相提并论。语言简洁、自由、随意，如"救人一命，胜造七级浮屠"、"今天我们救下吴英，明天就会有更多的人来救我们"、"阿弥陀佛"等。

5. 新闻采编手记

新闻采编手记是博客新闻中较为特殊的一种。写作者是拥有自己博客的编辑、记者，主要是进行体验式采访记录、业务探讨、意见表达、采访边角料等与新闻采写紧密相关的主题。他们的博客新闻，一方面是对原报道的丰富与补充，记者将事件现场的情况发表在博客上，针对报道领域或社会热点问题发表意见，或者以回溯的手法写出采访背后的故事。这些内容可以从不同侧面、不同体裁、不同细节配合传统媒体的报道。如今，很多媒体的记者、编辑都有博客。另一方面通过博客还可以促进编辑、记者与网友、读者的互动，加深了网民对编辑、记者的了解，拉近了与网民的距离。

（三）微博新闻的特点及写作要求

微博的诞生始于2006年美国的Twitter，它以"矩阵式信息裂变传播"的网络创新模式横空出世，两三年闯便大红大紫。目前国内知名网站都开设有微博。新浪微博、人民微薄、搜狐微薄、腾讯微博、网易微博等。

微博（MicroBlog），又称微型博客、迷你博客，是一个基于用户关系的信息分享、传播以及获取的平台，用户可以通过互联网网页、手机终端以及其他各种客户端组件区，以140字左右的文字更新信息，并实现与跟随者和关注者的即时分享。

1. 微博新闻的特点

第一，微博新闻的构成是双重的。在内容上，有网民原创的，也有网民转载的；有突发性事件报道，也有一般热点事件的报道；有新闻消息，也有新闻评论。在发布上，有个人发布，也有媒体机构发布；有文字，也有图片和视频；有一句话、一段话新闻，也有将微博作为新闻导读超链接到更详细的内容；有来自网站网页的，也有来自手机短信、彩信的。

第二，微博新闻在内容上是体现"微"的特点。微内容是相对于传统媒介中的大制作、重要内容而言的。在互联网上，任何来自用户生产的新闻、评论、图片、网址都可以被称作微内容，小到一句话，大到几百字，以及音频、视频、FlasH、网页等等。这些零星散乱的数据和评论经过网民的写作、转发、跟帖等方式传播，聚沙成塔，最终构成网络的热点，转换为网络的能量。微博新闻正是微内容的一种体现。

第三，微博新闻具有议程设置功能。互联网的传播方式在一定程度上减弱了网络媒体的议程设置功能，但微博新闻聚合了传播的四种类型，其议程设置功能非但没有减弱，反而因关注与被关注对象的广泛性和层次性，在更大范围产生效果。目前，这种主动设置议题引导舆论的功能已为传统媒体重视和运用。

第四，微博新闻是一种集体协作式的写作。互联网上典型的协作式写作是以维基百科、百度百科等为代表的知识类、词条类的编辑与写作。用户可以添加任何一个知识点或名词解释，也可以对任何一个知识点、词条解释加以编辑、修正。共同的兴趣爱好与集体的智慧力量造就了互联网的百科全书，也同样造就了微博新闻。微博新闻以个人发布为起点，中间会经过无数的"@"，或是添加补充新内容，或是修正剔除错误信息，或是点评议论再转发，或是无任何评议自我收藏。

2. 微博新闻的写作要求

微博新闻的写作主要受制于微博自身的技术特点，140字的容量限制使微博新闻具有独特的写作要求。

语言精练，言简意赅。140字的限制使得每位微博客在写作微博新闻时必须要控制字数，用最精炼、最平实的语言表达出新闻核心、观点精髓。

内容单一，主题集中。由于字数的限制，微博新闻不像一篇完整的报道那样有标题、导语和结尾，微博写作可以择其一而写之。写作时应尽量主题集中，无论是一句话还是一段文字，都应围绕一个重点来表达，一篇微博新闻最好只报道一个事件、一个情境、一个观点。语言表达上开门见山，直奔主题，避免空话、套话。

多媒体写作，补充信息。微博技术为其多媒体写作提供了便利，微博主只要按照网站提示一步步做下来，就可以随意地添加图片、视频、音乐，而且即时可见添加效果。因此，微博新闻写作要多采用多媒体的方式写作，用以补充因文字表达限制而缺损的信息，丰富报道内容。

直播微博化，强化互动。网民可以通过与手机、MSN 等绑定的微博观看直播、发表评论，而直播员在看到网民的即时评论后还能答复或再评议。其强化互动的功能远远优越于一般的网络直播。

添加标签，便于话题集中。大多数微博在写内容的窗口下面都提供有"自定义话题"或"新建话题"选项，这是为微博主提供的添加标签的按钮。微博新闻是碎片化新闻，单篇微博又只能报道一个事件、一个主题，因此很容易产生新闻的断裂，而如果加上标签，就能把相同主题的新闻集纳到一个话题下，能实现对新闻的完整阅读。

导读式写作，超链接配合。对于一些内容丰富、资料翔实、不便于用短短 140 字来表达的内容，在微博新闻写作时可采用导读式写作方式，再配合以超链接，指向详细报道。

主要参考文献

1. 穆青:《新闻散论》,新华出版社1996年版。
2. 艾丰:《新闻写作方法论》,人民日报出版社1989年版。
3. 张明华、徐泓、张征:《新闻写作教程》,中国人民大学出版社2005年版。
4. 丁柏铨:《新闻采访与写作》,高等教育出版社2004年版。
5. 康文久:《实用新闻写作》,新华出版社2002年版。
6. 胡文龙、秦珪、涂光晋:《新闻评论教程》,中国人民大学出版社1998年版。
7. 蓝鸿文:《专业采访报道学》,中国人民大学出版社2003年版。
8. 冯健总:《中国新闻实用大辞典》,新华出版社1996年版。
9. 周胜林、尹德刚、梅懿:《当代新闻写作》,复旦大学出版社2005年版。
10. 陈果安:《现代实用新闻写作》,中南工业大学出版社1997年版。
11. 胡欣:《新闻写作学》,武汉大学出版社2003年版。
12. [美]卖尔文·曼切尔:《新闻报道与写作》,中国广播电视出版社1981年版。
13. 顾理平:《社会新闻采写艺术》,中国广播电视出版社2002年版。
14. 苑立新:《现代新闻写作教程》,中国广播电视出版社2001年版。
15. 杨保军:《新闻价值论》,中国人民大学出版社2003年版。
16. 杜骏飞、胡翼青:《深度报道原理》,新华出版社2001年版。
17. 李元授、白丁:《新闻语言学》,新华出版社2001年版。
18. 虞达文:《新闻心理学》,新华出版社2001年版。
19. 郑兴东、陈仁风、蔡雯:《报纸编辑学教程》,中国人民大学出版社2001年版。
20. 李炎胜:《中国报刊图史》,湖北人民出版社2005年版。
21. 徐宝璜:《新闻学》,中国人民大学出版社1994年版。
22. 雪莉·贝尔吉:《媒介与冲击:大众媒介概论》,东北财经大学出版社2000年版。
23. 王宇:《大众媒介导论》,中国国际广播出版社2003年版。
24. 崔保国:《传媒蓝皮书:2004~2005年中国传媒产业发展报告》,社会科学文献出版社2006年版。
25. 《马克思、恩格斯全集》第1卷、第42卷,人民出版社1982年版。
26. 《列宁全集》第23卷,人民出版社1986年版。

27. 刘宇晖：《世界第一女记者——奥莉娅娜·法拉奇》，四川人民出版社1997年版。
28. 蔡帼芬：《媒介素养》，中国传媒大学出版社2005年版。
29. 蔡骐、蔡雯：《媒介竞争与媒介文化》，复旦大学出版社2007年版。
30. 陈崇山：《受众本位论》，社会科学文献出版社2008年版。
31. 陈明：《CG电影流程与管理》，海洋出版社2006年版。
32. 段京肃、杜骏飞：《媒介素养导论》，福建人民出版社2007年版。
33. 郭庆光：《传播学教程》，人民大学出版社1999年版。
34. 蒋晓丽：《网络新闻编辑学》，高等教育出版社2006年版。
35. 雷跃捷：《新闻理论》，北京广播学院出版社1997年版。
36. 李彬：《传播学引论》，新华出版社1993年版。
37. 李良荣：《新闻学导论》，高等教育出版社2001年版。
38. 刘海贵：《新闻采访教程》，复旦大学出版社2002年版。
39. 刘建明：《当代新闻学原理》，清华大学出版社2005年修订版。
40. 孟群：《电视节目制作技术》，中国广播电视出版社2000年版。
41. 谢新洲：《网络传播理论与实践》，北京大学出版社2004年版。
42. 徐葆耕：《电影讲稿》，北京大学出版社2006年版。
43. 杨保军：《新闻价值论》，中国人民大学出版社2003年版。
44. 姚福申：《新时期中国新闻传播评述》，复旦大学出版社2002年版。
45. 张印平、谢毅：《电视节目制作》，暨南大学出版社2001年版。
46. [美]布鲁斯·D·伊图尔、道格拉斯·A·安得森：《当代媒体新闻写作与报道》，贾陆伊、华建昌译，中国人民大学出版社2006年版。
47. [美]林恩·格罗斯，拉里·沃德：《电影和电视制作》，毕根辉译，华夏出版社2001年版。
48. [美]梅尔文·门彻：《新闻报道与写作》，展江译，华夏出版社2003年版。
49. 《毛泽东新闻工作文选》，新华出版社1983年版。
50. 《江泽民文选》第1卷，人民出版社出版2006年版。
51. [美]威廉·梅茨：《怎样写新闻：从导语到结尾》，北京：新华出版社，1983
52. [美]约翰·钱塞勒等：《记者生涯》，世界知识出版社1985年版。
53. 刘明华、徐泓、张征：《新闻写作教程》，中国人民大学出版社2002年版。
54. 童广安：《现代新闻写作教程》，郑州大学出版社2004年版。
55. 陈果安：《现代实用新闻写作》，中南工业大学出版社1997年版。
56. 程天敏：《新闻写作学》，山西教育出版社1999年版。
57. 丁柏铨：《新闻采访与写作》，高等教育出版社2004年版。
58. 陈作平：《新闻报道新思路——新闻报道认识论原理及应用》，中国广播电视出版社2000年版。
59. 杜骏飞：《网络新闻学》，中国广播电视出版社2001年版。

60. 詹新惠：《网络新闻写作与编辑实务》，中国传媒大学出版社2011年版。
61. 邱沛篁：《新闻采访艺术》，四川大学出版社1996年版。
62. 范敬宜：《总编辑手记》，人民日报出版社2000年版。
63. ［美］杰克·海敦：《怎样当好新闻记者》，新华出版社1986年版。

后 记

《信息时代的新闻写作》一书是在本人积累了多年的新闻媒体实践经验和高校课堂教学经验的基础上撰写的，也是为了配合我院新闻写作课程改革和完成湖南省"十一五"规划教改课题"新闻写作课程依托新闻媒体教学的研究与实践"（XJK06CGD074）而进行的工作。为了完成这一任务，我从2003年到2011年，一面进行理论知识的准备和全书结构框架的思考，一面用于教学实践，反复斟酌修改，才形成现在这个模式。是否能得到新闻界的认可，我期待着宝贵的意见。

本书在撰写过程中，列举了不少中外典型的新闻作品，尽管在每篇文章的结尾注明了线索的来源，在这里仍然要向这些新闻工作者表示尊重和感谢，没有他们的辛勤劳动，就没有书中丰富而生动的案例。

本书在撰写过程中，参阅了不少新闻写作教材和专著，也就是说，本书在一定程度上汲取了他们的一些研究成果，在此对这些专家致以谢意并加以说明。

本书在撰写过程中，得到了湖南工业大学文学与新闻传播学院领导和老师的热心帮助与大力支持。对此，我表示衷心的感谢。

书中错误之处，祈望专家和读者指正。

作 者